# 生命教育园本课程精选

主 编 马红霞 郝丽萍 任金素

河北出版传媒集团
河北教育出版社

图书在版编目（ＣＩＰ）数据

生命教育园本课程精选 / 马红霞, 郝丽萍, 任金素编著. -- 石家庄：河北教育出版社, 2023.1
ISBN 978-7-5545-6924-5

Ⅰ. ①生… Ⅱ. ①马… ②郝… ③任… Ⅲ. ①生命哲学－学前教育－教学研究 Ⅳ. ①G613.3

中国版本图书馆CIP数据核字(2022)第014091号

## 生命教育园本课程精选
SHENGMING JIAOYU YUANBEN KECHENG JINGXUAN

主　　编　马红霞　郝丽萍　任金素

| 出 版 人 | 董素山 |
|---|---|
| 责任编辑 | 姬璐璐　王　哲 |
| 装帧设计 | 优盛文化 |
| 出版发行 | 河北出版传媒集团 |
|  | 河北教育出版社 http://www.hbep.com |
|  | （石家庄市联盟路705号，050061） |
| 印　　制 | 定州启航印刷有限公司 |
| 开　　本 | 889mm×1194mm　1/16 |
| 印　　张 | 24.75 |
| 字　　数 | 580千字 |
| 版　　次 | 2023年1月第1版 |
| 印　　次 | 2023年1月第1次印刷 |
| 书　　号 | ISBN 978-7-5545-6924-5 |
| 定　　价 | 98.00元 |

版权所有，翻印必究

# 编委会

**总 顾 问** 赵立芬
**业务顾问** 李玉金
**主　　编** 马红霞　郝丽萍　任金素
**副 主 编** 王晓玲　庄向荣　田　玲　何国伟　田玉娟
**编　　者** 陈雪芹　梁　卓　赵博茹　甘　云　王妍妍
　　　　　　温路曼　刘晓宁　李亚杰　乔　雯　潘晓娴
　　　　　　郑翠飞　高杰英　王玉欣　郝艳芳　刘　航
　　　　　　徐言琪　何　琼　孟英志

# 序

立健康身心，展生命气象。

每个生命都是一个奇迹，而人的生命更是充满智慧和活力，富于想象和体验，蕴含潜能和追求。长期以来，功利主义价值取向的教育追求背离了教育的初衷，追求"幸福教育"和"健康生活"的理想渐渐被边缘化。有学者认为，现行的教育赋予了学生"何以为生"的本领，却不能解决他们"为何而生"的困惑。18世纪的卢梭也曾在《爱弥儿》中指出："大自然希望儿童在成人以前就像儿童的样子。如果我们人为打乱这个次序，就会造成一些早熟的果子，它们长得既不丰满又不甜美，很快就会腐烂，我们将造就一些年轻的博士和老态龙钟的儿童。"

《幼儿园教育指导纲要（试行）》中明确指出："幼儿园必须把保护幼儿的生命和促进幼儿的健康放在工作的首位。树立正确的健康观念，在重视幼儿身体健康的同时，要高度重视幼儿的心理健康。"幼儿期是生命起步的萌芽期，同时是身心发展的关键期，幼儿所经历的生活、所处的环境以及所受到的教育均会影响其生命的朝向与发展。因此，我们应给予幼儿以自然生命的积淀、社会生命的浸润、精神生命的涵养，奠定其全面和谐发展的生命根基。

基于此，2015年，石家庄市生命教育指导中心联合石家庄市桥西区瑞特幼儿园开启了幼儿园生命教育园本课程的探索。2017年，《生命视域下园本课程的构建研究》获河北省教育规划"十三五"课题立项，历经4年研究，课题组成员在实践中发现问题、探究问题、解决问题，形成了生命教育园本课程成果。

《生命教育园本课程精选》汲取了生命教育园本课程成果中的优秀案例，是幼儿园生命教育领域创新实践的一个典范。本书以生命教育为视角，深入贯彻《幼儿园教育指导纲要（试行）》和《3～6岁儿童学习与发展指南》的教育理念，围绕自然生命、社会生命和精神生命三个维度，课程内容突出体现游戏性、自主性、活动性、生活性和整合性，形成以"幼儿发展为本"的课程价值取向，对幼儿园生命教育课程实施具有一定的借鉴作用。

全书由三部分组成。

第一部分为健康教育活动。将培养幼儿身体基本素质与养成健康饮食行为习惯融合渗透，目标着力体现强健身体的机能，养成健康的生活方式，培植幼儿自然生命，内容涵盖了美食制作、种植活动和室内外体育游戏。

第二部分为区域活动实录。创设情境化的活动区域，引发幼儿与环境的互动和与同伴的交往，目标着力体现促进幼儿社会性发展，涵养幼儿社会生命，内容涵盖了区域游戏活动的组织和观察记录。

第三部分为影视赏析活动。挖掘经典影视作品中蕴含的生命教育要素，引导幼儿感受影视作品中的真善美，目标着力体现培养幼儿正确的审美观念与素养，润泽幼儿精神生命，内容涵盖了影视作品赏析活动和相关图画书推荐。

　　本书的编写得到了教育行政部门、高校专家以及一些专业人士的支持与指导，在此表示衷心感谢！课题研究的过程是一个漫长、艰辛但快乐的探索历程，瑞特幼儿园的老师在课题研究及成果编写中表现出了坚持不懈、执着探索的精神，在此一并表示感谢！

　　幼儿生命教育的探索之路需要学前教育工作者在实践中不断探索与改进，由于编者经验有限，书中难免出现不足或疏漏之处，敬请专家、同人批评指正。

编者

# 目　录

## 自然生命篇

**第一章　健康饮食活动** ······················································· 003
　　小班食育活动案例 ···························································· 003
　　中班食育活动案例 ···························································· 023
　　大班食育活动案例 ···························································· 040

**第二章　室内体育活动** ······················································· 061
　　小班室内体育活动案例 ······················································ 061
　　中班室内体育活动案例 ······················································ 068
　　大班室内体育活动案例 ······················································ 075

**第三章　户外体育活动** ······················································· 083
　　小班户外体育活动案例 ······················································ 083
　　中班户外体育活动案例 ······················································ 102
　　大班户外体育活动案例 ······················································ 119

## 社会生命篇

**第四章　小班区域活动** ······················································· 139
　　建构区活动 ····································································· 139
　　阅读区活动 ····································································· 145
　　美工区活动 ····································································· 155
　　生活区活动 ····································································· 161
　　种植区活动 ····································································· 165
　　角色区活动 ····································································· 169

**第五章　中班区域活动** ······················································· 174
　　建构区活动 ····································································· 174
　　阅读区活动 ····································································· 181

美工区活动 ……………………………………………………………… 188
　　生活区活动 ……………………………………………………………… 197
　　种植区活动 ……………………………………………………………… 204

## 第六章　大班区域活动 ……………………………………………………… 211
　　建构区活动 ……………………………………………………………… 211
　　阅读区活动 ……………………………………………………………… 219
　　美工区活动 ……………………………………………………………… 223
　　生活区活动 ……………………………………………………………… 237
　　种植区活动 ……………………………………………………………… 241
　　角色区活动 ……………………………………………………………… 250
　　益智区活动 ……………………………………………………………… 253

精神生命篇

## 第七章　小班影视赏析活动案例 …………………………………………… 259
　　人与自我 ………………………………………………………………… 259
　　人与他人 ………………………………………………………………… 271
　　人与社会 ………………………………………………………………… 283
　　人与自然 ………………………………………………………………… 294

## 第八章　中班影视赏析活动案例 …………………………………………… 306
　　人与自我 ………………………………………………………………… 306
　　人与他人 ………………………………………………………………… 315
　　人与社会 ………………………………………………………………… 318
　　人与自然 ………………………………………………………………… 330

## 第九章　大班影视赏析活动案例 …………………………………………… 340
　　人与自我 ………………………………………………………………… 340
　　人与他人 ………………………………………………………………… 352
　　人与社会 ………………………………………………………………… 361
　　人与自然 ………………………………………………………………… 373

# 自然生命篇

健全的教育应从身体开始,其目的是孕育生命发展的内涵与活力,积淀丰沛的生命气象。体育游戏——强身健体,激活身体的机能,筑牢强健的体魄。食育活动——亲身体验,激活身体感官,建构健康的生活方式。健康的身体与发达的感受力构成了个体积极的生命状态。

# 第一章 健康饮食活动

## 小班食育活动案例

### 活动名称：蔬菜创意拼盘

> 设计意图：蔬菜为我们提供丰富的维生素、矿物质和粗纤维，尤其是小朋友正是长身体的时候，更不能缺少它，但是有很多幼儿存在不爱吃蔬菜的现象。针对这一现象，设计了蔬菜创意拼盘活动。通过本次活动让幼儿认识多种蔬菜，了解蔬菜的营养价值，知道多吃蔬菜身体才会健康，体验同伴之间合作的乐趣，感受成功的喜悦。

### 活动目标

1. 幼儿认识常见的蔬菜，并能说出名称。
2. 尝试制作蔬菜创意拼盘。
3. 培养幼儿动手操作的能力，体验合作的乐趣。

### 活动准备

- **食材准备：**

各种蔬菜的切片。

- **工具准备：**

盘子、牙签。

### 活动过程

一、说一说

影片导入：幼儿观看——走进蔬菜园。

师：你们看到的是什么地方？

幼：蔬菜园。

师：你们都看到了哪些蔬菜？

幼1：我看到了西红柿、黄瓜和茄子。
幼2：我看到了萝卜、白菜还有辣椒。
幼3：还有生菜和藕。
师：我这里有很多蔬菜图片，我们来看一看它们是谁？什么样子的？（出示菠菜图片）
幼：这是菠菜，有绿色的叶子和红色的根。
师：这种蔬菜是菠菜，菠菜含有大量的胡萝卜素和铁，它能使我们的皮肤变光滑。《大力水手》里面的波佩一吃菠菜就变得力大无穷，什么困难都能解决，所以小朋友也要多吃菠菜。
师：还有一种蔬菜，它是橘红色的，小白兔非常喜欢吃。是什么呢？
幼：胡萝卜。
师：胡萝卜中含有丰富的维生素A，小朋友吃了以后眼睛会变得更加明亮。

◎ 小结：蔬菜园里有很多的蔬菜，绿色的黄瓜、橙色的胡萝卜、翠绿的生菜、红色的西红柿、肉色的藕，多吃蔬菜能给幼儿身体补充更多的营养。

二、学一学
出示蔬菜拼盘实物，了解蔬菜拼盘的做法。
师：老师手中的拼盘是用哪些蔬菜制作的呢？
幼：用蔬菜拼摆成了一棵大树，用一节黄瓜做树干，用生菜做大树的叶子，好漂亮啊！
师：你想用这些蔬菜切片拼摆什么图案呢？
幼：我想拼摆一只狮子，用西红柿切片当狮子的头，用胡萝卜丝当狮子的头发。

◎ 小结：原来蔬菜经过拼摆能变成各种图案的拼盘，小朋友可以发挥想象力，创造自己的创意蔬菜拼盘。

三、做一做
1. 幼儿分组制作创意蔬菜拼盘。
师：小朋友，把蔬菜放在盘子里后可以用牙签进行加固。
2. 鼓励幼儿大胆创新。
幼儿随音乐一起制作蔬菜创意拼盘，教师巡视指导。

四、展示蔬菜拼盘作品
1. 幼儿向同伴展示自己制作的蔬菜拼盘。
2. 幼儿将做好的蔬菜拼盘陈列在桌面上，供其他幼儿欣赏。

五、品尝蔬菜创意拼盘
师：现在请大家来品尝自己做的蔬菜创意拼盘吧！多吃蔬菜对我们的身体有很大的好处呢！

## 活动延伸

让孩子们了解各种蔬菜的营养价值，从而变得爱吃蔬菜。

● 操作要点：

1. 牙签固定的时候要注意安全，避免扎伤手。
2. 在分组操作的过程中，注意与同伴之间的合作，遇到问题协商解决。

● 常识链接：

蔬菜含有丰富的维生素、矿物质和粗纤维，可以刺激我们的肠道蠕动，加速排便。小朋友多吃蔬菜，使骨骼变得结实，还可以促进咀嚼肌和牙床的发育，预防龋齿，从而起到维护口腔健康的作用。

● 家园共育：

亲子美食制作——幼儿亲手给爸爸妈妈制作一份蔬菜拼盘，增进亲子关系。

| 图1 清洗蔬菜 | 图2 蔬菜分类 | 图3 进行摆盘创作 |

授课教师：董培培

## 活动名称：小笼蒸薯

设计意图：紫薯、红薯、麻山药中含有丰富的淀粉和膳食纤维，吃起来软糯可口，是幼儿非常喜爱的食物。通过小笼蒸薯的活动引导幼儿了解薯类的营养价值，直观感知薯类的外形特征。在活动中学习简单的烹饪常识，提高幼儿的动手操作能力，增强幼儿自我服务与服务他人的意识，使幼儿体验与同伴共同制作美食的乐趣。

### 活动目标

1. 了解薯类的外形特征及营养价值。
2. 大胆说出自己的感受，掌握简单的烹饪常识。
3. 培养幼儿自我服务与服务他人的意识。

### 活动准备

● 食材准备：

紫薯（图1）、红薯（图2）、麻山药（图3）、白糖（图4）。

● 工具准备：

纸盘若干（图5）、蒸笼（图6）、电磁炉。

图1　紫薯 　　　　　　　图2　红薯 　　　　　　　图3　麻山药

图4　白糖 　　　　　　　图5　纸盘 　　　　　　　图6　蒸笼

## 活动过程

一、说一说

1. 引导幼儿通过看一看、摸一摸了解紫薯、红薯、麻山药的外形特征。

师：我们一起来看一看紫薯、红薯、麻山药是什么样子的？

幼1：紫薯圆圆的，是紫色的，像土豆一样。

幼2：红薯跟紫薯一样，圆圆的，像土豆一样。

幼3：麻山药是长长的，像一根树枝。

师：你们知道紫薯、红薯、麻山药生长在哪里吗？

幼：像土豆一样生长在土里。

师：（出示薯类生长环境的图片）你们知道紫薯、红薯、麻山药是什么味道吗？

幼：甜甜的，面面的，有一点点像鸡蛋黄的味道。

○ 小结：紫薯、红薯是近似圆柱形，麻山药是棒形，颜色分别为紫色、红色和白色，都生长在土里，味道香甜。

2. 了解紫薯、红薯、麻山药的营养价值。

师：小朋友们喜欢吃紫薯、红薯、麻山药吗？知道吃紫薯、红薯、麻山药对身体有什么好处吗？

幼：我喜欢，吃紫薯、红薯、麻山药可以补充营养和能量。

师：紫薯、红薯、麻山药里面有丰富的膳食纤维，可以促进肠胃蠕动。紫薯含有18种可以被我们身体消化吸收的维生素，可以提高机体免疫力，预防胃肠疾病。

○ 小结：紫薯、红薯、麻山药含有大量的膳食纤维，具有促进消化吸收和排泄的作用，能够防止胃肠道疾病的发生，所以我们要多吃粗粮，这样身体才会变得更加强壮。

## 二、学一学

师：蒸紫薯、红薯、麻山药需要用到哪些东西呢？

幼：蒸笼和水。

师：紫薯、红薯、麻山药上有脏脏的泥，我们用什么工具可以清洗干净呢？

幼1：我见我妈妈用刷子洗过红薯，我觉得紫薯、麻山药也可以用刷子洗。

幼2：也可以用刷碗布洗紫薯、红薯、麻山药，我奶奶用它洗过土豆。

○ 小结：紫薯、红薯和麻山药表面上都有很多小坑，藏有很多污垢，刷子可以把小坑里的污垢清洗干净，今天我们用刷子清洗。

师：我们用什么办法可以更快地蒸熟薯类？

幼1：我们可以把紫薯、红薯、麻山药切成薄薄的片，这样就能熟得快。

幼2：我们可以把火调得大大的，这样紫薯、红薯、麻山药熟得快。

○ 小结：为了让紫薯、红薯、麻山药熟得更快，我们可以把紫薯、红薯、麻山药切成薄薄的片，把火调得大大的。

## 三、做一做

1. 幼儿将紫薯、红薯、麻山药清洗干净，教师帮助切成薄片，放到容器里。

2. 指导幼儿将紫薯、红薯、麻山药薄片放到蒸笼里，调成大火蒸15～20分钟。

3. 引导幼儿怎样判断紫薯、红薯、麻山药是否熟了。

师：怎样判断紫薯、红薯、麻山药熟了没有？

幼1：拿出一块尝一尝。

幼2：用筷子扎一扎。

○ 小结：判断紫薯、红薯、麻山药是否蒸熟，可以用筷子戳一下，如果很容易能戳进去，说明已经熟了，否则就需要继续蒸。

4. 紫薯、红薯、麻山药蒸熟冷却后，幼儿撒上白糖。

## 四、分享讨论

师：蒸紫薯、红薯、麻山药这么美味，那你还知道哪些用紫薯、红薯、麻山药做的美食呢？

幼1：可以做成紫薯饼。

幼2：还可以做成紫薯花卷。

幼3：可以做红薯饼。

幼4：可以做成红薯干。

幼5：可以做麻山药炒酸奶。

○ 小结：薯类美食有很多种，有紫薯泥、紫薯饼、紫薯花卷、红薯冰糕、红薯干、麻山药粥等。幼儿回家后可以和爸爸妈妈一起制作。

## 活动延伸

阅读绘本，深入了解薯类的营养价值并找到薯类的其他吃法。

• 操作要点：

1. 在洗薯类的时候要避免把衣服打湿。

2. 在取蒸熟的薯类时，教师一定要提示幼儿小心烫伤，以免发生危险。

- 常识链接：

薯类里面富含纤维素，可促进胃肠蠕动，保持大便通畅，改善消化道的环境，清除体内毒素，从而提高自身免疫力，有助于增强抵抗力。日常给幼儿食用紫薯应适量，如果过多进食紫薯容易导致消化不良，出现腹胀和排气增多的情况。小朋友要多吃粗粮，这样才能让身体更加强壮。

- 家园共育：

亲子美食制作——幼儿和爸爸妈妈共同制作薯类美食。

授课教师：董培培

## 活动名称：水果沙拉

设计意图：午点吃水果时，孩子们都吃得津津有味，有时还会谈论到许多其他的水果。小班幼儿处于对周围事物感兴趣的探索阶段，通过开展食育活动不仅可以满足幼儿的好奇心，还能提高幼儿的动手能力。在活动过程中，锻炼幼儿的手眼协调能力，使幼儿了解水果的多种吃法，并学会与他人分享自己的劳动成果，从而促进幼儿能力和情感的发展，养成良好的饮食习惯。

### 活动目标

1. 喜欢探索、品尝各种水果的味道。
2. 能够在教师的带领和帮助下对水果进行简单的制作。
3. 学会与同伴分享，体验做美食的乐趣。

### 活动准备

- 幼儿卫生准备：洗手，穿戴围裙、帽子、套袖。
- 食材准备：

应季水果（苹果、葡萄、橘子、火龙果）、沙拉酱、酸奶。
1. 小朋友在老师的指导下清洗带皮水果。（图2）
2. 老师带领幼儿把需要剥皮的水果剥皮。（图3～图5）
3. 幼儿观看教师如何正确使用安全小刀。

- 工具准备：

安全小刀、盘子、小案板。

**图1　安全小刀和案板**

## 活动过程

**一、说一说**

品尝教师制作的水果沙拉，激发幼儿兴趣。

师：今天老师给小朋友带来了一种美食，我们来尝一尝。

师：小朋友都吃到了什么水果？是什么味道的？

幼1：我吃到的是苹果，是甜甜的、脆脆的，而且是三角形的。

幼2：我吃到的是圆圆的草莓。

幼3：还有白色的沙拉酱。

师：让我们一起来做水果沙拉吧，你想做一个什么样的呢？

幼：我想做一个更大的水果沙拉，加很多的水果。

● 小结：小朋友吃到了甜甜的苹果、圆圆的草莓。我们一起做美味的水果沙拉吧！

**二、学一学**

师：回忆一下，你们在超市见过的苹果和香蕉是什么形状的？老师盘子里的水果为什么会变成这样呢？

幼：老师拿刀切过了。

师：这种好看的形状是老师拿安全小刀切的。要先把水果切成片，再切成自己想吃的形状（教师示范制作方法）。

师：小朋友用刀的时候要小心，不要扎到自己。

师：老师准备了一些盆，它们是干什么的呢？

幼：装水果的。

师：这是用来搅拌水果的。先放入水果，再拿勺子放入沙拉，拿勺子搅拌到每块水果都粘到沙拉，水果沙拉就做成了。

● 小结：做水果沙拉就是把水果切成我们喜欢的图案，放到盆里，再加入沙拉酱，小心搅拌。

**三、做一做**

幼儿分组制作水果沙拉，老师指导。

第一步：幼儿洗手操作。

第二步：教师事先把切成片状的水果放到桌子上，幼儿自己选择水果，并在案板上切成块状（一手拿刀，另一只手按住水果，在用刀的时候要注意安全，不要切到手上，也不能碰到别人），然后放入盘中。

师：拿刀的时候需要注意方向，不要把刀尖、刀刃对着别人。

幼：这个不听话的草莓没办法固定。

师：草莓滚来滚去是因为它是圆的，你可以试一试先把它分成两半再切图形。

○ 小结：草莓圆圆的不好切，我们可以先把它切成片，再切出我们喜欢的图案。用小刀的时候要注意，不要把刀尖、刀刃对着别人，用完刀之后要把刀刃朝里，平放在桌子上。

第三步：拌酱。用小勺挖适量的沙拉酱或者酸奶，不能太多，两到三勺就可以，然后轻轻搅拌。

○ 小结：注意不要太用力搅拌，否则可能会把软的水果搅成水果泥。

| 图 2 清洗苹果 |   图 3 葡萄去皮 |  图 4 剥橘子 |  图 5 火龙果去皮 |
|  图 6 拌沙拉 |  图 7 拌好的沙拉 |  图 8 品尝水果沙拉 |

### 活动延伸

1. 水果中含有丰富的维生素，多吃水果有利于小朋友的健康成长。
2. 阅读和水果相关的绘本，如《蔬菜水果的秘密》。

● 操作要点：

1. 所选水果不能是那种切成丁后会出很多汁水的水果，这种水果会稀释沙拉酱和酸奶，以致裹不住水果丁。
2. 使用小刀时要注意安全，用完就放到桌子上，不要拿起来挥动。
3. 适量放入沙拉酱，避免摄入过多脂肪。

● 常识链接：

1. 水果含有丰富的维生素 C、维生素 A 以及人体必需的矿物质（含量最多的是钾），还有大量的水分和纤维质，可促进营养吸收、增强免疫力。
2. 水果储存时间久了，就容易变质、腐烂。水果有某一部分腐烂后，整个水果就不能再食用了。水果虽然营养价值高，但不能吃太多。胃酸过多的人群不能空腹吃葡萄或者柿子等含鞣酸高的水果。

授课教师：李乾

## 活动名称：种韭菜

> 设计意图：韭菜是小朋友会经常看见并且品尝过的蔬菜，但很多小朋友可能都不知道韭菜是如何生长出来的。让幼儿通过看一看、说一说、闻一闻、尝一尝的方式了解韭菜的特征和作用，能用简单的工具种植韭菜，再结合观察、实践、体验等多种参与形式感受韭菜的生长变化，体验劳动的快乐，可以满足其探索欲望，激发责任感。

### 活动目标

1. 了解韭菜的基本特征及其生长变化。
2. 掌握韭菜的基本种植方法，锻炼动手操作能力。
3. 体验种植的乐趣，养成观察记录的习惯。

活动 1　观察韭菜并认识其特征

### 活动准备

韭菜的图片、种植韭菜的主要过程图片、韭菜籽（图 1）。

图 1　韭菜籽

### 活动过程

1. 出示韭菜引导幼儿说出其名称、特征及用途。

师：韭菜长什么样子？它的根在哪里？

幼 1：韭菜是绿色的。

幼 2：它的根在最下面，是白色的。

● 小结：韭菜的叶片是绿色的，较薄，根是白色的。有一股辛辣的味道。

2. 与幼儿共同讨论种植的场地、过程及需要使用的工具。

师：你们知道韭菜种植在哪里吗？使用什么工具进行种植呢？

幼 1：韭菜种在土里，用铲子挖土，喷壶可以来浇水。

幼 2：韭菜可以种植在花盆里。

○ 小结：我们可以在空旷的地里种植或者选择盆栽，同时配合翻土、播种、浇水、施肥等环节。

### 活动 2　种韭菜

#### 活动准备

废旧的小杯子、罐子、花盆（图2）、小铲子、土壤若干（图3）、观察记录表（图4）。

1. 自由讨论如何种植韭菜。

师：如果请你来种韭菜，你会怎样做？

幼1：在花盆里装上营养土，挖一个小洞，把种子放进土里。

幼2：把韭菜籽撒在土壤上。

○ 小结：先选择种植需要的材料和器具，然后将种子均匀撒播、穴播（挖一个一个的小窝），再覆薄土，轻轻地压实，避免浇水时冲散种子。最后给韭菜浇适量的水，保持土壤湿润，避免浇水过度。

2. 幼儿和老师一起种韭菜。（图6）

教师辅助幼儿种植韭菜，并帮幼儿粘贴姓名，以让幼儿分辨自己种植的韭菜，定期观察韭菜生长变化并进行必要的护理。

3. 设计自己的观察记录表并分享。

师：可以用什么形式来设计自己的记录表？

幼1：用图画、打对勾来记录。

幼2：我用尺子量韭菜长了多高。

○ 小结：我们在观察记录表上用图画、"√"符号等将所观察到的信息记录在表格中，记录韭菜成长的过程。

图2　花盆 　　　　图3　土壤、工具 　　　　图4　观察记录表

图5　观察韭菜 　　　　图6　种植过程

## 活动3　收获韭菜并制作美食

### ✎ 活动准备

剪刀、以韭菜制作的美食的图片。

### ✎ 活动过程

1. 共同讨论美食的制作方法。

师：你吃过用韭菜做的美食吗？

幼1：我吃过韭菜饺子。

幼2：韭菜炒鸡蛋很美味。

○ 小结：韭菜的营养价值很高，小朋友可以适当食用韭菜，有助于提高自身免疫力。

2. 韭菜成熟了（图7），讨论收割韭菜的方法。

师：韭菜成熟了，我们怎么收获呢？

幼1：直接拔。

幼2：用剪刀剪。

○ 小结：收割韭菜时，我们应该使用工具正确收割，不要连根拔起，只需用剪刀剪下要吃的叶子，留下根部让其继续生长。

3. 谈谈吃到自己种的菜的感受。

师：吃到自己种的菜是什么样的感觉？

幼：很开心，我要和爸爸妈妈一起分享我种的韭菜。

○ 小结：小朋友通过种植韭菜感受到食物的来之不易，我们要学会珍惜粮食。

图7　种好的韭菜

### ✎ 活动延伸

取部分韭菜、大蒜、葱，切下其下半段，每个小朋友先选其中一样蔬菜，把选的蔬菜的上半段挑出来，看看还剩下些什么，把下半段种植在同一花盆里，比一比谁长的高，放在自然角中，鼓励幼儿学着照顾，并观察其生长情况。

● 常识链接：

1. 韭菜的营养价值很高，它主要含有维生素C、维生素$B_1$、维生素$B_2$、尼克酸、胡萝卜素、碳水化合物及矿物质。

2. 韭菜含粗纤维较多，吃下去后不好消化，胃部需要分泌大量胃酸来消化韭菜。假如晚上吃韭菜吃得过多，胃肠道的负担就会很大，因此大家尽量不要在晚餐时食用韭菜，避免增加胃肠道负担。

● **家园共育：**

1. 亲子美食制作——和爸爸妈妈一起包韭菜饺子。
2. 学习择韭菜。

授课教师：郭欣

## 活动名称：种白萝卜

> 设计意图：萝卜是我们常见的一种蔬菜，每次吃到清脆可口的萝卜，孩子们都会问："萝卜是怎么来的？""为什么有不同颜色的萝卜呢？"小班幼儿对新鲜事物充满了好奇心，喜欢探索大自然的奥秘。使幼儿能学习用简单的工具以点种的方式种植白萝卜，在观察、实践操作中感受白萝卜的成长变化，体验种植带来的快乐。

### 活动目标

1. 了解白萝卜的基本特征及其生长过程。
2. 学习种植白萝卜的方法，关注白萝卜的生长变化。
3. 会正确使用简单的种植工具，积极参与种植活动，体验劳动的乐趣。

#### 活动 1　认识白萝卜

### 活动准备

白萝卜、白萝卜籽。

### 活动过程

1. 品尝白萝卜，引起幼儿兴趣，引导幼儿观察并认识萝卜。

师：萝卜是什么味道的？

幼：脆脆的、甜甜的。

● 小结：萝卜是我们生活中常见的一种蔬菜，它的外形有的是椭圆的，也有的是圆的，一般为红色、绿色、白色。萝卜味甜、脆嫩、汁多。

2. 出示白萝卜种子，和幼儿一起讨论白萝卜种植的方法。

师：你们还见过什么样的萝卜呢？

幼1：我见过椭圆的白萝卜、胡萝卜。

幼2：我见过红色圆圆的水萝卜。

师：你们知道白萝卜种子是什么样的吗？

幼1：白萝卜的种子是棕色的、小小的。

幼2：圆圆的小种子。

- 小结：白萝卜种子是卵圆形或椭圆形的，它的表面颜色为黄棕色或红棕色。

3.了解白萝卜的生长过程。

师：这么小的种子能长出大萝卜吗？它是怎么长大的？（播放视频）

幼1：每天给萝卜浇水、施肥，就能长出大萝卜来。

幼2：白萝卜生长需要充足的阳光和水分。

- 小结：通过视频学习，小朋友知道了白萝卜是由小种子生根发芽，从幼苗形态慢慢地生长、成形，长出茎干和叶子。在种植期间，白萝卜需要充足的阳光和水分，要定期拔草、施肥，最后就能长出大萝卜来。

师：你们想把白萝卜种在哪里呢？

幼1：花盆里。

幼2：菜地里。

- 小结：一般的萝卜都长得比较深，所以应选择土壤比较深厚的地块种植。

### 活动2　种白萝卜

#### 活动准备

菜地（图1）、白萝卜籽（图2）、小铲子、小耙子、尺子、水壶、观察记录表（图3）。

图1　菜地　　　　　　图2　白萝卜籽　　　　　　图3　观察记录表

#### 活动过程

1.和幼儿商讨怎样种植萝卜。

师：我们怎么把种子种到土壤里呢？

幼1：用铲子挖坑把种子放进土壤里就行了。

幼2：萝卜长在地底下，要把坑挖深一些。

- 小结：在种植前要先做准备工作，翻土地有助于种子的生长。先在菜地里为种子挖出一排排整齐的深坑，然后在每个坑中均匀地撒入三四粒种子，再用一层薄土掩盖种子，最后给种子浇适量的水。这样白萝卜籽就种好了。

2.讨论种植后需要做什么。

师：种子种好以后，我们需要做哪些事情？

幼1：用水壶浇水，让土壤湿透。

幼2：除草、施肥。

● 小结：我们应及时给白萝卜浇水，原因是白萝卜发芽期要有充足的水分，这样能助其迅速生长。3～5天后拔草、除虫。如果白萝卜的叶子看起来有些褪色，而且发现在根部有些洞，那么可能是有虫子。要除虫，可在白萝卜的底部撒上一些石灰或木屑。

3. 制作观察记录表并分享。

师：请小朋友来说一说你是怎么观察白萝卜生长的呢？

幼1：我观察白萝卜的叶子。

幼2：我用尺子量一量白萝卜的高度。

师：用什么方式记录在表格中？

幼1：画一画。

幼2：打对勾记录。

● 小结：小朋友们通过运用简单的符号、线条的方式将观察所得记录在表格中，记录白萝卜的成长变化。

### 活动3　收获白萝卜

#### 活动准备

小铲子、小耙子、白萝卜菜品的图片。

#### 活动过程

1. 收获白萝卜。

师：你是怎么把白萝卜拔出来的？

幼1：我用小耙子把白萝卜旁边的土松一松，用力拔出来的。

幼2：我用小铲子挖出白萝卜。

师：收获了自己种的白萝卜后，你有什么样的感受？

幼：我种的白萝卜长大了，而且是我自己拔出来的，特别高兴。

● 小结：拔白萝卜需要技巧，不能硬拔，可以利用小铲子、小耙子等工具。小朋友通过每天悉心照顾真切地感受了白萝卜的生长过程，知道了食物的来之不易。

2. 讨论白萝卜的吃法。

师：白萝卜什么味道？可以做成哪些美味的食物？

幼1：甜甜的、脆脆的，妈妈做过萝卜炖羊肉。

幼2：我吃过凉拌萝卜丝。

● 小结：白萝卜味甜、脆嫩，营养价值非常高，含丰富的维生素C和微量元素锌，有助于小朋友增强身体的免疫功能，提高抗病能力。

#### 活动延伸

1. 日常活动中组织幼儿观察白萝卜的根部与其他植物的不同。

2. 了解白萝卜可以做出哪些美味的食物。

● 常识链接：

萝卜含有丰富的维生素 C 和多种微量元素，有助于幼儿增强身体的免疫功能，提高抗病能力；萝卜中的芥子油能促进胃肠蠕动，增加食欲，帮助消化。

● 家园共育：

1. 亲子种植——和家人一起种植胡萝卜。
2. 亲子美食制作——和家人一起煲萝卜羊头汤。

授课教师：赵博茹

## 活动名称：种土豆

设计意图：小班幼儿好奇、好问，乐于动手尝试，喜欢探索大自然的奥秘。幼儿可以在接触自然、生活中事物和现象的过程中积累有益的经验，在探索活动中感受植物的结构特点。可结合幼儿喜爱吃的食物——土豆开展种植活动，使幼儿通过动手种植在观察、实践操作、交流分享中掌握种植土豆的要领及科学的观察方法。这样既可以满足幼儿的探索欲望，激发幼儿的责任感，又能让幼儿体验到劳动带来的快乐。

### 活动目标

1. 了解土豆的生长过程，激发幼儿探究植物奥秘的欲望。
2. 了解种植土豆的种植方法。
3. 爱护植物，尊重劳动成果。

活动 1　认识发芽的土豆

### 活动准备

发了芽的土豆（图 1）。

图 1　发了芽的土豆　　图 2　切成块的土豆

### 活动过程

认识发芽的土豆。

师：今天老师带来的土豆跟你平常见到的土豆有什么区别？

幼：土豆上面发芽了。

师：猜猜把发芽的土豆埋到土里会不会长出叶子，会结出新的土豆吗？

幼1：能长出叶子来。

幼2：能结出新的土豆。

- 小结：发了芽的土豆不能食用，它是土豆的种子。我们可以把发芽的土豆种到土里。

#### 活动 2　种植土豆

### 活动准备

纸杯（图3）、罐子、土壤（图4）、小铲子、浇水壶、观察记录表。

图3　纸杯 　　　　　　图4　土壤

### 活动过程

1. 了解土豆的生长过程。

师：土豆生长在哪里？

幼1：土里。

幼2：花盆里。

- 小结：土豆是长在土里的，我们把土豆的种子埋在土里，它会生出根吸收土壤里的水分和营养。它的芽会长大，长出叶子，进行光合作用。

2. 和幼儿一起讨论种土豆的方法。

师：怎么把发芽的土豆种到土里呢？

幼：拿小铲子在土里挖坑，把土豆放进去。

师：挖多大的坑？

幼：种子多大，就挖多大的坑。

- 小结：用小铲子在土里挖一个和切开的土豆一样大的坑，芽朝上、切口朝下种在土里，用土埋起来，露出芽的部分，再给它浇点水，浇水的时候注意不要让水盖过芽的高度。

3. 完成观察记录表。

师：小朋友认真看看我们的土豆芽有什么变化？

幼：它长高了。
师：你是怎么发现的呢？
幼：我拿尺子量了一下，比以前高。
师：那我们把发现的变化记录起来。记录什么内容呢？
幼1：时间、地点。
幼2：变化、高度。

● 小结：观察记录表可以记录它是怎么变化的，如它的高度、方向；还可以记录是怎么照顾它的，如什么时候浇的水。要想让幼儿深刻体验土豆的种植过程，一定要引导幼儿从切芽开始，一步一步亲自操作，使其真正了解土豆的生长特点。

### 活动3　总结经验，享受成果

#### 活动准备

日常品尝过的由土豆制作的食物。

#### 活动过程

1.讨论土豆可以做什么美食。
师：土豆可以做成哪些美食呢？
幼1：薯片是土豆做的。
幼2：我最喜欢的土豆丝也是土豆做的。

● 小结：土豆中含有多种矿物质元素，可以为人体提供充足的能量，既营养又美味。

2.讨论怎样收获土豆。
师：请小朋友说一说你是怎么收获土豆的？
幼1：我用小铲子挖出一个个的土豆。
幼2：我特别高兴，用手一点点挖出土豆。

● 小结：小朋友通过种植土豆学会了铲、挖等动作，掌握了劳动技能，收获满满。

#### 活动延伸

在日常活动中组织幼儿观察土豆的长势，日常做好浇水管理工作。土豆生长后期喜欢阳光，有太阳的时候就把土豆摆在阳光下，充分吸收阳光。

● 常识链接：
1.发芽或发霉的土豆含有有毒物质，不能食用。
2.小朋友爱吃的土豆泥、炸薯条在加工过程中有大量的维生素C被破坏，营养成分大大降低，而且炸薯条的油很难判断是否新鲜，所以要尽量少吃。

● 家园共育：
1.亲子种植——和爸爸妈妈尝试水培种植土豆。
2.亲子美食制作——和爸爸妈妈一起做土豆丝。

图5 观察土豆　　　图6 观察土豆的芽　　　图7 种植土豆　　　图8 种好的土豆

授课教师：李乾

## 活动名称：种大蒜

> 设计意图：大蒜是可以自然发芽的食物之一，好存活，生长周期短，变化明显。在种植过程中，幼儿通过看一看、说一说、摸一摸、剥一剥、种一种可以掌握种植大蒜的基本技能和方法。在观察和实践中，幼儿可以感受大蒜的生长变化过程。种植活动有助于幼儿学习观察方法，提高观察能力。

### 活动目标

1. 初步了解大蒜的基本特征及其生长变化过程。
2. 学习大蒜的基本种植方法，培养动手操作的兴趣和能力。
3. 体验种植的乐趣，养成善于观察的习惯。

#### 活动1　种植准备

### 活动准备

各种大蒜，包括蒜头、蒜瓣，尤其是发了芽的蒜（图1）。

图1 发了芽的大蒜

### 活动过程

1. 出示大蒜，引导幼儿说出其名称、特征及用途。

师：兄弟七八个，围着柱子坐，大家一分家，衣服就扯破。猜一猜是什么？

幼：大蒜。

师：看一看、摸一摸、剥一剥、掰一掰大蒜，看看有什么新的发现？

幼：大蒜是一瓣一瓣的，像月牙一样，闻着有点辣辣的。

师：如果把大蒜种在土里，会有什么变化呢？

幼：大蒜种在土里会发芽。

○ 小结：小朋友通过摸一摸、看一看知道大蒜是一瓣一瓣的，种在土里的。

2.引导幼儿讨论种植大蒜需要的材料。

师：我们种大蒜需要什么？

幼1：土、盒子、大蒜。

幼2：小铲子。

### 活动 2　种大蒜

#### 活动准备

纸杯（图2）、罐子、土壤（图3）、小铲子。

图2　纸杯 　　　　图3　土壤

#### 活动过程

1.和幼儿讨论种植大蒜的方法。

师：你准备怎么种植大蒜呢？

幼1：把剥好的大蒜放在土里。

幼2：要把大蒜瓣分开种才行，直接种太挤了。

○ 小结：在盒子中放入土壤，用小铲子在中间挖一个坑，找出大蒜根部，把大蒜芽尖朝上、须根朝下放入坑中，轻轻地用泥土填埋大蒜。

2.和幼儿讨论照看大蒜的方法。

师：我们该怎么照看种好的大蒜呢？

幼1：浇水。

幼2：把它放在有阳光的地方。

师：小朋友的观察记录上蒜苗有什么变化呢？

幼：我的蒜苗长得很高，和尺子一样高了。

○ 小结：阳光和水分有助于大蒜的生长，要适量地给大蒜浇水，保持土壤湿润，避免浇水过度。大蒜的生长所需时间较短，但是其他植物需要更多的时间。小朋友种植大蒜很辛苦，农民伯伯种植粮食需要付出更多的辛苦，所以我们要珍惜粮食，不浪费食物。

## 活动 3　收获蒜苗、品尝美食

### 活动准备

认识蒜苗并品尝含有蒜苗的菜。

### 活动过程

师：我们收获的蒜苗怎么吃呢？
幼 1：炒着吃。
幼 2：吃蒜苗饺子。
师：你吃过哪些蒜苗炒的菜呢？
幼：我在幼儿园吃过蒜苗炒鸡蛋。

○ 小结：经过小朋友的精心照看，我们的蒜苗可以吃了。蒜苗的香味很特别，一般都是炒制，最常吃的菜就是蒜苗炒鸡蛋。

### 活动延伸

1. 教师带领幼儿每天观察自己种植的大蒜的生长情况，交流看到的大蒜的生长情况。若泥土比较干燥，则要引导幼儿给大蒜浇水。
2. 在种植区可摆放大蒜的生长顺序图，供幼儿观赏并模仿记录。带领幼儿按照大蒜的生长顺序排序图片，加深幼儿对种植大蒜的知识记忆。
3. 在种植区投放观察记录表（图8），准备尺子等工具，让幼儿每天观察大蒜的变化和蒜苗的生长情况。

● 常识链接：

大蒜是一种药食两用的食品，对于解毒、杀菌有很好的功效。它含有较多的蛋白质、糖、维生素C和钙、铁等无机盐，性温、味辛，带点苦涩，具有刺激性气味，可食用或供调味。大蒜还可以腌"腊八蒜"。

● 家园共育：

1. 亲子种植——和家人一起水培种植大蒜。
2. 亲子美食制作——蒜苗炒鸡蛋。

图 4　幼儿剥蒜 　　　　　图 5　观察大蒜 　　　　　图 6　种植过程

图7 种好的大蒜　　图8 观察记录表

授课教师：李乾

## 中班食育活动案例

### 活动名称：饭团DIY

> 设计意图：米饭是幼儿喜爱的主食之一，但好多幼儿只喜欢吃白米饭不喜欢吃菜，这样不利于营养物质的吸收。教师要帮助幼儿养成良好的饮食习惯，帮助幼儿了解食物的营养价值，引导幼儿不挑食，多吃健康食品。由此，设计了本次创意烘焙活动。用不同模具做出形状各异的饭团，再用各种蔬菜给饭团做出漂亮的装饰，这样不仅可以使幼儿增加对食物的兴趣，了解均衡饮食对身体的益处，还可以使幼儿体验创意活动带来的乐趣。

#### 活动目标

1. 知道饭团的制作过程及相关食材，懂得食物的营养搭配。
2. 掌握做饭团的技巧及装饰搭配，提高幼儿的艺术审美感。
3. 体验创意烘焙活动带来的乐趣。

#### 活动准备

● **食材准备：**
1. 将西兰花掰成大小均匀的花瓣，将胡萝卜、黄瓜清洗干净。
2. 将胡萝卜、黄瓜、火腿切丁。
3. 将熟米饭、海苔、沙拉酱、芝麻装盘备用。

● **工具准备：**
幼儿洗手并穿戴围裙、帽子、套袖，准备小案板、小盘子、保鲜膜、西餐刀具、饭团模具、蔬菜水果切花模具等。

| 图1 熟米饭 | 图2 案板、模具 | 图3 西餐刀具 | 图4 围裙套装 |

## 活动过程

**一、说一说**

1. 故事导入《蔬菜、米饭好朋友》。

师：小朋友都非常喜欢吃米饭，你们知道吗？蔬菜和米饭是好朋友呢！

故事：今天蔬菜王国要举办一个盛大的舞会，胡萝卜宝宝在弹钢琴，海苔宝宝在吹号，西兰花宝宝拉手风琴，黄瓜宝宝在拉二胡，非常热闹。米饭听到了蔬菜王国开舞会的美妙音乐，便急忙赶来。"你们愿意和我玩吗？漂亮的蔬菜。"胡萝卜、黄瓜、西兰花欢呼着："当然，你是我们蔬菜的好朋友。"于是，蔬菜和米饭就为准备舞会而开始忙碌了。猜一猜蔬菜和米饭会想什么办法装扮舞会呢？

幼1：米饭变成一个雪人装扮舞会。

幼2：西蓝花和胡萝卜组合在一起，变成一束美丽的花装扮舞会。

幼3：黄瓜把办舞会的场地打扫得干干净净。

2. 学习蔬菜和饭团搭配的比例与摆放。

师：你们喜欢吃米饭和蔬菜吗？喜欢吃什么蔬菜？米饭和蔬菜搭配在一起还能变出很漂亮的饭团呢！我们一起去看看吧！

幼1：我喜欢吃胡萝卜，胡萝卜是小兔子爱吃的蔬菜。

幼2：我的妈妈会把蔬菜和米饭搭配在一起炒米饭！

**二、学一学**

教师讲解、演示饭团的制作步骤及注意事项。

1. 利用沙拉酱将米饭拌均匀，然后用保鲜膜将米饭包成饭团并团紧。
2. 将饭团放进模具中按照模具形状压平压实，倒扣在盘子中。
3. 利用西餐刀将需要的蔬菜切成片状，再用蔬菜切花模具将蔬菜做出漂亮的图案并进行装饰。
4. 漂亮的饭团就完成了。

**三、做一做**

1. 幼儿分组尝试制作饭团，教师要提示幼儿：用保鲜膜包饭团的时候一定要将饭团压得结实一点；用西餐刀具的时候也要注意不要切到自己的手。

2. 鼓励幼儿大胆创新。

师：装饰蔬菜的时候要有自己的创新想法，做出不同样子的蔬菜装饰饭团。

3. 幼儿随着音乐一起做饭团，教师巡视指导。

### 四、分享讨论

幼儿分组展示饭团。请幼儿为自己制作的饭团起一个好听的名字。这个饭团有什么特别的意义？在制作的时候遇到了什么困难？是如何解决的？

> **活动延伸**

1. 品尝自己制作的饭团。

小朋友品尝自己亲手制作的饭团，彼此分享自己制作的饭团。品尝自己制作的饭团是什么心情？

2. 参观食堂。

教师将小朋友分组（8人一组），参观幼儿园的食堂、备菜间等，知道师傅做饭的不易，从而更加珍惜每一粒粮食。

● 操作要点：

幼儿要有基本的卫生常识，知道拿取食物时要保证手干净，以免细菌进入肠道。饭团一定要捏紧，最好选用黏性比较大的米。蒸煮的时候加几滴橄榄油，这样煮出来的米饭即使凉了也很有弹性，很好吃。

● 常识链接：

大米中含碳水化合物75%左右，蛋白质7%～8%，脂肪1.3%～1.8%，并含有丰富的B族维生素等。每种营养物质都对幼儿的身体健康和大脑发育有着至关重要的作用。大米可提供丰富的维生素、蛋白质、花青素等营养成分。

| 图5 食材洗净备用 | 图6 食材切丁 | 图7 饭团装饰完成 | 图8 饭团 |

授课教师：李亚杰

## 活动名称：四喜蒸饺

> 设计意图：《3～6岁儿童学习与发展指南》指出："利用民间游戏、传统节日等，适当向幼儿介绍我国主要民族和世界其他国家和民族的文化，帮助幼儿感知文化的多样性和差异性，理解人们之间是平等的，应该互相尊重，友好相处。"蒸饺为北方的传统饮食，它形态美观，玲珑可爱，色泽分明，咸鲜味美。蒸饺中的四喜蒸饺每一部分都装着不同的食材，一口吃下去多种味道，而且四个角代表了福、禄、寿、喜这四样寓意，喜庆吉祥，非常适合作为点心或者主食装点节庆餐桌。设计本次活动不仅能够让幼儿更多地了解了中国面点制作的多样化，还能通过亲手制作激发幼儿对各种蔬菜的喜爱之情，从而使幼儿逐渐喜欢上面食和蔬菜这一经典搭配。

## 活动目标

1. 知道面食与蔬菜搭配的营养价值。
2. 初步掌握四喜蒸饺的制作过程和技巧。
3. 懂得与同伴合作分享,体验成功的乐趣。

## 活动准备

● 食材准备:

1. 幼儿观看教师将适量面粉用温水和成面团。
2. 教师带领幼儿将胡萝卜、木耳、芹菜切碎备用。
3. 幼儿观看教师将鸡蛋炒熟备用。
4. 拌馅阶段:教师把切碎的菜和肉放进盆中并依次加入盐、五香粉、饺子调料、酱油(说明加入酱油为调色,增强食欲)等,进行调和拌馅。

● 工具准备:

幼儿洗手并穿戴围裙、帽子、套袖,准备案板、擀面杖。

图1 案板、擀面杖 　　图2 围裙套装 　　图3 饺子馅 　　图4 面团

## 活动过程

一、说一说

1.谈话导入:教师出示已做好的四喜蒸饺引起幼儿的兴趣,引发幼儿动手操作的欲望。

师:小朋友认识这是什么吗?
幼:五颜六色的饺子。

○ 小结:它的名字叫"四喜蒸饺",是一道寓意喜庆吉祥的点心,它象征着一切事物如花一般多姿多彩,迎接美好的春日。色彩艳丽的四喜蒸饺营养丰富,名字和造型也相当有寓意,四角分别代表福、禄、寿、喜四种寓意。

2.教师和幼儿认识食材,请幼儿说一说各色蔬菜的营养价值,引导幼儿养成不挑食的好习惯。

师:你知道这些都是什么菜吗?
幼1:红色的是胡萝卜,黄色的是鸡蛋。
幼2:绿色的是芹菜,黑色的是木耳。

○ 小结：黄色的是鸡蛋，鸡蛋中含有丰富的蛋白质；红色的是胡萝卜，它含有丰富的胡萝卜素，能够促进眼内感光色素的生成，让小朋友的眼睛亮亮的；黑黑的是木耳，木耳有"素中之荤"的美誉，具有很高的营养价值；绿色的是芹菜，芹菜含有丰富的纤维，吃了以后会加快我们的肠胃蠕动。

## 二、学一学

教师讲解、演示四喜蒸饺的制作步骤及注意事项。
（1）将光滑的面团分成若干小份。
（2）用擀面杖将小面球擀成圆圆的饺子皮大小。
（3）在饺子皮中间放入适量的馅，将饺子皮对折中间捏紧。
（4）将另外两边的皮向中间捏紧，整理成花瓣状。
（5）将四色蔬菜分别装进四个花瓣里（八成满），然后入锅蒸15～20分钟，蒸至熟透即可。
师：小朋友们想不想自己动手制作四喜蒸饺呢？我们一起试试吧。

## 三、做一做

1. 幼儿分组做四喜蒸饺。
师：将馅放入饺子皮中央，初次尝试可放少量馅。完成之后将四喜蒸饺整齐地放在饺子盘上面。
2. 鼓励幼儿大胆创新。
师：在制作四喜蒸饺的时候可以根据自己的喜好放入各种蔬菜。
3. 幼儿随着音乐一起做四喜蒸饺，教师巡视指导。

## 四、分享讨论

鼓励幼儿大胆讲述自己制作四喜蒸饺的过程。
师：你的四喜蒸饺用什么材料做的呢？
幼：我把饺子皮对角捏住，在每个花瓣里放上胡萝卜、鸡蛋、木耳、芹菜。

○ 小结：小朋友通过动手操作，大胆尝试，学习了制作四喜蒸饺的方法，增强了动手操作能力，体验到了成功的快乐。

## 🖉 活动延伸

1. 蒸四喜蒸饺。
教师将小朋友做的四喜蒸饺放入蒸锅，隔水蒸15～20分钟。
2. 吃蒸饺。
教师把蒸熟的四喜蒸饺分发给幼儿，请幼儿品尝自己亲手做的四喜蒸饺并分享自己的心情。

● 操作要点：

1. 使幼儿熟悉拌馅、和面等四喜蒸饺的制作过程。
2. 将馅放入饺子皮中央，初次尝试时注意提醒幼儿可放入少量的馅。
3. 将饺子皮整理成花瓣状时一定要把周围的皮鼓起来，方便放馅料。

● 常识链接：

不同颜色的蔬菜具有不同的营养价值，引导幼儿品尝每一种蔬菜，保证各种营养均衡吸收。四色馅可以随意替换，鼓励幼儿发挥想象力，用自己身边的食材来制作不同馅料的四喜蒸饺。

图5 将面团分成若干小份　　　图6 擀皮

图7 把馅放入皮里　　　图8 四喜蒸饺

授课教师：李亚杰

## 活动名称：创意水果拼盘

设计意图：水果是幼儿最喜爱的食物之一，它能补充我们身体所需的各种维生素和营养物质。因此，专门为幼儿设计了本次创意制作活动，让幼儿根据自己对艺术的喜好来创作不同的拼盘图案，以提高幼儿对艺术作品的审美能力，让幼儿突破自我，主动品尝更多种类的水果，从而为身体补充足够的营养物质。

### 活动目标

1. 通过水果的外形、颜色、味道等特点拼出营养价值高、外观美的拼盘。
2. 初步学习将水果切成片状、块状及条状等方法，锻炼幼儿小手肌肉群、手眼协调能力。
3. 通过小组共同拼盘培养幼儿的团结合作能力。

## 活动准备

- **食材准备：**

清洗各种瓜果，如苹果、胡萝卜、黄瓜、圣女果等。

- **工具准备：**

盘子、西餐刀、小案板、果蔬切花模具、一次性手套、围裙套装。

## 活动过程

**一、说一说**

1. 引导幼儿通过看一看、摸一摸、闻一闻来感受水果的颜色、形状、味道等特征。

师：果篮里有很多水果，小朋友说一说这些水果都有哪些特点？

幼1：黄色的香蕉像月亮一样。

幼2：苹果是红红的、圆圆的。

◎ 小结：有圆圆的红苹果、弯弯的黄色香蕉、椭圆形的圣女果、绿色的长黄瓜、黄色的菠萝等五颜六色的水果。

2. 了解水果的营养价值。

师：你们喜欢吃这些水果吗？知道吃水果的好处吗？

幼1：我喜欢吃苹果，脆甜脆甜的，吃水果不容易生病。

幼2：我喜欢吃香蕉，补充营养、能量。

◎ 小结：我们吃的水果中都含有大量的膳食纤维，具有平衡饮食、促进消化吸收和排泄的作用，小朋友要多吃水果。

3. 欣赏水果创意拼盘作品图。

师：图中你都看到了什么？是用哪些水果拼成的？

幼1：我看到一节一节香蕉和橘子拼摆成的椰子树。

幼2：苹果和橘子拼成的大狮子。

◎ 小结：水果不仅可以吃，还可以拼摆出各种好看的造型，如小动物、花。

**二、学一学**

1. 出示准备好的各种水果和辅助材料，制作水果拼盘。

师：你们想用这些水果拼摆什么造型？

幼：我想做一朵太阳花，把菠萝切成圆形的薄片当作花盘，把圣女果切成两半，围着菠萝一个挨着一个摆在菠萝的旁边。

师：如果想拼出漂亮的水果拼盘，需要先把各种水果切成条、块、片等各种形状，利用切好的水果拼出不一样的图案。

2. 注意事项。

（1）幼儿分组进行水果拼盘，安全使用西餐刀。

（2）提醒幼儿注意从水果的色彩、形状等方面来表现拼盘的造型特点。

（3）对遇到困难的幼儿及时帮助与指导，并让幼儿给自己创作的水果拼盘起个好听的名字。

### 三、做一做

师：小朋友们快动起手来，一起制作美味的水果拼盘吧！

1. 将水果切成条、块、片并列成行排在盘内。
2. 把切成片的水果按设计的图案叠摆。
3. 将切好的水果按盘子的形状围成圆形或椭圆形。

### 四、分享讨论

1. 鼓励幼儿大胆讲述自己的作品，并分享创作时的感受和心情。

师：谁想为大家介绍一下自己的水果拼盘呢？说一说你是如何制作的，用到了什么方法？

幼：我的水果拼盘是一头狮子，把菠萝切成圆形，用黄瓜片和切开的圣女果当作狮子的眼睛，用胡萝卜条围在菠萝的外面，一头狮子就完成了。

● 小结：小朋友们都能选择用排、叠、围、堆等方法进行水果拼盘的创作，利用不同颜色的水果制作有创意的水果拼盘。

2. 品尝美味的水果拼盘。

## 活动延伸

画出自己的水果创意拼盘，并和同伴一起欣赏。

● 操作要点：

1. 教师引导幼儿在操作的过程中安全使用水果刀，以免发生危险。
2. 幼儿在取放水果的时候要轻拿轻放，避免压坏或浪费。

● 常识链接：

水果含有大量的膳食纤维，保证适宜的膳食纤维摄入量，能加促肠胃蠕动，促进食物的消化吸收。苹果中富含纤维物质，可以补充人体足够的纤维质；香蕉中的钾元素含量很高。

● 家园共育：

亲子美食制作——回家亲手给自己的父母制作一份水果拼盘。

图1　各种瓜果 　　　图2　拼摆狮子图 　　　图3　拼摆蜻蜓图

授课教师：赵博茹

## 活动名称：五彩糖果饺子

设计意图：在我国，吃饺子是一种传统文化。由于幼儿对"包饺子""吃饺子"比较了解且很感兴趣，结合幼儿的年龄特点，我设计了本次活动。在活动中，主要激发幼儿的探究欲望，让幼儿更全面地了解饺子的有关知识，收获包五彩糖果饺子的技能技法，从生活经验中发现问题、增长知识，体验到生活是幸福的，劳动是快乐的。

### 活动目标

1. 了解冬至吃饺子的习俗，对包饺子产生兴趣。
2. 初步学习五彩糖果饺子的制作方法和技巧。
3. 喜爱食物创作活动，培养爱劳动的好习惯。

### 活动准备

- 食材准备：

1. 教师带领幼儿把洗好的菠菜、西红柿榨汁。
2. 幼儿观看教师用菜汁和出不同颜色的面团。
3. 拌馅阶段：切碎的菜和肉放进盛馅盆并依次加入盐、酱油、鸡蛋等进行拌馅。

- 工具准备：

面粉、面团、饺子馅、小案板、擀面杖、围裙套装。

图1　面粉 　　　　图2　面板、擀面杖 　　　　图3　面团

图4　饺子馅 　　　　图5　围裙套装

## 活动过程

**一、说一说**

1. 谈话导入，了解冬至吃饺子的来历。

师：小朋友，你们知道冬至吃什么吗？冬至为什么会吃饺子呢？

幼：冬至吃饺子，不冻耳朵。

○ 小结：古时候张仲景看到乡亲面黄肌瘦，饥寒交迫，不少人的耳朵都冻烂了。于是，他把羊肉和驱寒药材用面包成耳朵的样子，煮熟后分给求药的人吃。人们吃后，浑身暖和，冻伤的耳朵都治好了。

2. 出示图片，请幼儿观察不同形状和颜色的饺子。

师：你们喜欢吃饺子吗？它是怎么做成的？

幼1：喜欢。

幼2：饺子是用面粉、蔬菜、肉、鸡蛋做成的。

○ 小结：我们平时喜欢吃饺子，冬至更适合吃饺子。饺子是用面粉和各种饺子馅做成的。

**二、学一学**

1. 教师讲解、演示糖果饺子的制作步骤。

（1）将光滑的面团分成若干小份。

（2）用擀面杖将小面球擀成稍微薄一点的方形。

（3）将肉馅放在面皮中间，左右和下面一边都沾上水。叠成长方形，两头稍捏，可爱的糖果饺子就做好了。

（4）将饺子放入煮沸的锅里大火煮熟即可。

2. 注意事项。

（1）第二步小面球要擀得稍微薄一点。

（2）将饺子馅放入皮中央，先捏中央，再捏两边，然后整齐地放在饺子盘上面。

**三、做一做**

1. 幼儿分组按照包饺子步骤制作糖果饺子：揉面、擀皮、放饺子馅、包成糖果样饺子。

2. 鼓励幼儿大胆创新，用不同的捏法捏出不同形状的饺子。

3. 幼儿随着音乐一起包饺子，教师巡视指导。

○ 小结：小朋友掌握了包糖果饺子的方法，并且创作出了各种各样的饺子。

**四、分享讨论**

幼儿分组展示饺子，进行分享。

师：你包的饺子是什么颜色？用了什么方法？包饺子时遇到了什么问题？如何解决的？

幼1：我包的是绿色糖果饺子，先揉面，然后擀成方形，再包成糖果的样子。

幼2：我包的是彩色糖果饺子，我先包好了红色的糖果饺子，再用白色、绿色的面团搓成小球装饰饺子。

幼3：我在包饺子时，饺子馅总是溢出来，后来甜甜帮助了我。

○ 小结：小朋友一边学习一边创新，互相帮忙，不仅包出了糖果饺子，还创新出了各式各样漂亮的饺子。虽然很辛苦，但是很开心，希望小朋友们回家后也能和爸爸妈妈一起制作美食，体验劳动的快乐。

### 活动延伸

1. 煮饺子。

教师把包好的饺子放进盛有沸水的锅里，待水再次煮开后，添凉水一勺，重复三遍，直至饺子熟透。

2. 吃饺子。

教师把煮熟的饺子分发给幼儿，请幼儿品尝自己包的饺子。

● 操作要点：

1. 引导幼儿巧妙擀出方形的饺子皮。
2. 面皮边缘沾水不要太多，能粘住面皮防止肉馅外漏即可。

● 常识链接：

饺子在中国不仅是一种美食，还蕴含着中华民族的传统文化，是每家不可或缺的美味佳肴。饺子皮也可用烫面、油酥面、鸡蛋面或米粉制作。饺子馅可荤可素、可甜可咸。荤馅有三鲜、虾仁、蟹黄、海参、鱼肉、鸡肉、猪肉、牛肉、羊肉等，素馅又分为什锦素馅、普通素馅等。

图6 洗手　　　　图7 将小面球擀成方形

图8 放肉馅包成糖果样　　　　图9 把饺子摆整齐

授课教师：刘晓宁

## 活动名称：我们一起种土豆

> 设计意图：土豆是幼儿熟悉的蔬菜，在家里和菜市场都见过，但幼儿可能并不知道土豆是哪里来的。为了满足幼儿对土豆的好奇心和探究欲望，可以通过看一看、说一说、切一切、种一种帮助幼儿了解土豆的基本特征及其生长过程，让幼儿在观察、实践、体验的多种参与形式中感受土豆的生长变化，体验劳动的快乐。

### 活动目标

1. 初步了解土豆的基本特征及生长过程。
2. 掌握土豆的种植方法，提高动手能力。
3. 通过种植土豆感受食物来之不易，并产生喜爱吃土豆的情感。

#### 活动 1 认识土豆

### 活动准备

发芽的土豆（图1）、土豆图片、土豆种植的主要过程图。

### 活动过程

1. 通过让幼儿调动多种感官观察土豆（图5），激发幼儿的探索兴趣。

师：你们知道土豆身上为什么会有绿色的小芽？

幼：我发现土豆上面有绿色的芽，小小的，是土豆发芽了。

● 小结：土豆的形状不一样，有的是椭圆形，有的是扁圆形，外表皮为土黄色和棕色。土豆外表皮上面一般都会有一些芽眼，长时间放置后，就会长出芽。

2. 出示种植土豆的图片，讨论种植土豆所需要的材料。

师：种植土豆我们需要准备什么呢？

幼1：准备一个大一点的花盆，还要有很多土。

幼2：要准备铲子，用来挖土。还有耙子，可以把土耙平。

幼3：还要水壶，土干的时候要给土豆浇水。

幼4：准备卡片，可以写上是谁种的。

幼5：当芽长高了，我们需要测量，所以要准备尺子，量完之后还要把它记录下来。

● 小结：先选择种植的容器和松软的泥土，然后准备铲子、耙子和水壶作为种植工具，给种植容器贴上名片，最后准备尺子、观察记录表，将种植过程以及生长过程记录下来。

## 活动 2 种土豆

### 活动准备

种植工具（图2）：小铲子、小耙子、容器、土、尺子、水壶。种植名片（图3）、观察记录表（图4）。

### 活动过程

1. 引导幼儿讨论如何种植土豆。

师：把发了芽的土豆切成块，切口朝下埋在土里会发生什么事情？

幼：芽会长高，还会种出土豆。

○ 小结：将发芽的土豆切成块，芽朝上，切口朝下，种在土里，芽会慢慢长高，土里也会长出土豆。小朋友用铲子的时候要注意安全，不要磕到自己，也不要磕到别人，铲土的时候小心一点，注意不要把土扬起来。我们一起种土豆吧！

2. 幼儿和老师一起种土豆。

师：你是怎么种的？

幼1：我用铲子给土壤松松土。

幼2：我把土豆切成小块，切口朝下，放土里埋起来。（图6）

幼3：种完之后我给土豆浇了一些水。（图7）

○ 小结：种土豆之前要松土，然后将切开的土豆的芽朝上、切口朝下种在土里，把土豆埋起来，露出芽的部分。再给它浇水，贴上种植名片，上面写清谁种的、种的是什么、什么时间种的。

3. 自制观察记录表。

师：观察记录表上你准备记录什么内容？

幼1：给土豆浇水需要记录下来。

幼2：芽长了多高，用尺子量好之后画下来。

○ 小结：观察记录表上可以记录是如何照顾它的，如浇水和松土的时间，以及它的生长过程。

| 图1 发芽的土豆 | 图2 种植工具 | 图3 种植名片 | 图4 观察记录表 |

| 图5 幼儿观察土豆 | 图6 种植土豆 | 图7 给土豆浇水 |

## 活动 3　收土豆

### 🖊 活动准备

小铲子、小耙子、土豆菜品的图片。

### 🖊 活动过程

1. 讨论土豆的做法。

师：你吃过的菜品哪些是用土豆做的？土豆有哪些吃法？

幼1：我吃过土豆丝，是把土豆切成丝，炒着吃的。

幼2：我妈妈教我做过土豆泥，把土豆切开，然后蒸软，做成土豆泥。

● 小结：土豆有很多的切法，可以切成丝、块、条；也有很多做法，可以蒸着吃、炒着吃、煮着吃、炸着吃。

2. 感悟食物的来之不易。

师：收获自己种植的土豆是什么样的感受？

幼：很开心，这个土豆是我用了很长时间种出来的。

● 小结：小朋友们每天都精心照顾自己种的土豆，给它们浇水、施肥，观察芽长了多高，期待长出小土豆，最后功夫不负有心人，收获了很多土豆。在这个过程中，我们知道了所有的食物都是辛辛苦苦种植出来的，一定要珍惜食物。

### 🖊 活动延伸

1. 在种植区，可投放水和透明水缸，将土豆放在水里，观察其变化，并将土豆的变化画下来，鼓励幼儿继续探究土豆的生长环境。

2. 幼儿的活动应使各领域相融合，因此在活动区域中可为幼儿提供画画纸和彩笔，鼓励幼儿创作《如何种植土豆》《土豆变变变》等一系列自制图书。

● 常识链接：

1. 土豆含有大量淀粉、蛋白质、B族维生素、维生素C等，能促进脾胃的消化功能。

2. 土豆含有大量膳食纤维，能宽肠通便，帮助我们及时排泄毒素，防止便秘，预防肠道疾病的发生。

● 家园共育：

1. 亲子种植——用不同的方式种植土豆。

2. 亲子美食制作——和爸爸妈妈一起制作土豆饼。

授课教师：潘晓娴

## 活动名称：种麦子

> 设计意图：在日常生活中幼儿非常喜欢吃面制食品，出于好奇，幼儿会问："老师，面条是用什么制作而成的？面包又是用什么做的呢？"本次活动通过让幼儿体验小麦的播种以及生长过程，让幼儿知道喜欢吃的面制食品是用小麦制作而成的，懂得"谁知盘中餐，粒粒皆辛苦"的真正含义，增强幼儿的观察能力和动手操作能力，同时促进幼儿养成对自然知识进行探究和观察的兴趣，养成爱惜粮食的好习惯。

### 活动目标

1. 了解小麦的生长过程。
2. 知道小麦的基本种植方法，愿意大胆尝试，养成观察记录的习惯。
3. 感受小麦的生长变化，体验种植带来的快乐。

#### 活动 1 认识小麦

### 活动准备

小麦的图片。

### 活动过程

1. 出示小麦图片，引导幼儿了解小麦的外形特征和组成部分。

师：小朋友见过小麦吗？它长什么样子？

幼1：我在老家的农田里见过小麦，小麦是绿色的。

幼2：我见过一粒一粒的黄色小麦。

○ 小结：小麦的茎俗称麦秸，空心、有节、光滑、叶细长，茎的顶端长麦穗，麦穗有针一样的麦芒。小麦未成熟时是绿色的，成熟时是金黄色的。

2. 与幼儿共同商定种植的场地、过程及需要使用的工具。

师：小麦在哪里种植呢？

幼1：在土地里种。

幼2：我想在泡沫箱子里种。

○ 小结：我们可以选择用盆栽的方式来种植小麦或者在空旷的地里种植小麦，也可以搜集生活中各种废旧的器皿来种植，如泡沫盒子、废旧的盆等。

## 活动 2　种植小麦

### 活动准备

小铲子、种植小麦的各种器皿、土壤、洒水壶。

### 活动过程

1.引导幼儿自由讨论如何种植小麦。

师：如果请你来种植小麦，你会怎样做？

幼1：我会先松土。

幼2：我会挖一个小洞，把种子放进土里。

○ 小结：在种植小麦过程中，我们需要充足的土壤和小麦种子，还有挖土的工具：小铲子、水壶。

2.幼儿和老师一起种小麦。

师：你是怎么种小麦的？

幼1：我在长方形的容器中装满了土，整齐地在每个坑中埋上了种子。

幼2：我在花盆里均匀地撒了一些种子，然后盖了一层土，最后浇水。

○ 小结：先选择种植所需要的材料和器具，用小锄头把土松好，再挖坑将小麦撒到土里，用小铲子敲几下泥土，整平土地，最后将周围的土淋湿，定期给小麦浇水。

3.观察记录表。

师：小朋友每天都要精心地照顾小麦，我们可以用记录表的形式把它记录下来。大家一起来说一说你是用什么方法记录的？

幼1：可以用画画的方法记录小麦的生长情况。

幼2：我用画画和打对勾的方法记录小麦每天长多高，多长时间浇一次水。

○ 小结：可以用图画的形式制作自己的观察记录表，浇水几次、长高了多少、多长时间需要施一次肥都要在记录表中进行体现，最终做成一本小麦的生长日记。

## 活动 3　收获小麦

### 活动准备

视频（小麦的成长过程）。

### 活动过程

1.收获的小麦都去哪里了？

师：农民伯伯收获的小麦都去哪里了？

幼：小麦磨成了面粉。

师：面粉可以做成哪些美食呢？

幼1：能做成馒头。

幼2：可以做面包。

◎ 小结：收获的小麦经过淘洗、晒干，进入小麦加工厂，可以把麦粒磨成面粉，然后制作各种食品。比如，馒头、方便面、包子、煎饼、各种点心等。

2.出示课件，帮助幼儿了解小麦的生长过程，并谈谈自己的感受。

师：看完视频后，小朋友有什么感受呢？

幼1：我体会到了种小麦的辛苦。

幼2：农民伯伯为了让我们能吃到好吃的真不容易。

◎ 小结：秋季农民把麦种播种在地里，冬季压实麦苗，到第二年春天，麦苗长得绿油油的，并逐渐长大、抽穗、开花、结籽，慢慢地由绿变黄，成熟，之后农民伯伯开始收麦。在炎热的夏天，农民伯伯收割麦子、捆麦子、搬麦子时衣服会被汗水浸湿，腰酸背痛，非常辛苦。所以小朋友要养成爱惜粮食的好习惯。

## 活动延伸

1.观看视频，了解麦粒是如何变成面粉的。
2.了解用麦秆做成的工艺品。

● 常识链接：

小麦是日常生活中比较常见的一种谷物，小麦磨成面粉可以用来制作馒头、面包等各种面食。小麦的营养价值非常丰富，含有B族维生素和矿物质，幼儿适量吃一些小麦制品，可以吸收其中的蛋白质和淀粉，增强人体免疫力；还可以吸收其中的铁离子、钙离子，促进幼儿的骨骼生长。

图1 小麦 　　　　　图2 种植工具 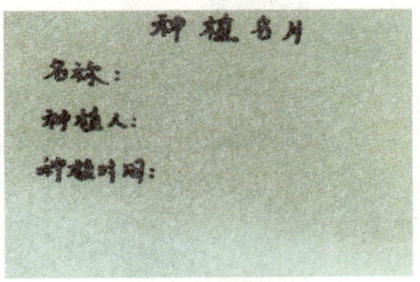　　　　　图3 种植名片

图4 观察小麦 　　　　　图5 给小麦浇水

● 家园共育：

1.准备各种美食图片，让幼儿分类，找出用面粉制作的美食。
2.亲子美食制作——幼儿和爸爸妈妈一起用面粉制作花卷。

授课教师：王丽卿

# 大班食育活动案例

## 活动名称：自制豆浆

设计意图：大班幼儿面对身边的事物喜欢一问究竟，想要探究的内容不再停留于事物的表面。通过动手制作美味豆浆，幼儿不仅可以了解豆浆的营养价值，丰富知识经验，还能发展动手能力，在与同伴的合作、互动中培养团体合作意识，体会不同的情感体验。

### 活动目标

1. 通过动手操作，享受制作豆浆带来的乐趣。
2. 了解制作豆浆所需的物品及制作方法，知道豆浆含有丰富的营养。
3. 培养幼儿团结协作的精神，体验成功的乐趣。

### 活动准备

- 食材准备：

1. 教师带领幼儿提前泡好黄豆。
2. 提前了解磨豆浆的流程：幼儿间相互配合，通过放黄豆、加水、转石磨、过滤等一系列操作制作美味豆浆。

- 工具准备：

石磨、勺子、纱布、操作衣、盛浆容器、杯子、小盆、电磁炉、锅、汤匙、围裙、帽子、套袖。

图1　工具准备

## 活动过程

### 一、说一说

品尝豆浆,激发幼儿制作豆浆的兴趣。

师:今天老师给小朋友带来了好喝的豆浆,想不想尝一尝?它是什么味道的呢?

幼:有一点甜,也有一点豆子的味道。我妈妈经常榨豆浆给我喝。

○ 小结:豆浆中含有丰富的磷脂以及维生素、钙等多种营养素,喝豆浆可以增强体质,对小朋友的身体很有好处。

### 二、学一学

教师讲解、演示制作豆浆的过程和方法。

1. 教师指导幼儿认识、了解磨豆浆的工具和材料。

师:我们一起来了解磨豆浆的工具和材料,哪位小朋友认识它们,给大家分享一下吧。

幼1:这是电磁炉、锅、小盆、勺子、杯子、汤匙、白糖、黄豆。

幼2:我认识这个玻璃杯,是用来装豆浆的。

2. 教师示范磨豆浆。

师:先用勺子舀一勺泡好的黄豆,放在石磨上面的凹槽里,再加一勺水,同时慢慢转动石磨,碾磨出汁。什么时候再次加入豆子和水合适呢?

幼:石磨里面的豆子不见了就可以再添豆子和水了。

3. 鼓励幼儿大胆操作,并请其他幼儿观摩。

4. 将磨好的豆汁用纱布袋过滤,将豆渣滤出。

5. 将磨好的豆汁放入锅内煮沸(直到锅中的泡沫完全消失),加入适量的白糖即可(说明加入白糖是为了提升豆浆的口感)。

### 三、做一做

1. 幼儿分组进行磨豆浆操作。

师:大家觉得几个小朋友一起完成磨豆子这个环节比较合适呢?

幼:我觉得两个人就可以,一个转动碾盘,一个往里面加豆子和水。

师:那我们一起来尝试一下吧。

一名幼儿将豆子准确地放入石磨的凹槽中,同时加入适量的水,另一名幼儿转动碾盘。

2. 过滤豆浆。

师:豆浆里掺杂着很多的豆渣,怎样把豆浆过滤出来呢?

幼:可以将纱布铺到杯子的最上面,把磨好的豆浆慢慢地倒上去,豆汁会漏进杯子里,豆渣就留在了纱布上。

师:描述得很详细,一起来试一试吧。

3. 煮豆浆。

师:我们将过滤好的豆汁放入锅内,搅拌直到把它煮沸,如果喜欢略甜口味还可以加入适量白糖。

○ 小结:小朋友在活动中大胆操作,积极开动脑筋解决问题,通过与伙伴相互合作、共同努力战胜了困难,感受到了成功的喜悦。

### 四、分享讨论

师：在制作豆浆的过程中，你遇到了哪些困难？是怎样解决问题的呢？谁愿意和大家分享一下？

幼：我开始往石磨里面放豆子放得太多了，都快溢出来了，然后就减少了豆子放入的量，加水也要一点一点慢慢加，不然会太干，磨不动了。

○ 小结：通过这次动手操作，我们学习了磨豆浆的方法，知道加入适量的水和豆子才能磨出香香的豆浆，还掌握了过滤豆浆的技巧。

### 活动延伸

1. 教师将煮好的豆浆分发给幼儿，请幼儿品尝自己制作的豆浆，共同分享劳动成果，感受成功的喜悦。

2. 在原味豆浆的基础上，可尝试添加其他食材，如花生、黑芝麻、核桃、杏仁等，品尝其味道。

● 操作要点：

1. 黄豆一定要提前一晚上泡入水中。
2. 在磨豆浆时，要慢慢转动石磨，慢慢加水，可以与同伴交替进行。
3. 在过滤豆渣时要用力把豆汁挤出来。
4. 豆汁煮沸后转小火直到锅中的泡沫完全消失。
5. 在煮豆浆的环节，要不断搅拌，以免豆浆粘锅。

● 常识链接：

豆浆是人们非常喜爱的一种饮品，含有丰富的磷脂、植物蛋白以及维生素等多种营养素，能够让身体较好地补充钙质。需要注意的是，一般豆浆煮到80℃的时候会出现一种假沸现象，有很多泡沫产生。这时，很多人会误以为豆浆已经煮开了。其实还需要继续煮，待煮沸后再持续煮3～5分钟，豆浆里的有害的物质才能被完全破坏。

图2 磨豆浆 　　　图3 煮豆浆

图4 品尝豆浆

授课教师：田艺

## 活动名称：五谷花样馒头

> 设计意图：食育活动是幼儿最感兴趣的活动之一，它不仅可以满足幼儿的味蕾，还可以满足幼儿动手操作的需求。制作五谷花样馒头可引导幼儿尝试有一定难度的活动和任务，体验动手操作的乐趣、提高创新能力。通过本次食育活动，幼儿能真切地体验到"粒粒皆辛苦"，激发幼儿珍惜粮食的情感。

### 活动目标

1. 了解酵母的作用，知道发面、饧面的过程。
2. 尝试通过揉、掰、组合、拼摆等方式制作造型独特的馒头。
3. 培养幼儿动手操作的能力，让幼儿体验制作馒头的乐趣。

### 活动准备

● 食材准备：

和好的面、花生、黄豆、黑豆、红豆。

● 工具准备：

1. 卫生准备：洗手、桌面消毒。
2. 盘子若干、蒸锅一个。

**图 1　工具准备**

### 活动过程

一、说一说

1. 故事导入。

师：有一只小黑猫特别调皮，它整天蹦来蹦去，结果一不小心掉进了一个大盆里……哎呀，小黑猫变成了小白猫，猜一猜这是怎么回事呢？

幼1：盆里面有沐浴露的白色泡泡，所以黑猫变成了白色。
幼2：我猜盆里肯定装了白色的颜料。
师：小黑猫掉进了白白的面粉里……

2. 出示面粉并介绍面粉的来历和用途。
师：你们知道白白的面粉是怎么来的吗？
幼1：是用机器磨出来的。
幼2：是农民伯伯种出来的。
师：农民伯伯种出来的小麦被加工后就磨成了白白的面粉。面粉可以做什么呢？
幼1：面粉可以蒸馒头、包饺子、蒸包子。
幼2：还可以做蛋糕、面条。

● 小结：面食是北方人餐桌上的必备主食，种类很多且容易消化。面条、馒头等蒸煮类面食还有一个功效，那就是可以保护、调养我们的肠胃。

二、学一学

1. 出示花样馒头图片，初步了解花样馒头的制作方法。
师：好看又美味的馒头是怎么做出来的呢？
幼1：我见过奶奶蒸馒头，她先把面团揉得像圆球一样，然后放锅里蒸熟。
幼2：我妈妈蒸出来的馒头是长方形的。

2. 教师示范制作馒头的步骤和方法，并将注意事项讲给幼儿。
（1）先将面团揉成光滑的球状。
（2）将面团做成自己想要的形状或造型。
（3）用豆子等做成眼睛或其他装饰，花样馒头就做好了。

3. 出示各种豆子、面团，引发思考。
师：这是已经和好的面团，在和面的时候加入发酵粉，面团才会发起来，变得白白胖胖哦。这里有各种豆子，想一想你会用面团和豆子设计出什么样的馒头造型呢？
幼1：我想做一个像蛋糕一样的双层馒头，每一层都摆上红色的豆子装饰。
幼2：我要做一个花瓣馒头，在每一片花瓣上放上不同颜色的豆子。

三、做一做

1. 教师指导幼儿尝试做馒头造型。
幼儿分成小组进行花样馒头的制作。幼儿人手一个面团，用揉、掰、揪、豆子点缀等方法"变"出可爱的馒头造型。

2. 鼓励幼儿大胆创新，设计别出心裁的花样馒头。
将备好的面块、花生、黄豆、黑豆、红豆等物品分发到各组，鼓励幼儿利用这些物品大胆装饰馒头。

四、分享讨论

1. 教师和幼儿一同欣赏蒸熟后的花样馒头。
师：小朋友制作的花样馒头非常漂亮，你愿意和其他小朋友分享你的想法以及制作方法吗？
幼：这是我做的刺猬馒头，我先把面团揉成球，一头尖一头圆，然后在上面剪出好多小刺，在尖头部分放了两颗红豆当眼睛。

2.幼儿品尝花样馒头。

### 活动延伸

探索制作更有创意的花样馒头。

- 操作要点：

1.在制作馒头造型时，一定要把面团揉光滑，否则馒头在饧发过程中就会在接口处膨胀开，失去原有的造型。

2.装饰时要将豆子稍微使劲向面团中摁一摁，保证在蒸制过程中豆子不会因面团发酵膨胀而掉落。

- 常识链接：

面粉是小麦经过研磨而成的。用它做成的各种美味面食含有丰富的碳水化合物、蛋白质等成分，小朋友多吃面食可以补充身体所需的营养和能量，增强抵抗力。

- 家园共育：

亲子美食制作——回家后在妈妈的帮助下尝试和面，再继续制作不同的面食给家人品尝。

图2 用温水和面 　　图3 揉面 　　图4 掰面、揪面

图5 用豆子加以点缀 　　图6 蒸熟后的花样馒头

授课教师：温路曼

## 活动名称：自制番茄酱

设计意图：番茄又称西红柿，含有丰富的维生素，经过炖、炒或熬制就可以变成另外一种美食。维生素是人体不可或缺的营养，从食物中摄取是最直接的途径。为了让幼儿了解番茄的营养成分及其价值，我设计了本次食育活动。幼儿在动手操作的过程中不仅可以学习番茄酱的制作方法，还能体验与同伴合作的乐趣，增加生活经验。

### 活动目标

1. 了解番茄的营养价值，知道制作番茄酱的方法和步骤。
2. 学习剥皮、切块、榨汁、熬制的方法，与同伴分工合作制作番茄酱。
3. 感受与同伴共同制作番茄酱时的愉快气氛，体验劳动带来的成就感。

### 活动准备

- **食材准备：**

番茄若干、白糖一袋。

- **工具准备：**

1. 卫生准备：洗手、桌面消毒。
2. 小刀、案板、电磁炉、手动榨汁机、勺子、汤盆。

图1　番茄 　　　　图2　白砂糖 　　　　图3　手动榨汁机

图4　小刀、案板、汤盆 　　　　图5　电磁炉

### 活动过程

**一、说一说**

出示番茄图片导入活动，请幼儿介绍自己了解到的番茄的做法。

师：今天老师准备了好多番茄，你们知道番茄可以做成哪些好吃的吗？

幼1：我妈妈经常做番茄拌白糖，酸酸甜甜可好吃了。

幼2：有一次我帮妈妈做番茄炒鸡蛋，妈妈教我把番茄切成块，把鸡蛋搅散。然后先把鸡蛋炒好，再把番茄放进去一起炒，放上盐和糖特别好吃。

## 二、学一学

1. 出示番茄酱，了解番茄酱的做法。

师：我们什么时候会用到番茄酱呢？

幼1：吃薯条的时候。

幼2：爷爷在做糖醋丸子的时候也会放番茄酱。

师：你们知道番茄酱是怎么做出来的吗？

幼：妈妈都是从超市买有包装的番茄酱，没有自己做过。

2. 教师出示视频，带幼儿了解制作番茄酱的步骤和方法，总结制作过程中的注意事项。

## 三、做一做

1. 幼儿制作番茄酱，教师指导。

将幼儿分成五组分别负责洗、剥皮、切、榨汁、熬酱。

师：小朋友在制作的时候一定要注意以下这些安全事项。

（1）使用刀子时要小心，不要切伤手。

（2）使用榨汁机时不要着急，慢慢摇。

（3）熬酱时顺着一个方向慢慢搅拌，以免被溅出的汤汁烫到。

2. 幼儿开始分工合作制作番茄酱。

步骤1：洗净番茄并去皮。在番茄底部用刀划十字，然后放入开水中浸泡一下，这样皮就很容易弄掉了。（图6）

步骤2：将番茄切成小块，放入榨汁机中打成浆。（图7）

步骤3：把榨好的番茄汁放到汤锅里，并往汤汁里加入适量白糖，大火烧开五分钟后改为中小火熬煮，边煮边搅拌，这个过程要有耐心，一定要熬透了。（图8）

步骤4：番茄汁熬至浓稠后加入芡粉水，小火熬上十分钟，加入适量白醋，重新熬至酱汁烧开便可。（图9）

## 四、分享讨论

搭配食物品尝美味番茄酱。请幼儿讨论并说一说在制作过程中遇到了什么问题及解决办法；总结与同伴分工合作的重要性；探讨添加番茄酱的菜品有哪些。

教师总结：在制作番茄酱的过程中，大家体验了与同伴分工合作的重要性。我们还知道了番茄含有丰富的维生素，多吃富含维生素的食物可以增强身体的抵抗力。

### 活动延伸

1. 将制作好的番茄酱分装好让幼儿带回家，与家人商量利用自制的番茄酱制作一道菜品，如糖醋丸子、土豆泥等。

2. 与家人一起阅读绘本故事《番茄的旅行》，更加深入地了解番茄的生长过程、制作形式及其营养价值。

（a） （b）　　　　　　　　　　　　（a） （b）

图6　将热水烫过的番茄剥皮　　　　　图7　用榨汁机把番茄榨成汁

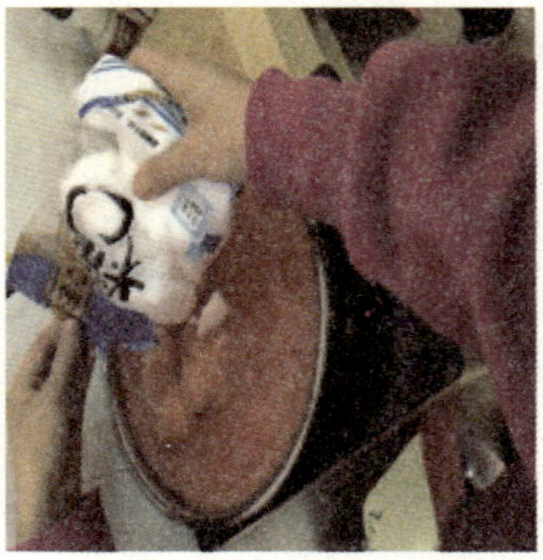

图8　把糖倒进榨好的番茄汁里 　　　　图9　熬开后改中小火继续熬制

● 操作要点：

1. 在切番茄的时候要注意安全，避免误伤。
2. 番茄酱的熬煮需要小火慢熬，搅拌时要顺着一个方向，以免用力过猛汤汁溅出来。

● 常识链接：

番茄含有丰富的维生素C，有生津止渴、健胃消食的效果。小朋友经常食用番茄可以增强抵抗力。但没有成熟的番茄是不能吃的，不小心吃了可能会导致头晕、恶心。

授课教师：田玲

## 活动名称：美味寿司

设计意图：寿司不仅好吃，而且其丰富的食材含有各种营养成分，具有独特的可操作性，因此深受小朋友的喜爱。针对大班幼儿年龄特点，应培养其与同伴分工合作，遇到困难能一起克服的品质。在寿司制作过程中，幼儿可通过与同伴合作提升生活经验，学习制作寿司的技巧。本次活动采用了分工合作的形式，让幼儿在玩中学，在学中玩，通过具体活动体会合作的重要性，体验做寿司的乐趣。

### 活动目标

1. 了解制作寿司的过程，认识制作寿司的工具、原材料。
2. 尝试使用平铺、压、卷、切的方法制作花样寿司。
3. 掌握安全使用刀具的方法，体验制作的快乐。

### 活动准备

- 食材准备：

1. 寿司、海苔若干（按照幼儿人数确定海苔数量）。
2. 幼儿在教师的指引下分工合作，将胡萝卜、火腿肠、黄瓜洗干净并切成条备用。
3. 番茄酱、沙拉酱、米饭。

- 工具准备：

1. 卫生准备：洗手、桌面消毒。
2. 寿司帘、水果刀、平板勺人手一份。

- 经验准备：

1. 让幼儿知道如何安全使用小刀。
2. 教师提前引导幼儿练习利用寿司帘卷寿司。

| 图1 寿司帘、海苔平板勺、沙拉酱 | 图2 米饭 | 图3 菜品切条 |

### 活动过程

**一、说一说**

1. 导入环节——出示蒸熟的米饭引发幼儿思考。

师：蒸熟的米饭可以用来做什么呢？

幼1：可以炒米饭，香香的很美味。

幼2：剩下的米饭可以熬粥喝。

2. 出示寿司图片讨论所需食材。

师：今天用米饭做一款不一样的美食，大家都吃过什么样的寿司呢？（出示寿司图片）

幼1：我吃过的寿司里有黄瓜、火腿、肉松……

幼2：我吃过三文鱼的寿司。

师：做寿司都需要什么食材呢？

幼1：海苔、米饭、黄瓜、胡萝卜。

幼2：肉松、鸡肉、虾。

○ 小结：在做寿司的时候，可以加入自己喜欢吃的蔬菜及食物，既丰富又有营养。

### 二、学一学

1. 出示寿司成品，初步了解寿司的制作方法。

师：看来小朋友吃过很多种类的寿司哦，美味的寿司是怎么做出来的呢？

2. 教师逐步示范制作寿司的步骤和方法，并讲解相关注意事项。

（1）刚盛出来的米饭比较热，小心不要烫到手。

（2）米饭要从海苔中间开始铺，用平板勺一点一点向边缘平铺均匀。

（3）饭团要适量，不要过多，也不要太少。

（4）蔬菜条放在铺好的米饭中间位置，从一头将蔬菜条卷进去。

（5）寿司帘卷一圈，将食材固定好。

（6）切寿司时要慢，像使用西餐刀一样从上往下切开。

### 三、做一做

1. 幼儿制作寿司，教师进行指导。

师：接下来就请小朋友开始制作美味寿司吧！

幼儿人手一份制作寿司的工具与食材，开始进行自我尝试。制作中幼儿自由选择需要摆放到寿司中的食材，教师可指导幼儿根据个人喜好及营养搭配来选择食材。（图4）

教师注意观察指导幼儿，寿司从放有食材的一端开始卷，卷至末端。在卷的过程中注意不要把米饭卷到帘子上。（图5）

2. 教师辅助幼儿把卷好的寿司切开摆盘。（图6）

### 四、分享讨论

1. 幼儿相互欣赏并品尝制作好的寿司。

2. 分享经验（请较为成功的幼儿分享方法和经验，大家相互学习）。

## 活动延伸

和爸爸妈妈尝试用不同的模具来制作不同形状的寿司。

● 操作要点：

1. 在制作寿司时，米饭薄铺均匀，不要铺得太厚太满，以免卷起时米饭挤出来。

2. 海苔的末端最好不要铺米饭，将蔬菜条等放在中间位置，这样卷成的寿司卷更好。

● 常识链接：

有很多寿司会加入三文鱼等生海鲜类食材，经常食用未经烹煮的生海鲜有发生细菌感染或寄生虫感染的风险。异尖线虫病是吃这类寿司引起的最常见疾病之一。所以，小朋友在选择食用寿司时要尽量少吃或不吃含有生海鲜类的寿司。

(a) (b) (c)

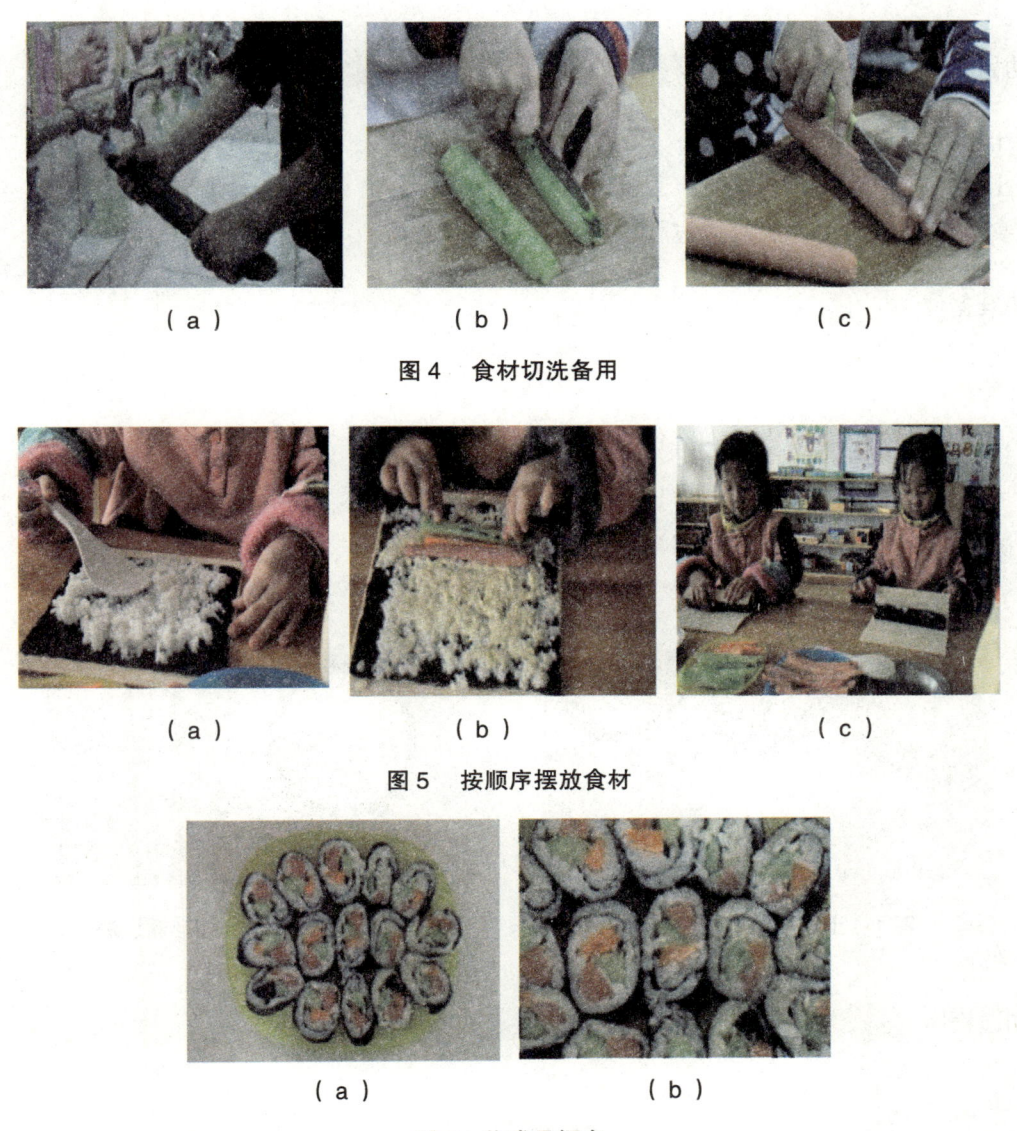

图4 食材切洗备用

(a) (b) (c)

图5 按顺序摆放食材

(a) (b)

图6 将成品摆盘

授课教师：温路曼

## 活动名称：香煎土豆饼

设计意图：土豆是孩子在日常饮食中最喜爱的食物之一，它可以制作出多种多样的美味食品，土豆饼就是其中一个。土豆饼的烹制方法简单易学，做出来的土豆饼味道鲜美。通过参与体验、制作，幼儿不仅能够感受到动手的乐趣，还会对土豆的烹饪有更多的了解与认识，养成爱惜食物的好习惯。

## 活动目标

1. 知道土豆含有丰富的营养成分，了解土豆的营养知识。
2. 知道土豆的食用方法，喜欢吃土豆。
3. 喜欢食物制作活动，体验制作过程中的乐趣。

## 活动准备

- 食材准备：

将土豆、黄瓜清洗干净擦成丝，准备鸡蛋、面粉、盐。

- 工具准备：

饼铛、削皮器、擦丝器、油刷、围裙、帽子、套袖。

图1　土豆丝、鸡蛋、面粉　　　　图2　饼铛、削皮器、擦丝器、油刷

## 活动过程

一、说一说

1. 猜谜语导入。

师：圆绿叶，开白花，结个黄蛋在地下。你能猜出是什么食物吗？

幼：土豆。

2. 出示图片，请幼儿观察土豆的不同烹制方法。

师：土豆可以做哪些美食？

幼1：土豆可以做成酸辣土豆丝。

幼2：薯条也是土豆做的。

○ 小结：土豆可以制作成土豆丝、薯条、土豆泥等。土豆中含有大量的淀粉、蛋白质，可以提高人体的免疫力，有养胃通便的作用。

二、学一学

1. 教师讲解、演示制作土豆饼的方法。

师：今天我们一起制作土豆饼，那需要什么食材呢？

幼1：土豆。

幼2：水、面粉、鸡蛋。
师：怎么用这些食材制作土豆饼呢？
幼1：把土豆洗干净去皮，擦成丝。
幼2：在土豆丝里加入鸡蛋和面粉。
幼3：在土豆丝糊里加入适量的盐。
2.注意事项。
（1）擦土豆丝时请注意安全。
（2）将土豆丝糊搅拌均匀。

○ 小结：把清洗好的土豆擦成丝，再把鸡蛋、面粉、水加入土豆丝里，添加少量的调料，搅拌均匀，土豆丝糊就完成了。

三、做一做
1.教师指导幼儿分组洗土豆、擦丝、打鸡蛋。
2.教师示范摊土豆饼。
（1）预热饼铛，刷适量的油，加入一勺土豆丝糊。
（2）将其在饼铛中均匀地摊开，煎至两面金黄即可。
师：在操作时注意安全，不要烫到，可以先少放些土豆丝去尝试。
（3）幼儿尝试摊土豆饼。

○ 小结：在电饼铛中倒适量油，将混合好的土豆丝糊揉成小圆饼状，待一面煎得焦黄后，再小心翻过来煎另一面，两面焦黄时土豆饼就煎好了。

四、分享讨论
师：在制作过程中，你是怎么制作土豆饼的？谁愿意和大家分享一下。
幼：刚开始擦土豆丝时，反复尝试也擦不出丝。我的好朋友告诉我使用擦丝工具的正确方法，然后就成功地擦出土豆丝了。

○ 小结：你把问题和解决方法描述得很详细，真是一个善于观察和解决问题的小朋友。小朋友之间互相帮助，克服了困难，美味的土豆饼也制作成功啦！

## 活动延伸

1.教师将拌好的土豆丝放入饼铛（不能放入太多，里面不容易熟，要勤翻动，保证土豆饼里面熟透），请幼儿分组参观。
2.教师将煎好的土豆饼分给幼儿，请幼儿品尝自己制作的土豆饼。

● 操作要点：
1.在擦丝环节教师一定要注意幼儿使用工具的安全性。
2.在调土豆丝的过程中，要加入适量的水，避免太稀而不成型。搅拌时间可以略长一些，让土豆里面的淀粉和鸡蛋、面粉、水充分融合。

● 常识链接：
土豆是一种粮菜兼用型的蔬菜，学名马铃薯，与稻、麦、玉米、高粱一起被称为全球五大农作物。

它是目前世界上除谷物外，用作人类主食的最重要的粮食作物，主要食用其地下块茎。但是，一定要注意，如果土豆生芽了就不能食用，原因是发芽变绿的土豆中含有龙葵素，达到一定剂量会出现食物中毒现象。

● 防止土豆发芽或者变绿的小方法：

1. 将土豆放置在阴凉、通风、干燥处储存。
2. 将土豆和成熟的苹果放在一起，苹果释放的乙烯可以有效抑制土豆发芽。

图3　洗土豆 　　　　　　　图4　削土豆皮

图5　擦土豆丝 　　　　　　图6　香煎土豆饼

授课教师：田芝

## 活动名称：草莓快长大

**设计意图**：草莓颜色鲜艳，味道鲜美，孩子们特别喜欢吃。最近经常听到孩子们讨论草莓是怎么来的。为了让幼儿更直观地了解草莓的生长过程，我设计了种植草莓活动。种植草莓为幼儿提供的是感性经验，能够帮助幼儿在摸、看、说、养等过程中掌握种植草莓的基本技能，同时激发幼儿的探索欲望，培养其对劳动的热爱和对劳动成果的尊重。

### 活动目标

1. 了解草莓的基本特征及其生长变化。
2. 初步学习种植、照料草莓、收获草莓的方法和技能。
3. 萌发观察的兴趣，体验劳动的快乐。

## 活动 1　认识草莓

### 活动准备

草莓图片、种植草莓主要过程的图片。

### 活动过程

1. 出示草莓图片，讨论草莓种子迁移的方法。

师：你们见过草莓的种子吗？草莓的种子是什么样子的？

幼：草莓上面的小黑点就是它的种子。

○ 小结：草莓表面有一些黑色或绿色的小颗粒，这些就是草莓的种子。

师：草莓苗长什么样？（出示草莓苗）

幼：草莓苗有根，还有叶子。

○ 小结：草莓苗由根、茎、叶、花、果实、种子等组成。为了更好地让草莓成活，我们一般用移苗的方式种植草莓。

2. 出示种植草莓主要过程的图片，与幼儿共同了解种植的方法。

师：草莓是什么时候播种？你想把它种在哪里？

幼1：草莓春天播种，在空旷的泥土地里。

幼2：草莓秋天播种，我想种在泡沫箱里。

○ 小结：最适合种植草莓的时间是春秋季，春季2～4月，秋季8～9月。我们可以选择生活中各种废旧的器皿或菜地来种植。

## 活动 2　种草莓

### 活动准备

草莓小苗（图1）、小铲子、浇水壶、照顾草莓苗的方法图、观察记录表。

图1　草莓小苗 　　　　图2　种草莓

### 活动过程

1. 和幼儿一起选择适合种植草莓的田地。

师：幼儿园的哪儿块地适合种草莓呢？

幼1：我觉得木工坊右边的那块地适合种草莓，那块地面平整。
幼2：我觉得木工坊左边的那块地适合种草莓，那块地高，距离水管近，浇水方便，阳光充足。

○ 小结：草莓适合在地势稍高、地面平整、排灌方便、光照良好、保水力强、通气性良好的肥沃土地上种植。最后，幼儿商量决定在木工坊左边的那块地种草莓。

2.和幼儿商讨种植前的准备工作。
师：在种草莓苗之前，我们需要做哪些工作呢？
幼1：需要准备种植工具铁铲、耙子、水壶。
幼2：为土地松土。

○ 小结：用铁铲将土块敲碎，并拣去石块、碎砖瓦，然后耙细。

师：我们怎么把草莓苗种到土壤里呢？
幼1：挖坑，然后把草莓苗埋到土壤里。
幼2：把草莓苗种到土里，然后浇水。

○ 小结：将草莓苗种在坑里，用手把苗整理舒展、浇水。

3.引导种好草莓的幼儿将自己制作的小组标记插入土中，以便辨认。
师：怎么辨别自己种的草莓呢？
幼：在小木棍上写上自己的名字。

○ 小结：每组幼儿通过制作标签辨认自己的种植区域，更好地观察草莓的生长过程。

4.栽植后的管理。
师：草莓苗种好后，我们要怎样照顾它？
幼1：拔草、除虫。
幼2：每天去观察草莓，及时为草莓苗浇水、施肥，并在记录表上做好记录。

○ 小结：我们把照顾草莓苗方法的图片贴在草莓的旁边，小朋友可以根据图片用更科学的方法及时浇水、施肥。

## 活动3 收草莓

### 活动准备

剪刀、篮子、柔软的布。

### 活动过程

1.摘草莓。
师：什么样的草莓是成熟的？应该怎样采摘呢？
幼1：全部变红的草莓是成熟的。
幼2：用剪刀把草莓剪下来。

○ 小结：摘草莓时手不能直接碰触草莓，应该先拧着茎翻看草莓是不是成熟，成熟的草莓是红红的、光滑的。采摘时用剪刀剪下来，轻轻放入篮子里，草莓的果肉非常脆弱，篮子里最好放入柔软的布或叶子。

2. 讨论交流。

师：从种植草莓到收获草莓，你们是怎样完成的？遇到了什么问题，怎样解决的？

幼1：种植草莓是我和小朋友合作完成的。我松土，丁丁把土耙平，甜甜捡石块，一诺挖小坑，最后我们一起把小苗种在坑里。

幼2：有一次，有两颗草莓苗死掉了，我们一起观察照顾草莓苗的方法图片寻找原因，原来是因为浇水太多。

○ 小结：从种植草莓到收获草莓，小朋友付出了太多的心血，积极学习科学的种植方法，并一起合作、协商，才种出了这么好吃的草莓。我们吃的粮食也都是经过农民伯伯精心的照顾才成熟的，所以我们要养成爱惜粮食的好习惯。

### 活动延伸

1. 了解用草莓可以做出哪些美味的食物。
2. 了解怎样种植温室草莓。

● 常识链接：

草莓营养价值非常丰富，它含有多种维生素及微量元素，小朋友食用后有助于促进肠胃蠕动，使肠胃内堆积的食物尽快被消化掉，起到健胃消食的效果。而且草莓的口感酸酸甜甜，汁液很多，有很好的开胃效果，能够改善小朋友胃口不佳的问题。

● 家园共育：

1. 亲子美食制作——和家人共同制作草莓酱。
2. 亲子采摘——和家人一同体验采摘草莓。

授课教师：刘晓宁

## 活动名称：生豆芽

设计意图：绿豆芽是我们经常吃的菜品，孩子们几乎都吃过，但他们对绿豆变成豆芽的过程很少知道。本次活动融合了科学和健康领域的内容，能够帮助幼儿通过观察、比较、讨论、记录等方式了解豆芽的生长过程，提升科学探究的兴趣与能力，并通过品尝自己种植的豆芽，养成吃豆芽的良好饮食习惯。

### 活动目标

1. 了解绿豆生根、发芽的生长过程。
2. 学习简单的生豆芽的方法和技能。
3. 感受种子生长的神奇，体验种植带来的快乐。

## 活动1　认识豆芽

### 活动准备

绿豆芽、绿豆（图1）。

### 活动过程

1. 认识绿豆和绿豆芽（图2）。

师：你们都认识它们吗？

幼1：这是绿豆，它是小小的、绿色的、椭圆形的。

幼2：这是绿豆芽，它有一根白色长长的茎，顶上还有两片叶子。

- 小结：绿豆是绿色椭圆形的，硬硬的，而绿豆芽有白色的茎和两片小小的叶子。

2. 讨论生豆芽所需要的材料。

师：我们要生豆芽，那需要做什么呢？生豆芽都需要什么工具呢？

幼1：因为绿豆很硬，需要先把豆子放在水里泡一泡。

幼2：生豆芽需要用到瓶子、水、纱布。

幼3：可以用尺子量一量豆芽长度。

- 小结：我们先要选择生豆芽的容器，如盘子、透明塑料盒、矿泉水瓶等，然后选择一块干净的吸水的纱布，利用尺子测量豆芽的生长长度。

图1　泡好的绿豆

图2　观察绿豆和绿豆芽

## 活动2　生豆芽

### 活动准备

小剪刀、尺子、双面胶、中性笔、种植名片和观察记录表（图3）。

### 活动过程

1. 探索生豆芽。

师：老师这里有一些工具，你会选择什么工具来生豆芽呢？

幼1：我用剪开的矿泉水瓶来生豆芽。

幼2：我用透明塑料盒、纱布。

师：那怎么生豆芽呢？

幼1：把泡好的绿豆放进瓶子里，放入适量的水。（图5）

幼2：我在盘子里放上绿豆，然后把纱布打湿，盖在绿豆上。

○ 小结：生豆芽需要把泡好的豆子放在容器里，盖上打湿的纱布，定时浇水。

师：小朋友，你们知道豆芽的生长需要什么条件吗？

幼1：需要加入适量的水，让豆子保持湿润。

幼2：生豆芽不能放在阳光强烈的太阳下，要放置在阴凉处。

○ 小结：生豆芽要阴凉避光，还要保持纱布的湿润，以防豆子缺水而干瘪。

2.制作观察记录表。

师：我们该如何制作观察记录表呢？

幼1：用尺子测量豆芽的长度，并用直线的方式记录在表格中。

幼2：用水滴的绘画方式记录每天为豆芽浇水的情况。

○ 小结：每天对种子的发芽情况进行记录，需记录浇水量和生长的长度。豆子的发芽需要幼儿每天进行观察，及时补充水分，还要避免阳光的长时间直射。

图3　名片和记录表 　　　图4　准备容器 　　　图5　准备生豆芽

### 活动3　收获豆芽

#### 活动准备

剪刀、洗菜盆。

#### 活动过程

1.说一说豆芽生长的情况，在种植过程中有什么发现。

师：种子是怎么发芽的，是先长出根还是先长出茎呢？

幼1：种子在水里泡着，它会慢慢裂开，直到发芽长出白白的茎。

幼2：我觉得是先长出根，只有长出根，它才能吸收营养，让茎长得越来越长。

○ 小结：绿豆种子发芽时先长出根，再长茎叶。

2.讨论豆芽有哪些吃法。

师：我们收获的豆芽可以做成什么美食呢？

幼1：豆芽可以拌成凉菜。

幼2：可以制作豆芽炒饼。

幼3：豆芽可以做炸酱面的配菜。

○ 小结：豆芽有很多种吃法，可以焯水后拌凉菜，可以作为炸酱面的菜码，还可以清炒，营养丰富又美味。

3.感悟食物的来之不易。

师：培育豆芽的时间很长，小朋友每天都尽心地照顾它，现在收获了，你有什么感受呢？

幼1：自己动手种的豆芽特别好吃，还感觉有一种甜甜的味道，这是我们辛苦照顾它得来的成果。

幼2：我觉得特别不容易，每天都会担心它会不会缺水死掉，或者不长高了，现在终于收获了，我特别开心。

○ 小结：我们每天尽心尽力地照顾这些豆芽，每天观察记录、及时浇水，就为了能收获更多更好的豆芽，所以我们要更加珍惜食物，不挑食、不浪费。

### 活动延伸

把豆芽置于真空中，继续观察，发现豆芽枯萎至死，了解植物生长与空气的关系。

● 常识链接：

豆芽是一种营养价值非常丰富的食物。它含有丰富的维生素C，可以促进小朋友肠胃的消化和吸收。还含有丰富的维生素E，可以有效促进小朋友的骨骼发育。除此之外，豆芽还有大量的维生素B、氨基酸和矿物质，可以促进人体的新陈代谢。

● 家园共育：

1. 亲子种植——发黄豆芽。
2. 亲子美食制作——炒豆芽。

授课教师：郭艳洁

# 第二章　室内体育活动

## 小班室内体育活动案例

### 游戏名称：袋鼠宝宝摘果子

适合年龄段：小班（3～4岁）。
动作发展：跳跃。
身体素质：腿部肌肉的弹跳力。

### 游戏目标

1. 掌握立定跳的动作。
2. 通过各种跳的练习锻炼腿部的弹跳能力以及动作的协调性。
3. 通过游戏"袋鼠宝宝摘果子"体验跳跃的乐趣。

### 游戏准备

经验准备：热身准备，有运动积极性。
器材准备：软垫7个、线2条、果子若干。
场地准备：空旷的空间。

### 游戏玩法

1. 立定跳到每一个小石头上，通过石头路。（图1）
2. 在直线位置双脚左右行进跳。（图2）
3. 到达终点纵身跳起来摘果子。（图3）

图1　　　　　　图2　　　　　　图3

## 游戏过程

**一、随音乐，和幼儿一起练习跳跃相关动作**

引导语：小朋友，山的那边有一大片果园，今天咱们变成小袋鼠一起去摘果子好不好？

那我们先来活动一下身体吧！（进行手腕踝关节运动、膝关节运动、腰部运动、腹背运动、扩胸运动等动作练习。）

**二、模仿袋鼠跳跃，并学习立定跳的基本动作**

引导语：小袋鼠们准备出门摘果子啦！哇，好多大石头，大家开始立定跳，踩住每一个小石头。耶，顺利通过！来到小河边了，大家向左、向右跳通过小河。太棒了，前面就是大果树，请大家纵身跳起摘果子吧！再来一次。

请小朋友在线外排队准备，依次出发。先立定跳到每一个小石头上，顺利通过后，就到了小河边，然后向左、向右跳，最后纵身跳起来："嗨！摘到美味的果子啦！"

调整呼吸，放松身体。

**三、通过游戏"袋鼠宝宝摘果子"掌握立定跳的动作并练习多种跳跃运动**

1. 练习立定跳。

引导语：袋鼠宝宝们准备出发吧！立定跳到每一个小石头上。

2. 从立定跳升级成双脚左右行进跳。

引导语：前方的路变窄了，袋鼠宝宝准备左边右边交替跳跃通过。

3. 继续丰富游戏玩法，添加纵跳触物的动作。

引导语：哇，看到大果树了，袋鼠宝宝请跳起来去摘果子吧！

游戏过程中老师边讲解边做示范，并请1～2名幼儿做示范，然后分组进行游戏。

## 游戏结束

随着美妙的音乐，和幼儿一起做放松活动。

## 常见问题及解决策略

- **问题一**：幼儿立定跳的时候不能准确地跳到软盘上。

解决策略：用呼啦圈代替荷叶，呼啦圈的范围相对较大，幼儿能准确跳进圈里，保障落地稳定。

- **问题二**：幼儿要分组进行游戏。

解决策略：在游戏时教师要按本班幼儿的总数平均分组，提高游戏效率，有助于教师关注到每一个幼儿。

## 亲子互动游戏

名称：袋鼠接力。

家长和宝宝变成小袋鼠进行跳跃接力比赛，宝宝从起点拿上小果子跳跃前进，家长在距离幼儿3米的位置等待幼儿，接过宝宝送过来的小果子后跳到终点。

授课教师：郐鹏瑜

## 游戏名称：小白兔采蘑菇

适合年龄段：小班（3～4岁）。
动作发展：用前脚掌走。
身体素质：平衡性。

### 游戏目标

1. 锻炼幼儿动作的协调性和平衡性。
2. 练习在无间隔和有一定间隔的物体上行走。
3. 使幼儿喜爱参加体育活动，体验体育游戏带来的乐趣。

### 游戏准备

经验准备：走平衡凳的游戏经验。
器材准备：小椅子（图1）、泡沫砖（图2）、打棒若干（图3）。
场地准备：空旷的空间。

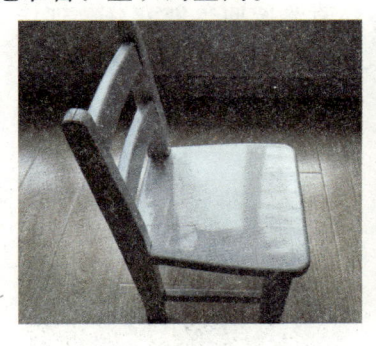

图1 　　　　　图2 　　　　　图3

### 游戏玩法

1. 将幼儿分为四组，假设地面是小河，到小河对面采蘑菇。
2. 小兔要经过桥并踩河里的"石头"走过去采蘑菇。
3. 采完蘑菇原路返回，把蘑菇放到指定地点。
4. 重复上述动作。

### 游戏过程

一、以"采蘑菇"为话题创设情境，引发幼儿参与的兴趣，在音乐的伴奏下一起做热身运动
引导语：小兔子妈妈带着小兔子去森林里采蘑菇，可是有一条小河挡住了它们的去路，你们有什么办法可以解决呢？我们一起来做做热身运动。（进行转腰、扩胸、转手腕、转脚踝等动作练习）（图4）

## 二、提出问题，引导幼儿想出各种办法，并展示给大家看

1. 引导幼儿自主探索。

引导语：你们有什么办法可以解决呢？展示给大家看。

2. 教师请幼儿协助搭建小桥和石墩。

提问：你可以自己尝试一下，搭建小桥和石墩吗？

所用器械：小椅子、泡沫砖。

3. 进行游戏。

（1）请幼儿尝试练习"过桥和踩石墩过河"。

（2）教师要重点指导幼儿保持身体的平衡，不要掉到小河里。

（3）请一名幼儿上前做示范动作。

请幼儿认真观看示范动作，并说一说游戏中需要注意哪些问题？

例如，小朋友在踩石墩过河时应该注意什么？怎样才能顺利到达终点？针对问题，和幼儿讨论解决的方法。（图5）

4. 讲解游戏玩法并进行游戏。

规则：要求踩到"石墩"上，不能踩到水里，如掉进水里要重新踩到石墩上继续向前走。

游戏一：先经过小桥去采蘑菇，采完蘑菇原路返回，把蘑菇放到指定地点。（图6）

游戏二：先经过小桥，然后经过石墩过河去采蘑菇，采完蘑菇原路返回，把蘑菇放到指定地点。（图7、图8）

图4 　　　图5 　　　图6

图7 　　　图8

### 🖉 游戏结束

伴着美妙的音乐和幼儿一起做放松活动。

### 🖉 常见问题及解决策略

● 问题一：幼儿在行走的过程中会出现失去平衡、脚踩到地面的情况，导致游戏无法顺利进行。

解决策略：针对这一现象，我们借用了小椅子和泡沫砖这些道具，帮助幼儿进行练习。从让幼儿双脚踩在小椅子和泡沫砖上到让幼儿眼睛向前看，双臂分别向两侧伸直打开，锻炼幼儿的身体平衡性。

● 问题二：幼儿在走的过程中容易踩空，踩空会对幼儿的安全构成威胁，成为不安全的因素。

解决策略：针对这一现象，在布置游戏场地的时候，特意将泡沫砖的间距拉到适中，并且选择松软的泡沫砖。

### 🖉 亲子互动游戏

名称：小小杂技演员。

在地上画一条线或放一根绳子。

妈妈和宝宝一起站在绳子的一端，脚跟对脚尖往另一端走。

走到头以后，再转身，脚跟对脚尖走回来。走到绳子中间，学着杂技演员那样，用一只脚在绳子上独立一会儿，宝宝和妈妈在绳子中间做不同的动作。

根据幼儿的情况，妈妈可以和宝宝在头上各顶一个沙包走，到达终点结束。

> 温馨提示：在转身的时候，双脚要踩在绳子上面，脚不要踩到地面上。

授课教师：赵笑乾

## 游戏名称：小老鼠钻洞洞

适合年龄段：小班（3～4岁）。
动作发展：坐位体前屈、俯腰。
身体素质：柔韧性。

### 🖉 游戏目标

1. 尝试用自己的身体向前弯曲，用胳膊和身体做出山洞，使"小老鼠"可以通过。
2. 提高幼儿腿部韧带及俯腰运动的能力，学习坐位体前屈的技巧。
3. 使幼儿喜欢和老师同伴一起做运动游戏。

### 游戏准备

经验准备：幼儿能够站立弯腰。
器材准备：皮球、不同长度的"小老鼠"若干。
场地准备：空旷的空间。

### 游戏玩法

1. 幼儿坐在地板上，腿向前伸直，绷脚，将胳膊弯曲放在腿上，使皮球从胳膊下方通过。（图1）
2. 手指尖向前挪动，使不同长度的老鼠从胳膊下通过。
3. 两个幼儿面对面，腿伸直，脚底相对，双手拉住做山洞，一名幼儿扮演小老鼠，从山洞下方钻过。（图2）
4. 多人游戏坐位体前屈，一组幼儿面对面，腿伸直，脚底相对，双手拉住做山洞，其他幼儿扮演小老鼠，从山洞下方钻过。（图3）

图1

图2

图3

图4

### 游戏过程

一、准备部分：热身活动——伴随音乐《春天》，和幼儿一起练习柔韧相关动作

引导语：现在跟老师一起做做操，伸出我的小手摆一摆，伸出我的小脚踢一踢，伸出我的小腰扭一扭，伸出我的屁股转一转，伸出我的膝盖蹲一蹲，伸出我的脑袋点一点。

## 二、基本部分：幼儿自主尝试弯曲身体做成山洞

1. 尝试用自己的身体做成山洞，使皮球通过。（图4）

引导语：我们一起来试一试用我们的身体做成山洞，看看这个洞洞能不能让老师手中的球钻过去呢？

2. 幼儿站立，手指尖点住地板做成山洞，使另一个幼儿通过。

引导语：现在一些小朋友变成山洞，其他小朋友是小老鼠哦，现在小老鼠要过山洞咯！

## 三、游戏：部分幼儿尝试坐位体前屈

1. 通过改变"小老鼠"的长度引导幼儿手指尖逐渐碰触脚尖，初步尝试坐位体前屈。

引导语：我们坐着的时候身体可不可以变成山洞呢？我们一起来试一试吧！来了一只胖胖的老鼠，我们怎样让小老鼠钻过山洞呢？现在是一只长长的老鼠，我们快来试一试怎样让它钻过去吧！

2. 两人合作坐位体前屈。

提问：你能和好朋友一起搭一个山洞吗？

两人一组面对面坐好，将腿伸直，手掌向前，伸直手臂向前倾倒，两人手掌心相对做出山洞，一名幼儿扮演老鼠钻山洞。

3. 改变山洞的形状，进行钻山洞游戏。

两人一组面对面坐好，手中拿一条毛巾，一人握住一头，坐位体前屈，一人向前，一人向后，或者同时向前，手臂举起改变"山洞"的形状和位置，"小老鼠"钻山洞的游戏开始。

4. 幼儿分组，一起游戏。

### 🖉 游戏结束

伴随着美妙的音乐和幼儿一起做放松活动。

### 🖉 常见问题及解决策略

○ 问题一：幼儿在坐位体前屈时，手指尖不能碰触到脚尖。

解决策略：针对这一现象，教师通过不同长度的老鼠，让幼儿"蹦一蹦，够得着"，循序渐进地让幼儿手指向前移动，照顾到了所有的幼儿，使每个幼儿都进行了不同程度的锻炼，提升了身体的柔韧性。

○ 问题二：在坐位体前屈时，幼儿的兴趣不高。

解决策略：针对这一现象，教师可创设有趣的情境吸引幼儿的兴趣，通过"小老鼠钻洞洞"中"老鼠球"和"幼儿扮演小老鼠"的设置，锻炼幼儿柔韧性，从而达到目标，突破难点。

○ 问题三：幼儿在坐位体前屈时，膝盖总是向上抬起。

解决策略：针对存在这一问题的幼儿，教师在其腿部的两侧贴上一条纸条，做金箍圈，引导幼儿在游戏时不将纸条弄破，有趣的情境让幼儿自然地掌握了坐位体前屈的要求。

### 🖉 亲子互动游戏

名称：吹球比赛。

1. 家长先和宝宝准备一个乒乓球。

2. 家长和宝宝面对面坐位体前屈，妈妈的双脚和宝宝的双脚脚底相对，把球放在中心线上。
3. 家长和宝宝双手背后，同时向前弯曲身体吹中心线上的球，谁将球最先吹到另一方的身体前则获胜。

> 温馨提示：在游戏过程中提醒幼儿膝盖不能抬起。

授课教师：潘晓娴

# 中班室内体育活动案例

## 游戏名称：士兵突击

适合年龄段：中班（4～5岁）。
动作发展：手、眼、脚的协调配合。
身体素质：平衡能力。

### 游戏目标

1. 尝试在小椅子上自然行走，提高幼儿的平衡能力。
2. 在走小椅子时身体不要大幅摆动，发展幼儿的控制力。
3. 培养幼儿勇于克服困难的良好心理品质。

### 游戏准备

经验准备：平衡游戏"踩高跷"的游戏经验。
器材准备：小椅子若干、沙包若干、玩具筐2个。
场地准备：空旷的空间。

### 游戏玩法

小步兵过桥：排成一纵列，一个接一个从平衡木上走过。
1. 跨障碍物演习：在椅子上摆障碍物，要求幼儿在通过时不能踩到。
2. 运送弹药：要求幼儿头顶沙包，并且双手不能触摸沙包，在运送过程中沙包不能掉下来。
3. 终极任务：幼儿头顶沙包跨过障碍物。

### 游戏过程

一、准备活动——跟随音乐，教师和幼儿一起做热身运动
引导语：小士兵们，前方有紧急任务，在出发之前，我们先来做一做热身运动。（进行扩胸、跳

跃、侧弯等动作的练习，舒展身体。）

### 二、以"士兵突击"为情境进行谈话导入，激发幼儿参与活动的兴趣

引导语：小士兵们，我们要想顺利到达战场，必然要经历重重的考验。大家有没有信心完成本次任务？我们应该怎样通过这座桥呢？幼儿进行讨论，商讨办法。

1.通过学习游戏玩法掌握过平衡木的技巧。

引导语：第一关，我们变身"小步兵"，要分别从桥上通过，请小士兵自由练习（教师在旁保护、指导）。刚才有的小步兵走得非常稳，我们请他来给大家做下示范。（教师强调动作要领：双手打开像飞机，稳住重心不推挤。眼睛要向前方看，一步一步走成线。引导幼儿做到手、眼、脚的三方配合。）（图1）

第二关，跨障碍物演习。桥上会有障碍物阻挡小士兵前进的脚步。如果遇到障碍物，我们应该怎么办呢？（跨过）请小士兵试一试。（图2）

第三关，我们要为前方的战士运送弹药，这和我们平时运送的方式可不一样，不能用手触摸，而是要用我们的头顶着它走。小士兵，加油！（幼儿分组，依次拿取沙包放在头上，通过椅子摆成的小桥。）（图3）

第四关，终极任务。在为前方战士运送弹药的时候，还要小心脚下的"埋伏"。在保证头上的沙包不掉下来的基础上，还要注意不能踩到脚下的沙包。（图4）

2.请先完成游戏的幼儿介绍经验。

请幼儿认真聆听，说一说在游戏过程中需要注意哪些问题？例如，掌握不好身体的重心、身体总是左右摇摆等问题。针对问题，和幼儿讨论解决方法。

3.游戏结束。

引导语：小士兵今天都顺利通过了考验，圆满完成了本次任务。我们来一起做放松活动。（鼓励幼儿和老师一起收拾活动材料）

### 🖉 常见问题及解决策略

○ 问题一：幼儿在走椅子摆成的小桥过程中会出现重心不稳、身体左摇右晃的情况，导致无法顺利进行游戏。

解决策略：针对这一现象，我们首先要加强对幼儿的保护，不要让幼儿产生害怕掉下来的心理。其次在幼儿走的过程中，强调动作的要领，把两只胳膊伸平，像飞机的翅膀一样，这样会帮助我们的身体保持平衡。

○ 问题二：个别幼儿会出现紧张、惧怕的心理，对游戏活动持有抵触的情绪。

解决策略：在活动中，我们为幼儿提供了面积较大、难度较低的椅子，鼓励幼儿大胆尝试。在克服心理恐惧后，鼓励幼儿挑战更高的器械，引导幼儿在克服困难的过程中感受到"我能行"，增强幼儿的自信心。

### 🖉 亲子互动游戏

名称：洋娃娃和小熊跳舞。

1.孩子和家长把鞋脱掉，孩子把后脚跟提起，用前脚掌部位踩在家长的脚上。

2.播放音乐，家长与孩子跟随音乐一起跳舞。

> 温馨提示：家长在带孩子做这个游戏时一定要注意安全，不要使劲拽孩子的胳膊，以防发生脱臼现象。如果孩子年龄较小，最好搂着孩子的腋下。

图1

图2

图3

图4

授课教师：乔雯

## 游戏名称：勇敢的小熊

适合年龄段：中班（3～4岁）。

动作发展：跑。

身体素质：协调。

### 游戏目标

1.掌握跑的基本动作，练习跑的动作的协调性。

2. 练习接力跑的动作，提高幼儿控制方向的稳定性和协调性。
3. 在游戏与娱乐中体验运动的乐趣，并且愿意与同伴合作完成任务。

## 游戏准备

经验准备：户外活动锻炼跑的经验。
器材准备：标志桶6个、接力棒若干、筐子1个。
场地准备：空旷的场地。

## 游戏玩法

1. 将幼儿分成2组，从起点处出发跑到终点。老师讲解跑时的规定动作。
2. 幼儿从起点跑到终点后把接力棒给下一个小朋友然后跑回起点，练习接力跑。
3. 在跑道上摆放若干标志桶作为障碍物，幼儿要绕过障碍物练习接力跑。教师总结，幼儿多加练习，掌握跑的动作要领。

## 游戏过程

**一、准备部分：随音乐做热身操，将幼儿分成四组**

1. 调整队列位置，播放音乐《微笑波尔卡》和幼儿一起做腿部、脚部相关动作的热身操。

引导语：今天小朋友要变成勇敢的小熊，去阻止光头强破坏森林。我们要先锻炼一下身体（活动脚腕、高抬腿）。

2. 通过玩"荷花开"的游戏将幼儿分组，将幼儿带到起点线上。

引导语：幼儿"荷花荷花开几朵"，教师"开×朵"，通过玩游戏将幼儿分成2组在起点准备。

**二、基本部分：创设情境，练习从起点跑到终点，稳定控制方向**

1. 游戏："小熊突击"。

引导语：勇敢的小熊，现在我们要去阻止光头强啦！各位小熊，我们要加油往前跑才能阻止他，现在出发吧。

教师示范、讲解动作：我们需要胳膊弯曲放在腰的两侧，两脚向前跑，然后跑到终点等候。

注意事项：道路不宽，容易跑歪，教师要提醒幼儿控制方向。跑到对面后要在队伍后面排好队。

2. 游戏：保护小树苗。

引导语：现在有一批小树苗需要小熊来保护，因为光头强想拿走它们，小熊要仔细地送到下一个小熊的手上，小熊加油哦！

教师示范、讲解动作：第一个小熊拿着小树苗跑到对面，放到下一个小熊的手里面，然后这名小熊再跑回来放到下一个小熊手里。

注意事项：注意跑的过程中接力棒不要掉，并且一定要放到下一个小朋友的手中。

3. 游戏：穿越森林。

引导语：小熊成功保护小树苗，现在要把小树苗运送到森林里面去了，有好多大树挡住了我们的路，要想办法运过去哦！

教师示范、讲解动作：第一个小熊拿着小树苗绕过障碍物跑到对面，放到下一个小熊的手里面，然后这名小熊再绕过障碍物跑回来放到筐子里面。

注意事项：在这一游戏中，小朋友的接力棒是要放到筐子里的，要记得提醒，并且绕过障碍物的时候不要被障碍物绊倒。

三、结束部分：放松身体

引导语：小能手们真棒，都顺利通过了三关游戏，圆满完成了挑战。我们来一起听着好听的音乐放松一下我们的身体吧。播放音乐《夜的钢琴曲》（做扩胸、压腿、慢走、呼吸等舒展动作）。活动结束，鼓励幼儿帮助老师一起收拾器械。

### 环节重点

1. 第一环节：幼儿练习跑的动作的时候，锻炼腿和脚的肌肉力量以及练习幼儿的协调性。
2. 第二环节：通过有障碍物的地方，幼儿能准确地绕过障碍物，控制好自己的身体，训练方向感。
3. 第三环节：幼儿与同伴合作进行接力跑，在手拿接力棒的同时绕过障碍物，控制好自己的身体和速度。

### 常见问题及解决策略

**问题一**：幼儿从起点跑到终点后停不下来。

解决策略：这是控制不好速度造成的，幼儿缺乏稳定性。在平常的练习中，应该加强控制速度的运动训练。

**问题二**：幼儿有时把障碍物踢倒。

解决策略：把障碍物踢倒是因为幼儿控制不好方向，幼儿在跑的同时要控制自己的方向。在平时的练习中，要多练习控制方向的运动，提高幼儿的方向感和控制力。

**问题三**：跑的姿势不正确。

解决策略：跑的姿势不正确主要还是平时锻炼少和老师讲解示范少，所以平时幼儿应该多加练习跑的动作，教师也要多加讲解和示范。

### 活动反思

1. 采用游戏为开头提升幼儿的兴趣。教师以饱满的热情进入课堂，以游戏"荷花开"和慢跑等热身活动充分调动幼儿的积极性，使幼儿从相对安静的状态过渡到运动状态，紧接着用针对性强的热身操来活动身体各关节，为完成本节课的任务做好了铺垫并提供了安全保障。

2. 个别幼儿在活动时会控制不好方向，出现绕过障碍物失误和接力棒接不住的问题。此时，我们要及时停止，帮助孩子们总结问题根源，巩固练习动作要领，再继续出发，使孩子们遇到了困难能积极及时解决，用"我能行""一定能做到"鼓励幼儿加油，使幼儿消除紧张、消极的情绪，热情主动地参与活动。

### 亲子互动游戏

名称：托运羊角球。

玩法：家长和幼儿面对面站在相距一定距离的起跑线上。游戏开始后，由家长骑坐羊角球向幼儿方向跑去，然后将球交给幼儿，幼儿再骑坐羊角球向家长跑去。

> 温馨提示：这个游戏很适合家长与孩子一起玩，可以双向发展下肢力量，具体要根据孩子们锻炼的结果来调整，并且设置跑道锻炼孩子的协调性和稳定性。

图1　　　　　　　　　　图2　　　　　　　　　　图3

授课教师：周瑜

## 游戏名称：运水果

适合年龄段：中班（4～5岁）。
动作发展：协调性、腿部腰部肌肉。
身体素质：柔韧性。

### 游戏目标

1. 通过腿部和腰部肌肉运动使幼儿学习柔韧的技巧。
2. 提升幼儿身体的协调性和柔韧性。
3. 使幼儿喜欢参加体育活动，体验合作游戏的快乐。

### 游戏准备

器材准备：沙包、标志桶、筐子、五色盘、飞盘。
场地准备：教室（图1）。

### 游戏玩法

幼儿平均分组，每组3名幼儿，幼儿平躺。每队的排头各拿一个沙包夹在两脚中间，当教师发出开始的口令时,每队第一名的幼儿双脚夹住沙包向上抬起越过头部传给下一名幼儿,以此类推,将沙包最先传完的组为胜。

### 游戏过程

**一、热身活动:教师和幼儿一起随着音乐做热身运动**

热身运动,基本动作练习(图2):伸伸腰、甩甩胳膊、踢踢腿。最后让幼儿鼻子深吸气,慢慢吐气。

**二、以"秋收"为话题创设情境,引发幼儿参与的兴趣**

引导语:小朋友,秋天是收获的季节,小刺猬一个人忙不过来,需要小朋友帮忙,但是在摘水果的过程中需要做什么动作呢?

**三、竞赛游戏:摘水果**

1. 我们练好了摘果子的本领,现在我们来比赛摘果子。
2. 游戏玩法:教师做示范,边示范边讲解。幼儿双腿打开到最大限度,下前腰用手摘果子(沙包)。(图3)
3. 教师总结幼儿在活动中的表现,并且表扬幼儿,对获胜的组进行奖励。

**四、游戏:运水果**

1. 水果摘好了,我们再帮小刺猬把水果运到它们放水果的仓库好吗?
2. 游戏玩法:幼儿分成四组,每组三名幼儿,幼儿平躺。每队的排头各拿一个沙包夹在两脚中间,当教师发出开始的口令时,每队第一名的幼儿双脚夹住沙包向上抬起越过头部传给下一名幼儿,以此类推,将沙包最先传完的组为胜。(图4)需要注意的是,在传沙包的过程中,幼儿之间的间隔距离要保持一米,相邻幼儿要互相配合,避免接不住沙包,幼儿在传沙包的时候要注意安全。
3. 按照路线运水果,让幼儿体验到齐心协力合作运输的快乐。

**五、结束活动**

在欢快的音乐声中,师幼共跳丰收舞。

图1　　　　　　　　　　　　　　图2

图3　　　　　　　　　　　　　　　　图4

### 常见问题及解决策略

○ 问题一：在游戏的过程中，孩子平躺，腿抬起到头顶的时候，腿的准确度不高，不是往左就是往右。

解决策略：针对以上问题，我们在孩子们练习的时候根据他们的柔韧程度在地上贴上标志（柔韧性好的幼儿分成一组，柔韧性不太好的分成一组）。贴了标志以后孩子们的腿就能准确地找到位置。

○ 问题二：在摘水果（沙包）的时候，有的组小朋友摘得快，有的组摘得慢。

解决策略：我们可以请幼儿一起来讨论这个问题，为什么有的组就摘得快，有的组就摘得慢。有的说某某小朋友注意力不集中，导致了没有快速摘水果（沙包）。等孩子们把这个问题解决了，他们就会快速地摘水果（沙包）了。

### 亲子互动游戏

名称：背大山。
1. 在宽敞的室内一名大人和一名幼儿背对背交替背起来。
2. 从起点到终点，率先到终点的获胜。

授课教师：刘胜霞

# 大班室内体育活动案例

## 游戏名称：我投你躲

适合年龄段：大班（5～6岁）。
动作发展：投掷准确性。
身体素质：投掷。

### 游戏目标

1. 通过游戏组织幼儿开展多种形式的投掷练习，发展幼儿的投准和躲闪能力。
2. 培养幼儿对投掷活动的兴趣，以及与同伴竞争、合作的意识。

### 游戏准备

经验准备：投掷游戏"扔沙包"的经验。
器材准备：音乐磁带《甩葱歌》、布包若干、呼啦圈、粘球飞盘等。（图1）
场地准备：空旷的空间。

### 游戏玩法

1. 练习利用投掷的方法，将布包投进呼啦圈内。（图2）
2. 轮流将布包投掷到粘球飞盘上，打击大灰狼。（图3）
3. 红队的小朋友对准绿队投，绿队的小朋友要学会保护自己，可以左、右、前、后蹲下或跳起躲闪避让，不能让红队的小朋友投中。（图4）

图1 　　　　　　　　　　图2

图3 　　　　　　　　　　图4

### 游戏过程

**一、热身活动**

1. 听口哨声，幼儿一路纵队走步入场。

2. 热身运动：我们一起动起来吧！（听音乐师幼一起随音乐做动作）

二、以"救小羊"为话题创设情境，引发幼儿参与的兴趣

引导语：小朋友，有好多小羊被大灰狼抓去了，我们怎么救小羊呢？看，我带来了什么？（教师出示沙包）对，今天我们就用沙包来打败大灰狼。

三、竞赛游戏：丢沙包

1. 小朋友用沙包尝试，看看谁的办法好。
2. 游戏玩法：幼儿自由探索沙包在红线前排成一列横队，架起胳膊退一步，侧转身，用力往前投。
3. 教师总结：幼儿在活动中的表现，并且表扬幼儿，对获胜的组进行奖励。

四、游戏：躲猫猫

1. 我们刚刚帮助了小羊，很快乐，下面我们一起玩个躲猫猫的游戏。
2. 游戏玩法：幼儿分成红队和绿队。红队的幼儿对准绿队投，绿队的幼儿要做各种动作使自己不被投中，可以左、右、前、后蹲下或跳起躲闪避让！

五、结束活动

在欢快的音乐声中，幼儿坐下休息，互相捏捏腿、捶捶背，活动结束。

### 常见问题及解决策略

○ 问题：在躲猫猫游戏过程中，容易出现一组幼儿争抢沙包的情况，导致幼儿失去合作的兴趣。

解决策略：针对这一现象，我们请红队小朋友分成两组，间隔3～5米，面对面进行投掷，绿队则在中间左、右、前、后跑跳，蹲下或躲闪避让。

### 亲子互动游戏

名称：我扔你接。

幼儿拿沙包进行投掷，家长用筐子接住沙包。

> 温馨提示：投掷时幼儿需要手眼协调，瞄准目标后投掷。

授课教师：贾乐

## 游戏名称：毛毛虫变形记

适合年龄段：大班（5～6岁）。

动作发展：钻爬。

身体素质：协调性。

### 游戏目标

1. 提高钻爬能力，学习屈伸爬的技巧。
2. 能够正确屈伸爬，提高幼儿的协调性。
3. 愿意体验毛毛虫的成长过程，感受成长的快乐。

### 游戏准备

经验准备：了解毛毛虫变蝴蝶的过程、钻爬动作的经验。

器材准备：桌子、平板车。

场地准备：爬行垫、海绵垫、标志桶。

### 游戏玩法

1. 体验毛毛虫是怎样爬的，屈伸爬通过。（图2）
2. 毛毛虫变成了蚕蛹，幼儿侧滚翻通过。（图4）
3. 变成蝴蝶展翅飞旋一圈通过。

### 游戏过程

**一、热身活动**

请出你的小手拍一拍，请出你的小脚踢一踢，请出你的小腰扭一扭，请出你的屁股转一转，请出你的膝盖蹲一蹲，请出你的脑袋点一点，请你的身体动起来，变成"毛毛虫"喽。

老师带领幼儿做毛毛虫操，跟随音乐节奏活动身体的各部分：手腕、脚腕、头、四肢等。老师用积极的情绪感染幼儿，带领幼儿做毛毛虫操，达到活动四肢及手脚腕的目的。

听音乐，做韵律活动《毛毛虫》。

小毛毛虫吃东西、长大、再吃东西、再长、蜕皮，最终变成蝴蝶。

**二、情境导入**

引导语：今天小朋友都变成了一只毛毛虫，需要经过重重的困难，最后变成一只花蝴蝶！

**三、游戏：毛毛虫变形记**

1. 我们讨论了蝴蝶是怎么形成的，下面我们来模仿一下。
2. 游戏玩法：幼儿撅起小屁股，抬起小脑袋，弯弯身子伸伸腰，一直往前爬，通过第一阶段（图2）。然后，让幼儿侧滚翻，通过第二阶段（图4）。最后，使平板车模仿蝴蝶通过第三阶段。
3. 教师及时纠正不正确的动作，让幼儿观察怎样的动作才是规范的。

**四、结束活动**

模仿蝴蝶，跟音乐放松身体。

图1 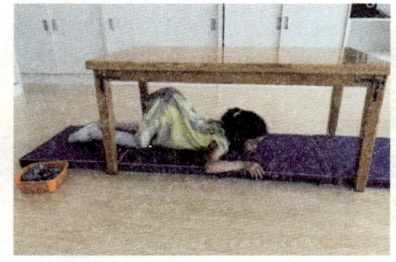　　　　　　　　　　图2 　　　　　　　　　　图3

图4 　　　　　　　　　　图5

### 常见问题及解决策略

**问题一**：部分幼儿屈伸爬动作不规范，很难行动。

解决策略：幼儿对于屈伸爬还不太掌握，不能很好地控制身体，应加强锻炼幼儿的协调性，教师要及时纠正不正确的动作，帮助幼儿理解和分解动作。

**问题二**：侧滚翻时手肘支撑翻不过去。

解决策略：幼儿滚动时胳膊尽量往头顶抬，滚动就会圆滑很多。

### 亲子互动游戏

名称：毛毛虫觅食记。

若干纸箱变成小山洞，山洞一头放置食物，幼儿扮成小毛毛虫觅食，把食物运送给另一头的爸爸妈妈，游戏可反复进行，使幼儿掌握屈伸爬的技巧。

授课教师：张佳炜

## 游戏名称：小小登山员

适合年龄段：大班（5～6岁）。
动作发展：手脚交替攀登。
身体素质：协调性。

## 游戏目标

1. 尝试对不同难度的物体进行攀登。
2. 练习手脚交替动作，能较好地控制身体动作的协调性。
3. 喜欢参加室内体育活动，体验攀登游戏的快乐。

## 游戏准备

经验准备：会使用秒表进行记录。

器材准备：手印和脚印标志（图1）、阶梯柜（图2）、桌子（图3）、秒表（图4）、记录表（图5）。

图1

图2

图3

图4

图5

## 游戏玩法

游戏分为三关。

1. 第一关：获得登山卡。幼儿根据地面上的手印、脚印标志，手脚对应着地前行。
2. 第二关：攀登小山丘。幼儿双手扶台阶，手脚交替慢慢爬上小山丘（阶梯柜），幼儿反身双手扶台阶，手脚交替倒爬下小山丘。
3. 第三关：攀登顶峰。幼儿手脚用力翻越顶峰（斜桌面）。
4. 重复上述动作。

## 游戏过程

一、热身活动——以"小小登山员"为话题创设情境，引发幼儿参与的兴趣

引导语：小朋友，今天我们要去登山，登山前我们先做登山运动准备活动，一起来锻炼锻炼身

体。(随音乐和幼儿一起练习手脚协调性相关动作,转肩、扩胸、侧弯、转腰、手脚着地交替爬行等)(图6)

二、进行攀登练习

1. 第一关:获得登山卡。

引导语:登山运动员们,想要登山必须要获得登山卡。你们要根据地面上的手印、脚印标志手脚对应着地前行。(图7)

2. 第二关:攀登小山丘。

引导语:登山运动员们,这是我们翻越的第一座山。攀登这座山时,你们要双手扶台阶,手脚交替慢慢爬上小山丘(阶梯柜),然后反身双手扶台阶、手脚交替倒爬下小山丘。(图8)

3. 第三关:攀登顶峰。

引导语:现在我们要攀登的是最高峰,攀登顶峰时我们要双手用力抓住两边,脚用力向上登。(图9)

三、游戏:我是小小登山员

引导语:让我们一起来攀登吧!看看我们用多长时间可以登上顶峰。谁来当计时员、记录员?(图10)

四、结束部分

引导语:今天,小登山员们都以自己最快的速度登上了顶峰,现在让我们一起来放松一下吧。(图11)

图6 　　　　　　　　图7 　　　　　　　　图8

图9 　　　　　　　　图10 　　　　　　　　图11

### 常见问题及解决策略

○ 问题一:胆子小的幼儿在第二关攀登小山丘过程中会出现上到第二层就不敢上了的情况,导致游戏无法顺利进行。

解决策略:针对这一现象,教师要及时引导并鼓励幼儿,帮助幼儿克服恐惧,在幼儿消除紧张情绪后,再指导幼儿的动作。

- 问题二：在游戏过程中，有的幼儿登不上顶峰，个别幼儿在动作上就完成不了，导致游戏无法进行。

解决策略：找攀登很熟练的幼儿做示范，一起寻找好方法。这样，幼儿就会得到一定帮助及提升，游戏进行会更顺畅。

### 亲子互动游戏

名称：登山。

1.父母和幼儿分别列队站在起跑线后。

2.游戏开始，一齐念儿歌："山再高，路再险，登山队员都不怕。"

父母发信号："登山开始！"父母和幼儿一起走过一段"梅花桩"地，向表示高山顶峰的旗杆处奔跑，先跑到旗杆下的人把手绢系在旗杆上，表示登上高峰。再反方向跑回，游戏反复进行。最后，谁系的手绢多，谁为胜。

> 温馨提示：1.活动前组织幼儿收集易拉罐，自制"梅花桩"。 2.走"梅花桩"时，从哪落地就从哪里重新踩上"梅花桩"。 3.也可以在楼道里进行游戏，谁先登上楼顶，谁为胜。

授课教师：刘晓宁

# 第三章 户外体育活动

## 小班户外体育活动案例

### 小班活动名称：怪兽来袭

#### 🖊 活动目标

1. 发展幼儿单手肩上投掷的运动能力，提高幼儿的上肢力量，锻炼幼儿投掷时的出手角度、出手力度。
2. 建立幼儿的规则意识，面对问题不急不躁，并能通过自己的努力和别人一起完成任务。

#### 🖊 活动准备

1. 场地：清除场地杂物，消除安全隐患。用胶带贴出起点线、终点线，相距10米。起点线、终点线的线长8米，在起点、终点线后相距1.2米处各贴出1条等待线。
2. 器械：

沙包 　　　　　　　　　　　　　　体操圈

3. 游戏：在场地终点无规则摆放沙包。

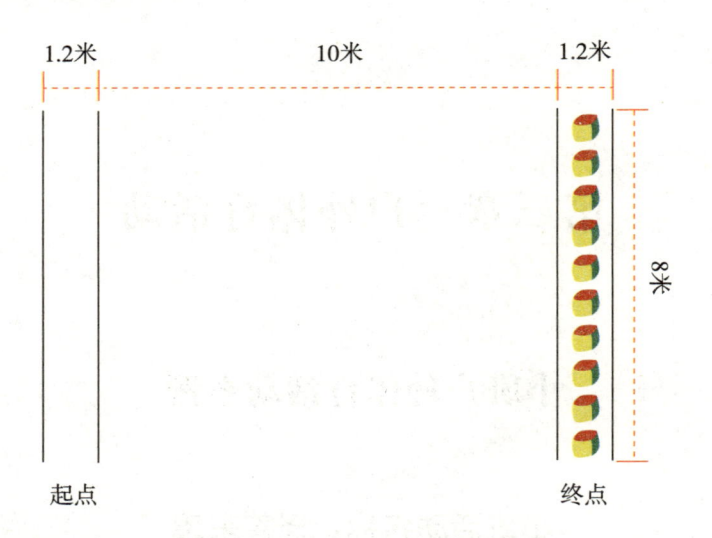

## 活动过程

**一、热身活动**

1. 师幼互动"4+3"：

师：伸伸手，排排队，位置不够？

幼：往后退！

师：手打开，转一转，位置不够？

幼：两边散！

幼儿体操队形站开。

2. 热身操：播放热身音乐，师幼一起跳热身操。

3. 队列准备：将幼儿分成男生一队、女生一队，男生站到起跑线，女生站到等待线。

**二、创设情境，导入活动**

师：有好多的大怪兽来了，我们现在要抓紧时间给自己建筑一道防御工事，来抵抗大怪兽。

**三、游戏：怪兽来袭**

1. 第一关：拿石头。

（1）师生互动"4+3"：

师：游戏规则！

幼：注意听！

（2）游戏规则：

师：小朋友，先去搬石头，我们先给自己建筑一道坚实的城墙。

男生先出发。幼儿从起点出发，跑到终点拿一个沙包快速地跳回起点，然后换女生出发。每个幼儿出发1次。

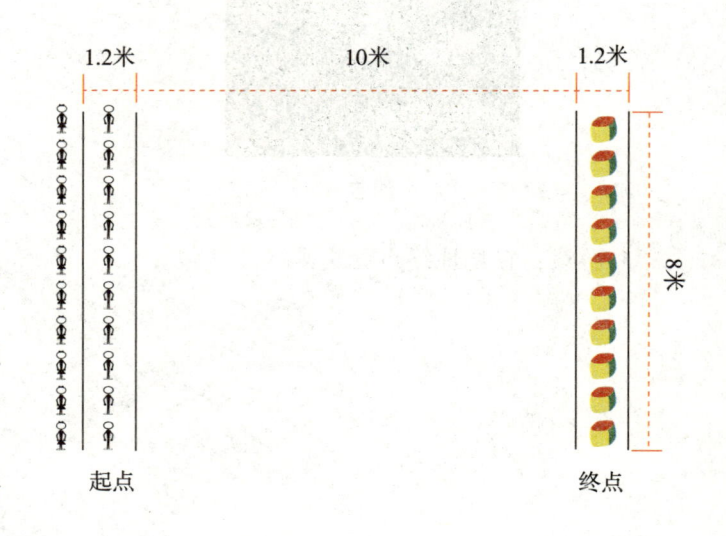

（3）游戏示范：教师先做一次示范，然后带着爱动的幼儿一起游戏。

（4）注意事项：幼儿出发时注意要把腿抬高，手臂摆起来。

2. 第二关：投弹练习。

（1）师生互动"4+3"：

师：游戏规则！

幼：注意听！

（2）游戏规则：在场地中间摆放一排体操圈，摆放的体操圈数量跟男生或者女生人数最多的一组一样，教师给每个幼儿发一个沙包。

师：小朋友要抓紧时间练习了，怪兽马上就要来了。

男生先出发。幼儿从起点出发，拿着沙包跑到体操圈处，每个幼儿找到一个体操圈，站到里边，然后拿起沙包，单手肩上投掷，将沙包投向终点。然后幼儿从体操圈出发，将沙包捡回来，并回到自己的线上，换女生出发。

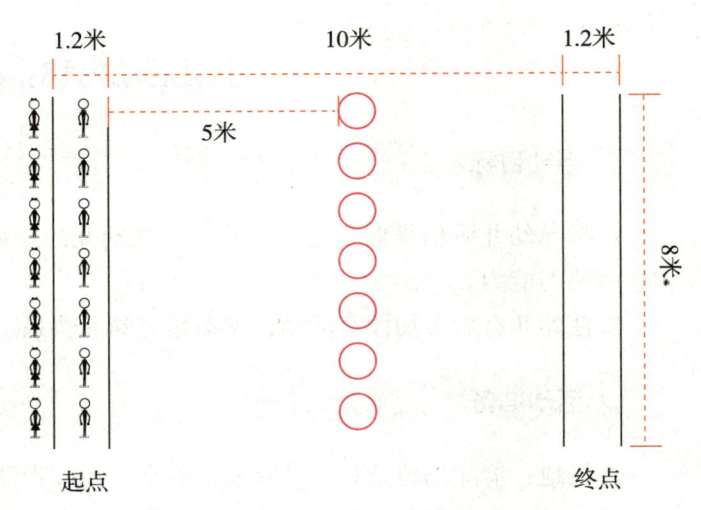

（3）游戏示范：教师先做一次示范，指导动作不熟练的幼儿。

（4）注意事项：幼儿从体操圈出发的时候注意把腿抬高。

3. 第三关：打怪兽。

（1）师生互动"4+3"：

师：增加难度！

幼：我可以！

（2）游戏规则：教师在终点前2米摆放移动投掷靶。

师：小朋友，大怪兽已经来袭了，现在我们要拿起自己的武器将大怪兽打败。

男生先出发。幼儿从起点出发，拿着沙包跑到体操圈处，每个幼儿找到一个体操圈，站到里边，然后拿起沙包，单手肩上投掷，将沙包投向移动投掷靶。然后幼儿从体操圈出发，将沙包捡回来，并回到自己的线上，换女生出发。

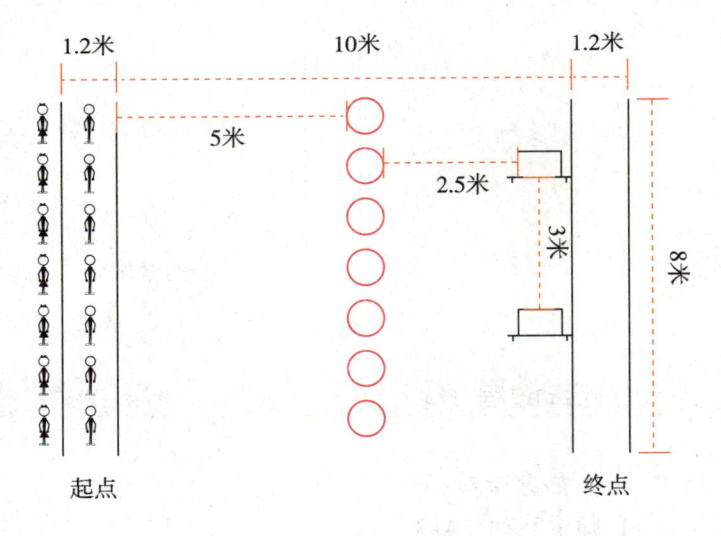

（3）游戏示范：教师先做一次示范，指导动作不熟练的幼儿。

（4）注意事项：幼儿从体操圈出发，注意不要被体操圈绊倒。

### 四、结束活动

1. 整理器械：教师和幼儿一起整理器械。
2. 放松活动：

（1）组织幼儿找到一个好朋友手拉手、面对面。

（2）播放放松操音乐，师幼一起跳放松操。

授课教师：李素霞

## 小班活动名称：险过沼泽地

### 活动目标

1. 指导幼儿听信号向指定方向跑，增强幼儿的腿部力量和身体的协调性，提高幼儿快跑急停和夹物连续跳的能力。

2. 使幼儿喜欢参加体育活动，逐渐培养幼儿快乐、勇敢的精神。

### 活动准备

1. 场地：清除场地杂物，消除安全隐患。用胶带贴出起点线、终点线，相距10米。起点线、终点线各长8米。在起点线、终点线1.2米处各贴出一条等待线。

2. 器械：

| 泡沫面条 | 软飞盘 | 雪糕筒 |

3. 游戏：教师在终点处摆放6个雪糕筒，间隔1米。

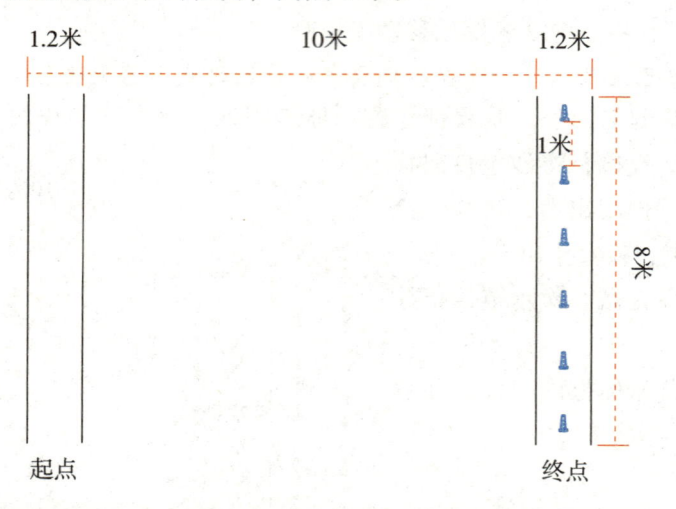

### 活动过程

**一、热身活动**

1. 师生互动"4+3"：

师：伸伸手，排排队，位置不够？

幼：往后退！

师：手打开，转一转，位置不够？

幼：两边散！

幼儿体操队形站开。

2. 热身操：播放热身音乐，师幼一起跳热身操。

3. 队列准备：将幼儿分为男女2组，女生站在起跑线，男生站在等待线。

二、创设情境，导入活动

师：今天小朋友们要经过一片沼泽地，注意里面有一只沼泽怪物，它会咬你的脚趾头。所以我们经过沼泽地的时候一定要注意小脚啊！

三、游戏：险过沼泽地

1. 第一关：寻找沼泽地。

（1）师生互动"4+3"：

师：游戏规则！

幼：注意听！

（2）游戏规则：教师先给每个幼儿发1根泡沫面条，并在终点处摆放6个雪糕筒，间隔1米。

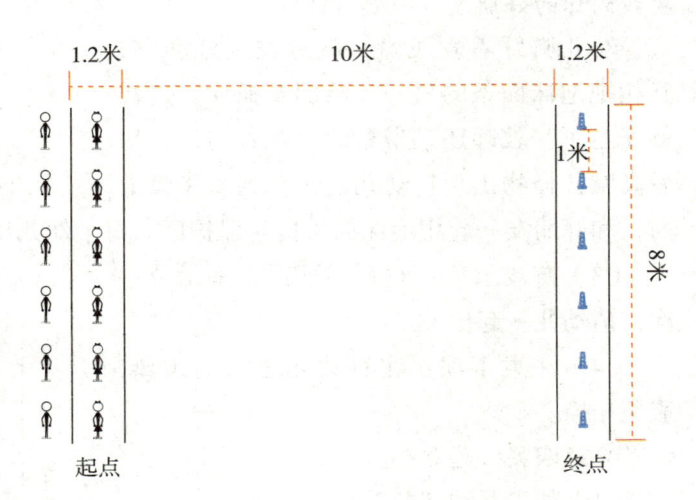

师：我们现在要先去看看沼泽地在哪里。

教师带着女生先出发，骑着泡沫面条双脚跳，到终点摸一下雪糕筒再返回起点，站到男生后边，男生向前一步。男生出发骑着泡沫面条双脚跳，到终点摸一下雪糕筒再返回起点，站到女生后边，女生向前一步。每个幼儿出发3次。

（3）游戏示范：教师带领幼儿一起出发。

（4）注意事项：注意幼儿之间的距离，避免相撞。

2. 第二关：穿越沼泽地。

（1）师生互动"4+3"：

师：游戏规则！

幼：注意听！

（2）游戏规则：

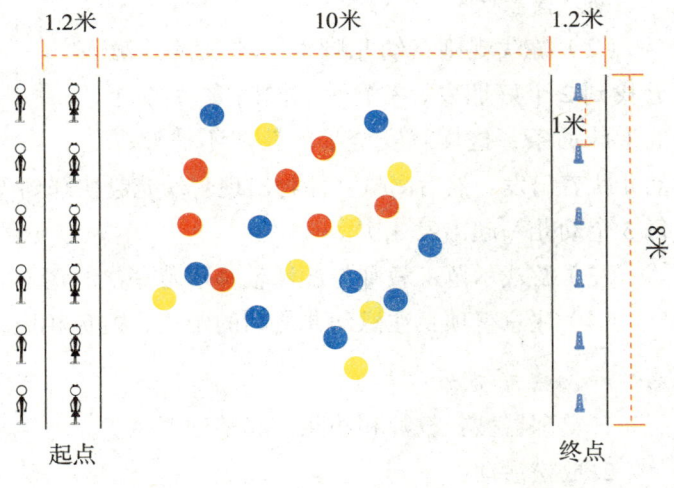

师：怎么没见到沼泽地啊？沼泽地在哪呢？

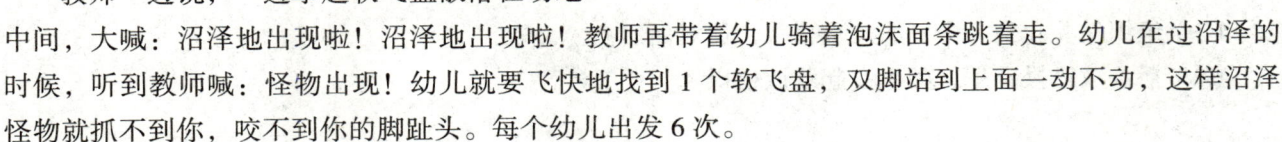

教师一边说，一边拿起软飞盘散落在场地中间，大喊：沼泽地出现啦！沼泽地出现啦！教师再带着幼儿骑着泡沫面条跳着走。幼儿在过沼泽的时候，听到教师喊：怪物出现！幼儿就要飞快地找到1个软飞盘，双脚站到上面一动不动，这样沼泽怪物就抓不到你，咬不到你的脚趾头。每个幼儿出发6次。

（3）游戏示范：教师带领幼儿一起出发。

（4）注意事项：注意幼儿之间的距离，避免相撞。

3. 第三关：找到自己的好朋友。

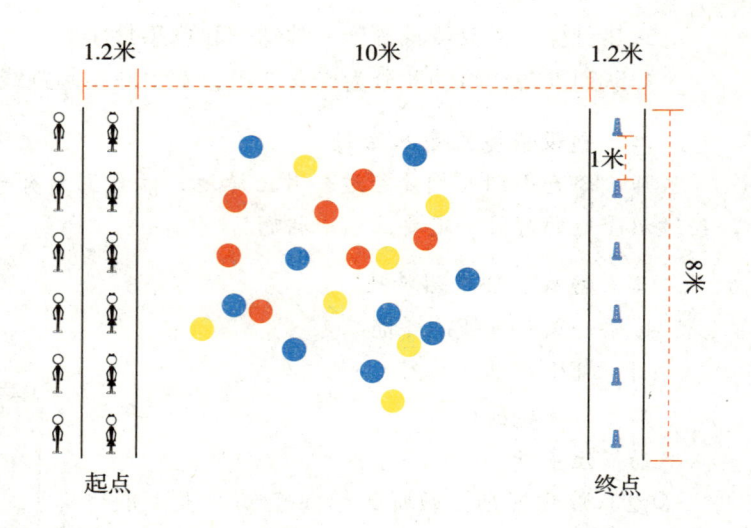

（1）师生互动"4+3"：

师：游戏规则！

幼：注意听！

（2）游戏规则：

师：这样有些简单，沼泽怪物变厉害了，一个小飞盘根本挡不住它的。所以，你要找到你的好朋友，一起打败它。

幼儿脚踩着软飞盘，就近找到好朋友，互相把泡沫面条的另一头给朋友抓住，这样就安全了。教师还是带着幼儿跳着出发，然后高喊：怪物出现！幼儿赶快踩到软飞盘上面，和好朋友一起用泡沫面条搭建保护区。每个幼儿出发6次。

（3）游戏示范：教师与配课教师示范一次，请幼儿一起出发。

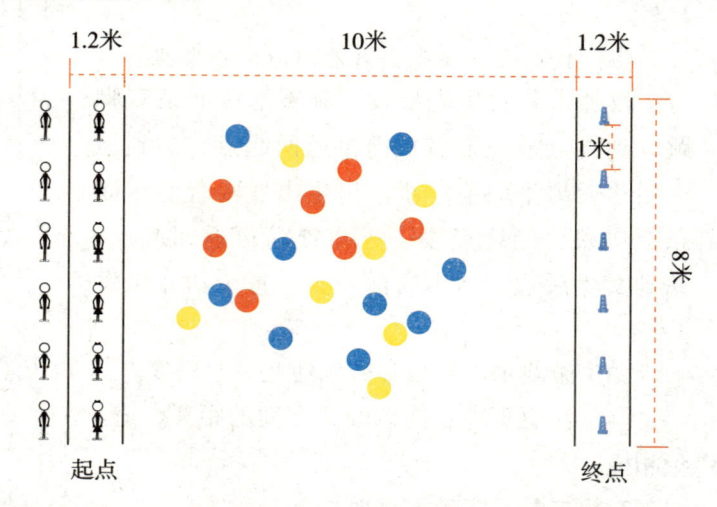

（4）注意事项：注意幼儿之间的距离，避免相撞。

4. 第四关：建立小队。

（1）师生互动"4+3"：

师：游戏规则！

幼：注意听！

（2）游戏规则：幼儿脚踩着软飞盘，就近找到2个好朋友，3个幼儿同时拿着各自的泡沫面条，这样就安全了。教师还是带着幼儿跳着出发，然后高喊：怪物出现！幼儿赶快踩到飞盘上面，和好朋友一起用泡沫面条搭建保护区。每3个幼儿一起出发3次。

（3）游戏示范：教师与配课教师示范一次，请幼儿一起出发。

（4）注意事项：注意幼儿之间的距离，避免相撞。

四、结束活动

1. 整理器械：教师和幼儿一起整理器械。
2. 放松活动：

（1）组织幼儿找到一个好朋友手拉手、面对面。

（2）播放放松操音乐，师生一起跳放松操。

授课教师：庄向荣

# 小班活动名称：熊猫特工队

## ✎ 活动目标

1. 发展幼儿手脚爬、直线跑、助跑跨跳、钻爬障碍物的运动能力，锻炼幼儿身体灵活性、协调性。
2. 培养幼儿勇敢自信、积极乐观的态度，提升幼儿勇于战胜困难的勇气。

## ✎ 活动准备

1. 场地：清除场地杂物，消除安全隐患。用胶带贴出起点线、终点线，相距10米。起点线、终点线各长8米。
2. 器械：

| 泡沫面条 | 连接器 | 20厘米小跨栏 | 25厘米小跨栏 |

3. 游戏：教师把所有泡沫面条放置在终点处。

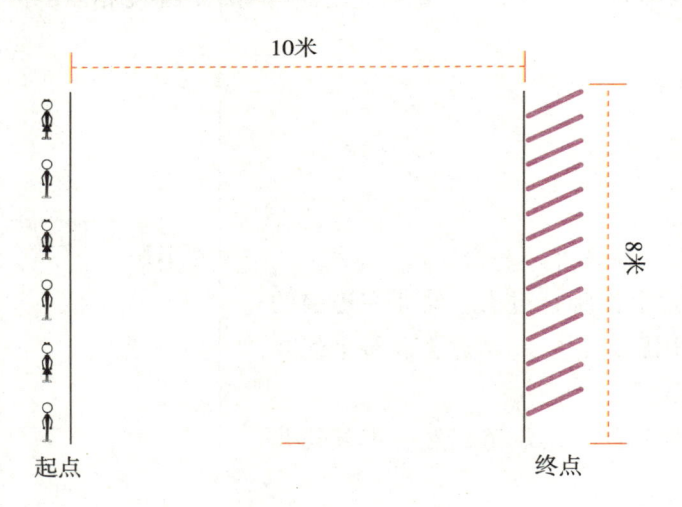

## ✎ 活动过程

### 一、热身活动

1. 师生互动"4+3"：

师：伸伸手，排排队，位置不够？

幼：往后退！

师：手打开，转一转，位置不够？

幼：两边散！

幼儿体操队形站开。

2. 热身操：播放热身音乐，师幼一起跳热身操。

3. 队列准备：将幼儿分为男女2组，男生、女生排成一排站到起点线上。

## 二、创设情境，导入活动

师：今天的小朋友都变成了熊猫特工队员，来给自己鼓鼓掌。特工队员要克服各种困难来完成任务。

## 三、游戏：熊猫特工队

1. 第一关：建立安全岛。

（1）师生互动"4+3"：

师：游戏规则！

幼：注意听！

（2）游戏规则：

师：各位熊猫特工队员，我们先给自己建立一座安全岛，请和我一起到终点拿取建岛的材料吧。

幼儿跑到终点，拿1根泡沫面条回来，交给教师，再去拿。教师将幼儿拿回来的泡沫面条摆出1个图形（如三角形等），请幼儿进去。然后在终点摆一个同样的图形。再拿泡沫面条用三通将起点和终点的两个图形连接起来。

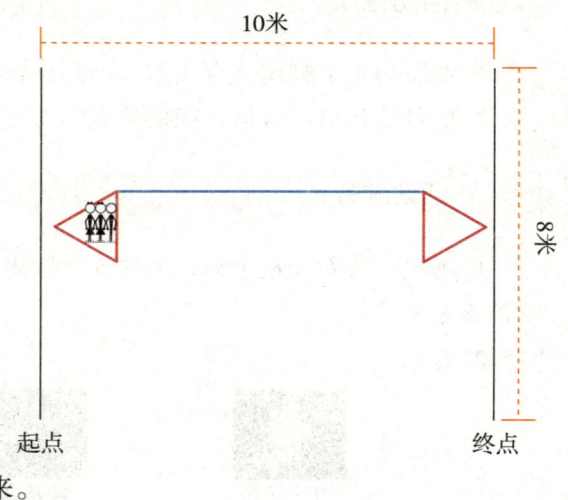

（3）游戏示范：教师先做一次示范，然后请所有幼儿出发。

（4）注意事项：人数多要分组出发，注意幼儿之间的间距，避免相撞。

2. 第二关：爬绳索。

（1）师生互动"4+3"：

师：游戏规则！

幼：注意听！

（2）游戏规则：

师：特工训练第一关，爬绳索。

请幼儿从细细的绳索上面爬行过去。幼儿在连接的泡沫面条绳子上手脚并用爬行，一一爬过去。每个幼儿出发3次，第2组倒着爬。

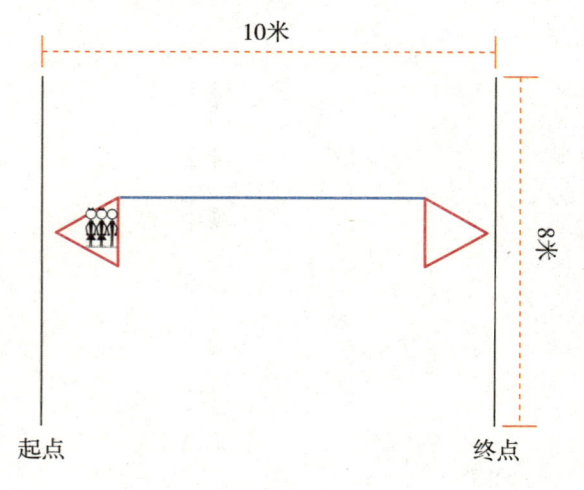

（3）游戏示范：教师先做一次示范，然后带领幼儿出发。

（4）注意事项：注意幼儿之间的间距，避免踩到手。

3. 第三关：跑步快速出发。

（1）师生互动"4+3"：

师：增加难度！

幼：我可以！

（2）游戏规则：教师将刚才的绳索变宽，再摆出一条平行线，间距1.5米。

师：刚才的绳索我们很轻松地完成了任务，来给自己鼓鼓掌。刚才我们的工兵部队修了一条路。我们要从大路上跑过去。

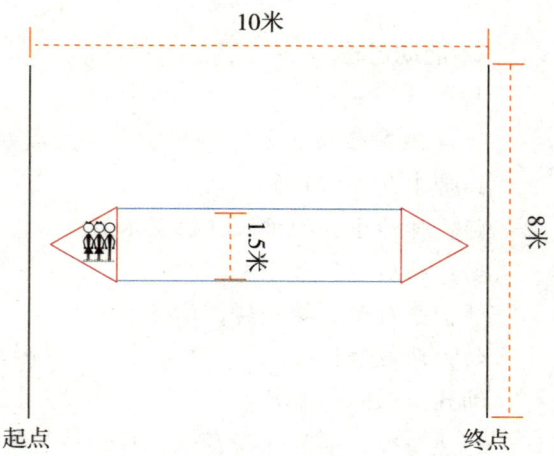

从起点的图形跑到终点的图形（一定是在跑道里面跑）。教师一个一个地摸幼儿的头，摸到头的幼儿依次出发。每个幼儿出发3次。

（3）游戏示范：教师先做一次示范，然后组织幼儿出发。

（4）注意事项：注意幼儿出发的间距，避免撞倒。

4. 第四关：跨越敌区。

（1）师生互动"4+3"：

师：增加难度！

幼：我可以！

（2）游戏规则：教师在距离起点1米处摆放小跨栏（20厘米）。间距2米一个。

师：平坦的路上被敌人摆上了障碍物。我们要勇敢地冲过去，才能完成这次艰巨的任务。

走到小跨栏前抬腿迈过去，到达终点的图形。教师一个一个地摸幼儿的头，摸到头的幼儿依次出发。每个幼儿出发3次。

（3）游戏示范：教师先做一次示范，然后组织幼儿出发。

（4）注意事项：注意幼儿前后距离。

5. 第五关：钻过敌区。

（1）师生互动"4+3"：

师：增加难度！

幼：我可以！

（2）游戏规则：教师把小跨栏换成25厘米规格的。

师：障碍物在逐渐长高，特工队员很难跨过去了，但是，我们可以缩小自己的身体，从障碍物下面"钻"过去。

走到小跨栏前，从小跨栏下面钻过去。教师一个一个地摸幼儿的头，摸到头的幼儿依次出发。每个幼儿出发3次。

（3）游戏示范：教师先做一次示范，然后组织幼儿出发。

（4）注意事项：注意幼儿前后距离。

## 四、结束活动

1. 整理器械：教师和幼儿一起整理器械。

2. 放松活动：

（1）组织幼儿找到一个好朋友手拉手、面对面。

（2）播放放松操音乐，师幼一起跳放松操。

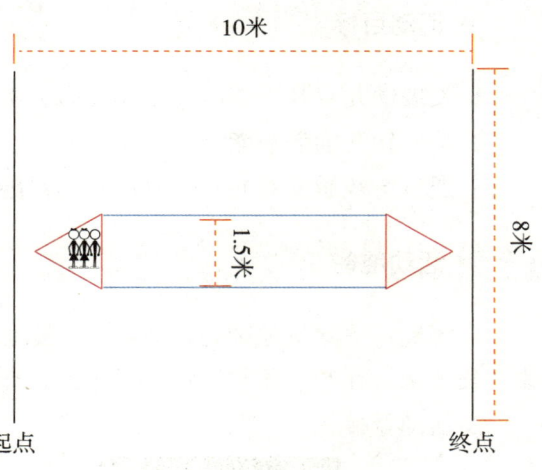

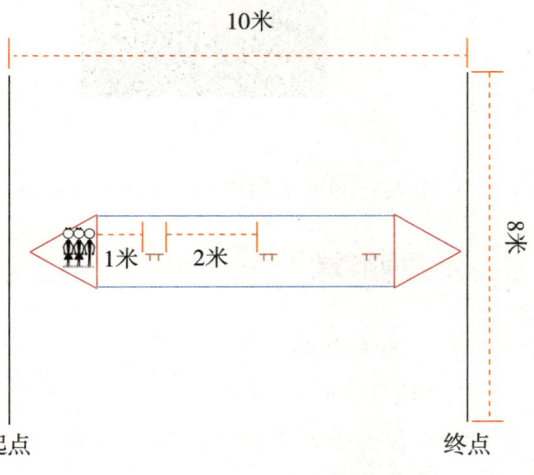

授课教师：尚玲芳

# 小班篮球活动名称：捡宝宝

## 活动目标

1. 发展幼儿双脚连续跳的运动能力，增强幼儿腿部力量、上肢力量，提升幼儿平衡能力。
2. 培养幼儿的创新能力和想象力。
3. 通过游戏激发幼儿对体育活动的兴趣，体验游戏的快乐。

## 活动准备

1. 场地：清除场地杂物，消除安全隐患。用胶带贴出起点线和终点线，相距 10 米。起点线和终点线各长 8 米。在起点线和终点线后 1.2 米处贴出 1 条等待线。
2. 活动器械：

篮球 　　　　　　　　　　　　　　　　太空梯

3. 游戏：教师在场地上摆放篮球和太空梯，间隔 10 米。

## 活动过程

### 一、热身活动

1. 师生互动"4+3"：

师：伸伸手，排排队，位置不够？

幼：往后退！

师：手打开，转一转，位置不够？

幼：两边散！

幼儿体操队形站开。

2. 热身操：播放热身音乐，师幼一起跳热身操。
3. 队列准备：将幼儿分成男生一队、女生一队，男生站到起跑线，女生站到等待线。

### 二、创设情境，导入活动

师：有好多的蛋宝宝等着我们去救援，把它们送回家，现在我们抓紧时间动起来吧！

### 三、游戏：捡宝宝

1. 第一关：捡起蛋宝宝。

（1）师生互动"4+3"：

师：游戏规则！

幼：注意听！

（2）游戏规则：教师将幼儿分成2组，给其中1组发放1个篮球，有篮球的幼儿每人1个小篮球放在地上。

师：小朋友捡起"宝宝"后，要用胳膊夹住放在腰间。

先练习右手再练习左手，每只手各夹6～8次，然后将球交给下一组幼儿，下一组幼儿出发。

（3）游戏示范：教师先做一次示范，然后请所有幼儿出发。

（4）注意事项：注意幼儿之间的间距，避免相撞。

2. 第二关：跳过太空梯。

（1）师生互动"4+3"：

师：游戏规则！

幼：注意听！

增加难度：场地摆放1个太空梯。

师：幼儿捡起"宝宝"后，要用胳膊夹住放在腰间，双脚跳过太空梯。然后从太空梯的右边返回起点，将球交给下一组，下一组出发。

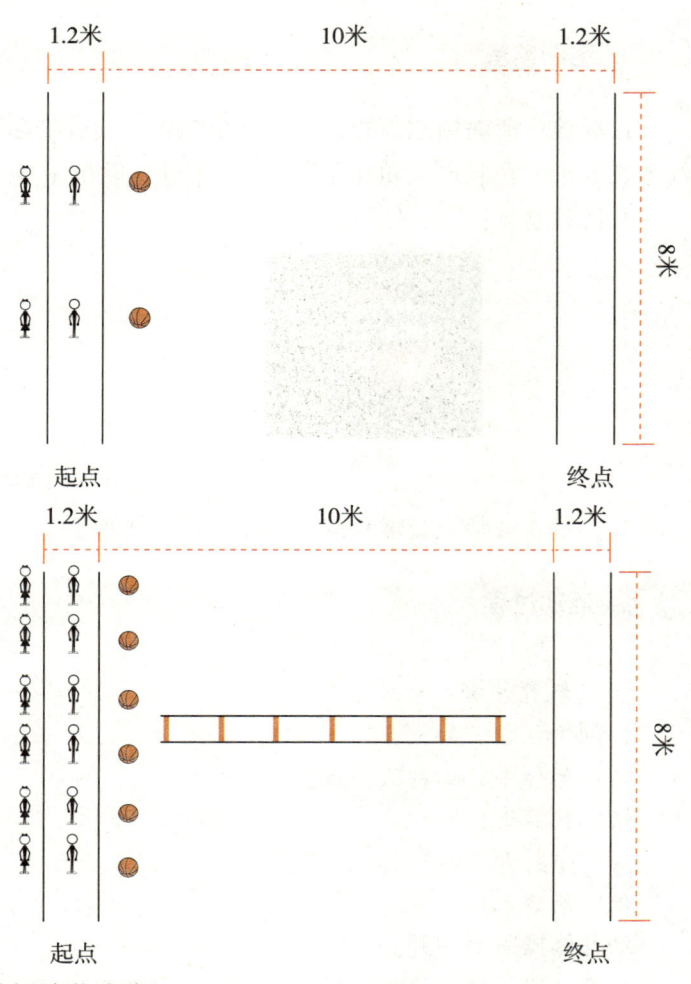

（2）游戏示范：教师先做一次示范，然后带领幼儿出发。

（3）注意事项：注意幼儿前后距离。

四、结束活动

1. 整理器械：教师和幼儿一起整理器械。
2. 放松活动：

（1）组织幼儿找到一个好朋友手拉手、面对面。

（2）播放放松操音乐，师幼一起跳放松操。

授课教师：冯霈

## 小班篮球活动名称：走动滚地龙

### 活动目标

1. 发展幼儿左右手交替拨球的运动能力，增强幼儿四肢力量，提升幼儿身体协调性。
2. 建立幼儿的规则意识，使其面对问题不急不躁，并能通过自己的努力和别人一起完成任务。
3. 在体育活动中，培养幼儿坚强勇敢、不怕困难的品质和乐观的态度。

## 活动准备

1. 场地：清除场地杂物，消除安全隐患。用胶带贴出起点线和终点线，相距 10 米。起点线和终点线各长 8 米。在起点线和终点线后 1.2 米处各贴出 1 条等待线。

2. 活动器械：

篮球 　　　　　　　　　　　　　圆底座

3. 游戏：教师把篮球和圆形底座放置在场地上。

## 活动过程

### 一、热身活动

1. 师生互动"4+3"：

师：伸伸手，排排队，位置不够？

幼：往后退！

师：手打开，转一转，位置不够？

幼：两边散！

幼儿体操队形站开。

2. 热身操：播放热身音乐，师幼一起跳热身操。

3. 队列准备：将幼儿分为男女 2 组，男生、女生排成一排站到起点线上。

### 二、创设情境，导入活动

师：今天的小朋友都变成了熊猫特工队员，来给自己鼓鼓掌。特工队员要克服各种困难来完成任务。

### 三、游戏：走动滚地龙

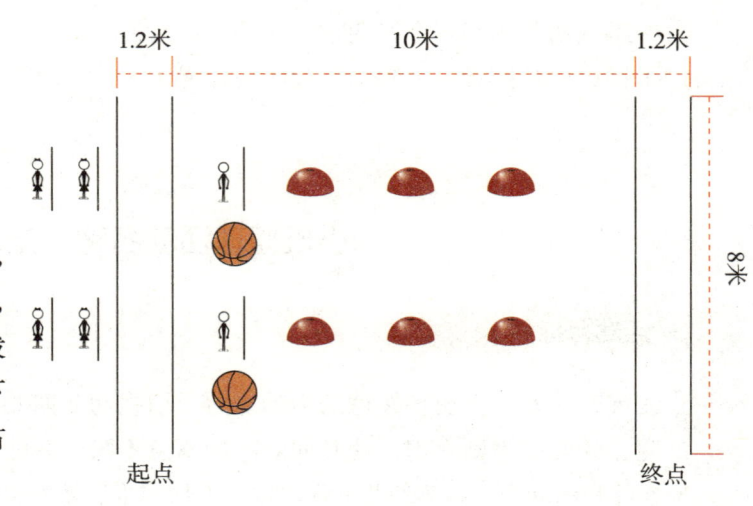

1. 第一关：左右手拨球。

（1）师生互动"4+3"：

师：游戏规则！

幼：注意听！

（2）游戏规则：教师将幼儿分为 2 组，每组第一个幼儿先出发，侧着站在出发线，左手对准终点。游戏开始，幼儿用右手拨球，侧着向终点移动。然后返回起点，下一个幼儿出发。看哪一组的幼儿最快。右手做完以后换左手。左右各一次交替前进。

（3）游戏示范：教师先做一次示范，然后请幼儿出发。
（4）注意事项：左右手交替前进。
2. 第二关：绕障碍。
（1）师生互动"4+3"：
师：游戏规则！
幼：注意听！
（2）游戏规则：场地中间摆放圆底座，每组摆放6个，间隔50厘米。出发后幼儿要将球绕过圆底座。看哪一组的幼儿最快。右手做完以后换左手。左右各一次交替前进。
游戏示范：教师先做一次示范，然后请幼儿出发。
（3）注意事项：左右手交替前进。

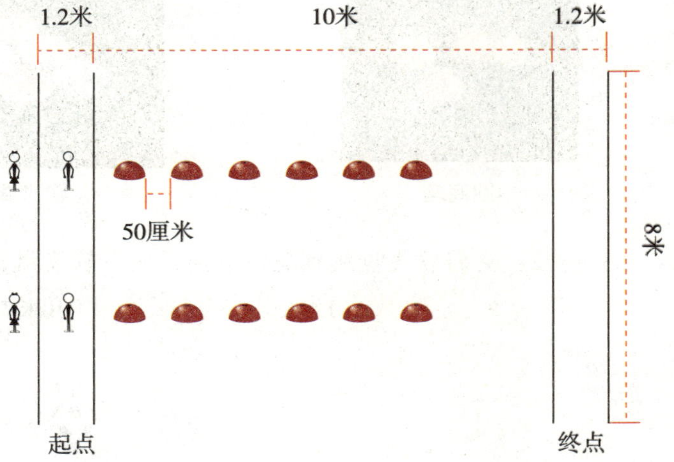

### 四、结束活动

1. 整理器械：教师和幼儿一起整理器械。
2. 放松活动：
（1）组织幼儿找到一个好朋友手拉手、面对面。
（2）播放放松操音乐，师幼一起跳放松操。

授课教师：任金素

## 小班足球活动名称：穿过球门

### 活动目标

1. 通过观察，知道足球的形状特征和用途。
2. 发展幼儿脚内侧踢球的运动能力，增强幼儿的下肢力量，提高幼儿身体协调性。
3. 使幼儿体验足球活动的快乐，喜爱足球运动。

### 活动准备

1. 场地：清除场地杂物，消除安全隐患。用胶带贴出起点线和终点线，相距10米。起点线和终点线各长8米。在起点线和终点线后1.2米处各贴出1条等待线。
2. 器械：

足球 　　　　　　卡扣 　　　　　　长标杆

圆底座 　　　　　　　　　软飞盘 　　　　　　　　　五色盘

3.游戏：夹着软飞盘跳到五色盘前，放下软飞盘，用脚内侧将球踢出去。

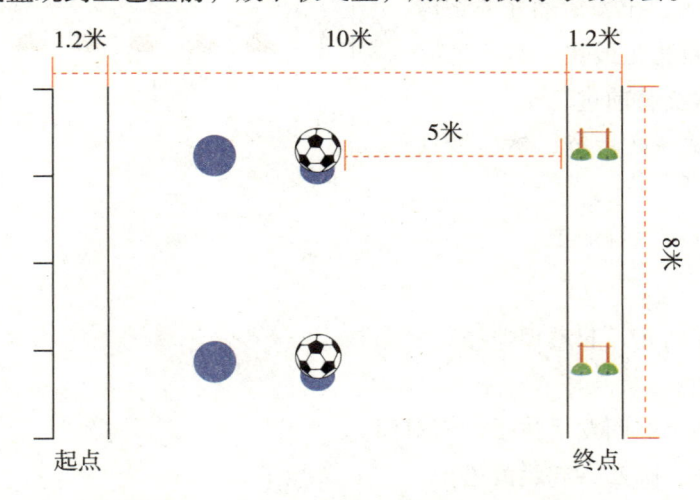

### 活动过程

一、热身活动

1.师生互动"4+3"：

师：伸伸手，排排队，位置不够？

幼：往后退！

师：手打开，转一转，位置不够？

幼：两边散！

幼儿体操队形站开。

2.热身操：播放热身音乐，师幼一起跳热身操。

3.队列准备：将幼儿分为男女2组，分别站在起点线位置。

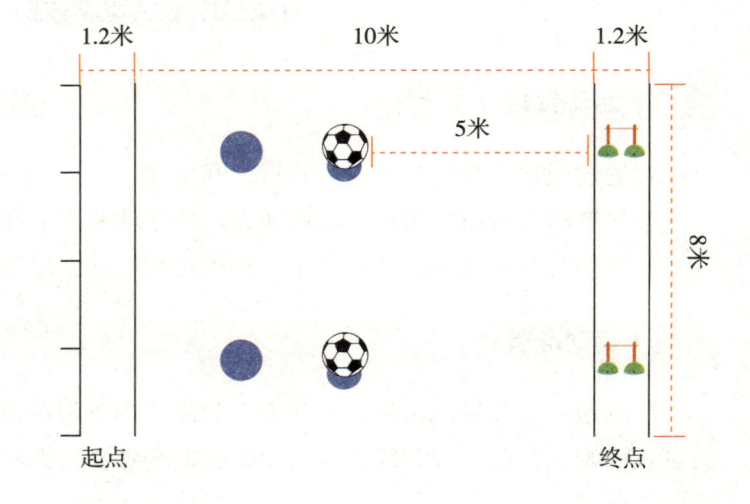

二、创设情境，导入活动

师：小球员们，我们先来认识一下脚内侧，然后用脚内侧用力踢球，看看谁力气最大，把足球踢得最远。

三、游戏：穿过球门

1.第一关：足球小将。

（1）师生互动"4+3"：

师：游戏规则！

幼：注意听！
（2）游戏规则：
师：小球员们，我们要从起点出发，双腿夹着软飞盘跳到五色盘前，放下软飞盘，用脚内侧将球踢出去，球会从球门中间穿过去。射门完成后，将球放回五色盘上夹着软飞盘跳回起点。
（3）游戏示范：教师与配课教师示范一次，请幼儿一起出发。
（4）注意事项：注意幼儿之间的距离，避免相撞。

2. 第二关：射门达人。
（1）师生互动"4+3"：
师：游戏规则！
幼：注意听！
（2）游戏规则：球门高40厘米，宽40厘米，五色盘距离标志物间距增加1米。
师：刚才小球员的命中球门率非常高，现在难度要升级了。你们发现有什么变化？对，我们的球门变小了，而且距离变长了。这对我们每个球员来说都是不小的挑战。小球员，有没有信心完成任务？
（3）游戏示范：教师带领幼儿一起出发。
（4）注意事项：注意幼儿之间的距离，避免相撞。

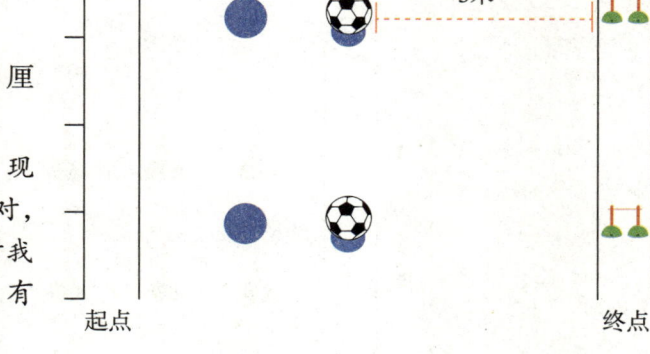

#### 四、结束活动

1. 整理器械：教师和幼儿一起整理器械。
2. 放松活动：
（1）组织幼儿找到一个好朋友手拉手、面对面。
（2）播放放松操音乐，师幼一起跳放松操。

授课教师：庄向荣

## 小班足球活动名称：穿过丛林

### 活动目标

1. 发展幼儿脚背正面运球的能力，增强幼儿的下肢力量，提高幼儿身体协调性。
2. 感受足球趣味运动的乐趣，体验成功的喜悦。

### 活动准备

1. 场地：清除场地杂物，消除安全隐患。用胶带贴出起点线和终点线，相距10米。起点线和终点线各长8米。在起点线和终点线后1.2米处各贴出1条等待线。

2. 器械：

足球 　　　　　长标杆 　　　　　圆底座 　　　　　五色盘

3. 游戏：脚内侧运球绕过长标杆和圆底座到达终点。

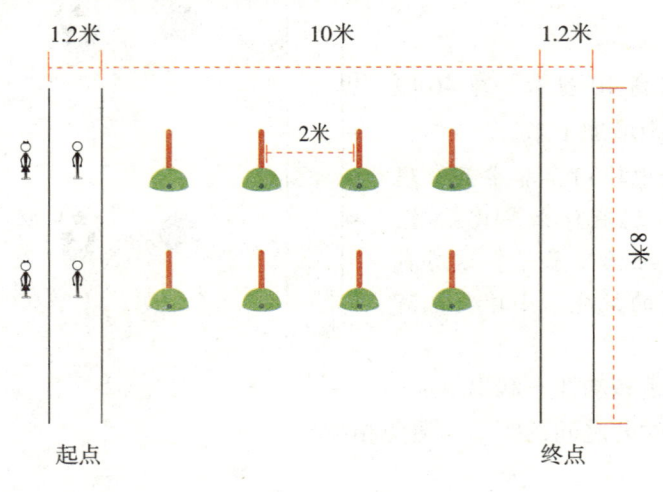

## 活动过程

一、热身活动

1. 师生互动"4+3"：

师：伸伸手，排排队，位置不够？

幼：往后退！

师：手打开，转一转，位置不够？

幼：两边散！

幼儿体操队形站开。

2. 热身操：播放热身音乐，师幼一起跳热身操。

3. 队列准备：将幼儿分成男生一队、女生一队，男生站到起跑线，女生站到等待线。

## 二、创设情境，导入活动

师：小猪家和西瓜地之间有一片危险的丛林，小猪宝宝要选择不同的路径把西瓜运回家。

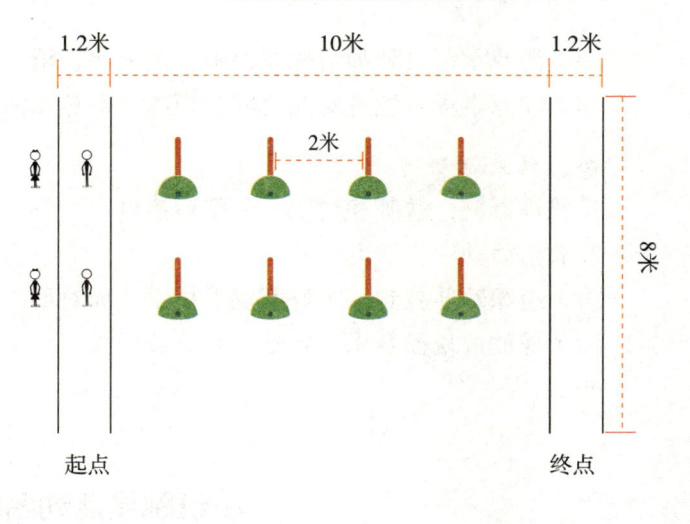

## 三、游戏：穿过丛林

1. 第一关：初探丛林。

（1）师生互动"4+3"：

师：游戏规则！

幼：注意听！

（2）游戏规则：

师：小猪宝宝们，丛林里非常危险，布满了陷阱，现在我们先去侦查一下，看看丛林里到底是什么样子的。

不带球，绕障碍物行走，每个幼儿出发一次。

（3）游戏示范：教师先做一次示范，然后带着幼儿一起游戏。

（4）注意事项：幼儿出发时注意线路，要绕开障碍物。

2. 第二关：穿越丛林。

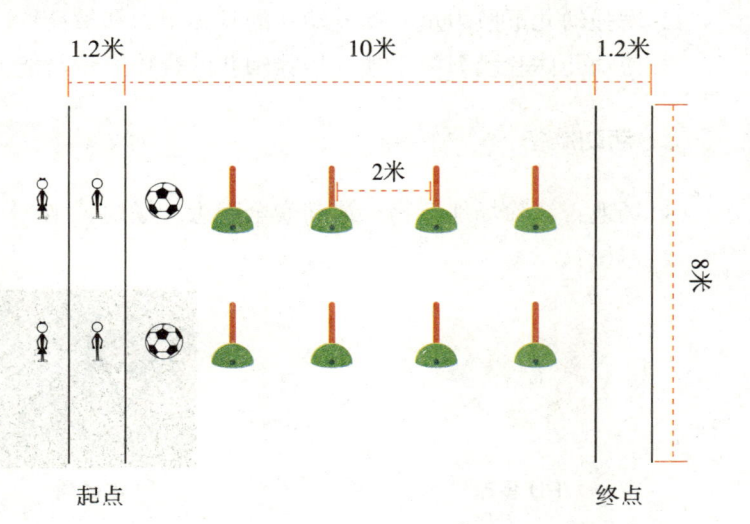

（1）师生互动"4+3"：

师：游戏规则！

幼：注意听！

（2）游戏规则：

师：我们发现，丛林里的确非常危险，小猪宝宝在运西瓜的时候一定要注意刚才走过的路线，千万不要碰到那些障碍物。

每个幼儿出发6次。

（3）游戏示范：教师带领幼儿一起出发。

（4）注意事项：注意幼儿之间的距离，避免相撞。

3. 第三关：运送瓜果和盘子。

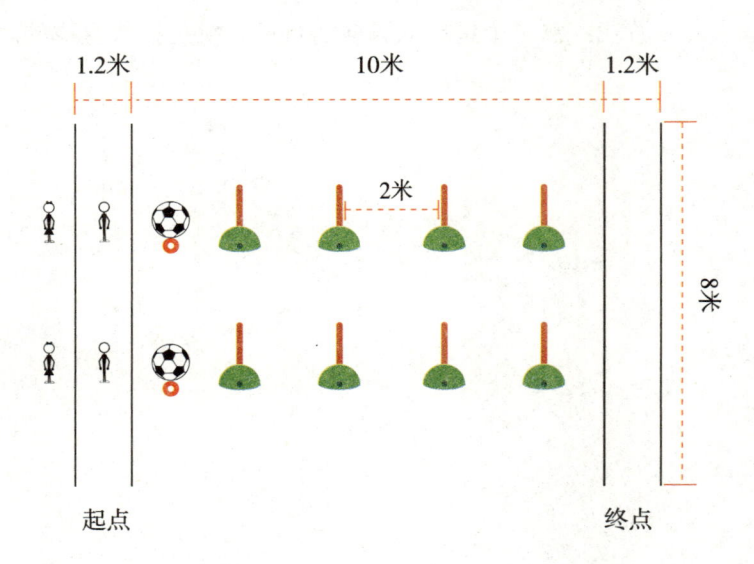

（1）师生互动"4+3"：

师：游戏规则！

幼：注意听！

（2）游戏规则：

师：猪妈妈说，你们真是粗心呀，刚才只是运了西瓜，却忘了还有盘子。这一次，猪宝宝在脚下运西瓜的同时，手上要拿好盘子，这对猪宝宝来说可是个很有难度的挑战呀，猪宝宝有没有信心完成任务？

每个幼儿出发6次。

（3）游戏示范：教师与配课教师示范一次，请幼儿一起出发。
（4）注意事项：注意幼儿之间的距离，避免相撞。

四、结束活动

1. 整理器械：教师和幼儿一起整理器械。
2. 放松活动：
（1）组织幼儿找到一个好朋友手拉手、面对面。
（2）播放放松操音乐，师幼一起跳放松操。

授课教师：陈雪芹

## 小班跳绳活动名称：星星回家

### 活动目标

1. 能掌握双脚跳的基本技能，发展幼儿的身体协调能力。
2. 增强幼儿下肢力量，提升幼儿的身体耐力和敏捷性。
3. 使幼儿体验跳绳的乐趣，培养幼儿的合作意识与能力。

### 活动准备

1. 场地：清除场地杂物，消除安全隐患。场地长10米，宽8米。
2. 器械：

| PU星球 | 体操圈 | 海绵跳绳 |

3. 游戏：拿1个星球双脚向前行进，跳过拉成直线的海绵跳绳，把星球放入体操圈里。

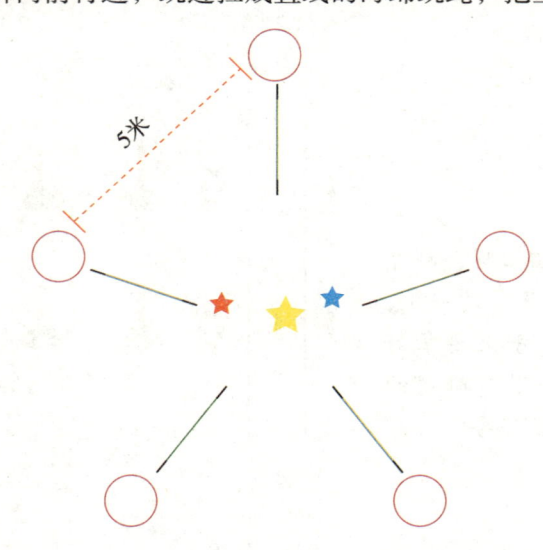

## 活动过程

**一、热身活动**

1. 师生互动"4+3":

师:伸伸手,排排队,位置不够?

幼:往后退!

师:手打开,转一转,位置不够?

幼:两边散!

幼儿体操队形站开。

2. 热身操:播放热身音乐,师幼一起跳热身操。

3. 队列准备:将幼儿分为男女2组,男生站中间,女生排成一排站到等待区。

**二、创设情境,导入活动**

师:昨天晚上,刮了一阵好大的风,你们瞧,把星星从天上吹下来了。今天小朋友要变成"超级飞侠",来给自己鼓鼓掌。我们要克服各种困难把星星送回家。

**三、游戏:星星回家**

1. 第一关:建立新家。

(1)师生互动"4+3":

师:游戏规则!

幼:注意听!

(2)游戏规则:

师:各位"超级飞侠",今天要给星星建立一个新家,我们一起到终点拿取建造新家的材料吧。

幼儿跑到终点,拿5个体操圈回来,交给教师,教师将幼儿拿回来的体操圈摆出1个五角星的图形,请幼儿再去拿5个海绵跳绳,放在体操圈后。最后将60个PU星球散落在中间。

(3)游戏示范:教师先做一次示范,然后请所有幼儿出发。

(4)注意事项:人数多要分组出发,注意幼儿之间的间距,避免相撞。

2. 第二关:跳越障碍。

(1)师生互动"4+3":

师:游戏规则!

幼:注意听!

(2)游戏规则:

师:请男生"超级飞侠"站在中间拿一颗星,双脚向前行进跳过障碍,把星星放进家中。可是星星特别调皮,它还会再跑出来,所以就需要你们有多多的耐心。

男生放完后,女生站到中间把星球从体操圈中依次拿回

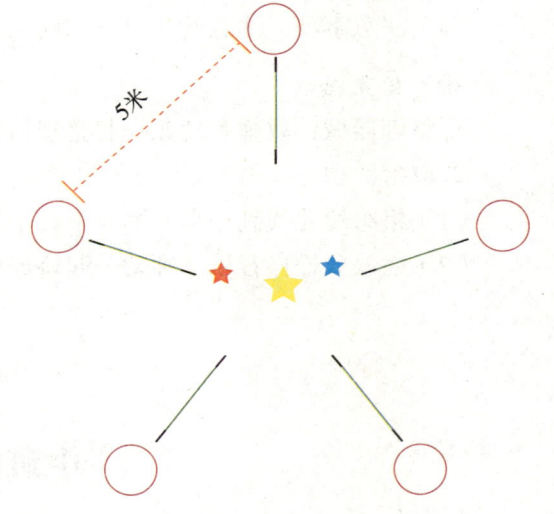

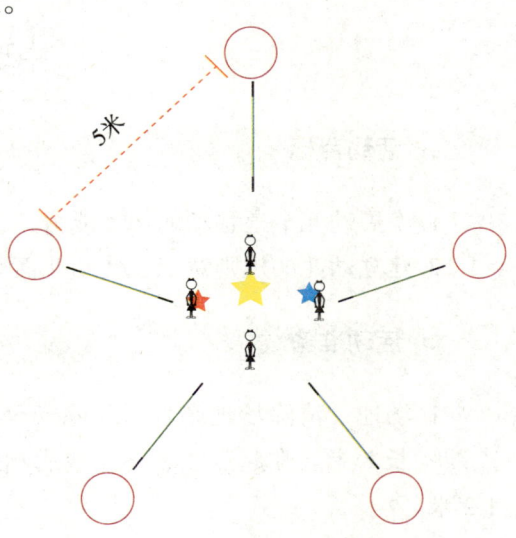

到中间。往返为1次，每个幼儿出发5次。

（3）游戏示范：教师先做一次示范，然后带领幼儿出发。

（4）注意事项：注意幼儿之间的间距，避免踩到手。

3. 第三关：连续出击。

（1）师生互动"4+3"：

师：增加难度！

幼：我可以！

（2）游戏规则：把跳绳摆放为2排，间距20厘米。

师：刚才我们很轻松地完成了任务，来给自己鼓鼓掌。现在的难度又增加了，多了一条障碍，这一次仍然需要男生"超级飞侠"双脚连续跳过障碍，把星星送回家，开始出发吧！

男孩放完后，女生站到中间把星球从体操圈中依次拿回到中间。往返为1次，每个幼儿出发5次。

（3）游戏示范：教师先做一次示范，然后组织幼儿出发。

（4）注意事项：注意幼儿出发的间距，避免撞倒。

### 四、结束活动

1. 整理器械：教师和幼儿一起整理器械。

2. 放松活动：

（1）组织幼儿找到一个好朋友手拉手、面对面。

（2）播放放松操音乐，师幼一起跳放松操。

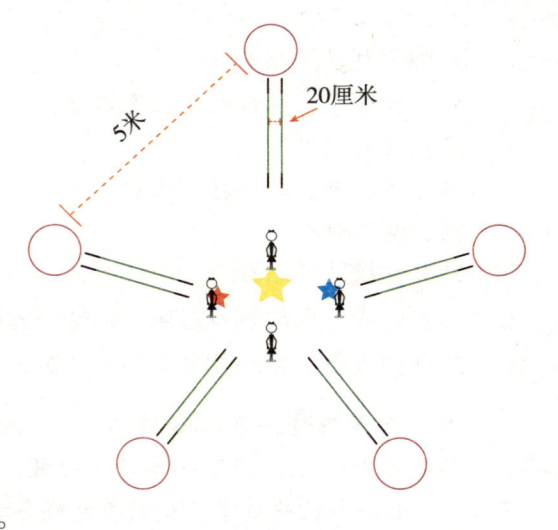

授课教师：田玲

# 中班户外体育活动案例

## 中班活动名称：蜻蜓点水

### 活动目标

1. 发展幼儿窄道移动的运动能力，提高幼儿窄道移动的协调性。
2. 建立幼儿的规则意识，使幼儿面对问题不急不躁，通过自己的努力和别人一起完成任务。

### 活动准备

1. 场地：清除场地杂物，消除安全隐患。用胶带贴出起点线、终点线，相距10米。起点线、终点线各长8米。在起点线、终点线后相距1.2米处各贴出1条等待线。在等待线上贴出分组线，相距1.2米。

2.器械：

踩桶 　　　　　　　　　　　　　雪糕桶

3.游戏：距起点 2 米处给每组摆放踩桶，每组摆放 5 个踩桶，每个踩桶之间的距离为 30 厘米，每组终点摆放 1 个雪糕桶。

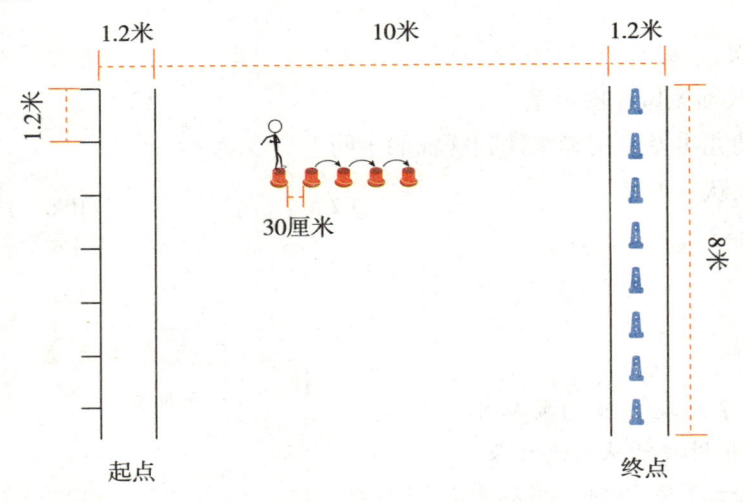

起点　　　　　　　　　　　　　终点

### 活动过程

一、热身活动

1.师生互动"4+3"：

师：伸伸手，排排队，位置不够？

幼：往后退！

师：手打开，转一转，位置不够？

幼：两边散！

幼儿体操队形站开。

2.热身操：播放热身音乐，师幼一起跳热身操。

3.队列准备：将幼儿分成 6～8 组，分组游戏"荷花、荷花"，将每组幼儿带到分组线上排队。

二、创设情境，导入活动

师：今天的游戏，小朋友会变成搬运工。勇敢去闯过老师设置的各个难关吧！

### 三、游戏：蜻蜓点水

1. 第一关：练习水上漂。

（1）师生互动"4+3"：

师：游戏规则！

幼：注意听！

（2）游戏规则：

师：我们今天要学蜻蜓在水上走路。幼儿从起点出发，用脚掌依次踩在踩桶中间，到达终点摸一下雪糕桶，然后原路返回，跟下一个幼儿击掌，然后下一个幼儿出发。

每个幼儿出发3次。

（3）游戏示范：教师先做一次示范。

（4）注意事项：幼儿出发时用脚掌踩到踩桶的中间。

2. 第二关：水上飞跃。

（1）师生互动"4+3"：

师：游戏规则！

幼：注意听！

（2）游戏规则：

师：小朋友太棒了，现在我们要从水上飞跃了。幼儿手脚并用爬行从起点出发，爬过踩桶到终点，摸一下雪糕桶，然后再原路返回，跟下一个幼儿击掌，自己站到队尾，下一个幼儿出发。

每个幼儿出发3次。

（3）游戏示范：教师先做一次示范。

（4）注意事项：幼儿出发时把身体抬高。

3. 第三关：蜻蜓点水。

（1）师生互动"4+3"：

师：增加难度！

幼：我可以！

（2）游戏规则：

教师将踩桶的间隔距离从30厘米变成50厘米。

师：现在小朋友可以像蜻蜓一样出发。幼儿从起点走到终点，遇到踩桶后，幼儿从踩桶上边迈过去，一直走到终点，摸一下雪糕桶，然后原路返回，跟下一个幼儿击掌，自己站到队伍的最后，下一个幼儿出发。

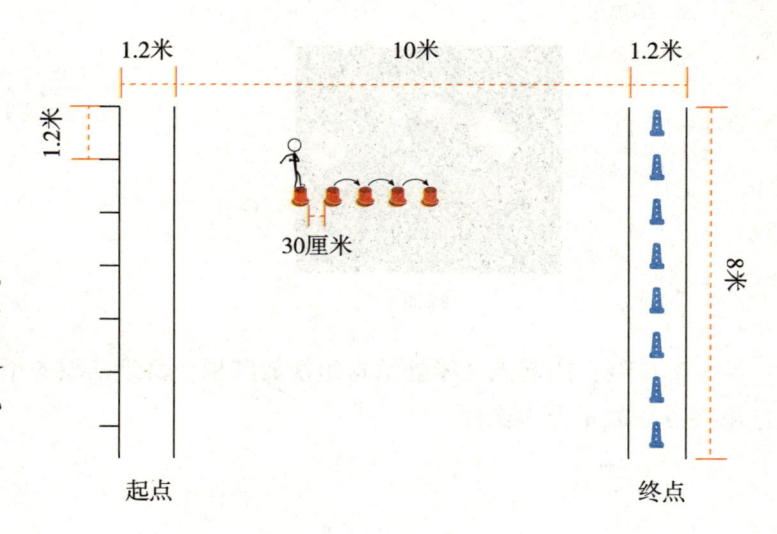

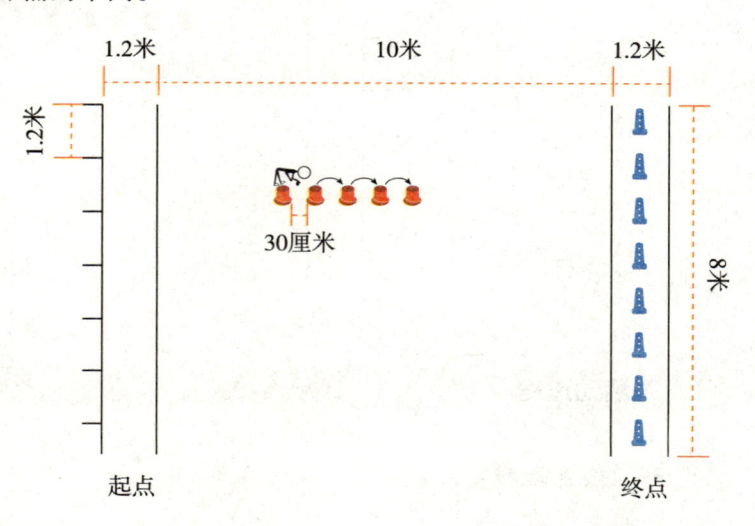

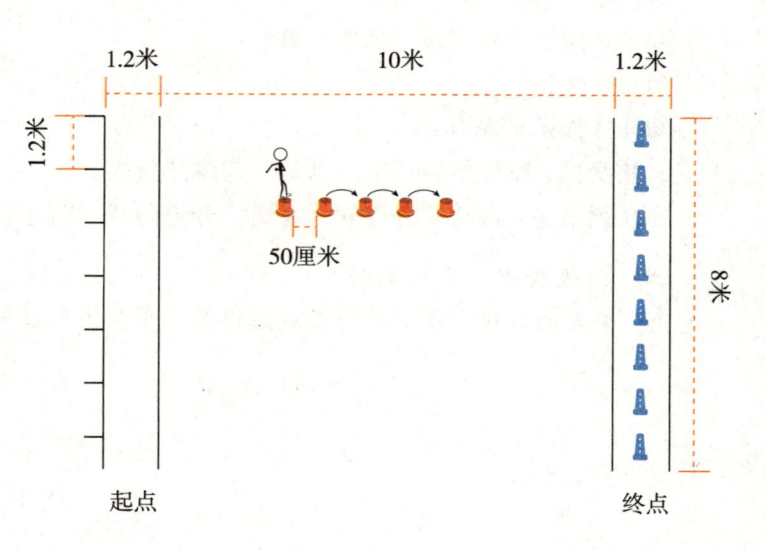

每个幼儿出发 3 次。

（3）游戏示范：教师先做一次示范。

（4）注意事项：注意幼儿出发时的速度。

### 四、结束活动

1. 整理器械：教师和幼儿一起整理器械。

2. 放松活动：

（1）组织幼儿找到一个好朋友手拉手、面对面。

（2）播放放松操音乐，师幼一起跳放松操。

授课教师：曹月萍

## 中班活动名称：帽子戏法

### 活动目标

1. 发展幼儿听信号向指定方向跑和双脚夹物行进跳的运动能力，增强幼儿腿部力量。
2. 激发幼儿团队意识的养成，增长幼儿遇见问题解决问题的能力。

### 活动准备

1. 场地：清除场地杂物，消除安全隐患。用胶带贴出起点线、终点线，相距 10 米。起点线、终点线各长 8 米。在起点线、终点线后相距 1.2 米处各贴出 1 条等待线。在等待线上贴出分组线（相距 1.2 米）。

2. 器械：

| 五色盘 | 太空梯 | 鳄鱼球 |

### 活动过程

### 一、热身活动

1. 师生互动"4+3"：

师：伸伸手，排排队，位置不够？

幼：往后退！

师：手打开，转一转，位置不够？

幼：两边散！

幼儿体操队形站开。

2. 热身操：播放热身音乐，师生一起跳热身操。

3. 队列准备：教师用分组游戏"吸铁石"将幼儿分成8组，带入运动场地。

二、创设情境，导入活动

师：在终点有小小的帽子，小朋友的任务是把你手里的鳄鱼球放在上面。

三、游戏：帽子戏法

1. 第一关：幼儿抱着鳄鱼球跑到终点再跑回。

（1）师生互动"4+3"：

师：游戏规则！

幼：注意听！

（2）游戏规则：教师在每组终点摆放1个五色盘。

师：看！在终点有小小的帽子，小朋友的任务是把你手里的鳄鱼球放在上面。

教师请幼儿示范：抱着鳄鱼球跑到终点，轻轻地把鳄鱼球放在五色盘上面（注意，不要滚下来），然后再拿起鳄鱼球跑回起点，把鳄鱼球传给下一个幼儿，自己站到队尾。每个幼儿出发3次。

（3）游戏示范：教师先做一次示范，然后请幼儿出发。

（4）注意事项：教师提醒幼儿从右侧跑回起点，避免幼儿间互相碰撞。

2. 第二关：幼儿夹着鳄鱼球跳到终点再跑回来。

（1）师生互动"4+3"：

师：游戏规则！

幼：注意听！

（2）游戏规则：

师：刚才小朋友用手抱着太容易了，这一次我们用双腿夹着鳄鱼球跳着到终点，放在帽子上，再拿起来。再抱着跑回来传给下一个幼儿，自己站到队尾。然后幼儿依次出发。

每个幼儿出发2次。

（3）游戏示范：教师先做一次示范，然后带着不爱动的幼儿一起游戏。

（4）注意事项：避免幼儿被绊倒。

3. 第三关：双腿夹鳄鱼球在太空梯上跳跃。

（1）师生互动"4+3"：

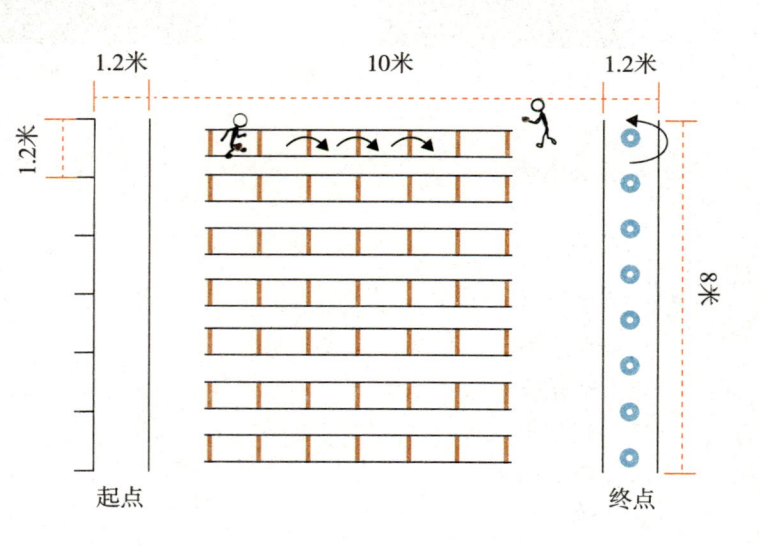

师：增加难度！

幼：我可以！

（2）游戏规则：

教师将太空梯摆放在每组跑道里，要求幼儿双腿夹着鳄鱼球从太空梯的格子跳跃至终点，将鳄鱼球摆放在帽子上，再拿起来，抱着跑回来传给下一个幼儿，自己站到队尾。然后幼儿一一出发。每个幼儿出发2次。

（3）游戏示范：教师先做一次示范，然后开始游戏。

（4）注意事项：太空梯容易被幼儿跳变形，教师应及时拉直，避免幼儿被绊倒。

### 四、结束活动

1. 整理器械：教师和幼儿一起整理器械。

2. 放松活动：

（1）组织幼儿找到一个好朋友手拉手、面对面。

（2）播放放松操音乐，师幼一起跳放松操。

授课教师：赵丽敏

## 中班活动名称：骑兵大作战

### 活动目标

1. 发展幼儿双脚向前行进跳的运动能力，提升幼儿身体的平衡能力。
2. 激发幼儿良好的运动习惯，使幼儿懂得与好朋友分享游戏的快乐。

### 活动准备

1. 场地：清除场地杂物，消除安全隐患。用胶带贴出起点线和终点线，相距10米。起点线、终点线各长8米。在起点线、终点线后相距1.2米处各贴出1条等待线。在等待线上贴出分组线，相距1.2米。

2. 器械：

泡沫面条 　　　　　　　　　　　　　标志桶

3. 游戏：教师在每组的终点摆放1个标志桶。

## 活动过程

**一、热身活动**

1. 师生互动"4+3"：

师：伸伸手，排排队，位置不够？

幼：往后退！

师：手打开，转一转，位置不够？

幼：两边散！

幼儿体操队形站开。

2. 热身操：播放热身音乐，师幼一起跳热身操。

3. 队列准备：分成8组，分组游戏"荷花、荷花"，把幼儿分别带到分组线上。

**二、创设情境，导入活动**

师：今天的小朋友都变成了小骑士，将会骑着马儿遨游世界！

**三、游戏：骑兵大作战**

1. 第一关：1个小骑士骑1匹马。

（1）师生互动"4+3"：

师：游戏规则！

幼：注意听！

（2）游戏规则：教师给每个小组发1根泡沫面条。幼儿骑在上面，双脚跳跃至终点，拿着泡沫面条跑回来传给下一个幼儿，自己站到队尾。下一组幼儿听到教师的口令后出发。每个幼儿出发3次。

（3）游戏示范：教师示范，引导幼儿依次出发。

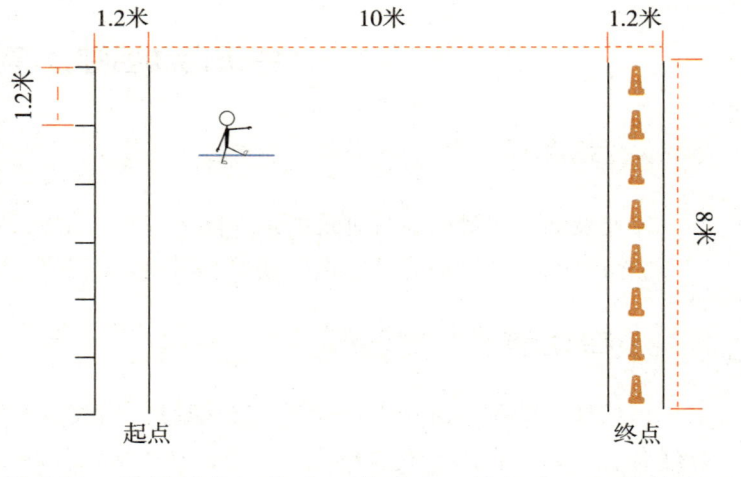

（4）注意事项：教师强调出发次序、规则意识；指导幼儿记住自己的队友，认识自己组的终点；幼儿双腿夹着泡沫面条的三分之一处，双手握住小马的脖子。

2. 第二关：1个小骑士骑2匹马。

（1）师生互动"4+3"：

师：增加难度！

幼：我可以！

（2）游戏规则：

师：小骑士跳得非常棒！接下来我们增加难度了！

教师给每组增加1根泡沫面条。幼儿同时夹着2根泡沫面条双脚跳至终点，拿着泡沫面条跑回来传给下一个幼儿，自己站到队尾。下一组听到教师的口令后出发。每个幼

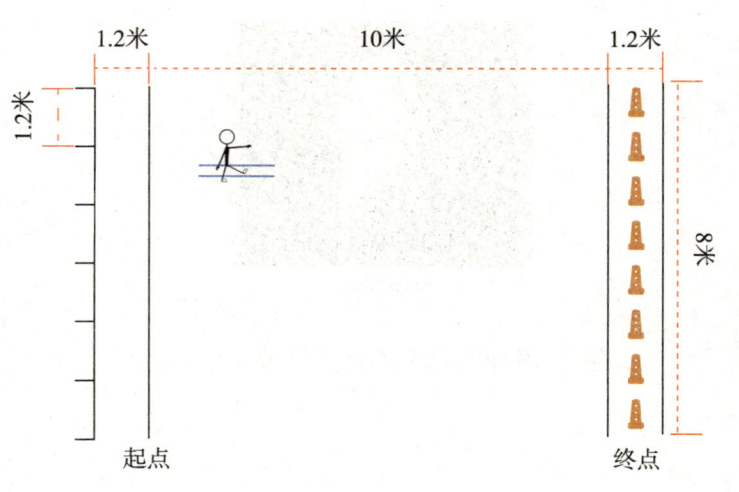

儿出发2次。

（3）游戏示范：教师先做一次示范，指导幼儿依次出发，注意双手要握紧2根泡沫面条的一端。

（4）注意事项：教师强调出发次序；指导幼儿记住自己的队友，认识自己组的终点；幼儿双腿夹着泡沫面条的三分之一处，双手握住小马的脖子。幼儿将2根泡沫面条并齐夹在两腿之间。

3. 第三关：2个小骑士骑1匹马。

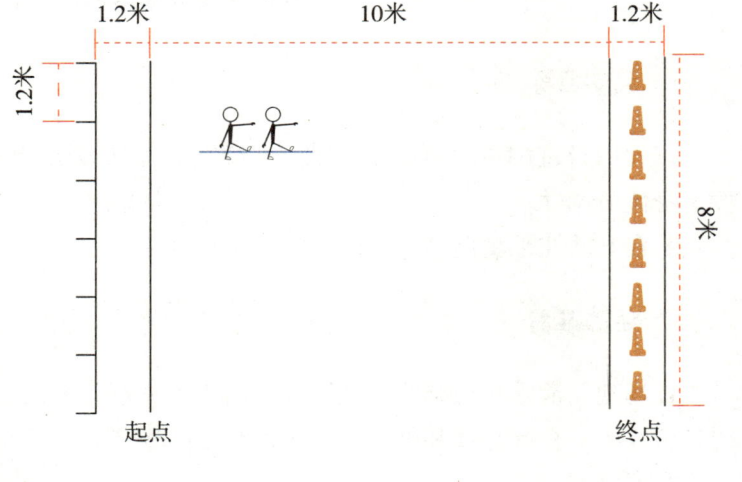

（1）师生互动"4+3"：

师：增加难度！

幼：我可以！

（2）游戏规则：教师从每组收回1根泡沫面条。

师：勇敢的骑兵有了好朋友，现在他们要一起遨游世界！

2个幼儿同时骑在1根泡沫面条上面（2人间距50厘米），同时双脚起跳到终点，前面的小骑兵拿着泡沫面条和后面的骑兵一起跑回起点，交给下面2个幼儿。每组幼儿出发2次。

（3）游戏示范：教师示范动作，注意观察动作掌握不是很好的幼儿，给予其指导和鼓励。

（4）注意事项：2个幼儿要同时起跳，要有节奏地跳；前面的幼儿速度不能快，后面的幼儿也要双手握住泡沫面条，避免被前面的幼儿拽倒；教师要强调幼儿的配合意识；跑回起点时，2个幼儿要一个跟着一个，直线跑回去，不能并排跑，避免幼儿混乱相撞。

4. 第四关：2个小骑士同时骑2匹马。

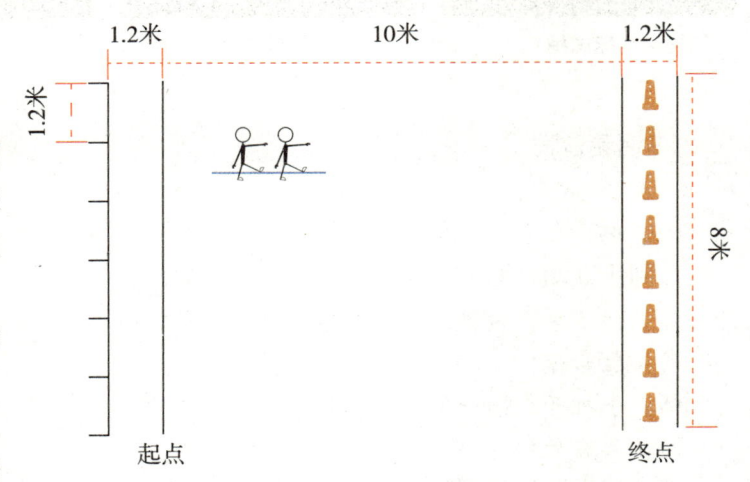

（1）师生互动"4+3"：

师：增加难度！

幼：我可以！

（2）游戏规则：2个幼儿骑2根泡沫面条，同时双脚起跳到终点，然后每人拿1根泡沫面条跑回起点，交给下2个幼儿。每组幼儿出发2次。

（3）游戏示范：教师示范动作，强调幼儿的配合意识，讲解安全问题。

（4）注意事项：2个幼儿要同时起跳，要有节奏地跳；前面的幼儿速度不能快，后面的幼儿也要双手握住泡沫面条，避免被前面的幼儿拽倒；教师要强调幼儿的配合意识；跑回起点时，2个幼儿要一个跟着一个，直线跑回去，不能并排跑，避免幼儿混乱相撞。

### 四、结束活动

1. 整理器械：教师和幼儿一起整理器械。

2. 放松活动：

（1）组织幼儿找到一个好朋友手拉手、面对面。

（2）播放放松操音乐，师幼一起跳放松操。

授课教师：田玲

## 中班篮球活动名称：保龄球跳高

### 活动目标

1. 发展行进中单手弯腰滚球的运动能力，增强幼儿腿部力量、上肢协调力量，提高幼儿推球稳定性、身体协调性。
2. 提升幼儿平衡能力，使幼儿能稳定推球。

### 活动准备

1. 场地：清除场地杂物，消除安全隐患。用胶带贴出起点线和终点线，相距10米。起点线和终点线各长8米。在起点线和终点线后1.2米处各贴出1条等待线。
2. 器械：

| 标志桶 |  泡沫面条 |  连接器 |  篮球 |

### 活动过程

一、热身活动

1. 师生互动"4+3"：
师：伸伸手，排排队，位置不够？
幼：往后退！
师：手打开，转一转，位置不够？
幼：两边散！
幼儿体操队形站开。
2. 热身操：播放热身音乐，师幼一起跳热身操。
3. 队列准备：教师用分组游戏"吸铁石"将幼儿分成4组，带入运动场地。

二、创设情境，导入活动
师：今天的游戏，小朋友变成保龄球高手，单手弯腰滚球。

## 三、游戏：保龄球跳高

1. 第一关：小小保龄球。

（1）师生互动"4+3"：

师：游戏规则！

幼：注意听！

（2）游戏规则：

师：今天小朋友要学保龄球推球。

每组第一个幼儿从起点单手弯腰把手里的篮球放在地上推球绕过标志桶，直线绕过标志桶到达终点原路返回，然后再单手弯腰推球传给下一个幼儿，自己站到队尾。每个幼儿出发3次。

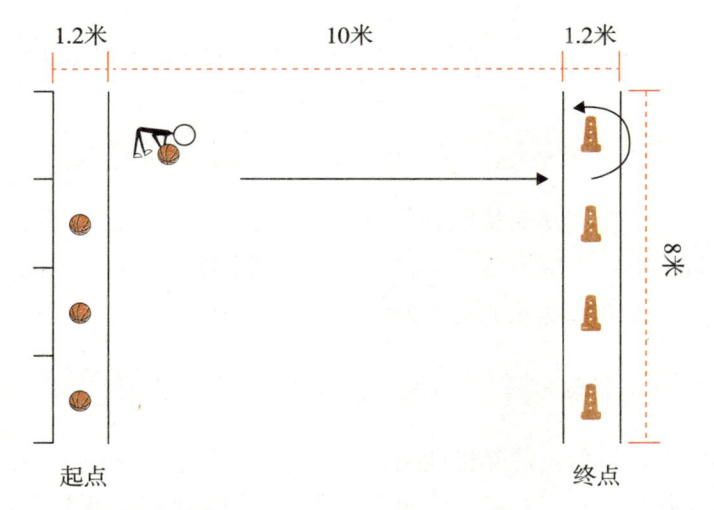

（3）游戏示范：教师示范，引导幼儿依次出发，强调规则意识。

（4）注意事项：幼儿单身弯腰推球时，注意绕过相对应的标志桶进行推球。

2. 第二关：保龄球跳高。

（1）师生互动"4+3"：

师：游戏规则！

幼：注意听！

（2）游戏规则：教师在每组前面用标志桶和泡沫面条、连接器组成山洞，每组前面2个，相距3米。

师：刚才小朋友学会了保龄球推球，现在我们要让保龄球跳高。

每组幼儿从起点单手弯腰把手里的篮球放在地上推球前进，到山洞下面拍球5次，继续前进，到终点绕过标志桶后跑回来，下一个小朋友出发。

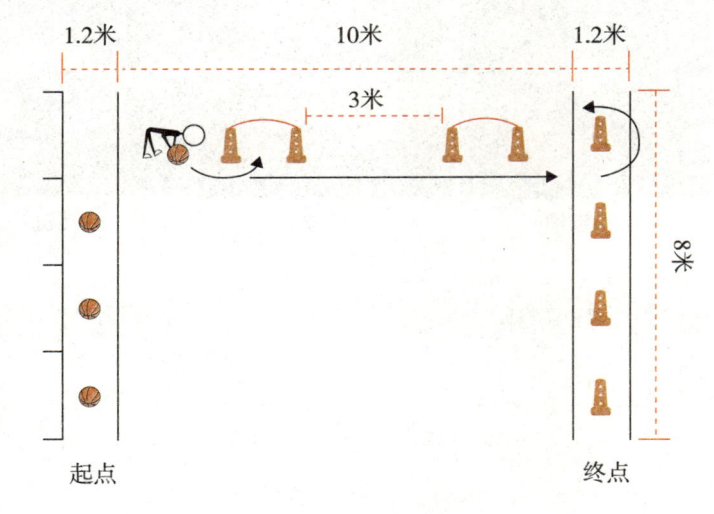

（3）游戏示范：教师示范动作，注意观察动作掌握不是很好的幼儿，给予其指导和鼓励。

（4）注意事项：教师强调出发次序；指导幼儿记住自己的队友，认识自己组的终点；单身弯腰推球要稳定。

## 四、结束活动

1. 整理器械：教师和幼儿一起整理器械。

2. 放松活动：

（1）组织幼儿找到一个好朋友手拉手、面对面。

（2）播放放松操音乐，师幼一起跳放松操。

授课教师：周莉

## 中班篮球活动名称：拍球骑士

### 活动目标

1. 发展幼儿持物跑、原地体侧单手拍球（左右手）、原地双手拍球的运动能力，增强幼儿腿部力量、上肢协调力量，提高幼儿拍球稳定性、身体协调性。
2. 提升幼儿平衡能力。

### 活动准备

1. 场地：清除场地杂物，消除安全隐患。用胶带贴出起点线和终点线，相距 10 米。起点线和终点线各长 8 米。在起点线和终点线后 1.2 米处各贴出 1 条等待线。
2. 器械：

| 标志桶 | 篮球 | 软飞盘 | 五色盘 | 泡沫面条 |

### 活动过程

一、热身活动

1. 师生互动"4+3"：

师：伸伸手，排排队，位置不够？

幼：往后退！

师：手打开，转一转，位置不够？

幼：两边散！

幼儿体操队形站开。

2. 热身操：播放热身音乐，师幼一起跳热身操。

3. 队列准备：将幼儿分成 4 组，分组游戏"荷花、荷花"，将每组幼儿带到分组线上排队。

二、创设情境，导入活动

师：在终点有标志桶，小朋友的任务是右手抱着球跑到终点，左右手各拍球 10 次。

三、游戏：拍球骑士

1. 第一关：拍球。

（1）师生互动"4+3"：

师：游戏规则！

幼：注意听！

（2）游戏规则：教师在每组终点摆放1个标志桶。小朋友的任务是右手抱着球跑到终点，原地左右手分别拍篮球10次，然后再用右手抱着球，跑回起点，把篮球传给下一个小朋友，自己站到队尾。每个幼儿出发2次。

（3）游戏示范：教师先做一次示范，指导幼儿依次出发。

（4）注意事项：注意原地体侧拍球（左右手）时，腿和上肢要协调稳定。

2. 第二关：拍球小骑士。

（1）师生互动"4+3"：

师：游戏规则！

幼：注意听！

（2）游戏规则：

师：今天小朋友是勇敢的小骑士，我们的小骑士要骑着小马去拍球。

教师在每组起点摆放2个软飞盘，飞盘间距和幼儿肩膀同宽，在每组跑道中间摆放一个五色盘，五色盘上放一个篮球。第一个幼儿骑着泡沫面条双脚跳到中间五色盘的位置，放下泡沫面条，抱起篮球继续跳到终点，双脚打开踩在软飞盘上，拍10下篮球，然后抱着篮球跳到中间五色盘的位置，把球放到五色盘上，骑着泡沫面条跳回起点，把泡沫面条交给下一个幼儿，幼儿依次出发。

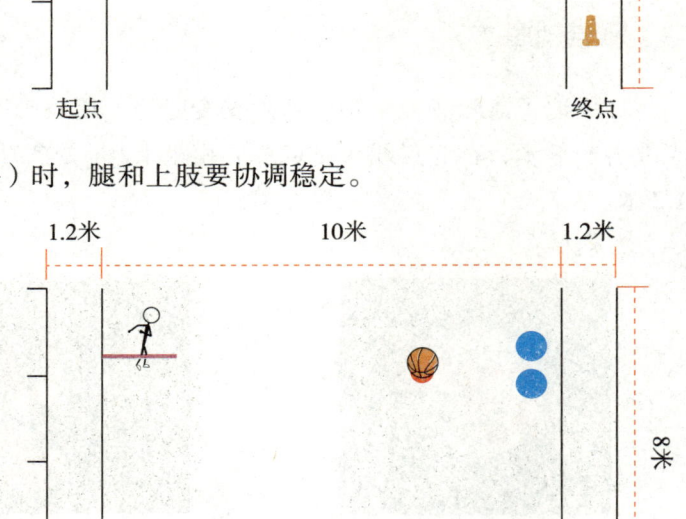

3. 游戏示范：教师示范，引导幼儿依次出发，强调规则意识。

4. 注意事项：软飞盘间距与幼儿肩膀同宽，注意双脚打开踩在软飞盘上稳定拍球。

四、结束活动

1. 整理器械：教师和幼儿一起整理器械。

2. 放松活动：

（1）组织幼儿找到一个好朋友手拉手、面对面。

（2）播放放松操音乐，师幼一起跳放松操。

授课教师：徐翠敏

## 中班足球活动名称：打豆豆

### 活动目标

1. 发展幼儿脚背外侧踢球的运动能力，增强幼儿的腿部力量，提高幼儿身体的协调性。
2. 增强幼儿的平衡能力、动作协调以及力量和耐力。
3. 使幼儿热爱体育游戏，能够和同伴友好相处。

### 活动准备

1. 场地：清除场地杂物，消除安全隐患。用胶带贴出起点线和终点线，相距10米。起点线、终点线各长8米，在起点线、终点线后相距1.2米处各贴出1条等待线。在等待线上贴出分组线，相距1.2米。

2. 器械：

| 足球 | 标志桶 | 五色盘 |

3. 游戏：教师在每一组距离起点5米的位置摆放五色盘，在终点位置摆放标志桶。

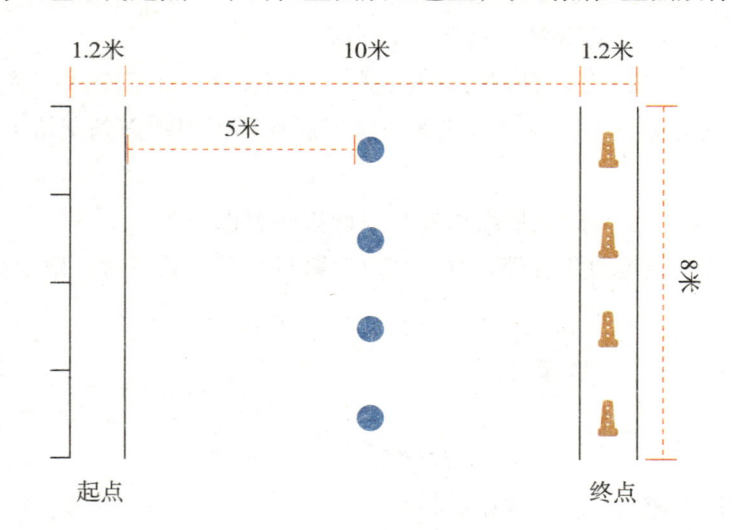

## 活动过程

**一、热身活动**

1. 师生互动"4+3"：

师：伸伸手，排排队，位置不够？

幼：往后退！

师：手打开，转一转，位置不够？

幼：两边散！

幼儿体操队形站开。

2. 热身操：播放热身音乐，师幼一起跳热身操。

3. 队列准备：教师用分组游戏"吸铁石"将幼儿分成5组，带入运动场地。

**二、创设情境，导入活动**

师：今天的幼儿变成了足球健将，我们要把对方的标志桶踢中，踢到标志桶的小朋友就是胜利者！

**三、游戏：足球小健将**

1. 第一关：小旋风。

（1）师生互动"4+3"：

师：游戏规则！

幼：注意听！

（2）游戏规则：

小朋友分成5组，从起点出发，跑到五色盘处用脚背外侧将球踢出去，球要达到标志桶。然后跑过去把标志桶扶起来，将球放回五色盘上，再跑回起点。每个幼儿出发3次。

（3）游戏示范：教师示范，引导幼儿依次出发，强调规则意识。

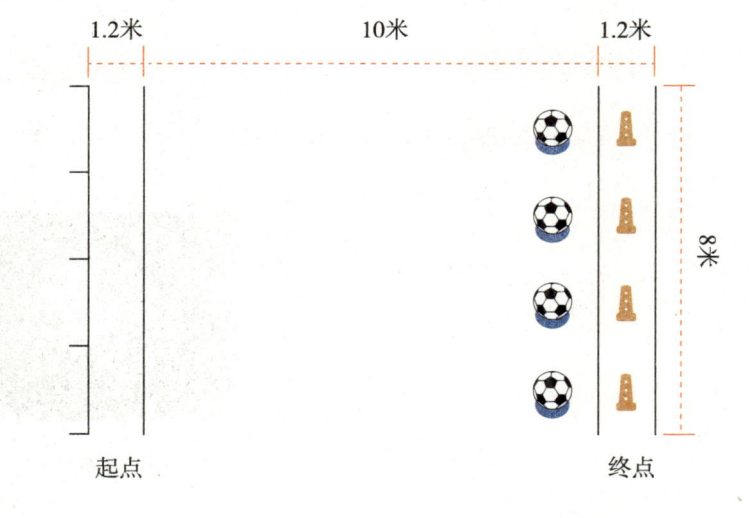

（4）注意事项：注意用脚背外侧踢球，并遵守游戏规则，将踢倒的标志桶扶起来再跑回原地，后面的小朋友依次进行游戏。

2. 第二关：特种小旋风。

（1）师生互动"4+3"：

师：增加难度！

幼：我可以！

（2）游戏规则：

从起点开始，每间隔3米摆放一个标志桶。小朋友从起点出发绕过标志桶，到达足球面前，用脚背外侧将球踢出去，球要打到标志桶，然后跑过去把标志桶扶起来，

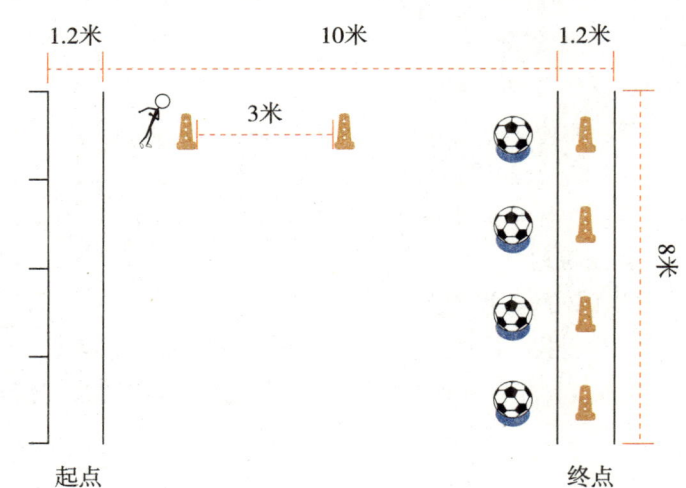

将球放回五色盘上,再跑回起点。每个幼儿出发3次。

(3)游戏示范:教师请一名小朋友示范游戏。

(4)注意事项:遵守游戏规则,将踢倒的标志桶扶起来再跑回原地,后面的小朋友依次游戏。

### 四、结束活动

1. 整理器械:教师和幼儿一起整理器械。
2. 放松活动:教师和幼儿一起做操,放松身体。

授课教师:李振杰

## 中班跳绳活动名称:小白蛇

### 活动目标

1. 增强幼儿下肢力量,提升幼儿身体敏捷性和速度。
2. 使幼儿能够愉快地和同伴进行游戏活动,激发幼儿与同伴之间的合作意识。

### 活动准备

1. 场地:清除场地杂物,消除安全隐患。场地长10米,宽8米。
2. 器械:

海绵跳绳

### 活动过程

一、热身活动

1. 师生互动"4+3":

师:伸伸手,排排队,位置不够?

幼:往后退!

师:手打开,转一转,位置不够?

幼:两边散!

幼儿体操队形站开。

2. 热身操:播放热身音乐,师幼一起跳热身操
3. 队列准备:将幼儿分成三人一组。分组游戏"荷花、荷花",把幼儿带到分组线上。

## 二、创设情境，导入活动

师：今天我们要玩一个从来都没有玩过的游戏——小蛇。

## 三、游戏：小蛇

1. 第一关：勇敢的小蛇。

（1）师生互动"4+3"：

师：游戏规则！

幼：注意听！

（2）游戏规则：

小朋友每3人一组，每组发1根海绵跳绳，2个幼儿双手握住海绵跳绳两头，蹲在地上将海绵跳绳拉直与地面相距20厘米。海绵跳绳中间站一个幼儿，幼儿双脚左右跳10次，换下一个幼儿。每个幼儿跳4次。

（3）游戏示范：教师请2个幼儿帮忙拉住海绵跳绳的两头，教师双脚左右示范跳跃。

（4）注意事项：幼儿跳的时候要注意跳绳的高度，不要绊倒。

2. 第二关：小蛇过河。

（1）师生互动"4+3"：

师：增加难度！

幼：我可以！

（2）游戏规则：

2个幼儿双手握住海绵跳绳两头，蹲在地上，双手有节奏地左右摆动海绵跳绳。海绵跳绳旁边站1个幼儿，绳子悠到脚前，幼儿立马起跳，如果绳子碰到幼儿，中间幼儿下场悠绳子，中间幼儿双脚左右跳10次换下一个幼儿。每个幼儿跳6次。

（3）游戏示范：2个幼儿双手有节奏地左右摆动海绵跳绳，另一个幼儿在跳跃过程中双脚不触碰绳子。

（4）注意事项：幼儿跳的时候注意不要碰到海绵跳绳，不要绊倒，遵守规则，合作游戏。

## 四、结束活动

1. 整理器械：教师和幼儿一起整理器械。

2. 放松活动：

（1）小朋友寻找自己的小伙伴一起面对面、手拉手。

（2）教师和幼儿一起做操，放松身体。

授课教师：吴航宇

## 中班足球活动名称：运球大赛

### 活动目标

1. 发展幼儿脚内侧运球的运动能力，增强幼儿的腿部力量，提高幼儿身体协调性。
2. 增强幼儿的平衡能力、动作协调以及力量和耐力。
3. 使幼儿热爱体育游戏，能够和同伴友好相处。

### 活动准备

1. 场地：清除场地杂物，消除安全隐患。用胶带贴出起点线和终点线，相距10米，起点线和终点线各长8米。在起点线和终点线后1.2米处各贴出1条等待线。
2. 器械：

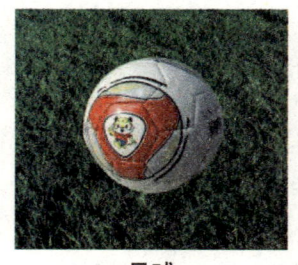

| 足球 |  泡沫面条 |  连接器 |

3. 游戏：场地中间用泡沫面条和连接器组成1个大圆，在大圆的四周3米处组成4个小圆，在大圆内放足球4个：

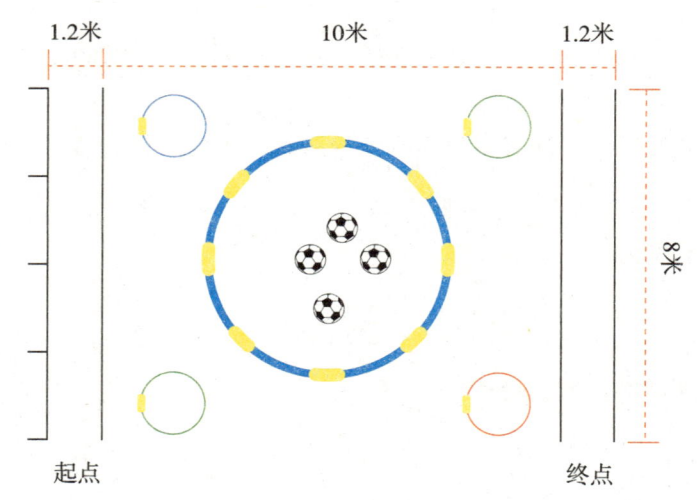

### 活动过程

一、热身活动

1. 师生互动"4+3"：

师：伸伸手，排排队，位置不够？

幼：往后退！
师：手打开，转一转，位置不够？
幼：两边散！
2. 热身操：播放热身音乐，师幼一起跳热身操。
3. 队列准备：教师用分组游戏"吸铁石"将幼儿分成4组，带入运动场地。

### 二、创设情境，导入活动

师：今天我们要举办一个运球大赛，我相信小朋友都能够取得好成绩，加油呀！

### 三、游戏：足球活动

（1）师生互动"4+3"：
师：游戏规则！
幼：注意听！
（2）游戏规则：
教师将幼儿分成4组，幼儿跑到大圆处用脚内侧把球运回到小圆里，回到起点，下一个幼儿出发。
（3）游戏示范：教师请2～3名幼儿进行游戏示范。
（4）注意事项：参加比赛的小朋友要遵守游戏规则，否则取消参赛资格。

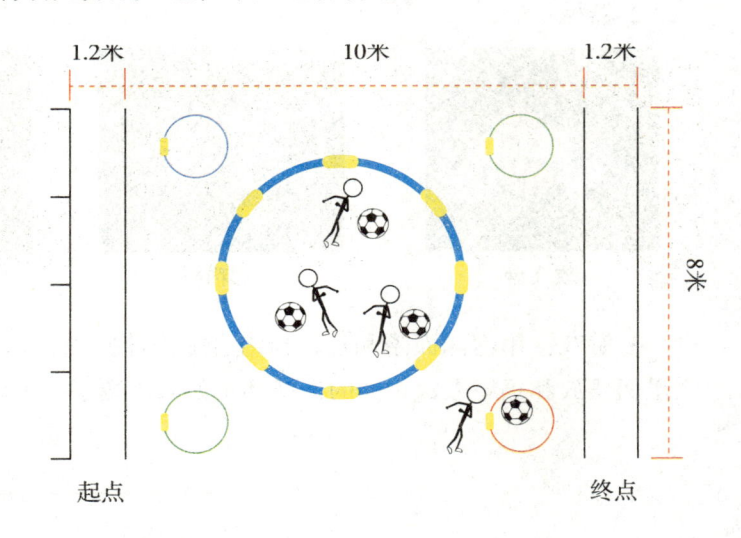

### 四、结束活动

1. 宣布本次运球大赛的结果，并鼓励所有幼儿。
2. 整理器械：教师和幼儿一起整理器械。
3. 放松活动：
（1）小朋友寻找自己的小伙伴一起面对面、手拉手。
（2）教师和幼儿一起做操，放松身体。

授课教师：王巍

# 大班户外体育活动案例

## 大班活动名称：搬家公司

### 活动目标

1. 发展幼儿直线跑、往返跑的基本动作，提高幼儿的身体协调性。
2. 建立幼儿的规则意识，使幼儿面对问题不急不躁，并能够通过自己的努力和别人一起完成任务。

### 活动准备

1. 场地：清除场地杂物，消除安全隐患。用胶带贴出起点线终点线，相距 10 米。起点线、终点线各长 8 米。在起点线和终点线后相距 1.2 米处各贴出 1 条等待线。在等待线上贴出分组线，相距 1.2 米。

2. 器械：

软飞盘 　　　　　雪糕杯 　　　　　泡沫面条 　　　　　连接器

3. 游戏：用泡沫面条和连接器组合成泡沫圆圈，每条跑道摆放 3 个泡沫圆圈，间距 3 米，第一个圆里面摆放和每组人数相同的雪糕杯（如果人数多，可以拿些五色盘充数）。

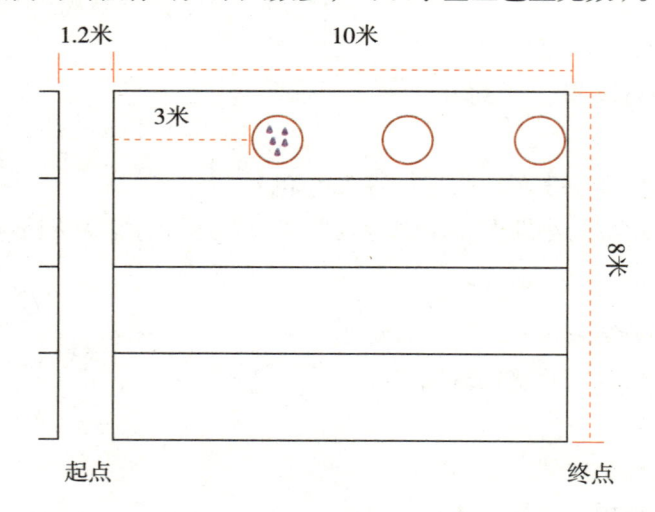

### 活动过程

一、热身活动

1. 师生互动"4+3"：

师：伸伸手，排排队，位置不够？

幼：往后退！

师：手打开，转一转，位置不够？

幼：两边散！

幼儿体操队形站开。

2. 热身操：播放热身音乐，师幼一起跳热身操。

3. 队列准备：将幼儿分成 8 组，分组游戏"荷花、荷花"，将每组小朋友带到分组线上排队。

二、创设情境，导入活动

师：今天的游戏，你会变成搬运工。勇敢去闯过老师设置的难关吧！

三、游戏：搬家公司

1. 第一关：小区搬运工。

（1）师生互动"4+3"：

师：游戏规则！

幼：注意听！

（2）游戏规则：

师：我们的搬运工要在小区里搬家了。每组第一个幼儿跑出去在第一个圆里面拿一个雪糕杯，放到第二个圆里面，返回站到队尾，下一个幼儿出发同样拿一个雪糕杯放到第二个圆里面，直到都拿完。看看哪个小组搬家的速度快。

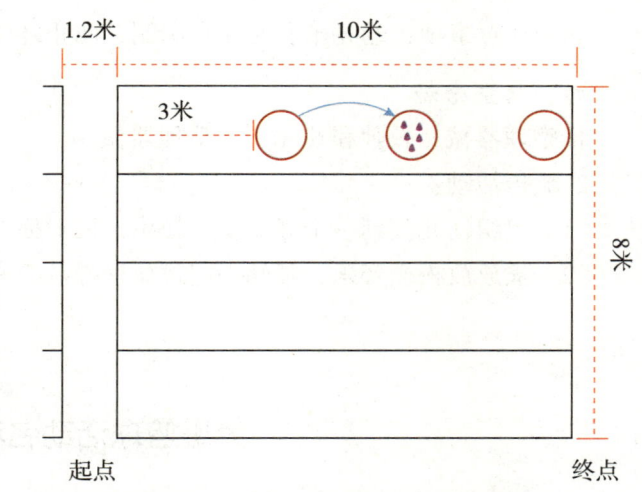

（3）游戏示范：教师先做一次示范，拿起第一个圆中的雪糕杯放在第二个圆中，返回起点。

（4）注意事项：幼儿出发时注意圆圈，防止绊倒。

2. 第二关：城市搬运工。

（1）师生互动"4+3"：

师：游戏规则！

幼：注意听！

（2）游戏规则：

师：刚才搬家的距离有点近，这次要远一些。从第二个圆里面搬家到第三个圆里面。每组第一个幼儿跑出去在第二个圆里面拿1个雪糕杯，放到第三个圆里面，返回站到队尾。下一个幼儿出发同样拿一个雪糕杯放到第三个圆里面，直到都拿完。比比哪组最快。

（3）游戏示范：教师先做一次示范，拿起第二个圆中的雪糕杯放在第三个圆中，返回起点。

（4）注意事项：幼儿出发时注意圆圈，防止绊倒。

3. 第三关：速度王。

（1）师生互动"4+3"：

师：增加难度！

幼：我可以！

（2）游戏规则：

师：刚才的东西很轻很轻，用手一拿就可以。这次的东西呢，手是不可以碰的。

给每组发一个软飞盘，小朋友拿着软飞盘去搬家。

这次是从最远的第三个圆里用飞盘端一个雪糕杯放到第二个圆里面，比比哪组最快。

（3）游戏示范：教师先做一次示范，在软飞盘上放一个第三个圆中的雪糕杯，再跑向第二个圆中，返回起点。

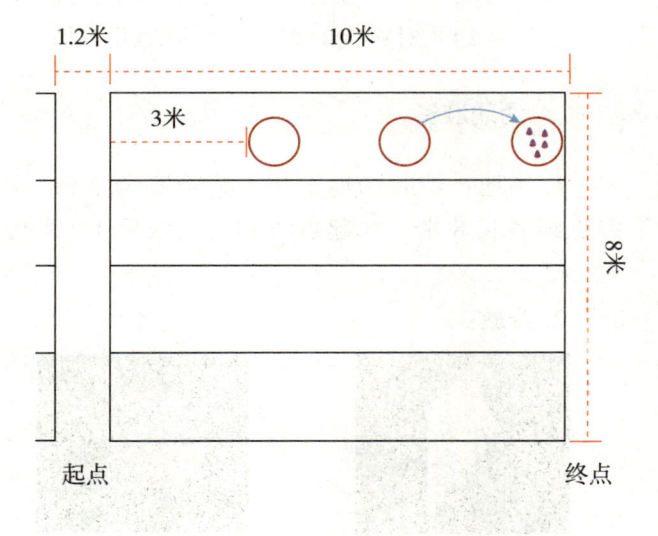

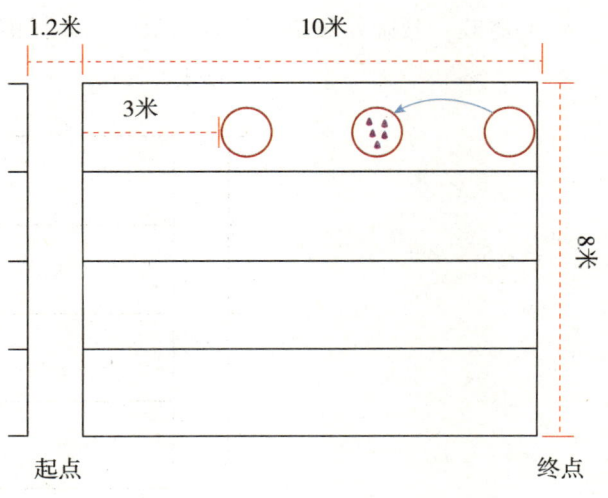

（4）注意事项：幼儿出发时注意圆圈，防止绊倒。

四、结束活动

1. 整理器械：教师和幼儿一起整理器械。
2. 放松活动：
（1）组织幼儿找到一个好朋友手拉手、面对面。
（2）播放放松操音乐，师幼一起跳放松操。

授课教师：任金素

## 大班篮球活动名称：看谁投得远

### 活动目标

1. 练习幼儿单手肩上投掷的基本动作，提升幼儿身体协调性，增强幼儿手臂力量。
2. 激发幼儿对游戏的兴趣，增强幼儿自信心。

### 活动准备

1. 场地：清除场地杂物，消除安全隐患。用胶带贴出起点线和终点线，相距10米。起点线和终点线各长8米。在起点线和终点线后1.2米处各贴出1条等待线。在等待线上贴出分组线，相距1.2米。

2. 器械：

| 泡沫面条 |  篮球 |  雪糕杯 |  体操圈 |

3. 游戏：教师在每组的终点摆放一个体操圈。

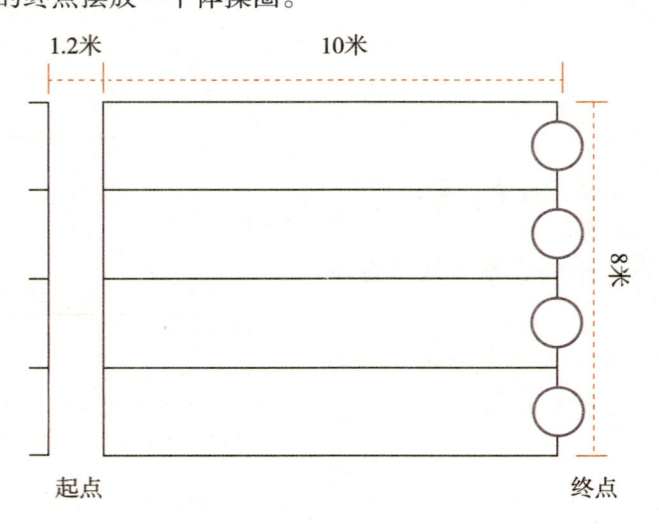

### 活动过程

**一、热身活动**

1. 师生互动"4+3"：

师：伸伸手，排排队，位置不够？

幼：往后退！

师：手打开，转一转，位置不够？

幼：两边散！

幼儿体操队形站开。

2. 热身操：播放热身音乐，师幼一起跳热身操。

3. 队列准备：将幼儿分成4组，分组游戏"数字游戏"，将每组幼儿带到分组线上排队。

**二、创设情景，导入活动**

师：今天，我们要来比一比谁是投掷高手，看看小朋友谁投得最远！

**三、游戏：看谁投得远**

1. 第一关：发射练习。

（1）师生互动"4+3"：

师：游戏规则！

幼：注意听！

（2）游戏规则：

教师给每组发一根泡沫面条。每组第一个幼儿骑着泡沫面条跑到终点，站到圆圈里把面条单手从肩上投掷出去，然后把泡沫面条捡回来，骑着泡沫面条跑回起点，跟下一个幼儿击掌，并将泡沫面条交给下一个幼儿，下一个幼儿出发，自己站到队伍的队尾。每个幼儿出发3次。

（3）游戏示范：教师示范一次，引导姿势不正确的幼儿，及时给予指导。

（4）注意事项：单手抓住泡沫面条的中间，斜向上45°出手，向前方投掷。

2. 第二关：投篮练习。

（1）师生互动"4+3"：

师：游戏规则！

幼：注意听！

（2）游戏规则：

教师再给每组发一颗篮球。每组第一个幼儿骑着泡沫面条，用一只手抱着篮球跑到终点，然后站到圆圈里。双手向上把篮球投出去，然后骑着泡沫面条跑过去把篮球捡回来，返回起点跟下一个幼儿击掌，并将泡沫面条和篮球交给下一个

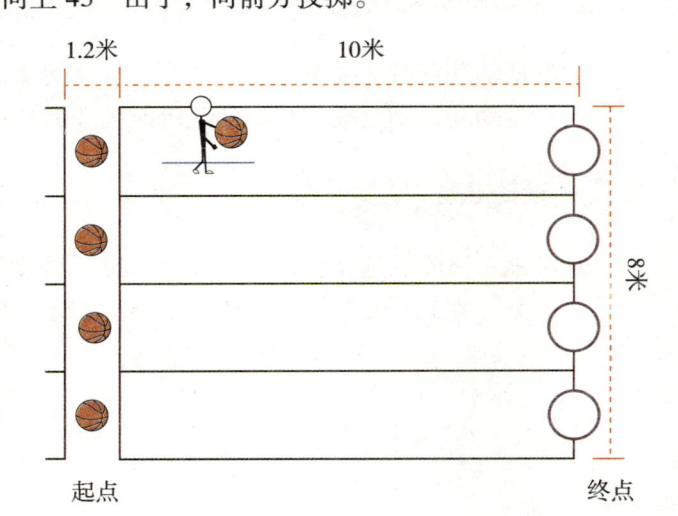

幼儿，下一个幼儿出发，自己站到队伍的队尾。每个幼儿出发3次。

（3）游戏师范：教师示范一次，引导姿势不正确的幼儿，及时给予指导。

（4）注意事项：跑的时候注意安全，不要把自己绊倒了。

3. 第三关：发射炮弹。

（1）师生互动"4+3"：

师：游戏规则！

幼：注意听！

（2）游戏规则：

教师把每组的篮球换成雪糕杯，每组第一个幼儿骑着泡沫面条，用一只手拿着雪糕杯跑到终点，然后站到圆圈里。单手肩上投掷，向上把雪糕杯投掷出去，然后骑着泡沫面条跑过去把雪糕杯捡回来，返回起点跟下一个幼儿击掌，并将泡沫面条和雪糕杯交个下一个幼儿，下一个幼儿出发，自己站到队伍的队尾。每个幼儿出发3次。

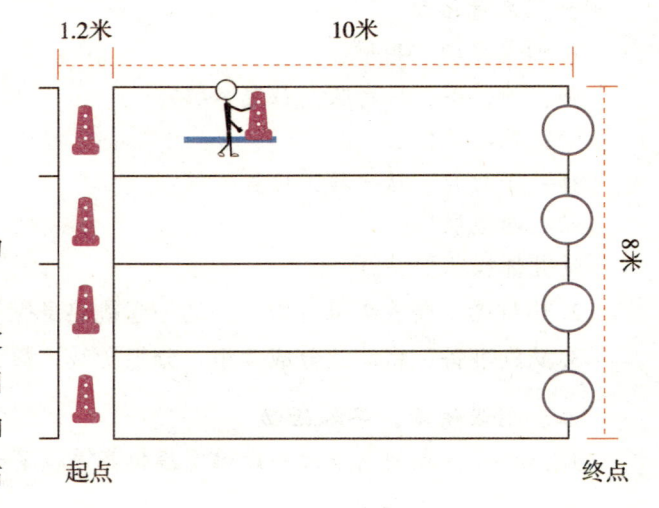

（3）游戏示范：教师示范一次，引导姿势不正确的幼儿，及时给予指导。

（4）注意事项：注意跑的时候不要和别的幼儿撞到一起。

四、结束部分

1. 整理器械：教师和幼儿一起整理器械。

2. 放松活动：

（1）组织幼儿找到一个好朋友手拉手、面对面。

（2）播放放松操音乐，师幼一起跳放松操。

授课教师：邓民山

## 大班活动名称：小白兔采蘑菇

### 活动目标

1. 发展幼儿双脚连续跳的基本动作，提升幼儿下肢力量，锻炼身体协调性。
2. 激发幼儿运动兴趣，培养幼儿勇敢挑战的精神。

### 活动准备

1. 场地：清除场地杂物，消除安全隐患。用胶带贴出起点线和终点线，相距10米。起点线和终点线各长8米。在起点线和终点线后1.2米处各贴出1条等待线。在等待线上贴出分组线，相距1.2米。

2.器械：

| 泡沫砖块 | 泡沫面条 | 体操圈 |
| 圆底座 | 长标杆 | 五色盘 |

3.游戏：教师在每组距离起点 1 米处摆放 3 块泡沫砖，泡沫砖间距 0.5 米。

## 活动过程

一、热身活动

1.师生互动"4+3"：

师：伸伸手，排排队，位置不够？

幼：往后退！

师：手打开，转一转，位置不够？

幼：两边散！

幼儿体操队形站开。

2.热身操：播放热身音乐，师幼一起跳热身操。

3.队列准备：将幼儿分成 4 组，分组游戏"吸铁石"，将每组幼儿带到分组线上排队。

二、创设情景，导入活动

师：今天小朋友要变成一只可爱的小兔子，然后去采蘑菇。那我们赶快开始吧。

三、游戏：小白兔采蘑菇

1.第一关：小白兔采蘑菇。

（1）师生互动"4+3"：

师：游戏规则！

幼：注意听！

（2）游戏规则：

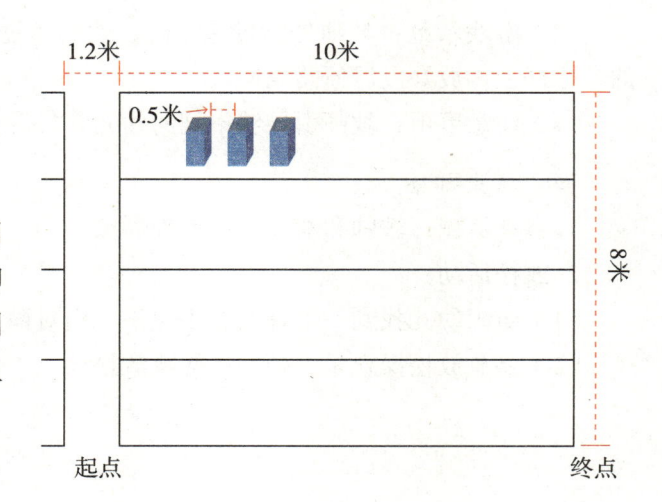

教师在每组距起点 1 米处摆放 3 块泡沫砖，间距 0.5 米。幼儿从起点开始，走到泡沫砖处，双脚踩到上面，连续双脚跳过 3 块泡沫砖。然后再跑到终点。原路返回和下一位幼儿击掌并站到队伍的队尾，下一个幼儿继续出发。每个幼儿出发 3 次。

（3）游戏示范：教师从起点开始，到泡沫砖处，双脚踩到上面，连续跳过 3 块泡沫砖。然后到达终点，原路返回。

（4）注意事项：注意幼儿要站稳。

2. 第二关：过小河。

（1）师生互动"4+3"：

师：游戏规则！

幼：注意听！

（2）游戏规则：

教师在每组的泡沫砖后再接着摆放 2 根面条。面条竖着平行摆放，间距 15 厘米，成一条小路。幼儿先从泡沫砖跳过去，到达小路处，然后手脚并用爬过小路到达终点。原路返回和下一位幼儿击掌并站到队伍的队尾，下一位幼儿继续出发。每个幼儿出发 3 次。

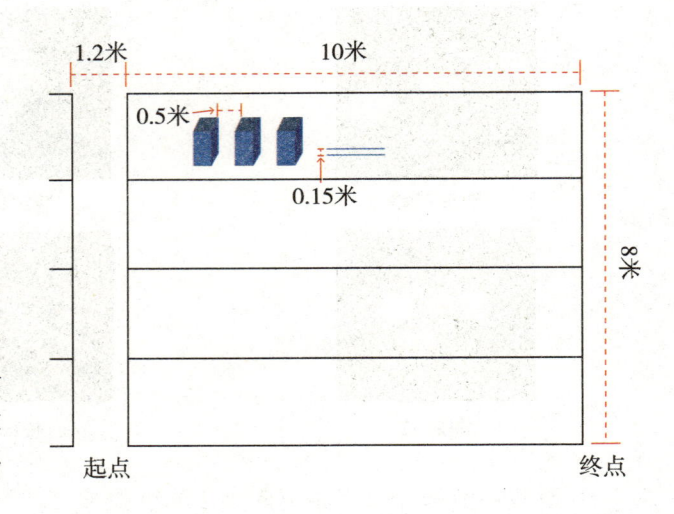

（3）游戏示范：教师先从泡沫砖跳过去，到达小路处，然后手脚并用爬过小路到达终点，再原路返回。

（4）注意事项：教师注意及时调整泡沫面条之间的距离。

3. 第三关：收集蘑菇。

（1）师生互动"4+3"：

师：游戏规则！

幼：注意听！

（2）游戏规则：

教师把长标杆和圆底座组合成长标杆组合物并摆放到每组的终点。然后在长标杆前 1.5 米处放体操圈，每个体操圈里放 5 个五色盘。幼儿先跳过泡沫砖，然后爬过小路。到达体操圈，从里面拿一个五色盘放到终点的长标杆组合物上。放好以后原路返回和下一个幼儿击掌并站到队伍的队尾，下一个幼儿继续出发。每个幼儿出发 3 次。

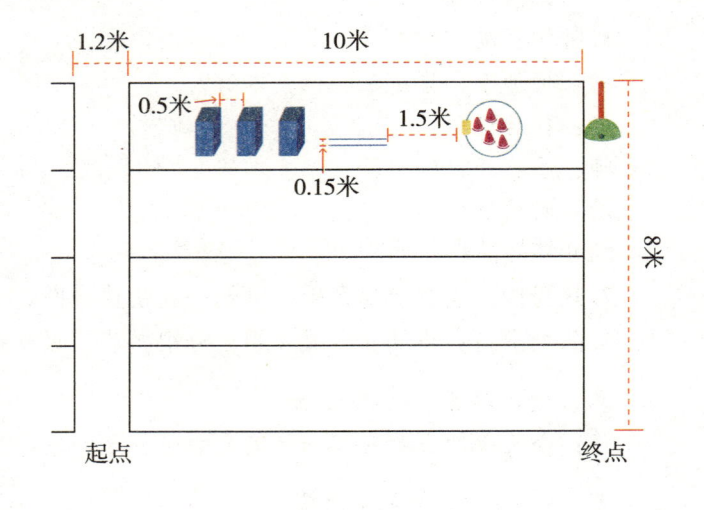

（3）游戏示范：教师先跳过泡沫砖，然后爬过小路。到达体操圈，从里面拿一个五色盘放到终点的长标杆上。放好以后原路返回。

（4）注意事项：教师引导够不到的幼儿，告诉他们怎样才能放到标杆上。

## 四、结束部分

1. 整理器械：教师和幼儿一起整理器械。

2. 放松活动：

（1）组织幼儿找到一个好朋友手拉手、面对面。

（2）播放放松操音乐，师幼一起跳放松操。

授课教师：蒋燕

## 大班篮球活动名称：跑向大舞台

### 活动目标

1. 发展幼儿持物跑、持物跳、原地单脚站立拍球（左右手）的运动能力。
2. 增强幼儿的腿部力量、上肢协调力量和幼儿的拍球稳定性、身体协调性，提升幼儿平衡能力，强化幼儿在身体状态不稳定下的拍球能力。

### 活动准备

1. 场地：清除场地杂物，消除安全隐患。用胶带贴出起点线和终点线，相距10米。起点线和终点线各长8米。在起点线和终点线后1.2米处各贴出1条等待线。
2. 器械：

太空梯 　　　　　　　　　五色盘 　　　　　　　　　篮球

3. 游戏：教师在每组跑道上摆放1条太空梯，每个格子间距0.5米，每组发1个篮球。

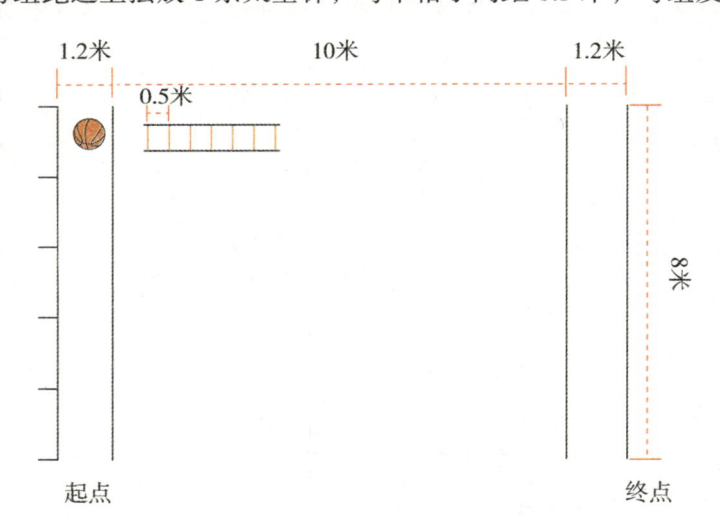

### 活动过程

一、热身活动

1. 师生互动"4+3"：

师：伸伸手，排排队，位置不够？

幼：往后退！

师：手打开，转一转，位置不够？

幼：两边散！

幼儿体操队形站开。

2. 热身操：播放热身音乐，师幼一起跳热身操。

3. 队列准备：将幼儿分成4组，分组游戏"荷花、荷花"，将每组小朋友带到分组线上排队。

二、创设情境，导入活动

师：今天的游戏，你会变成一个篮球高手，勇敢去闯老师设置的关卡吧！

三、游戏：跑向大舞台

1. 第一关：抱球前进。

（1）师生互动"4+3"：

师：游戏规则！

幼：注意听！

（2）游戏规则：

教师在每组跑道上摆放1条太空梯，每个格子间距50厘米，给每组第一个幼儿发1颗篮球。教师将幼儿分成4组，每组第一个幼儿抱球快速跑过太空梯，双脚交替跑过每一个格子，不能踩到太空梯横板，到终点进行单脚站立拍球（左右手）10次，抱球跑回起点，篮球交给下一个幼儿，下一个幼儿出发。

（3）游戏示范：教师先做一次示范，抱球双脚交替通过太空梯，在终点单脚站立并左右手交替拍球10次后返回起点。

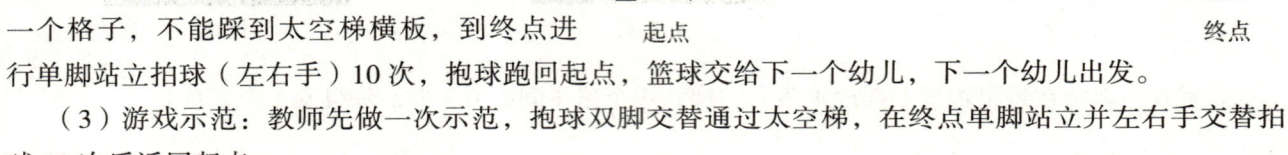

（4）注意事项：幼儿行进时注意太空梯的横板，防止踩到。

2. 第二关：篮球小将。

（1）师生互动"4+3"：

师：游戏规则！

幼：注意听！

（2）游戏规则：

太空梯每个横板上摆放五色盘。幼儿抱球快速跳过太空梯，双脚跳过每一个格子，不能踩到太空梯横板和五色盘，到终点进行原地单脚站立拍球（左右手）10次，抱球跑回起点，下一个幼儿出发。

（3）游戏示范：教师先做一次示范，在不碰触五色盘和太空梯横板的情况下，按照游戏规则完成相应动作并返回起点。

（4）注意事项：幼儿在行进过程中注意太空梯横板和五色盘，防止踩到。

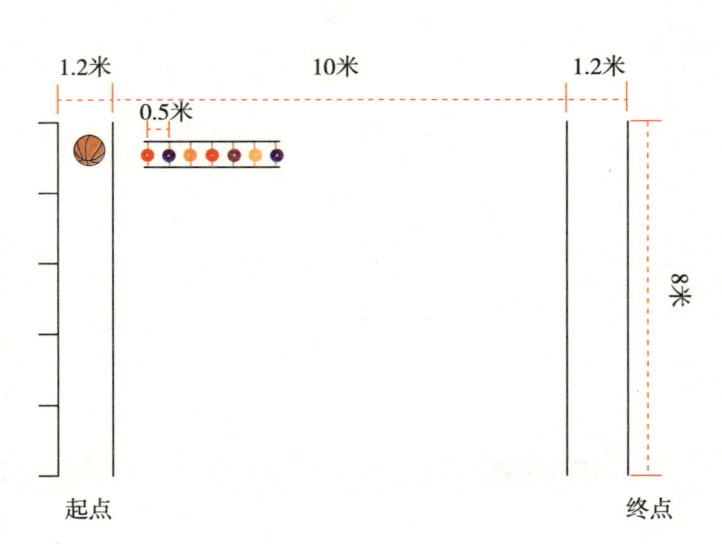

### 四、结束活动

1. 整理器械：教师和幼儿一起整理器械。
2. 放松活动：

（1）组织幼儿找到一个好朋友手拉手、面对面。

（2）播放放松操音乐，师幼一起跳放松操。

授课教师：陈雪芹

## 大班篮球活动名称：弹力球

### 活动目标

1. 发展幼儿持物变速跑的运动能力。
2. 增强幼儿腿部力量、上肢协调力量，提升幼儿身体平衡性、灵活性、协调性。

### 活动准备

1. 场地：清除场地杂物，消除安全隐患。用胶带贴出起点线和终点线，相距 10 米。起点线和终点线各长 8 米。在起点线和终点线后 1.2 米处各贴出 1 条等待线。
2. 器械：

软飞盘 　　　　　　　　　　　　　　篮球

3. 游戏：在每组跑道上放 5 个软飞盘，软飞盘间距 2.5 米。

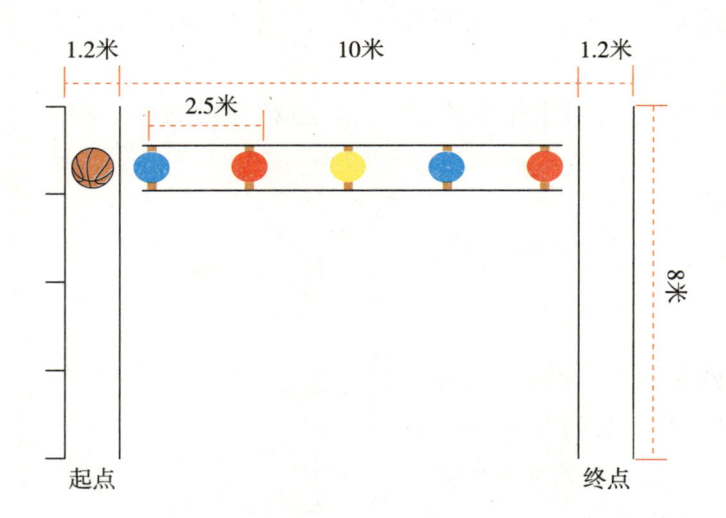

## 活动过程

**一、热身活动**

1. 师生互动"4+3"：

师：伸伸手，排排队，位置不够？

幼：往后退！

师：手打开，转一转，位置不够？

幼：两边散！

幼儿体操队形站开。

2. 热身操：播放热身音乐，师幼一起跳热身操。

3. 队列准备：将幼儿分成4组，分组游戏"数字游戏"，将每组小朋友带到分组线上排队。

**二、创设情境，导入活动**

师：今天的游戏，我们就来比比谁是运球小健将吧。

**三、游戏：弹力球**

1. 第一关：跳接球。

（1）师生互动"4+3"：

师：游戏规则！

幼：注意听！

（2）游戏规则：

教师给每组第一个幼儿发1个篮球。在每组跑道上放5个软飞盘，软飞盘间距2.5米。将幼儿分为4组，每个幼儿抱着篮球站在第一个软飞盘上，单手拍球5次再跳至第二个软飞盘上继续刚才的动作……以此类推，再从终点返回给下一个幼儿。

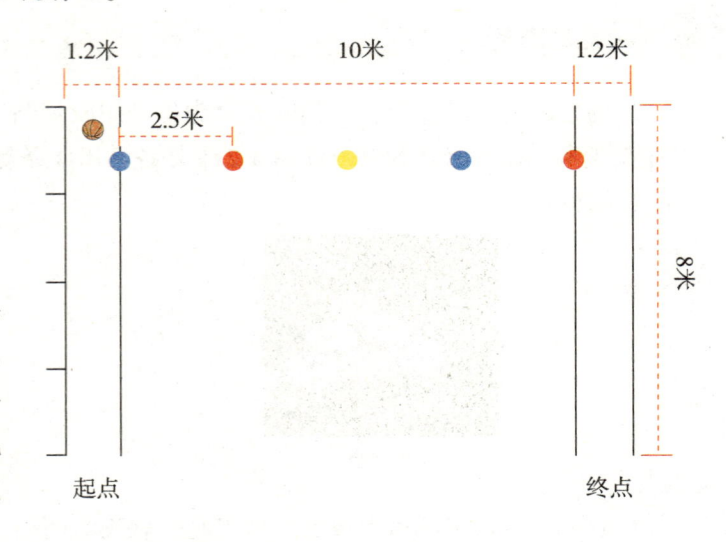

（3）游戏示范：教师先做一次示范，从起点出发，跳过一个软飞盘，单手拍球5次，直至终点，再原路返回到起点。

（4）注意事项：幼儿在行进过程中注意要先跳在软飞盘上再拍球。

2. 第二关：你追我赶。

（1）师生互动"4+3"：

师：游戏规则！

幼：注意听！

（2）游戏规则：

教师给每组第一个幼儿发1个篮球。在每组跑道上放5个软飞盘，软飞盘间距2.5米。将幼儿分为4组，第一个幼儿抱着篮球站在第一个软飞盘上不动，第二个幼儿跑到第二个软

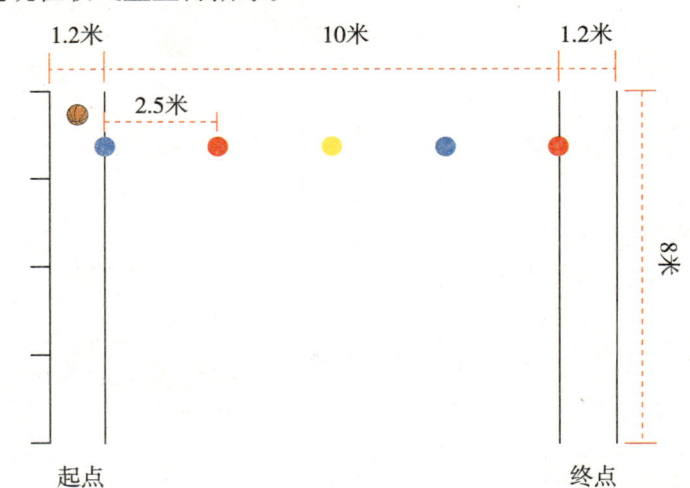

飞盘上,第一个幼儿击地传球把篮球传给第二个幼儿,然后自己快速跑到第三个软飞盘上……以此类推,再从终点返回给下一组幼儿。

(3)游戏示范:两名教师先做一次示范,两人从起点出发,交替行进到终点再原路返回到起点。

(4)注意事项:幼儿在行进过程中注意与同伴有效配合,不能跳过飞盘。

### 四、结束活动

1. 整理器械:教师和幼儿一起整理器械。
2. 放松活动:

(1)组织幼儿找到一个好朋友手拉手、面对面。

(2)播放放松操音乐,师幼一起跳放松操。

授课教师:王玉欣

## 大班足球活动名称:疯狂射门

### 活动目标

1. 发展幼儿脚背正面踢球的运动能力。
2. 增强幼儿的腿部力量,提高幼儿身体协调性。

### 活动准备

1. 场地:清除场地杂物,消除安全隐患。用胶带贴出起点线和终点线,相距10米。起点线和终点线各长8米。在起点线和终点线后1.2米处各贴出1条等待线。

2. 器械:

| 足球 |  大跨栏 |  五色盘 |  软飞盘 |

3. 游戏:终点摆放一个大跨栏,距离终点2米处摆放五色盘,将足球放上去。

### 活动过程

#### 一、热身活动

1. 师生互动"4+3":

师:伸伸手,排排队,位置不够?

幼:往后退!

师:手打开,转一转,位置不够?

幼:两边散!

幼儿体操队形站开。

2. 热身操：播放热身音乐，师幼一起跳热身操。

3. 队列准备：教师用分组游戏"吸铁石"将幼儿分成4组，带入运动场地。

二、创设情境，导入活动

师：今天的游戏，你会变成足球小将。让我们进行一场足球大比拼吧。

三、游戏：疯狂射门

1. 第一关：踢球进门。

（1）师生互动"4+3"：

师：游戏规则！

幼：注意听！

（2）游戏规则：

终点摆放一个大跨栏，距离终点2米处摆放五色盘，将足球放上去。教师将幼儿分成4组。幼儿从起点出发，跑到五色盘处，脚背正面踢球将球踢进跨栏，再将球捡回来放在五色盘上。下一个幼儿出发。

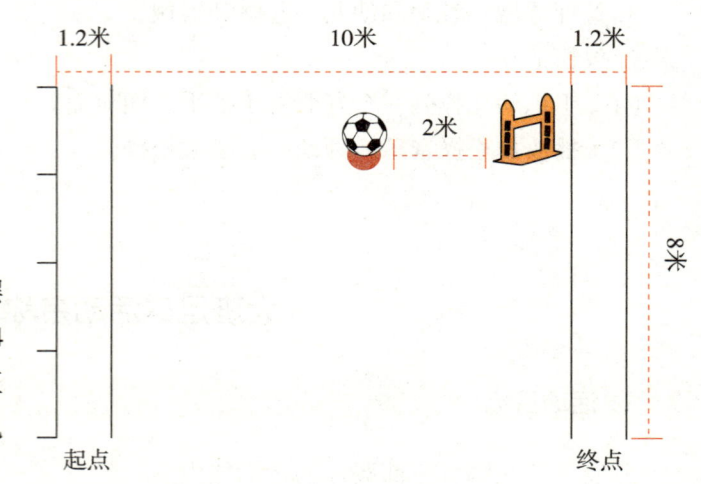

（3）游戏示范：教师先做一次示范，让幼儿了解游戏规则及玩法。

（4）注意事项：幼儿在将球踢出后要记得把球放回五色盘，以便下一个幼儿使用。

2. 第二关：夹盘踢球。

（1）师生互动"4+3"：

师：游戏规则！

幼：注意听！

（2）游戏规则：

给每组幼儿发一个软飞盘，幼儿夹着软飞盘跳到五色盘处。脚背正面踢球将球踢进跨栏，再将球捡回来放在五色盘上。下一个幼儿出发。

（3）游戏示范：教师先做一次示范，让幼儿了解游戏规则及玩法。

（4）注意事项：幼儿在行进过程中注意双腿夹紧飞盘以免掉落。

四、结束活动

1. 整理器械：教师和幼儿一起整理器械。

2. 放松活动：

（1）组织幼儿找到一个好朋友手拉手、面对面。

（2）播放放松操音乐，师幼一起跳放松操。

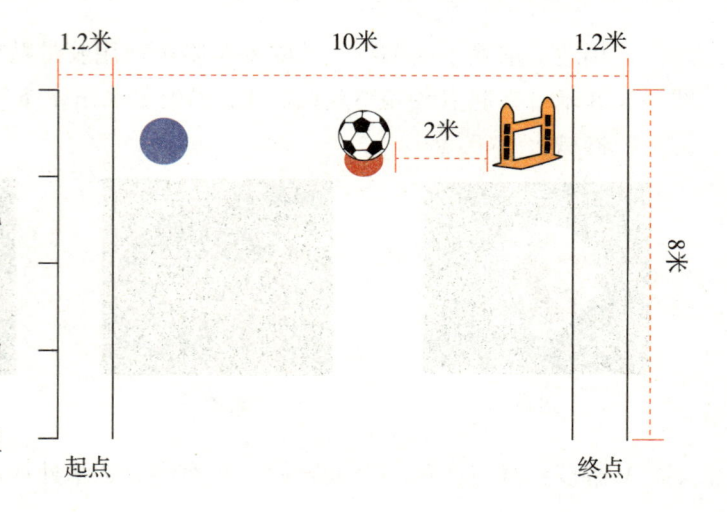

授课教师：高杰英

## 大班足球活动名称：足球健将

### 活动目标

1. 发展幼儿脚背内侧踢球的运动能力。
2. 增强幼儿的下肢力量，提高幼儿身体协调性。

### 活动准备

1. 场地：清除场地杂物，消除安全隐患。用胶带贴出起点线和终点线，相距 10 米。起点线和终点线各长 8 米。在起点线和终点线后 1.2 米处各贴出 1 条等待线。
2. 器械：

| 足球 |  五色盘 |  泡沫砖 |  梅花盘 |

3. 游戏：终点摆放 4 块泡沫砖，距离终点 1 米处摆放一个五色盘，五色盘上放一颗足球。

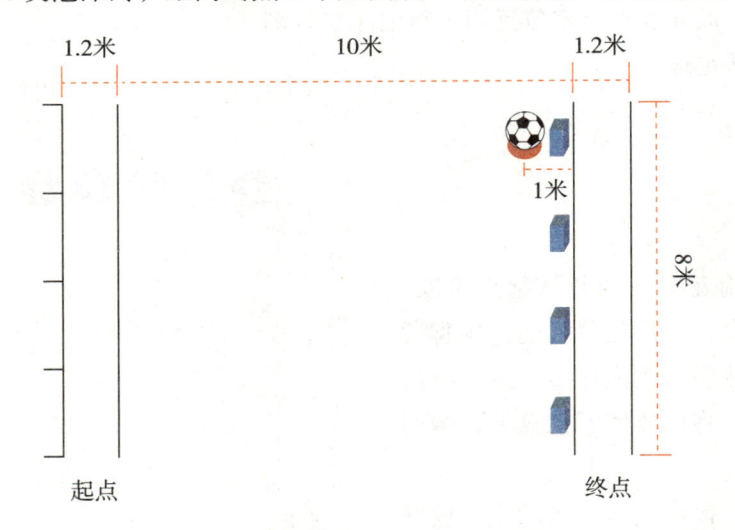

### 活动过程

一、热身活动

1. 师生互动"4+3"：

师：伸伸手，排排队，位置不够？

幼：往后退！

师：手打开，转一转，位置不够？

幼：两边散！

幼儿体操队形站开。

2. 热身操：播放热身音乐，师幼一起跳热身操。

3. 队列准备：将幼儿分成4组，分组游戏"数字游戏"，将每组小朋友带到分组线上排队。

## 二、创设情境，导入活动

师：今天的游戏，你会变成足球小将。让我们进行一场足球大比拼吧！

## 三、游戏：足球健将

1. 第一关：精准射球。

（1）师生互动"4+3"：

师：游戏规则！

幼：注意听！

（2）游戏规则：

终点摆放4块泡沫砖，距离终点1米处摆放一个五色盘，五色盘上放一颗足球。教师将幼儿分成4组。幼儿从起点出发，跑到五色盘处用脚背内侧将球踢出去，球要打倒泡沫砖。然后跑过去把泡沫砖扶起来，将球放回五色盘上，跑回起点。

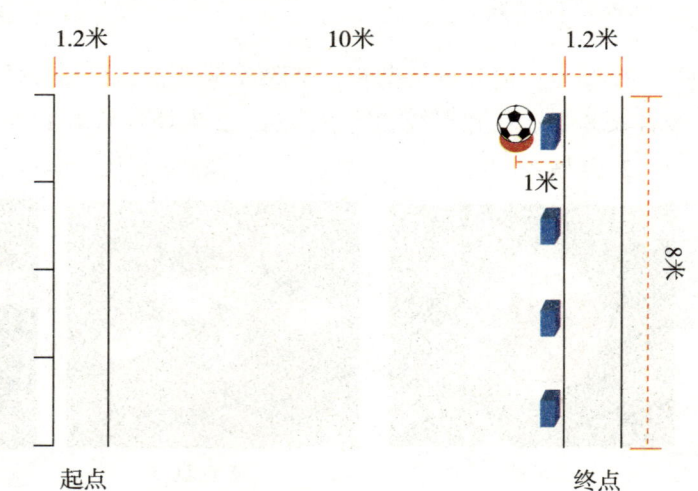

（3）游戏示范：教师先做一次示范，按照游戏规则将动作完整做一遍。

（4）注意事项：幼儿要在指定位置用球将泡沫砖打倒。

2. 第二关：跳跃足球。

（1）师生互动"4+3"：

师：游戏规则！

幼：注意听！

（2）游戏规则：

每组摆放5个梅花盘。幼儿从起点出发，双脚并齐跳过梅花盘，到达足球面前，用脚背内侧将球踢出去，球要打倒泡沫砖。然后跑过去把泡沫砖扶起来，将球放回五色盘上，跑回起点。

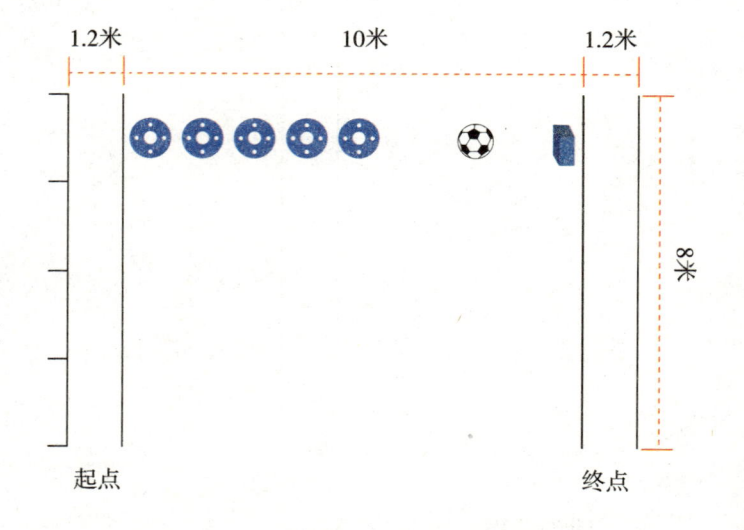

（3）游戏示范：教师先做一次示范，按照游戏规则将动作完整做一遍。

（4）注意事项：幼儿出发时注意脚下，防止绊倒。

## 四、结束活动

1. 整理器械：教师和幼儿一起整理器械。

2. 放松活动：

（1）组织幼儿找到一个好朋友手拉手、面对面。

（2）播放放松操音乐，师幼一起跳放松操。

授课教师：庄向荣

## 大班跳绳活动名称：小兔跳绳

### 活动目标

1. 增强幼儿上肢和下肢力量。
2. 提升幼儿身体协调性和平衡性。

### 活动准备

1. 场地：清除场地杂物，消除安全隐患。场地长 12 米，宽 6 米。每组距起点 1 米交替摆放软飞盘和体操圈，间距 50 厘米。距体操圈 1 米处摆放 1 根跳绳。距跳绳 1 米处无规则摆放 30 颗 PU 星球，间距 10 厘米。
2. 器械：

| 软飞盘 | 体操圈 | 跳绳 | PU 星球 |

3. 游戏：软飞盘和体操圈依此交替排放，PU 星球随意摆放。

### 活动过程

一、热身活动

1. 师生互动"4+3"：
师：伸伸手，排排队，位置不够？
幼：往后退！
师：手打开，转一转，位置不够？

幼：两边散！

幼儿体操队形站开。

2. 热身操：播放热身音乐，师幼一起跳热身操。

3. 队列准备：将幼儿分成2组，分组游戏"吸铁石"，将每组小朋友带到分组线上排队。

二、创设情境，导入活动

师：今天老师请来了好朋友小兔子，它为大家准备了好玩的游戏，让我们一起来玩吧！

三、游戏：小兔跳绳

1. 第一关：穿越障碍。

（1）师生互动"4+3"：

师：游戏规则！

幼：注意听！

（2）游戏规则：

教师将幼儿分成2组，每组第一个幼儿同时出发，单脚连续跳过软飞盘和体操圈，然后用前脚掌走过下面的PU星球（不踩到PU星球），再从旁边跑回队尾排队。当前面幼儿开始走PU星球时，下一个幼儿出发，每个幼儿出发6次。

（3）游戏示范：教师向幼儿正确示范游戏动作，以免幼儿在游戏过程中出现错误。

（4）注意事项：幼儿在跳跃飞盘与体操圈环节中要做到连续跳跃。

2. 第二关：小兔跳绳。

（1）师生互动"4+3"：

师：游戏规则！

幼：注意听！

（2）游戏规则：

教师将幼儿分成2组，每组第一个幼儿同时出发，单脚连续跳过软飞盘和体操圈到达跳绳处，拿起跳绳连续跳绳10下，放下跳绳用前脚掌走过右手边的PU星球（不踩到PU星球），从旁边跑回队尾排队。当前面幼儿跳绳时，下一个幼儿出发，每个幼儿出发6次。

（3）游戏示范：教师向幼儿正确示范游戏动作，以免幼儿在游戏过程中出现错误。

（4）注意事项：幼儿在跳完绳以后要选择自己队伍一方的PU星球行进并保证不踩到。

四、结束活动

1. 整理器械：教师和幼儿一起整理器械。

2. 放松活动：

（1）组织幼儿找到一个好朋友手拉手、面对面。

（2）播放放松操音乐，师幼一起跳放松操。

授课教师：田玲

# 社会生命篇

在儿童生命成长中,既需要个性化的发展,又需要社会化的浸润。区域游戏活动,可以促进儿童之间的交往,发展彼此之间的友谊。当我们无法用语言赋予他们生命早期感性经验时,他们会在与环境的互动、与同伴的交往中,充分感知团结、合作、智慧、奉献、分享等赋予的力量和喜悦,从而使他们的心灵保持向他人开放的状态。

# 第四章 小班区域活动

## 建构区活动

### 区域活动计划与记录

#### 🖉 活动计划

活动名称：搭高楼　　班级：小班　　指导教师：张小芳

> 设计意图：高楼是我们生活中最为熟悉的建筑物，在建构区的活动中，班里的孩子对搭建高楼一直有着浓厚的兴趣。有小朋友会问我"高楼那么高，为什么塌不了呢？高楼是怎样建成的？"因此，创设了搭建高楼这一区域活动。通过搭建高楼，引导幼儿在了解高楼构造的基础上，大胆地想象并搭建心目中的高楼。用平铺、垒高、围合等基本技能搭建高楼，锻炼幼儿的手眼协调能力和想象力，体验与同伴合作搭建高楼的乐趣。

- 材料准备

1. 材料投放：各种几何图形的大型积木。
2. 环境创设：在建构区墙上粘贴各种高楼及记录搭建高楼的步骤与方法的图片。

- 材料规划

材料的选择要考虑安全性和实用性，根据幼儿的年龄特点选择超轻的大型泡沫积木，大型泡沫积木的安全性较好，使用起来比较轻便，可以提供多种颜色、多种几何图形的泡沫积木供幼儿操作。

- 观察要点

1. 幼儿能否用平铺、围合、垒高、拼插等方法尝试搭建高楼。
2. 幼儿能否在搭建高楼的过程中获得搭建技巧的提升和成功的体验。

#### 🖉 观察记录

一、幼儿表现

右右小朋友和左左、兜兜、姗姗一起进入建构区。教师引导幼儿观察搭建高楼的步骤图，并请大家讨论搭建高楼的方法。

活动开始了，右右随意地从玩具柜中取出一块积木，开始往上垒高。第一至六块积木比较小，第七至十四块积木大一些，搭到第十四块积木时，积木掉了下来，摔成了两段，右右马上把积木扶起来，还是按照原来的方式进行搭建。他双手配合操作，当搭到第十九层时，他松开左手，积木开始朝一边倾斜，他试着扶了一下，但积木还是倒了下去。右右大声叫起来："谁来帮帮我？它站不住了。"话音刚落，只听哗啦一声，积木散落了一地。右右显得有些沮丧。左左说："别着急，是不是积木放的位置不对呢？再试一试，要不把积木的位置换一换吧！"右右把散落在地的积木拿起来，重新进行拼搭。这一次，右右把大的积木放在了下面，小的积木放在上面。右右："你们看，我的积木站住了。我知道了，下面放大积木，上面放小的，就不会倒了。左左，谢谢你。"老师："你真了不起，发现了搭高楼时底部需要大的积木，高楼才能'站得稳'。"接下来，在几名小朋友的合作下，大家通过平铺、围合和拼插等方法加固高楼的楼体，齐心协力搭建起心目中的高楼。

### 二、分析与评价

幼儿在搭高楼的过程中，将小的积木放在了高楼的最底部，大的积木放在了高楼的上面，导致高楼不稳定。在积木第二次要倒下时，右右采用了手扶的方法，但是高楼还是倒塌了。在同伴的提示下右右思考、尝试并总结经验，懂得了搭建高楼是需要从低到高、从大到小垒高的，这样才能使重心稳定。从发现问题到解决问题，培养了幼儿善于思考、坚持不懈的良好品质。

### 调整与改进

1. 教师可以引导幼儿运用各种搭建方法来搭建高楼，将方法图贴在建构区墙上，让幼儿观察学习。
2. 充分利用各种教育资源，有效运用集体、分组和个别相结合的活动形式，组织幼儿进行自主选择、合作交往、探索发现的学习和游戏活动。可以让幼儿欣赏一些常见的高楼建筑、参观中班和大班幼儿搭建的房子，不断丰富幼儿搭建高楼的经验。

## 区域活动计划与记录

### 活动计划

活动名称：搭建高楼　　班级：小班　　指导教师：魏楠

> 设计意图："高楼大厦"是幼儿最熟悉的建筑物之一，它是怎样盖起来的呢？怎样才能把它搭建得很高而不倒塌呢？小班幼儿已具备浅显的建构经验，但动手能力和物体摆放的方位感还较弱，通过本次搭建活动，能够培养幼儿的动手能力和空间感。在简单搭建的基础上，鼓励幼儿发挥想象力，尝试把建构和艺术表现结合在一起，让小小设计师们可以在建构区这个小天地里天马行空地创造，搭建出独一无二的高楼来。

● 材料准备

1. 材料投放：大小不一、形状和颜色各异的纸盒。
2. 使用工具：白纸、水彩笔。
3. 环境创设：世界知名建筑图片、简易的建筑设计图、记录搭建技巧的图片。

● 材料规划

材料易收集，选择硬度较大、颜色和形状各异的纸盒，幼儿可以先按大小、形状对纸盒进行分类，这样有利于后面的操作。

● 观察要点

1. 幼儿在欣赏世界著名建筑物的过程中，能否分析出建筑物中所用到的形状并感受其中的美。
2. 幼儿在搭建前能否在纸上画出简易的图纸，并能根据图纸搭建自己的建筑。
3. 幼儿在利用前期经验进行搭建时，能否在保证其稳固的基础上尽可能地增加美感。

## 观察记录

### 一、幼儿表现

琪琪和小雅选择了建构区，她们看到老师提前准备好的高楼图片特别兴奋，琪琪说："好高呀，我还没见过这么高的大楼呢，比我们家住的楼房高多了。"小雅拿起其中一个形状奇特的高楼图片说："我喜欢这个，好漂亮呀，我和妈妈去上海的时候见过这个样子的大楼。"我被她们的对话吸引了过去，问小雅："你为什么觉得这座大楼漂亮呀？"小雅看了看图片说："就是特别漂亮。"我指着房顶说："我觉得房顶好漂亮呀，尖尖的，是个什么形状？我想不起来了。"我用求助的眼神看着小雅，小雅迫不及待地说："三角形。"紧接着，琪琪也加入进来，说："窗户是圆形的，这座高楼有好多种颜色，像彩虹的颜色一样，我们也搭一座这样的大楼吧。"说着，大家开始动手操作起来，我给了她们一个小建议："建筑师在盖房子之前是要先画设计图的，这样盖出的房子才会更加牢固和漂亮呦。"琪琪和小雅是第一次画设计图，她们随心所欲地把各种形状罗列在一起。等到根据设计图进行实操时，失败了好多次，再经过反复地修改图纸和重新搭建后，终于成功了。

### 二、分析与评价

当幼儿看到建筑图片时，只是觉得特别美，对图中的形状和逻辑关系并没有特殊感觉。通过老师引导和对其前期经验的启发，幼儿能够找到其中的部分形状和排列顺序。幼儿第一次拿起笔画设计建筑图纸时很茫然，只是随意地把图形罗列在一起，在依据图纸进行实操时发现设计图并不合理，如设计图中最下面的图形是三角形，依次往上是小正方形、大长方形、圆形等，在依据图纸实操时发现自己的建筑不稳固，很容易倒。通过反复尝试幼儿渐渐从中找出能使建筑稳固的关系——下大上小，且在平面上往上搭建，最终搭建完成了比较稳固的大楼。

在区域活动中，幼儿通过"玩"来增长自己的知识。以往的建构区中，幼儿只是随机地进行搭建，而本次主题活动中，加入了图纸，其目的就是让幼儿懂得前期有设想，后期有改进，不再做盲目的建构。

## 调整与改进

1. 区域中用来搭建的纸盒形状相对单一，老师可以用废旧硬纸板做更多形状的纸盒来补充。
2. 除纸盒之外还可以准备一些立体装饰品，这样可以使高楼更加美观。
3. 由于小班幼儿前期经验少，空间感差，可以建议他们自由结组，激发出新的灵感。
4. 区域活动结束后老师可以把幼儿具有代表性的作品以照片形式保存下来，并张贴在建构区内，供其他小伙伴欣赏。

## 区域活动计划与记录

### ✎ 活动计划

活动名称：搭建商店　　班级：小班　　指导教师：乔雯

> 设计意图：商店是幼儿在日常生活中经常去的地方，也是幼儿熟悉和喜爱的地方，因为在商店里，可以买到自己喜欢的物品。在以往的建构过程中，有的幼儿满足于拿着几块积木东走西看，却迟迟不搭，有的幼儿重复用几块积木围成一个圆圈，这些表现说明他们还处在建构的初级阶段，只是感受积木在空间中的位置和状态。通过本次活动设计可以帮助幼儿体验设计和建构的过程，加深他们对材料、模型和建筑物之间空间关系和逻辑关系的理解，鼓励幼儿再现和创造性地表达生活经验。

● 材料准备

1. 材料投放：泡沫积木、圆管积木、雪花插片玩具、木质积木。
2. 使用工具：小水桶。
3. 环境创设：小小建筑师背景音乐、各种商店图片做背景、搭建积木的步骤图。

● 材料规划

材料的选择要考虑到可操作性、安全性及多样性，小班幼儿由于年龄特点，小肌肉发展水平较低，对于一些精细的搭建材料还不能很好地操作，所以在这一活动中主要选取的材料是泡沫、木质积木，便于幼儿操作与整理。

● 观察要点

1. 幼儿是否喜欢搭建商店这项操作活动。
2. 针对搭建目标，幼儿是否能运用不同材料搭建商店、货架及商品。
3. 幼儿在活动中能否互相合作，相互交流探索，勇于尝试用不同方法进行搭建。

### ✎ 观察记录

一、幼儿表现

活动时间开始了，蛋蛋、涵涵、彤彤三位小朋友来到了建构区，本次的建构主题是"搭建商店"。在搭建的过程中，蛋蛋先观察了搭建商店的步骤图，然后选择了泡沫积木进行搭建。只见他用垒高的方式，先选择了一块带拱门形状的长方体积木放在了最下面，当作商店的入口，然后将积木一块一块地向上叠加，最后用一块三角形的积木作为商店的屋顶，一个漂亮的多层商店就搭建完成了。

彤彤来到了蛋蛋搭的商店旁边，左看看，右瞧瞧，对蛋蛋说："房子是有了，可是商店里面的东西呢？"这一问，蛋蛋有点不知所措了，蛋蛋说："东西就在房子里。"蛋蛋拿了一块长长的木质积木想放在泡沫积木的中间当作货架，结果没有掌握好力度，把刚搭好的建筑一下弄塌了。"我的商店塌了，没有了。"蛋蛋大声地哭喊起来。看到蛋蛋哭得那么伤心，彤彤和涵涵赶紧过去安慰他："没关系，我们帮助你再搭一个商店。"这次三个好朋友合作搭建，蛋蛋按照刚才的步骤重新搭好了房子，还不忘嘱咐另外两个小朋友："你们小心一点，不要再碰倒了。"涵涵将长方形的木质玩具用围合的方式给商店搭了一个长方形的区域，说："这里面就可以放东西了。"彤彤也找来长方形的木质积木当货架，上面放上圆管积木，边摆边说："红色的是苹果，绿色的是蔬菜，黑色的是巧克力。"完成后三个小朋友拍着手，兴高采烈地说："商店可以开张了，欢迎大家前来购买啊。"

## 二、分析与评价

在日常生活中，商店是幼儿比较熟悉的场所，有的是在街道旁，有的是在小区里。通过引导幼儿观察商店的图片，帮助幼儿在活动中初步了解搭建建筑物的方法，使幼儿对积木建构产生兴趣，培养其想象力和动手操作能力。教师投放的活动材料激发了幼儿的搭建兴趣，促使幼儿主动参与活动。其中一位小朋友由于失误而搭建失败时，教师并没有介入，而是为幼儿创造积极合作的机会。三位幼儿全力配合，分工明确，最终顺利完成了搭建任务。所以，教师要在活动中主动为孩子创设游戏平台，培养他们发现问题、解决问题的能力。

### 调整与改进

1. 在区域活动中，可以将各种商店图片作为活动背景，让幼儿观察了解商店周围有什么，如有马路、树、汽车，从而为下一次的建构提供素材，这样更能激发幼儿对建构区域活动的兴趣。

2. 在区域活动中，如果幼儿失败了，教师不要过早干预或者下结论，要以幼儿为主体，使幼儿在失败中不断尝试，寻求合作，最终找到解决问题的方法。

## 区域活动计划与记录

### 活动计划

活动名称：给小动物盖房子　　班级：小班　　指导教师：陈雪芹

> 设计意图：大树是小鸟的家，树洞是小熊的家。幼儿喜欢在建构区为小动物搭建温暖、舒适的家。根据小班幼儿的年龄特点和发展水平，设计了给小动物建房子的活动。让幼儿将各种形状的积木及辅助材料进行组合，尝试用平铺、垒高、围合等方法进行搭建，体验游戏带来的乐趣，增强幼儿爱护小动物的情感。

● 材料准备

1. 材料投放：积木及辅助材料，如纸管、纸箱、动物玩偶等。
2. 环境创设：动物居住的生活环境图片及搭建方法步骤图等。

● 材料规划

小班幼儿对建构游戏已有初步的搭建经验，教师为幼儿投放纸箱、奶粉罐、泡沫积塑等基础材料，供幼儿自主选择和自由搭建；结合给小动物建房子的主题，为幼儿投放多种辅助材料，如大树、小花、动物玩偶等，进一步提高幼儿的建构技能和同伴之间的合作能力。

● 观察要点

1. 能否运用不同材料进行搭建。
2. 能否坚持完成作品，体验成功的快乐。

## 观察记录

一、幼儿表现

区域活动开始了，泽泽、喜多和墨墨选择了建构区。

喜多指着任务表说："今天我们要给小动物建房子啦，快选一个自己喜欢的小动物吧。"

泽泽惊喜地说："哇！这么多动物玩具。小兔子好可爱，我要给小兔子搭建一个温暖的家！"

墨墨说："我要给小狗搭一个漂亮的房子！"

喜多认真地说："我要给小猫做一个舒服的沙发。"

泽泽说："我还要在房子前面种几棵大树，这样小兔子出门的时候就可以在大树下面乘凉啦！"

"你们快看呀！这是我给小猫做的新家，它的小床是用牛奶盒做成的。这是我用圆形积木为小猫铺成的石头小路。"喜多一边说，一边把小猫放进自己搭建的房子里，高兴地拍起手来。

墨墨和泽泽听到喜多的声音凑了过来，说道："小猫的家太漂亮啦，你还在这里种上了小花，小猫咪一定很开心。"

墨墨："我也要给小狗的家里种上漂亮的小花。"

泽泽："我要给小兔子做一个摇篮。"

于是大家又开始忙活起来，继续用材料丰富小动物们的家。

二、分析与评价

小班幼儿对搭积木的游戏非常感兴趣。幼儿能根据动物的特点及不同的材料进行自主搭建。在搭建的过程中，幼儿能用围拢、平铺、垒高等基本建构技能进行合作建构，并尝试借助辅助材料丰富动物的家，让小家更立体、更富有生机。同时，促进了幼儿语言能力的发展，让幼儿感受到了搭建的乐趣。

## 调整与改进

1. 教师在活动中提供的半成品材料和辅助材料应该与搭建的主题密切相关，幼儿能够运用这些材料真正地玩起来。

2. 教师要多观察幼儿，能够及时捕捉幼儿的活动信息，并有针对性地对幼儿的活动情况进行观察，提供必要的指导并提供材料，引导幼儿养成积极探索的精神，培养幼儿的合作意识。

3. 引导幼儿把自己的作品清楚地介绍给其他小朋友，把自己的快乐分享给别人。

# 阅读区活动

## 区域活动计划与记录

### 🖉 活动计划

活动名称：分享故事　　班级：小班　　指导教师：郭艳洁

> 设计意图：早上入园时，小朋友们在整理自己的衣物，我听到琪琪对涵涵说："昨天晚上，妈妈给我讲了一个特别有意思的故事。"涵涵问："是什么故事呀？我也想听。"琪琪开心地说："等区域活动的时候分享给你吧。"阅读是幼儿很喜欢的事情，良好的阅读习惯对幼儿的身心发展极为有益。本次活动以分享故事为主题，引导幼儿学会正确阅读的方法，提高其语言表达能力。运用听、读、看等途径，使幼儿开阔视野、丰富生活经验、获得情绪上的享受。在阅读的过程中，幼儿逐渐养成乐于与同伴分享的品质，体验阅读带来的无穷乐趣。

- 材料准备

1. 材料投放：在图书区放置适合本年龄段幼儿阅读的图书。
2. 环境创设：铺上柔软舒服的垫子，为幼儿创造轻松舒适的阅读环境。

- 材料规划

阅读区的图书要适合本年龄段幼儿。尽量选择形象夸张、颜色鲜艳、可爱有趣、简单易懂、贴近幼儿生活的书籍，如故事类、儿歌类等。也可以放置幼儿与父母一起制作的图书。

- 观察要点

1. 幼儿是否有乐于分享的意识和愿望。
2. 幼儿能否自主选择和正确取放图书。
3. 幼儿能否感受阅读带来的乐趣。

### 🖉 观察记录

**一、幼儿表现**

区域活动开始了，琪琪、涵涵和萱萱来到了阅读区。

萱萱找到了一本自己喜欢的书，开始认真安静地阅读。琪琪和涵涵选择了绘本《彩虹色的花》，坐在小垫子上一页一页地翻看着手中的书，偶尔还会轻声交谈。过了一会儿，萱萱走过去问："琪琪，你们看的是什么书，我们可以一起看吗？"琪琪说："我看的是《彩虹色的花》，这本书特别好看，但是我不想跟你一起看，上次我想跟你一起玩玩具，你也没有答应我。"萱萱很失望，可是又不知道说什么好，过了一会儿她说："下次我们一起玩好不好，咱俩拉钩。"琪琪也渐渐露出笑容，伸出小手指和萱萱拉拉钩，然后往旁边挪动了一下身体，指着露出来的小垫子对萱萱说："你坐这里吧。"三人一起和谐地看起书来。区域活动结束后，萱萱、琪琪和涵涵向全班小朋友分享了她们在阅读区看书的内容。

## 二、分析与评价

小班幼儿的分享观念较弱，幼儿对不同的分享对象反应不同。本次活动中，由于两个小朋友在活动之前发生过一些不愉快，其中一名幼儿没有在同伴那里体验到被分享的乐趣，没有形成自发的分享行为。但是两人通过沟通，慢慢打开心扉，解决了她们之间的小矛盾，主动与同伴和解，并尝试与他人分享，渐渐地体验到了共同阅读的乐趣。教师应在日常活动中培养幼儿的自发分享行为，让幼儿充分体验给予及被给予带来的快乐和满足，以及人与人之间的温暖和爱。

### 调整与改进

1. 投放《全部都是我的》《一个长天上的大苹果》《红狐狸和蓝狐狸》等体现互相帮助的绘本，培养幼儿互相帮助、互相分享的品质。

2. 在活动结束后，可以与幼儿一起分享《彩虹色的花》这本书，让幼儿体会到帮助和牺牲的情感，同时可以使幼儿了解关于友爱与希望的深刻内涵，让幼儿感受到与他人分享和互相帮助是一件很幸福的事情。

3. 对于取放图书不正确的幼儿，教师要及时进行纠正，教育幼儿要爱惜图书，养成良好的阅读习惯。

## 区域活动计划与记录

### 活动计划

活动名称：爱护图书    班级：小班    指导教师：田艺

> 设计意图：阅读区是幼儿最喜欢的区域之一，阅读习惯的培养有益于幼儿的身心发展。通过阅读有趣的绘本，不仅能够培养幼儿的良好习惯，还可以提升幼儿的语言表达能力。爱护图书是阅读习惯培养的重要组成部分，幼儿在阅读图书时难免会损坏图书，通过在阅读区投放修补图书的工具和方法图，可以让幼儿在体会修补图书的不易之后，更加爱惜图书。

- **材料准备**

1. 材料投放：符合幼儿年龄特点的绘本。
2. 使用工具：安全剪刀、胶带、胶棒。
3. 环境创设：舒缓轻音乐、舒适的阅读环境、修补图书的步骤图。

- **材料规划**

阅读区投放的图书，首先要符合幼儿的年龄特点，其次图书的种类要齐全，如童谣、故事书、洞洞书、立体书等，满足幼儿对图书的不同需求。修补角投放的工具，要有安全提示，把安全放在第一位。

● 观察要点

1. 在取放图书时，幼儿是否轻拿轻放，一页一页地有序阅读。
2. 在幼儿修补图书的过程中，能否运用不同的工具和方法进行修补。
3. 幼儿与同伴修补图书时，能否感受合作的喜悦。

## 观察记录

### 一、幼儿表现

区域活动开始啦，有的幼儿坐在沙发上安静地阅读，有的坐在小椅子上与同伴共读。阅读区投放新的绘本故事后，幼儿对阅读活动更加感兴趣了。

过了一会儿，囝囝的图书看完了，想去重新挑选一本，于是他把手里的书放回原位，想拿另一本书，此时小恩也想看这本书，矛盾就出现了。囝囝："是我先拿到这本书的。"小恩并没有松手的意思，说道："我也想看这本书。"在争抢的过程中，"哗"的一声，图书被撕坏了，两个人看着坏掉的图书，安静了下来。囝囝说："怎么办？书被撕坏了。"这时，小恩松开了手，转身去拿其他的书，不再理会被撕坏的图书。囝囝看着被撕坏的书，默默地走向修补角。教师蹲下来对小恩说："小恩，老师看到囝囝手里的图书撕坏了，你知道是怎样坏掉的吗？"小恩低下了头，小声地说："是我俩在抢书时撕坏的。"教师说道："你愿意和囝囝一起去把坏掉的图书修补完整吗？"小恩点点头，走过去说："囝囝，咱们一起修补图书吧。"囝囝高兴地说："好呀。"

修补图书时，小恩用手按着坏掉的一页，囝囝用剪刀剪下一截胶带，小心翼翼地贴上去，贴好后发现左右两边并不吻合。囝囝："小熊的身体歪歪扭扭的，都不好看了。"小恩："要不把胶带撕下来重新修吧。"囝囝："这次先把小熊坏掉的身体对齐。"小恩："可以把胶带粘上去了吗？"经过两个人的共同努力，坏掉的图书终于修补好了。囝囝开心地说："咱们一起看吧。"于是，两个人一起坐在沙发上看起来。

### 二、分析与评价

面对幼儿在区域活动中出现的争抢图书的行为，教师及时地引导幼儿正视自己的行为，在图书被撕坏后，教师并没有去责备幼儿，而是让幼儿主动地去认识自己错误，让幼儿主动承担行为的后果。在修补图书的过程中，虽然刚开始并没有粘完整，但两个人没有放弃，发现问题并自行解决问题。在此过程中，幼儿不仅学会了承担责任，还找到了解决问题的方法，体验到了成功修补图书的乐趣。

## 调整与改进

1. 在阅读区域投放的材料要符合小班幼儿的年龄特点，在使用修补工具（剪刀）的过程中要提醒幼儿注意安全。
2. 在活动中，教师要适时地介入，让幼儿寻找解决问题的多种方法，从而提高幼儿解决问题的能力。

## 区域活动计划与记录

### ✏️ 活动计划

活动名称：安静阅读　　班级：小班　　指导教师：郭艳洁

> 设计意图：阅读区是深受幼儿喜爱的区域之一，但是有的幼儿在看书的过程中会随意走动，有的往往看一会儿书就会失去兴趣，开始与同伴嬉笑打闹。阅读不但能开阔幼儿的视野，启迪幼儿的智慧，陶冶幼儿的情操，而且能培养幼儿良好的阅读习惯，为其今后的身心发展打下坚实的基础。本次活动意在激发幼儿的阅读兴趣，培养幼儿良好的阅读习惯，帮助幼儿掌握正确的阅读方法，体验阅读的乐趣。

● 材料准备

1. 材料投放：适合本年龄段幼儿阅读的绘本图书。
2. 环境创设：地毯、小桌子、沙发、垫子等。

● 材料规划

要适合幼儿的阅读水平，多元化的绘本故事更能激发阅读兴趣，如无字书、立体书、洞洞书等，可以发展幼儿的语言表达能力，也更能激发他们的想象力。

● 观察要点

1. 在区域活动中，幼儿能否安静地阅读。
2. 活动结束后，幼儿是否将图书按标志放回原位。
3. 幼儿能否互相讨论图书内容。

### ✏️ 观察记录

**一、幼儿表现**

区域活动开始了，苗苗、浩浩和鹏鹏进入了阅读区。

他们几个东看看西找找，最后每人选了一本图书，只见他们几个一边看书，一边用手指着书上的画面。老师走开一会儿后就看到他们几个拿着坐垫，开始扮演娃娃家"你是爸爸我是妈妈"，浩浩还把自己的书变成"望远镜"，看其他区域的小朋友玩耍。这时心心跑来，对大家说："看书的时候应该专心，安静地去看，不应该一边看书一边玩。"苗苗、浩浩和鹏鹏不好意思地低下了头，把东西收拾好，拿着书继续看了起来。后来三个小朋友还互相讨论了图书的内容，把故事分享给了其他小朋友。活动结束后，他们将图书按标签提示放回了原位。

**二、分析与评价**

在活动中，区域现场比较乱，没有纪律性，自由散漫。当有一位幼儿发现并提出建议时，大家也都意识到了自己的问题，并及时改正。由于小班幼儿年龄较小，注意力集中的时间短，个性及兴趣爱好都不能用同一标准来衡量，教师可以根据幼儿的自身特点，有针对性地进行引导。活动结束后，孩子们将图书放回了原位，已初步具备了归纳整理的好习惯，值得鼓励和表扬。

## 调整与改进

1. 教师应引导幼儿在区域活动时要有目标地去阅读，努力观察孩子的各项行为。

2. 在日常教学活动中，引导幼儿认识图书的结构，将正确的阅读方法教给幼儿，引导他们以自己的经验为基础理解图书的内容，养成良好的阅读习惯，享受图画书带来的快乐。

3. 增强幼儿对阅读区的规则意识，让幼儿知道进入阅读区后，要保持安静，不能大声喧哗、嬉笑打闹。

4. 鼓励家长每天与幼儿一起亲子共读。

## 区域活动计划与记录

## 活动计划

活动名称：好饿的小蛇　　班级：小班　　指导教师：乔雯

> 设计意图：在阅读图书时，孩子们特别喜欢绘本故事《好饿的小蛇》。因为它的内容简单，画面形象生动有趣。故事中的拟声词及小蛇贪吃的模样，使整个故事充满了趣味性，非常适合小班幼儿阅读、模仿与表演。故事中的小蛇非常贪吃，这恰好抓住了孩子们的兴趣点，同时结合《幼儿园教育指导纲要（试行）》在语言领域的精神，在活动中鼓励幼儿大胆、清楚地表达自己的想法和感受，发挥幼儿的想象力，尝试描述简单事物或过程，融入角色中，加深幼儿对故事的理解和体验。

● 材料准备

1. 材料投放：绘本图书、水果图片等。
2. 使用工具：香蕉、葡萄、菠萝的水果模型，小蛇的头饰。
3. 环境创设：安静的阅读环境。

● 材料规划

选择材料要考虑到幼儿的生活经验与材料的可阅读性。小班幼儿由于年龄特点及生活环境，对水果的认识只是停留在颜色和形状上，所以提供给幼儿的水果图片和模型都是在日常生活中能经常见到或吃到的。

● 观察要点

1. 在阅读图书时幼儿是否专注。
2. 幼儿能否理解故事内容，并进行合理的猜想与表述。
3. 在幼儿自主阅读时，是否有良好的阅读坐姿，是否能养成好的阅读习惯。

### 观察记录

**一、幼儿表现**

区域活动开始了，兜兜、希希和小宇三个人来到了阅读区。

在阅读的过程中，兜兜欣赏了老师提供的各种水果图片，然后拿起一张西瓜的图片，对身旁的希希说："我最喜欢吃西瓜了，西瓜是绿色的，希希，你最喜欢吃什么呀？"希希说："我最喜欢吃的是草莓，草莓是红色的。"说完，就从图片中找出了草莓。

小宇也是先欣赏了水果的图片，然后拿起了小蛇的头饰戴在头上，开始进行表演。在表演时，先将香蕉和菠萝的模型"吃掉"。等他张大嘴巴，假装吃掉葡萄的时候，在一旁观看的兜兜说："不对不对，葡萄要一粒粒地吃，最后还要把籽吐出来。""可是小蛇太饿了，它直接把一串葡萄都吞下去了。"小宇委屈地说。这时旁边的希希也说道："这样吃是不对的，妈妈经常和我说吃东西要慢慢吃，不然容易卡住，要去医院的。"小宇委屈地把头饰摘下来，坐到了一边。兜兜拿起了头饰，戴在自己的头上，只见他在假装吃掉每种水果模型的时候，都"啊呜、啊呜"地咬了好几口。表演完后，兜兜对小宇说："这样吃东西，小蛇才不会被噎到。"希希拿起头饰说："我也来试一试吧。"他学着兜兜的样子，也"啊呜、啊呜"地吃，笑着说："我也没有被噎到。"小宇坐在一旁看着他们俩，说："你们看我的肚子，变得好大好大，你们猜猜我吃了什么？""是西瓜。"兜兜和希希一起说。"你们猜对啦。"三个小朋友哈哈大笑起来，一边笑一边说："真好玩，真好玩，下次我还要来表演小蛇吃东西。"

**二、评价与分析**

《好饿的小蛇》是一个展现小蛇滑稽和贪吃的幽默故事，很适合小班幼儿来阅读。幼儿用夸张的表情和动作来表现小蛇吞水果的样子，还在动作的配合下学习了短句。当表演过程中出现问题时，教师发现孩子们对故事都有自己的理解，不仅注意到故事本身的内容，更是从现实生活角度出发，知道吃东西要细嚼慢咽。这就要求教师在日常生活中，要注意培养幼儿良好的进食习惯。

### 调整与改进

1. 投放的区域材料要符合小班幼儿的年龄特点，选择生动、有趣和实用性、安全性并举的活动材料。如用彩色丝袜代替小蛇的头饰，让幼儿能够更生动地感受小蛇肚子的变化，可以一边操作，一边讲述故事内容。

2. 利用知识的迁移，让幼儿进行故事创编，还可将《好饿的小蛇》作为活动背景，开展剪纸、认识图形等延伸活动。

3. 在自主阅读图书时，多关注幼儿的坐姿，对于坐姿不正确的幼儿要及时提醒并纠正，使幼儿养成良好的阅读习惯。

## 区域活动计划与记录

### 活动计划

活动名称：米饭快来吧　　班级：小班　　指导教师：乔雯

设计意图：米饭是幼儿在餐桌上经常可以见到的一种食物，它还可以变成哪些美食呢？绘本故事《米饭快来吧》生动地为小朋友讲述了米饭变身成饭团、寿司、泡饭这些美味食物的过程，一粒粒米原来可以变出这么多好吃的东西，从而让孩子发现吃的乐趣。在阅读的过程中，通过视觉、听觉、嗅觉、味觉和触觉，感知为我们的生命提供营养的食材，帮助幼儿爱上吃饭，养成健康饮食的好习惯。

● 材料准备

1. 材料投放：绘本图书、米饭制成的各种美食模型。
2. 使用工具：舒适的小椅子、毛绒玩具、讲解步骤图、轻音乐。
3. 环境创设：安静的阅读环境。

● 材料规划

材料的选择要考虑区域活动内容的适应性，投放一些有关美食的绘本，以供幼儿自由阅读。小班幼儿生活经验不足，教师要在步骤图上用简单的绘画形式向幼儿展示讲述故事的方法，使幼儿通过步骤图能够讲述出自己所看到的内容，并进行合理的猜想。

● 观察要点

1. 幼儿能否理解绘本内容并进行合理的表述。
2. 在自主阅读过程中，是否有遵守阅读区规则的意识。
3. 在活动结束后，是否有整理图书并把图书放回原位的意识。

## 观察记录

一、幼儿表现

区域活动开始了，左左、孝孝和悠悠三位小朋友来到了图书区。

首先，幼儿欣赏了米饭制成各种美食的模型和讲解步骤图。随后，开启了绘本故事《米饭快来吧》的精彩旅程。

左左问悠悠："你知道米饭从哪里来的吗？"悠悠回答："是妈妈从超市买回来的。""不对不对，"一旁的孝孝着急地说，"米饭是大米煮出来的。""你们说得都不对，米饭是农民伯伯辛苦种出来的。"左左骄傲地说。

孝孝打开了绘本书，看到了米饭的变化，就向一旁的左左和悠悠介绍起来："这是我和妈妈最爱吃的寿司，还有这个是粥，这个是蛋炒饭，我最爱吃了。""我还在家里帮妈妈做过蛋炒饭呢，我把鸡蛋磕到碗里，再倒上盐，像这样搅拌一下，"悠悠边说，边用手示范着，"把它倒在米饭上，放进锅里炒一炒，就可以吃了。"左左说："那我在家还帮妈妈做过粥呢，就是把水倒进米饭里，放进锅煮一煮就好了，可简单了。""还可以加草莓和苹果，变成水果沙拉米饭。""还可以放巧克力，变成巧克力米饭。""哈哈哈，我们也可以当小厨师了。"三个小朋友笑成了一团。这时，孝孝指着图书区规则标志牌，对大家做了一个安静的手势："图书区需要静悄悄，我们小声一点。"另外两个小伙伴都点了点头，表示赞同。结束的音乐响起，三个好朋友将图书放回原位，高兴地回到了座位上。

## 二、分析与评价

在阅读过程中，幼儿能够理解并讲述故事，能在绘本中找到自己经验范围内的主题，对孩子而言，是相当有成就感的一件事。《米饭快来吧》故事简单有趣，确实是一本不错的美食食谱，那么米饭还可以做成什么呢？三个小朋友发挥想象力，把水果和巧克力加入米饭中，制成沙拉米饭和蛋糕米饭，已经给出了答案。通过同伴之间互相交流帮助妈妈做饭的经验，培养了幼儿的语言表达能力和创造力。在日常生活中，经常会有幼儿把吃不完的米饭偷偷倒掉的现象，通过教师所提供的材料及绘本阅读，可以让幼儿了解到"谁知盘中餐，粒粒皆辛苦"的道理，培养幼儿爱惜粮食、不浪费粮食的良好品德。

### 调整与改进

1. 在书籍的投放中，选择题材要紧贴幼儿的生活，进一步拓展幼儿的认知边界。
2. 在区域活动中，小班幼儿由于年龄特点及生活经验的欠缺，对一些基本的常识缺乏认识和了解。这就要求教师在日常生活中，多带幼儿走进自然，去认识自然，了解自然，增长幼儿的见识。

## 区域活动计划与记录

### 活动计划

活动名称：我爱阅读　　班级：小班　　指导教师：张佳炜

> 设计意图：幼儿对图书有着较浓厚的兴趣，所以阅读活动中为幼儿创设一个良好的阅读环境是非常有必要的。看书不仅能提高幼儿的阅读能力、丰富幼儿的知识、开发幼儿的智力，还能培养幼儿的规则意识。在阅读中激发幼儿的阅读兴趣，让幼儿感受阅读带来的快乐与满足。

- **材料准备**

1. 材料投放：关于春天的绘本书。
2. 使用工具：毛绒玩具。
3. 环境创设：温馨的环境。

- **材料规划**

对于小班幼儿来说，教师要尽量选择故事内容简单、画面色彩鲜艳、有简洁生动的插图，并且与幼儿生活经验紧密联系的绘本。生活经历在绘本中的重现，会引起幼儿极大的兴趣，容易被幼儿认同并与绘本故事里的角色产生共鸣。

- **观察要点**

1. 幼儿能否正确地翻阅图书。
2. 幼儿能否在不影响他人的情况下安静地看书。
3. 幼儿能否在阅读区专心阅读并享受阅读的乐趣。

## 观察记录

### 一、幼儿表现

活动开始了，琪琪和心心两位小朋友来到了阅读区。

心心在阅读区慢慢地挑选着，自言自语道："这本书看过了，那本也看过了。"当拿起《一园青菜成了精》这本书时，她迟疑了一会儿，仔细观察起封面来。从她的表情和手势能看出她很想知道书的名字，但是不识字，所以过来寻求我的帮助。我告诉她这本书的名字后，她开心地默念了几遍，便认真翻阅了起来。

这时，我看到琪琪一脸郁闷的样子。她原想进入其他区域，但因为人满了，所以来到了阅读区。只见她无聊地拿起书又丢在了一边，一个人坐在沙发上，生着闷气。这时候心心注意到了琪琪，捡起书过来问："你怎么了琪琪？为什么扔书呢？"琪琪回答："我不想看书，没意思！"心心说："这里有很多有趣的书，快来看一看，我可以帮你选。"琪琪静下来想了一会儿，跟着心心来到了书架边，在心心的介绍下，选择了一本自己较感兴趣的书，坐下来开始翻看。渐渐地，琪琪被书中的故事内容所吸引，去找心心一起阅读："快来跟我一起看这本书吧，很有意思！"于是，两个小朋友坐到一起，开心地翻看了起来。

### 二、分析与评价

小班幼儿年龄虽小，但他们已经具备了阅读的愿望和兴趣。他们特别喜欢各种色彩鲜艳、人物夸张、动物拟人的幼儿图书。区域活动中，琪琪并不喜欢看书，但是在心心的带动下，慢慢地喜欢上了绘本阅读，内心产生了对阅读的需求和兴趣，还主动邀请旁边的心心一起阅读。当孩子选择陌生的绘本时会有若干的问题，这时有需求的幼儿会主动寻求老师的帮忙。教师要及时给予帮助，可以引领幼儿仔细观察故事的画面、观察角色的动作和表情，引发联想，鼓励幼儿完整地读完一本书。

## 调整与改进

1. 在区域材料投放时，要给幼儿创设一个比较安静、舒适、温馨、自由的环境，帮助其形成放松、舒适的心理氛围，促进幼儿有效阅读。

2. 与幼儿一起制定阅读区规则，选择一位管理员，当有幼儿出现影响他人看书的行为时，管理员要及时制止。

3. 在区域活动中，要以轻松愉快的方式培养幼儿的阅读能力和兴趣，让幼儿从"听故事"到"读故事"，感受阅读，享受阅读。引领幼儿以敏锐的观察力、细腻的感受，以及丰富的想象力发现阅读的种种新奇与美好。

## 区域活动计划与记录

## 活动计划

活动名称：我会看书　班级：小班　指导教师：张佳炜

> 设计意图：小班幼儿在阅读活动中多表现为漫无目的地翻阅图书、阅读持久性较低、更换图书的频率高，而从小培养幼儿的阅读习惯和阅读兴趣对孩子的一生都有着深远的作用。通过活动"我会看书"，引导幼儿学会阅读的正确方式，使幼儿根据画面内容进行思考，尝试记录分享。游戏中，不仅可以培养幼儿的阅读兴趣和能力，还能够增加幼儿的知识经验，提高语言、思维能力和解决问题的能力。

● 材料准备

1. 材料投放：关于春天的绘本。
2. 使用工具：笔、记录纸。
3. 环境创设：毛绒玩具、手偶、配饰等。

● 材料规划

为幼儿提供富有童趣的图画书。画面色彩鲜艳、形象鲜明、有趣味的绘本读物更容易引起小班幼儿的阅读兴趣。区域内投放的头饰、手偶以及笔和记录纸可以增加幼儿阅读分享的机会。

● 观察要点

1. 能否根据画面内容尝试猜想故事情节。
2. 能否把自己感兴趣的内容用纸和笔记录下来。
3. 是否乐意与同伴进行交流和分享。

## 观察记录与评价

### 一、幼儿表现

活动开始了，琳琳、诺诺和成成三位小朋友来到了阅读区。成成从书架上找到了一本自己喜欢的书，坐下来开始翻看。翻到第一页看了看，又翻到第二页，没过多久就翻到了最后一页，他自言自语地说："看完了，再去换一本。"接着他又拿来一本书，同样把书翻看了几页后就合上了。就这样，不一会儿，他已经换了三四本书。

诺诺同样也选择了自己喜欢的书，一边翻看一边仔细地看着图中的画，好像在思考着什么。旁边的成成看到后对诺诺说："这页我能看懂，我知道讲了什么。"诺诺说："我没看过，成成你讲给我听吧。"于是成成认真地讲了起来。两人继续往下看，诺诺又停在了有昆虫的那几页，翻来覆去重复看着，还把这几页记录在纸上，把书上的七星瓢虫画下来。成成看到后说："你也喜欢七星瓢虫吗？"诺诺说："是的，所以我把它画了下来。""真好看呀！那这个七星瓢虫为什么生活在这里啊？"成成问。诺诺说："我知道，妈妈跟我讲过，我说给你听吧。"说着给成成讲起来。

琳琳在一旁拿着书发呆，不翻页也不说话，眼睛一直盯着书本。我走过去问："琳琳，你怎么了？"她说："老师，我看不懂。"我仔细看了看她打开的那一页，问："这是在什么地方？他们在干什么？你猜猜后面会发生什么事？"琳琳把自己的猜想讲了出来，我鼓励她根据绘本的画面大胆进行讲述并尝试记录下来，在肯定她的猜想的同时，引导她将绘本的内容串接成一个完整的故事。琳琳在表述的过程中明显变得越来越自信了。

## 二、分析与评价

阅读区增添了阅读记录表和记录纸之后，看书的小朋友越来越多了，大家能够把自己看不懂的记录下来，和其他小朋友一起分享，一起解决，学习的氛围一下子就浓了。开始分散阅读之后，有的幼儿一个人安静地翻阅着图书，有的幼儿则两两结对，共同阅读。共同阅读、相互分享的阅读方式，不仅让幼儿有了"看"的机会，还给了幼儿"讲"的机会，对幼儿的理解能力、语言表达能力和人际交往能力的提高有很大的帮助。

### 调整与改进

1. 在区域环境创设中要无形地引导幼儿逐步形成规则意识，使幼儿养成良好的阅读习惯。

2. 教师应以朋友的身份和内向的幼儿一起参与到阅读活动中，使幼儿能和其他小朋友一样感受到阅读的快乐。同时，可以设置几个可以交流的地方，让幼儿可以一起看一本书，边看边想象故事的内容。

3. 创造条件让幼儿发挥想象力和创造力，设置疑问，探索玩法，让幼儿在看完一本书后，讲述自己看到的内容。通过这样的方式，能大大提高幼儿对图书的阅读兴趣，也能培养良好的阅读习惯。

# 美工区活动

## 区域活动计划与记录

### 活动计划

活动名称：美丽的蝴蝶　　班级：小班　　指导教师：郭艳洁

> 设计意图：蝴蝶有美丽的花纹、翩翩的"舞姿"，当孩子们看到蝴蝶时总会产生喜爱和好奇的情感。我从幼儿的兴趣点出发，发起了制作蝴蝶的活动，让幼儿在认识蝴蝶的同时，学习制作蝴蝶的方法，培养幼儿的观察能力、审美力和动手操作能力，也让幼儿体验同伴之间合作的乐趣。

- 材料准备

1. 材料投放：水彩笔、油画棒、水粉、超轻黏土、毛杆、彩纸。
2. 使用工具：捏泥工具、调色盘、小水桶、安全剪刀、双面胶。
3. 环境创设：轻音乐、贴有各种蝴蝶的主题墙，阅读区投放蝴蝶图片和与蝴蝶有关的图书，表演区投放蝴蝶的头饰。

- 材料规划

针对不同水平的幼儿，投放多元化、多层次的材料并及时补充活动材料，使幼儿充分获得审美经验，得到最适宜的审美发展。

● 观察要点

1. 在观察蝴蝶的花纹时，幼儿能否发现蝴蝶一对翅膀上的花纹是一样的。
2. 能力不同的幼儿对投放的材料能否运用得当。
3. 在活动过程中，幼儿能否大胆创作。

## 观察记录

### 一、幼儿表现

区域活动开始了，恰恰和果果来到了美工区，他们欣赏着蝴蝶图片，并发现蝴蝶一对翅膀上的花纹是一样的。有强烈制作愿望的两个人仔细观察着蝴蝶的制作步骤图和备选材料，果果说："我要变出一只可爱的蝴蝶。"恰恰说："我要制作一只花纹多、特别漂亮的蝴蝶。"他们各自选取了材料，开始创作。

果果选择用水彩笔画出蝴蝶的轮廓，然后剪下来，再用超轻黏土来装饰蝴蝶的翅膀。她先将红色的黏土搓成一个长条，在蝴蝶的左右翅膀上分别装饰了一个螺旋形的圆，又用同样的方法，分别制作了一个蓝色和黄色的螺旋状圆形，最后画上蝴蝶的触角和眼睛，一只美丽的蝴蝶就完成了，果果兴奋地说："你们看，我的蝴蝶多漂亮呀！"

恰恰想做一个跟果果不一样的蝴蝶，她用毛杆儿制作蝴蝶的翅膀，但是不知道怎么卷，尝试了好多次都没有成功，一会儿卷松了，一会儿又卷紧了，都要急哭了，于是向我投来求助的目光。我走过去问："恰恰，你怎么了，是不会做吗？"恰恰："老师，我想做蝴蝶的翅膀，像孔雀开屏一样漂亮的翅膀，可是我怎么卷都卷不成。""没关系，老师有一样东西借给你，你用这支笔试试看，想一想怎样用笔将毛杆卷成一圈一圈的？"恰恰拿着笔琢磨了好久，期间，和果果反复探讨、琢磨，在不断地尝试下终于成功了。只见她把毛杆儿一圈一圈地绕在笔上，然后把毛杆儿取下来，稍微拉长一点，一条粗细均匀的螺旋毛杆儿就完成了，恰恰兴奋地说："老师，我卷成了。"之后，他又卷了好多颜色的毛杆儿，将它们粘在蝴蝶的翅膀上，一只漂亮的蝴蝶就做好了，恰恰还将自己制作蝴蝶的方法分享给了其他小朋友。

### 二、分析与评价

通过制作美丽的蝴蝶，幼儿认识到了蝴蝶的外形特征，学会了粘、卷、剪等技能，把自己的想象和从外界感受到的信息转化成心理意象，进行有目的的操作。在幼儿遇到问题时，教师并没有直接告诉幼儿，而是鼓励幼儿自己开动脑筋想办法。

## 调整与改进

1. 在区域材料投放时，教师要考虑是否适合幼儿操作。如果投放了新的材料，就要引导幼儿通过不断的尝试，找到材料的使用方法。
2. 当幼儿遇到问题时，教师要适时地介入或鼓励幼儿自己想各种办法去解决问题。

## 区域活动计划与记录

### ✏️ 活动计划

活动名称：制作蝴蝶　　班级：小班　　指导教师：田艺

> 设计意图：幼儿非常喜欢美工区的活动，无论是绘画还是手工制作，都能给幼儿带来无穷的乐趣。通过使用不同的材料，引导幼儿大胆创作，制作具有不同特色的蝴蝶。在丰富幼儿感知经验和主观体验的同时发展幼儿的动手操作能力和审美能力。让幼儿在活动中感受创作的乐趣，激发他们无限的兴趣及求知欲。

- **材料准备**

1. 材料投放：蝴蝶制作步骤图、皱纹纸、手工折纸、毛杆等。
2. 使用工具：安全剪刀、胶带。
3. 环境创设：轻音乐、各种蝴蝶图片。

- **材料规划**

教师要创设一个能够支持幼儿自主创作的环境，鼓励幼儿尽情地去表现想象中的蝴蝶。教师要根据幼儿的年龄特点和发展水平提供相应的材料，而材料的选择要考虑到安全性和可操作性，分阶段投放不同材料可以满足幼儿不同阶段的需求，激发其创造力。

- **观察要点**

1. 能力不同的幼儿对投放的多层次材料是否操作适宜。
2. 幼儿能否按照自己的想法选择合适的材料制作蝴蝶。
3. 在操作过程中幼儿能否互相配合，合作解决问题。

### ✏️ 观察记录

**一、幼儿表现**

活动开始了，今天涵涵、小祎、文文、雨泽几个小朋友选择了美工区，准备制作漂亮的蝴蝶。

涵涵拿起一张蝴蝶的图片观察了一会儿，选择运用手工折纸的方式制作蝴蝶，可是折了好久还没有成功。于是，涵涵向同伴寻求帮助："瑶瑶，你能帮我看看接下来怎么折吗？"瑶瑶说："我来帮你吧！"瑶瑶参考着折纸步骤示意图开始动手操作，不一会儿，就听见涵涵兴奋地说："我的蝴蝶折好啦！"这时，涵涵发现旁边的小祎反复尝试用毛杆做蝴蝶，小祎先把两根红色的毛杆弯曲成数字"3"的形状，做成蝴蝶的翅膀，再将蓝色毛杆反复折叠，做蝴蝶的身体部分。接下来要把蝴蝶的翅膀和身体进行拼装，但是在拼装的过程中出现了问题，蝴蝶的翅膀怎么也固定不住。涵涵关心地问："小祎，这是怎么了？"小祎略带生气地说道："蝴蝶的翅膀怎么也固定不住，我都试过好多次了。"涵涵想了想，建议："用胶带试一试吧！"小祎高兴地说："我怎么没有发现呢，涵涵你帮我按着蝴蝶的身体好吗？"在涵涵的配合下，小祎用剪刀把胶带剪下来一截，一头粘住蝴蝶的翅膀和身体，另一头开始缠绕，左边的翅膀成功地用胶带固定住了，右边也用同样的方法固定。在两人的齐力配合下，漂亮的蝴蝶制作完成啦。小祎："涵涵你看，咱们的蝴蝶做好啦。谢谢你告诉我的好方法。"

### 二、分析与评价

在游戏过程中，幼儿选择制作具有不同特色的蝴蝶并尝试使用自己喜欢的材料来操作。在出现问题时，教师仔细观察、耐心等待，留给孩子自己解决问题的空间，把主动权交给幼儿。两个好朋友能够开动脑筋自己寻找解决问题的方法，在协商、尝试、一步步摸索的情况下，最终完成了制作任务，获得了自我肯定的积极心态和成功后的喜悦与满足。

### 调整与改进

教师要对幼儿的整体发展状况了然于心，为不同操作水平的幼儿提供丰富的、多样化的材料，鼓励幼儿积极参与活动，使幼儿的想法不受材料的限制，自由选择，尽情发挥。

## 区域活动计划与记录

### 活动计划

活动名称：制作糖葫芦　　班级：小班　　指导教师：乔雯

> 设计意图：迎新年，各班开展了"制作糖葫芦"活动。糖葫芦是先将白糖熬化，把各种水果串成串，放进糖中一蘸，晾凉后糖自然地包裹在水果外形成的。糖葫芦质地透明，口感酥脆，其中以山楂做成的糖葫芦最为著名，颜色红红、味道酸酸的山楂，配上外面脆脆的糖浆，十分受欢迎。根据小班幼儿的年龄特点，通过"制作糖葫芦"这一活动，可以发展幼儿团、搓、捏等技能，在愉快的氛围中锻炼幼儿手部的协调性与灵活性，充分体现了玩中学、学中乐的思想。

- 材料准备

1. 材料投放：水彩笔、油画棒、超轻黏土、皱纹纸、竹签等。
2. 使用工具：捏泥工具、图画本、安全剪刀、塑料泡沫（固定作品）。
3. 环境创设：冰糖葫芦音乐，用各种糖葫芦做背景，用多种材料制作糖葫芦的步骤图。

- 材料规划

材料的选择要考虑到小班幼儿的年龄特点以及易操作性。由于小班幼儿年龄较小，小肌肉发展不完全，手部控制能力较弱，"制作糖葫芦"这一活动中主要选取超轻黏土、水彩笔等材料进行操作。

- 观察要点

1. 幼儿能否准确掌握糖葫芦的外形特征以及操作材料是否使用顺畅。
2. 在制作过程中，幼儿能否运用不同方法练习团泥的技能。

### 观察记录

### 一、幼儿表现

区域活动开始了，越越和依依两位小朋友来到了美工区。越越在观察老师用各种材料制作的糖葫芦步骤图后，选择了用红色的超轻黏土来制作。他取下一块超轻黏土，放在手心里不停地揉搓，不一会儿，一个个红色的小圆球就完成了。越越把这些小圆球按顺序插在竹签上，然后插进塑料泡沫展示台上，一串"美味"的"糖葫芦"就制作完成了。

依依选择用绘画的方式表现糖葫芦，她先画了一串红色的圆形，在里面涂满了红颜色，再用黑色的水彩笔画了一根竖线，将"糖葫芦"串了起来，但是最后一步——展示的时候却怎么也弄不好，用图画本尝试了很多次，不是向前倒就是向后倒，一旁的越越看到她焦急的样子，关心地问："依依，你怎么了？"依依委屈地说："我的糖葫芦不能和你的一样，我也想让它'站'起来。"两个好朋友尝试调整图画本的角度，可是依旧不行。正当她们准备放弃的时候，越越说："我们把山楂剪下来，然后贴在竹签上试一试吧。"在两个人的努力下红红的"山楂"终于被剪了下来，依依小心地把它们粘在了竹签上，也插进了塑料泡沫展台上。"成功了，成功了。"两个小朋友欢呼起来！

二、分析与评价

通过让幼儿观察和动手制作糖葫芦，使幼儿能够初步了解中国的传统美食文化。通过教师投放的各种活动材料，激发幼儿的制作兴趣。在活动出现问题时，教师并没有干预，而是把主动权交给幼儿，观察幼儿是怎样解决问题的。幼儿经过自己的不断探索，最终找到了解决问题的方法。通过这个活动，培养了幼儿解决问题的能力和互帮互助的良好品质。

### 调整与改进

1. 在区域活动中，教师要善于发现幼儿作品的不同特点，给予每一个幼儿积极的评价与鼓励，使他们获得成功的体验，从而增强自信心。

2. 在区域活动结束后，教师要指导幼儿整理好材料，帮助幼儿养成做事有始有终的良好习惯。

## 区域活动计划与记录

### 活动计划

活动名称：制作纸杯花　　班级：小班　　指导教师：张小芳

> 设计意图：金黄色的太阳花象征着希望。幼儿对剪贴花朵充满了兴趣，用纸杯制作的太阳花不但美观、环保，而且符合小班幼儿的年龄特点和创作水平。本次活动引导幼儿通过剪、贴、涂、画来进行制作，在锻炼幼儿手部小肌肉能力发展的同时培养幼儿对大自然的热爱之情，使幼儿体验创作的乐趣。

- 材料准备

1. 材料投放：纸杯、油画棒、水彩笔、纸杯花成品、课件。
2. 使用工具：安全剪刀若干、铅笔若干。
3. 环境创设：制作好的纸杯花、制作纸杯花的步骤图。

- 材料规划

选择的材料应是可收集性、易操作的，小班幼儿手部和手臂的控制力较弱，所以通过用安全剪刀剪纸杯来促进幼儿的小肌肉发展。

● 观察要点

1. 幼儿通过欣赏，能否感受纸杯花的美。
2. 幼儿能否运用剪、贴、画的技能来制作纸杯花。
3. 幼儿是否在活动中互相讨论合作，结束后把材料分类摆好。

### 观察记录

#### 一、幼儿表现

区域活动开始了，兜兜和希希来到了美工区制作纸杯花。兜兜认真地观察纸杯花的材料和步骤图，边看边说："它的花瓣是弯弯的形状，可真漂亮。"在制作过程中，兜兜先用剪刀从杯口开始往杯底剪下去，当剪了两三条时说："这个杯口的地方不好剪，太厚了。"于是，他每次在剪杯口的地方都会很用力。过了一会儿，兜兜剪好了，用手把剪下来的纸杯条往外卷，但是他感觉参差不齐，就拿来铅笔把纸杯条绕在铅笔上卷了起来。看着一个个卷起来的纸杯条，兜兜开心地说："哇，真好看！我要给它装饰一下。"他对希希说："希希，我们来一起装饰它好吗？"兜兜负责固定花，希希拿来水彩笔给纸杯花进行装饰。制作完成后，兜兜兴奋地把纸杯花拿给我看，说："张老师你看，我的纸杯花好看吗？"我说："好看，你能和小朋友一起分享你的制作过程吗？"兜兜说："好的。"于是他和希希互相分享起来。最后，兜兜开心地把自己的纸杯花摆放在美工区的展示柜上。结束音乐响起后，兜兜把材料都放回操作盒里，分类摆放好。

#### 二、分析与评价

在活动中，利用贴近幼儿生活和幼儿感兴趣的事物作为素材。幼儿根据太阳花的特征，在制作的过程中运用剪、画、贴等技巧，与同伴合作完成、互相讨论，虽然在制作中遇到了一些小困难，但是幼儿没有放弃，努力地完成并邀请同伴参与到自己的制作中。两人合力获得了成功，增强了幼儿的自信心，使幼儿体验到了挑战的乐趣。

### 调整与改进

1. 投放的材料有些单一，应给幼儿提供更加丰富的材料。例如，毛球、羽毛等易操作的材料。这样制作的纸杯花不仅美观，还能激发幼儿制作纸杯花的兴趣。
2. 在平时活动中，应多让幼儿练习正确使用剪刀的方法，锻炼幼儿手掌和手指肌肉的配合能力，促进其手部小肌肉灵活性的发展，同时有助于培养幼儿的专注力和耐心。

# 生活区活动

## 区域活动计划与记录

### 🖊 活动计划

活动名称：叠衣服　　班级：小班　　指导教师：张小芳

> 设计意图：随着冬季的来临，幼儿身上的衣服逐渐增多，每当午睡前，都需要脱去厚厚的外衣。有的幼儿能把衣服叠整齐，放到固定的地方，有的幼儿因掌握不好叠衣服的技能，会将脱掉的衣服随手扔在一边。为了使幼儿养成良好的行为习惯，根据小班幼儿的实际情况和年龄特点，我在区域里投放了练习"叠衣服"的材料，引导幼儿学习折叠衣服的基本方法，锻炼幼儿的动手能力，学会自己的事情自己做，体验自我服务的自豪感。

- 材料准备

1. 材料投放：衣服。
2. 环境创设：在区域活动墙面上挂出叠衣服步骤图并附儿歌。

- 材料规划

根据小班幼儿的年龄特点，应为他们提供种类丰富、形式多样的可操作性的材料，这样既能锻炼幼儿的动手能力，又能使幼儿在叠衣服过程中获得乐趣。例如，带有纽扣、拉链的衣服等。

- 观察要点

1. 幼儿是否掌握了叠衣服的技巧。
2. 在活动中，幼儿能否体验自己叠衣服的乐趣。

### 🖊 观察记录

**一、幼儿表现**

区域活动开始了，小雅和左左来到了生活区。区域中有两组衣服，一组是没叠好的衣服，一组是叠得很整齐的衣服。观察了一会儿，左左说："衣服好乱呀！那今天我们的任务是帮忙把这些乱的衣服叠整齐。"只见左左拿起其中一件衣服，边看步骤图边说："拉拉衣袖伸伸臂，拍拍肩膀弯弯腰，这样衣服就叠好了。"不一会儿，左左就成功地叠好了一件衣服。

小雅说："这是一件带摁扣的衣服，好像有一点儿难。"只见她把衣服平铺在桌子上开始扣摁扣。"摁扣真多呀！"小雅自言自语。她耐心地一个接一个地扣了起来，过了一会儿摁扣终于扣好了。"拉拉衣袖伸伸臂，拍拍肩膀弯弯腰，衣服叠好了。"小雅开心地说着。这时左左拿着一件带拉链的衣服着急地走了过来，对小雅说："拉链太难拉了，你能帮帮我吗？"小雅接过左左手里的衣服耐心地说："小拉链真有趣，就像小人坐电梯，小人走进电梯里，两扇门才关闭，电梯顺着轨道走，一层一层往上升，我的拉链拉好了。"左左也学着按步骤图边叠衣服边说："拉拉衣袖伸伸臂，拍拍肩膀弯弯腰，这样衣服叠好啦！我成功啦！"两个小伙伴边拍手边笑着说。

### 二、分析与评价

小雅尽管摁摁扣时比较费力，可是她没有放弃，很有耐心地坚持完成了任务。在遇到同伴求助时，她还伸出了援手，可以看出小雅很有爱心，而且拉拉链的技能很熟练，是一个自理能力非常强的孩子。在活动中遇到困难时，教师给予孩子自主合作的机会，促使幼儿通过寻求同伴的帮助来解决问题，达到了较好的效果。

### 调整与改进

1. 生活即教育，组织幼儿午睡时也是幼儿学习叠衣服的最佳教育时机。

2. 组织折叠衣服比赛，其他幼儿通过观察、比较、讨论，找出最快、最整齐的折叠方法。在讨论的过程中，促进幼儿情感、态度、经验的提升，让幼儿知道将衣服折叠整齐的方法。

## 区域活动计划与记录

### 活动计划

活动名称：螺丝钉找朋友　　班级：小班　　指导教师：魏楠

> 设计意图：螺丝钉与螺母是日常生活中常见的物品，但是大部分幼儿只是见过，并未实际参与过拧螺丝钉的过程，怎样才能让螺丝钉与螺母成功匹配，并把它们顺利地拧在一起呢？这需要小朋友们仔细观察和手指动作的配合。在游戏过程中，在引导幼儿积极尝试和探索的同时，使幼儿通过反复操作获得成功的体验和快乐，培养幼儿的科学探究兴趣。

● 材料准备

1. 材料投放：大小不一、螺纹各异的螺丝钉和螺母。
2. 环境创设：各种螺丝钉的图片、把螺丝钉和螺母拧在一起的步骤图。

● 材料规划

首先，螺丝钉的大小一定要适合幼儿，不要选择太小的，以免发生危险；其次，收集大量的能配对的螺丝钉和螺母，把它们五个一组分别放在器皿中。

● 观察要点

1. 幼儿能否找到螺丝钉和螺母互相匹配的方法，如螺纹的形状相同。
2. 幼儿在操作中手指能否灵活配合，将螺丝钉和螺母严丝合缝地拧在一起。
3. 幼儿在遇到失败时，能否通过自己的不断尝试获得成功。

## 观察记录

### 一、幼儿表现

珊珊来到生活区，看到投放的材料"螺丝钉"显得特别兴奋，说："我今天要像爸爸那样当一个修理师。"在实际操作中，她找了半天也没有找到能匹配在一起的螺丝钉和螺母，于是她把螺丝钉扔在地上，生气地说："我不会，太难了！一点儿都不好玩。"坐在一边的玲玲是个细心的小姑娘，她对珊珊说："别着急，你试着拿一个螺丝钉找找它的好朋友，一定可以找到的。"经过多次尝试，珊珊始终没有成功，她有些急躁地跑过来向我求助。我鼓励珊珊："你可以观察螺丝钉的花纹，看看和它花纹相似的螺母是谁，再试试看它们是好朋友吗？"在我的提示下，珊珊找到了好的方法，通过仔细观察对比，终于成功了。珊珊把成功的经验分享给了玲玲，两人都开心极了。

如果将螺丝钉与螺母配对是一大难题，那么将它们严丝合缝地拧在一起就成了幼儿面临的第二大难题了，大森、壮壮、小美就因此犯了难，他们在拧螺母时总是拧歪。我在观察他们许久之后，提示幼儿可以仔细观察操作步骤图，从步骤图上找答案。聪明的小美经过细心地观察、反复地尝试，最终发现了可以成功的小秘密。在她的演示下，几个小朋友先慢慢地把螺丝钉和螺母摆正，然后再开始拧，经过反复地操作尝试，大家掌握了方法，都获得了成功的体验。

### 二、分析与评价

活动中玲玲很细心，能够找到解决问题的方法，而且愿意帮助别人，老师应及时抓住这一点，对玲玲给予表扬。同时，老师还要及时鼓励珊珊，增加珊珊的信心。一些幼儿操作失败的原因和心理有关系，做事情不能沉下心来，遇到困难就心浮气躁，所以很难达到预期目标，需要老师和同伴给予一些引导和提示。

幼儿在区域活动中，学习了"拧"的技巧，锻炼了其双手的配合能力、手部肌肉的灵活度和对比查找的观察力，掌握好的幼儿能够做到主动去帮助他人。

## 调整与改进

老师在第一次操作时可以少放一些螺丝钉和螺母，这样幼儿能够快速找到可以匹配在一起的"好朋友"。在后面的操作中，再适当逐步增加螺丝钉和螺母的数量，增加操作难度。

### 区域活动计划与记录

## 活动计划

活动名称：系纽扣　　班级：小班　　指导教师：魏楠

> 设计意图：系纽扣在生活中是必不可少的，但是对于小班的幼儿来说掌握起来比较困难，在生活区投放大量系纽扣的操作材料，可以帮助幼儿通过练习逐渐掌握系纽扣的方法，锻炼手部小肌肉的灵活性，增强其自理能力。

- **材料准备**

1. 材料投放：扣子形状不一的操作玩偶。
2. 环境创设：系纽扣步骤图、各种扣子的装饰画。

- **材料规划**

选取生活中常见的纽扣作为操作材料，将纽扣缝在颜色鲜艳、富有童趣的图案上，这样可以激发幼儿操作的兴趣，所准备的材料要有层次感，幼儿可以根据自己操作的熟练程度来选择适合自己的纽扣。

- **观察要点**

1. 通过谈话能否激发幼儿学习系纽扣的兴趣。
2. 遇到困难时幼儿能否解决操作难点。
3. 幼儿能否坚持完成系纽扣的操作。

### 观察记录

一、幼儿表现

在区域活动开始时，晴晴看到是系纽扣活动，说："老师，平时都是妈妈给我系，妈妈说我还小，不用学系纽扣。"我对她说："小动物衣服上的纽扣没有系好，它们多冷呀，非常需要你的帮助。"晴晴听了，点头认同，默默地学起系纽扣的方法。

壮壮、晴晴还有小美在纽扣系到一半的时候遇到了难题，我在旁边仔细观察发现，原来是在扣子穿过扣眼的时候就退了回去，所以总是失败，我提示几个小朋友想一想扣子退回去的原因，并请对系纽扣掌握得比较好的悠悠帮忙给大家示范一下。通过观察悠悠系纽扣的慢动作，加之细心地讲解和演示，在多番努力下，三个小朋友都克服了这个困难，成功地学会了系纽扣的方法。

小宇是班上最小的孩子，动手能力相对较差，纽扣系了好久也没有成功，他特别泄气地说："老师，我不想系纽扣了，太难了。"我摸着他的头，笑着说："小宇可是最棒的，老师一直觉得你的小手最能干了，我相信你和小朋友们一起学习怎么系，肯定也能成功。"在晴晴和小美几个孩子的带动下，小宇跟着大家一步步学习，最终顺利完成了系第一个纽扣的小任务。这次的成功大大增强了他的信心，接下来，他把剩下的三个纽扣也全部系好。虽然动作很慢，但是获得成功体验的小宇喜欢上了系纽扣，开心地反复进行操作。

二、分析与评价

家长在很多时候剥夺了孩子动手的机会，这样既不利于他们的心理成长，更不利于他们手部小肌肉的发展。老师在恰当的时候给予情景让其融入，帮助幼儿找到学习的动力，从而使幼儿愉快地进行操作。

在幼儿遇到难题时，老师应及时抓住重点进行指导，鼓励能力较强的幼儿帮助能力弱一些的孩子"渡过难关"。对于缺乏自信、想轻易放弃尝试的幼儿来说，同伴之间的互助和引导更容易使其接受，从而获得成功。

### 调整与改进

1. 扣子种类不要过于单一，可以通过大小分出层次。刚开始操作时幼儿不太熟练，但经过几次区域活动之后，幼儿会逐渐熟练起来，对操作能力较好的幼儿，可以选择小一点的纽扣让其进行操作。

2. 系纽扣的形式有很多种，在幼儿操作熟练以后，可以填充更多操作材料，这样幼儿就不会觉得乏味，还可以得到更多的锻炼。

# 种植区活动

## 区域活动计划与记录

### 活动计划

活动名称：修剪蒜苗　　班级：小班　　指导教师：张佳炜

> 设计意图：蒜是生活中常见的食材，通过种植大蒜的活动，让幼儿知道种植大蒜会长出蒜苗。现在蒜苗生长茂盛，幼儿通过看一看、摸一摸、闻一闻，了解蒜苗的味道和外形特征。在修剪过程中，丰富幼儿的感知经验和主观体验，发展幼儿的动手能力。在与同伴互动中，逐渐养成合作的精神，体验种植的乐趣。

- 材料准备

1. 材料投放：生长旺盛的大蒜。
2. 使用工具：测量尺、记号笔、剪刀、托盘、观察记录本。
3. 环境创设：蒜苗生长图、修剪蒜苗步骤图。

- 材料规划

在材料的投放中，自然环境是感官刺激的主要来源，只有自然的声、光、色、味、形、体才能满足孩子知觉发展的需要。顺应幼儿亲近自然世界的本能，对孩子的健康和创造力的培养都有积极的作用。在等待蒜宝宝生长的过程中，幼儿需要每天观察蒜苗的生长情况，因此本次活动添加了测量尺、记号笔和观察记录本，帮助幼儿养成认真观察、按时记录的好习惯。

- 观察要点

1. 幼儿通过观察，能否了解蒜苗的外形特征。
2. 幼儿能否观察并测量蒜苗的高度，随时进行记录。
3. 幼儿在活动中是否有互相合作的意识。

## 观察记录

### 一、幼儿表现

活动开始了，瑶瑶和若汐来到了种植区。

两人凑过去闻了闻蒜苗，若汐说："好辣呀！"瑶瑶又向前走了一步，边看边说："原来长长细细的蒜苗是从大蒜的'脑袋'上长出来的。"随后，瑶瑶拿起测量尺，开始测量。她看着步骤图把测量尺垂直放入盆中，从蒜苗的根部开始量，测出蒜苗的高度后用记号笔在测量尺上做上标记，这样蒜苗的高度就能够从测量尺的记号上显现出来。若汐看到瑶瑶的做法，也开始忙了起来："瑶瑶，我来帮你记录吧。"她们互相帮忙，一起记录下蒜苗宝宝的身高。

测量完毕后要开始修剪啦，若汐手拿着剪刀，从蒜苗的根部剪下去。瑶瑶也一样，"咔嚓咔嚓"地剪着。她们各剪各的。瑶瑶低头看了看掉在地上的蒜苗，赶快捡起来，放在托盘上说："这样可不行呀，蒜苗都掉在地上了，会脏的。若汐，我来扶着蒜苗，你来剪吧。"若汐点点头说："好呀，你来帮我吧。"就这样，瑶瑶用手扶着蒜苗，若汐用剪刀剪，瑶瑶再把剪下来的蒜苗放进托盘，在两人的默契配合下剪蒜苗的小任务很快就完成了。瑶瑶说："这样蒜苗就不会脏了，若汐，一会儿我们交换，我来修剪吧。"

### 二、分析与评价

蒜苗是人们生活中常见的食物，本次活动充分利用资源，贴近幼儿生活，既开阔了幼儿的视野，又拓展了幼儿生活和学习的空间。幼儿只有亲近大自然，感受植物种植、修剪、收获的过程，才能获得直接的认知经验。实践、观察是教幼儿认识自然的最佳途径。两位小朋友在区域活动中能够及时发现问题，想办法通过合作自行解决问题，具备了初步的合作意识。

## 调整与改进

活动中，老师要具有敏锐的观察力和判断力。当幼儿正专注地进行活动时，老师最好不要去打扰，以免中断幼儿的思维，影响其活动。当因幼儿本身经验与能力的限制，致使活动难以继续进行，需要帮助时，老师再给予必要的帮助。

### 区域活动计划与记录

## 活动计划

活动名称：豆豆发芽记　班级：小班　指导教师：赵博茹

> 设计意图："你们吃过豆芽吗？豆芽是怎么来的？"基于幼儿对种子发芽的兴趣，设计了本次活动，帮助幼儿感受豆子生长的神奇过程。意在引导幼儿通过观察、动手操作、观察记录等方式，探索发豆芽的方式，感受豆子从种子到发芽的成长变化，丰富幼儿的生活经验，激发幼儿的好奇心和求知欲。

● 材料准备

1. 材料投放：透明的长方体塑料盒、纱布、种植记录表。
2. 环境创设：向阳、通风的区域环境，豆子生长过程图。

● 材料规划

为了让幼儿更直接地观察豆子的生长过程，在材料的选择上使用透明的塑料盒、纱布。种植活动适宜在教室向阳的一面进行，"植物的向阳性""根茎的吸水性"等实验能够激发幼儿的求知欲。

● 观察要点

1. 幼儿能否了解绿豆的生长过程，并用图画的方式进行记录。
2. 幼儿能否积极地与同伴交流自己的发现，并进一步探索事物变化的过程。
3. 在种植过程中，幼儿能否照顾种子，关爱植物。

## 观察记录

一、幼儿表现

豆子发芽实验开始啦！小朋友们准备尝试用水来发豆芽。他们分别将绿豆放在盒子和纱布里，并加入了适量的水，期待着豆子的新变化。第二天一入园，孩子们就围在泡好的豆子周围观察，大家发现原本硬硬的绿豆已经变得软软的、白白胖胖的。宁宁："豆子变胖了好多。"悦悦："我看到有的豆子的皮破了。"

沐沐每天早上来的第一件事情就是给绿豆浇水，看看绿豆发芽了没有。

这天早上她兴奋地跑过来告诉我："赵老师，豆子发芽了，有好多好多。"她边说边拉着我的手向自然角走去。旁边宁宁和悦悦听了，也立刻走了过来。大家惊奇地发现绿豆长出了芽。我问孩子们："绿豆的芽是什么样子的？"听到我的问题，孩子们仔细观察起来。沐沐："细细的、嫩嫩的芽。"宁宁："它脱掉了绿色的外衣，芽从中间钻出来了。"孩子们不停地说着他们发现的秘密。

豆芽宝宝越长越大，原来的盒子不够住了，需要搬家，于是大家从家里找来了大的容器，帮助豆芽宝宝从"小房子"搬到了"大房子"里。每天，大家都到自然角观察豆芽的变化。沐沐总是第一个来园，她发现同样是绿豆，长出的豆芽颜色却不一样。种植盒里的绿豆长出的豆芽是黄色的，而盖上纱布长出的豆芽是绿色的，这是什么原因呢？通过大家一起查阅资料，我们知道了原来是光照的缘故。

在照顾豆芽的过程中，孩子们每天坚持给豆芽换水、遮光，跟豆芽说话。"豆芽宝宝，你要快快长大哦""豆芽宝宝，你要多喝水才长得快"。很快，豆宝宝们变成了长长的小豆芽，密密麻麻地挤在一起，孩子们纷纷将观察到的豆宝宝生长过程画到记录表上。

二、分析与评价

整个活动中，幼儿通过观察、比较与分析，发现了豆芽成长的规律和前后的变化，并用绘画的方式将观察到的豆豆的变化记录下来。通过这次活动，幼儿了解了种子发芽需要一定的湿度、温度、光照等条件。提高了幼儿的观察和分析能力，帮助幼儿从自发产生探究兴趣逐渐过渡到经历有效的探究过程。

### 调整与改进

1. 在区域活动中，小班幼儿由于年龄特点及生活经验的欠缺，对一些基本的常识缺乏认识和了解。教师可以多带孩子走进自然，去认识自然、了解自然，增长孩子的见识。

2. 在种植区域活动中，教师可以提供各种各样的豆子，如红豆、绿豆、黄豆等，请幼儿探索不同的豆子长出的豆芽有什么不同。提高幼儿对植物的认知水平，培养幼儿的观察能力、动手能力，树立爱护植物的意识。

## 区域活动计划与记录

### 活动计划

活动名称：种韭菜　　班级：小班　　指导教师：张小芳

> 设计意图：种植是幼儿比较喜欢的一项活动，通过种植能够帮助幼儿更直观地了解植物的生长过程。本次活动选择了种植韭菜，因为它生长周期短，管理方便，是幼儿比较熟悉的农作物之一。幼儿可以通过看一看、说一说、摸一摸、种一种的方法，了解韭菜的生长变化，掌握种植韭菜的基本技能。鼓励幼儿通过亲身体验，亲近大自然、拓展知识面，增强他们的观察力和动手力。在快乐的种植过程中培养幼儿爱劳动、团结合作的精神。

- 材料准备

请爸爸或妈妈来园帮忙把硬地翻松，可以自愿提供一些营养土。
1. 材料投放：韭菜、韭菜籽。
2. 使用工具：小铲子、浇水用的小壶若干。
3. 环境创设：种韭菜的步骤图。

- 材料规划

材料的选择要符合幼儿的年龄特点，种植工具一定要具有安全性、可操作性。小班幼儿对比较形象的图片感兴趣，可以使用图片来展示种植韭菜的步骤，供幼儿参照种植。

- 观察要点

1. 幼儿是否喜欢种植韭菜活动。
2. 幼儿是否了解韭菜的基本特征及其生长变化。
3. 幼儿是否体验到种植的乐趣，并学习做观察记录。

### 观察记录

一、幼儿表现

区域活动开始了，妞妞、兜兜、左左和右右四个小朋友来到了种植区。
孩子们第一次参加种植活动，感到特别新奇，也很兴奋。四个小朋友首先观察了种植韭菜的步骤图，商量后开始分工进行种植。兜兜拿着铁锹一趟一趟顺沟铲土，妞妞拿着种子顺沟撒韭菜的种子，左左和右右小朋友给种到土里的种子盖上一层薄薄的土壤。虽然每个孩子的操作都不够熟练，在歪歪扭扭的沟壑里不均匀地撒播着种子，但是孩子们都很认真地对待自己的"工作"。干得起劲儿的右右问："我们种的韭菜什么时候能长出来呀？"左左说："我们的韭菜会不会被虫子吃掉呢？"兜兜说："我们每天过来看看吧，要是有小虫子，就把它拿掉。还要过来看看韭菜有没有长高。"几个小朋友在兜兜的带动下，纷纷在种植记录本上画上了种子、铲子和小水壶，代表大家今天完成的工作。整个种植过程在自由自主的氛围下进行，孩子们通过自己的努力获得了一次有趣的种植体验。

### 二、分析与评价

幼儿在种植区认真完成了种韭菜的活动。大家分工有序，互助合作，尽情地享受种植带来的快乐。我们种的韭菜什么时候发芽、有了小虫子怎么办、长出小草了怎么办、韭菜渴了怎么办……这些问题都是需要幼儿通过亲身实践来进行探索的。这个活动在使孩子们亲近大自然的同时，也激发了他们的求知欲，满足了他们的好奇心，拓展了他们的知识面，同时培养了幼儿的观察力、想象力和思维能力。

### 调整与改进

1. 在后期的种植活动中要鼓励幼儿进一步养成探索学习的习惯，了解韭菜的生长除了需要阳光和水分，还需要拔草、除虫、间苗和施肥。让幼儿知道只有在大家的悉心照料下，各种植物的种子才能够茁壮成长。

2. 改变以往教师参与过多的指导方式，让幼儿通过自主观察、思考、探索、记录，主动获得知识和经验。

# 角色区活动

## 区域活动计划与记录

### 活动计划

活动名称：角色扮演　　班级：小班　　指导教师：魏楠

> 设计意图：表演区一直是幼儿很喜欢的区域，这里有漂亮的衣服、头饰，还有许多道具，在这片小天地里幼儿变成了小演员，可以尽情地表现自己。表演区还可以与阅读区、美工区相结合开展活动。本次区域活动中，表演的节目是《三只蝴蝶》，幼儿在熟悉并理解故事的基础上进行表演，能够进一步加深对角色的理解，提升表演能力。在本次区域活动中，幼儿融入其中，尽情发挥，成了故事中的主角。

● 材料准备

1. 材料投放：蝴蝶翅膀、蝴蝶触角头饰、花朵头饰、太阳公公头饰。
2. 剧本支持：《三只蝴蝶》的故事。

3. 环境创设：花园场景布置。

● 材料规划

角色扮演中使用到的头饰、道具和环境布置的材料是前期美工区的幼儿制作出来的，这样美工区的作品除了观赏之外，还能够发挥更大的作用。表演用的剧本故事是幼儿在阅读区时选出的最喜欢的故事，而且故事内容相对简单，适合小班幼儿进行表演。

● 观察要点

1. 幼儿能否通过故事了解剧本的内容，感受角色的心理。
2. 幼儿在反复聆听故事、能够熟练说出台词的基础上，能否发挥自己的想象，顺利地完成角色扮演。
3. 在表演过程中，幼儿对角色扮演是否有足够的兴趣，能否投入角色中。

## 观察记录

### 一、幼儿表现

幼儿在选择表演区时，表现很积极。小演员们迫不及待地试穿各种服饰，在经过一番打扮之后，表演正式开始了。红蝴蝶的扮演者铭铭表现得很紧张，不敢上台，小观众们开始嘲笑他，甚至有人说他是"胆小鬼"，铭铭哭了起来。面对这种情况，我告诉小观众们："铭铭还没有完全准备好，请给他一些时间。"同时，我鼓励铭铭说："你是很棒的，你的台词在练习的时候说得很好，老师相信你能行，要不要再试一试？"铭铭想了想，决定再次进行尝试。在后续的表演中，铭铭声音虽然小一些，但是顺利地完成了整个表演。

在表演中，台上的小演员们只是一味地说着台词，没有什么表演动作。小观众冬冬小声对小杰说："真没意思，咱们去玩别的吧？"两个小朋友一拍即合，偷偷地溜到了搭建区。慢慢地，台下的观众越来越少。

### 二、分析与评价

幼儿在表演时出现怯场的情况，老师要及时给予鼓励，让幼儿有信心继续表演。在此基础上，老师也要让幼儿自己选择是否继续表演，如果幼儿选择终止表演，老师也要给予幼儿足够的尊重，和大家一起重新确定"小演员"。

本次选择表演区的幼儿都是性格比较外向的小朋友，但是在表演中表现也有一些拘谨，缺乏舞台表现力。小观众们失去了兴趣，纷纷交头接耳，各自玩了起来。老师应当在平时加以引导，如讲故事时，可以让幼儿融入情节中，模仿主人公的动作、说话的神态；也可以在平时让幼儿多看一些小话剧的视频，丰富幼儿的表演经验。

表演区里的服装、头饰等道具比较丰富，吸引着幼儿们的眼球，所以有些小朋友喜欢表演区只是因为对穿上各种行头进行装扮感兴趣，对表演的热情并不是很高。而且角色扮演对小班幼儿来说是有一定难度的，因为角色扮演不只是说台词、讲故事这么简单，还涉及幼儿对故事主人公动作、神态、表情的模仿。因此老师平时要多多对幼儿进行引导，如引导其模拟各种小动物的动作等。同时，老师的鼓励是很重要的，可以很大程度上增强幼儿表演的积极性。

### 🖉 调整与改进

1. 角色扮演的素材大多数来自绘本故事，老师只是起到引导、启发作用。应当让幼儿更好地融入到故事中，突出幼儿在活动中的主体地位。

2. 老师可以建议家长，找机会带着幼儿去看一些童话剧表演，从而增强其对表演活动的兴趣。

## 区域活动计划与记录

### 🖉 活动计划

活动名称：水果沙拉　　班级：小班　　指导教师：张佳炜

> 设计意图：水果中含有大量的维生素和微量元素，对幼儿提高免疫力和抵抗力有着很好的作用。通过制作水果沙拉，幼儿对水果的名称、外形特征以及它的味道会有更深入的了解。在游戏过程中，通过"切"与"拌"的动作发展幼儿的动手能力。在与同伴互相交流、协作、探索的过程中，让幼儿体验制作的乐趣。

● 材料准备

1. 材料投放：苹果、梨、香蕉、西瓜、葡萄等（水果削皮切块备用）。
2. 使用工具：水果刀、沙拉酱、餐具。
3. 环境创设：各种水果的图片、切水果步骤图。

● 材料规划

水果是幼儿比较熟悉、喜爱的食物，不同水果的营养成分在人体中起着不同的作用，材料的选择要具有多样性。科学合理地食用各种水果，对正在生长发育的幼儿来说尤为重要，同时可以让幼儿体验多种水果组合在一起产生的形式美和色彩美。

● 观察要点

1. 幼儿是否认识多样水果，是否知道水果切开还可以做成水果拼盘和水果沙拉。
2. 幼儿能否正确使用刀具。
3. 幼儿能否体验与同伴一起制作分享的乐趣。

### 🖉 观察记录

一、幼儿表现

活动开始了，安安、夏夏和晗晗来到了角色区。

教师为幼儿展示苹果、梨、香蕉、西瓜、葡萄等水果的图片，在幼儿正确认知和辨认后，展示制作水果沙拉的各种材料和步骤图，鼓励幼儿选择多样水果进行制作。

在制作的过程中，偏食的安安选择了自己喜欢的西瓜，并把西瓜切成小块放入盘中，随后又选择了一大块西瓜。晗晗看到安安盘子里全是西瓜，很是奇怪："安安，你的盘子里怎么只有西瓜呀？"安安说:"我喜欢吃西瓜。"晗晗说:"苹果和梨也很甜,很好吃,我就喜欢吃,你也放点尝尝吧?"安安思考了一下,决定做一下尝试,挑了两块苹果和梨,切成小块后也放入了盘中。晗晗品尝了一下,觉着味道确实不错。

夏夏选择了各种水果来制作,不一会儿,盘子里变得五颜六色,很漂亮。夏夏看了看晗晗的盘子,又看了看安安的盘子,得意地说:"快看我盘子里的水果,漂亮吧?"晗晗说:"哇,好漂亮,我也要再放一些水果!"原本不爱吃水果的安安看着他们盘子里的水果都变得丰富多彩,飘着一股混合水果特有的香味,被吸引的他也开始忙碌起来。在最后一步的制作中,三位小朋友迫不及待地拿起沙拉酱挤入盘子里,水果沙拉制作完成!

大家拿起勺子搅拌均匀,迫不及待地品尝了起来,吃得不亦乐乎,就连偏食的安安也吃得非常开心,止不住地夸:"真是太好吃啦!"

二、分析与评价

水果是幼儿日常生活中常见的食物,也是幼儿比较熟悉、喜欢的。在活动中,幼儿通过观察制作水果沙拉的步骤图,了解制作水果沙拉的方法,激发了自己动手制作的兴趣。此次活动既锻炼了幼儿的动手能力,又让幼儿体验到自我服务的乐趣。

### 调整与改进

1. 区域材料的投放并不是推动幼儿发展的唯一方式,但是对于小班幼儿来说,投放新的材料可以有效地激活幼儿已有的生活经验。

2. 在区域活动中,当幼儿遇到困难、出现问题的时候,我们要充分给予他们独立思考和解决问题的空间,调动起幼儿的积极性、主动性和创造性。

## 区域活动计划与记录

### 活动计划

活动名称:娃娃家乱了　　班级:小班　　指导教师:赵博茹

> 设计意图:娃娃家是小班幼儿最喜欢的角色游戏,小班幼儿具有很强的模仿能力,喜欢模仿大人的言谈举止和日常行为表现,他们渴望像成人那样参加各种活动,而娃娃家又比较接近幼儿的实际生活。通过角色扮演,运用各种材料进行活动,可以培养幼儿的语言表达能力和动手能力,增强合作意识,使幼儿体会到游戏带来的快乐。

### 材料准备

1. 材料投放:娃娃床、地垫、家具、衣柜、厨具等。
2. 使用工具:厨房用具、餐桌、茶具、衣服等。
3. 环境创设:将娃娃家的玩具、家具等合理摆放,布置得更加温馨漂亮,增强家的氛围。

### 材料规划

小班幼儿的娃娃家在初期为幼儿提供了多种形式的玩具,多方面支持和鼓励幼儿探索合作游戏的方法。投放可操作性强的材料，如厨房用具、茶具、衣服等更贴近幼儿生活的玩具，营造宽松的游戏氛围，为幼儿提供展示自我的机会。

● 观察要点

1. 在游戏中幼儿能否沉浸在角色扮演中。
2. 幼儿能否按照自己的游戏经验对物品进行归类摆放。
3. 幼儿是否愿意主动与人沟通，沟通语言是否通畅。
4. 幼儿遇到问题时能否采用协商的办法来处理。

### 观察记录与评价

一、幼儿表现

区域活动时间到了，面面第一个来到娃娃家，担任了"妈妈的角色"。她坐在柜子旁，边叠衣服边说："衣服放平整，关上两扇门，左手抱一抱，右手抱一抱，点点头，弯弯腰，我的衣服叠好啦！"然后高兴地将衣服放到了衣柜里。这时萱萱、甜甜也来了，把刚才叠好的衣服、玩具弄得乱七八糟，于是面面又开始独自整理。还没等她整理好，又变得乱糟糟了，她嘟起嘴巴，冲着其他小朋友大声喊："瞧，你们把家里弄乱了，赶快整理好！"可是萱萱、甜甜并没有理会。这时，面面转头望向我，大声喊道："老师，快过来，她们把娃娃家弄乱了！"我向她做了一个"嘘"的手势，这次她轻声地对我说："老师，家里可乱了，她们把东西乱扔，都不整理！"我看了看，对娃娃家里的孩子们说："我是邻居阿姨，要来你们家做客了，你们欢迎我吗？""欢迎欢迎！""可是家里好乱呀，我都不知道该坐在哪里。"大家听到后，开始迅速地把凌乱的材料整理归位，面面邀请我坐下来，让站在一旁的萱萱帮忙给客人倒茶，让甜甜到厨房炒菜做饭，娃娃家又恢复了正常的忙碌状态……

二、分析与评价

在活动开始时，幼儿不会用正确的方式沟通交流，明显在游戏前没有分配好各自的角色，但他们已具备了一定的角色意识。当幼儿发现问题，需要教师提供帮助时，教师通过扮演"客人"的角色，进行有效的引导。幼儿在互相配合、协作下完成了小任务，活动培养了幼儿的动手能力，增强了幼儿的合作意识，使无意识的游戏环节变得有目的性，使幼儿更加自然地融入游戏中。

### 调整与改进

1. 组织幼儿交流和讨论不同角色的任务，使幼儿有一定的角色意识。比如，"走亲戚""过生日"等。让幼儿有更多的机会在游戏中体验生活，在尝试不同的角色中促进幼儿语言和社会性的发展。

2. 根据游戏的发展情况，不断更新游戏材料，满足幼儿游戏的需要，促使他们尝试新的玩法，发展新的情节。

# 第五章　中班区域活动

## 建构区活动

### 区域活动计划与记录

#### ✎ 活动计划

活动名称：搭建城堡　　班级：中班　　指导教师：任金素

> 设计意图：建构区活动是幼儿非常喜欢的区域活动之一，积木也是对幼儿身心发展极为有益的玩具，幼儿认为城堡是梦幻而又神秘的。通过搭建城堡，能够引导幼儿在了解城堡外观的基础上，大胆想象并设计出具有不同特色的城堡。在游戏过程中丰富幼儿的感知经验和主观体验，发展其动手能力与建构技能，使幼儿在与同伴交流互动中逐渐养成分享与合作的品质，在创新尝试中获得成功与失败的情感体验。

● 材料准备

1. 材料投放：泡沫积木。
2. 使用工具：塑料筐。
3. 环境创设：舒缓的纯音乐、步骤图、各种城堡的图片和积木。

● 材料规划

大型泡沫积木因色彩鲜艳、安全性强、易塑型等特点，在建构区域的使用频率较高，这种材料更符合中小班幼儿在搭建中的选择。引导幼儿感知材料的特征和性质，使幼儿学会根据搭建对象的外形特征，使用不同形状的泡沫积木材料进行搭建。

● 观察要点

1. 幼儿能否选择合适的材料，并根据自己的意愿进行拼搭。
2. 幼儿之间是否可以团结协作，体验小组活动的乐趣。

#### ✎ 观察记录

一、幼儿表现

活动开始，幼儿先观察城堡图片，讨论城堡的外形特征、结构和搭建方法，然后选择了不同形状和不同颜色的积木进行搭建，孩子们忙得不亦乐乎，都在按照自己的计划实施"工程"。芮卿和梓唯的搭建引起了我的注意，只见她们用长方体围合了一个大的长方形的院子，又用长方体、正方体、圆柱体等形状的积木继续向上拼搭，从她们的交流中我得知这是要建一个属于两个人的大城堡。在搭建的过程中她们遇到了一些困难，城堡总是在搭到一半的时候就倒塌了。我并没有介入，而是在一旁静静地观察，两人在不断分析着城堡倒塌的原因并寻找方法。

芮卿："不牢固，是因为城堡是用一块积木支撑的。"

梓唯："向上垒的积木放得有点儿偏，它就会倒塌。"

芮卿："那有什么办法解决吗？"

梓唯："可以在底部放上两块积木当支柱。"

芮卿："向上垒的积木不能放偏，放偏了就得重新调整。"

她们找到新方法后非常兴奋，马上又尝试了起来。于是，她们在最底部放上了两个同样大小的长方体积木，然后继续向上垒高，还为城堡搭建出了半圆形的拱门、低矮的圆屋顶等。城堡的规模在逐渐变大，最后一座神秘而又美丽的城堡搭建成功了。芮卿和梓唯高兴地抱在了一起。

### 二、分析与评价

本次区域活动抓住了幼儿的好奇心和兴趣点。在搭建城堡的过程中，幼儿迫不及待地用自己的方式来搭建具有特色的城堡，不断调整着积木的位置，最终找到最好的搭建方法，并将围合、盖顶、延长、垒高、架空等技能运用在城堡的搭建上。幼儿的合作意识正在逐步增强，他们在活动中体验到了合作完成任务的喜悦。

### 调整与改进

1. 本次区域活动中，在幼儿搭建完成后教师应该给予足够的时间让她们分享自己的设计思路，如在活动中运用了哪些搭建技能和方法，遇到了哪些问题和解决方法。

2. 要继续丰富建构区的材料，如纸盒子、易拉罐、奶粉桶等，丰富幼儿的搭建内容，满足幼儿创作的需要，提高幼儿自己解决问题的能力。

区域活动计划与记录

### 活动计划

活动名称：搭建城堡　　班级：中班　　指导教师：郤鹏瑜

> 设计意图：为了提高幼儿的创造力以及与同伴合作的能力，我们设计了搭建城堡的游戏，孩子们会把自己想象成王子或者公主，设计和搭建自己喜欢的城堡。教师为幼儿提供了各类城堡的照片和基本搭建方法的图片（平铺、架高、围堵、连接等），引导幼儿绘制出自己或本组的设计图纸，然后进行自由搭建。在游戏中幼儿有分工、有合作、有讨论、有探索、有发现、有创造，沉浸在快乐的游戏氛围中，幼儿在满足探索欲望的同时，尝试与同伴合作找到好方法，享受搭建游戏带来的幸福和喜悦。

● 材料准备

1. 材料投放：木质积木、彩色积塑、雪花片、各类搭建方法的图片、设计图册。
2. 环境创设：播放轻音乐、区域内粘贴各类城堡大照片和搭建城堡的顺序图。

● 材料规划

材料的选择要考虑到安全性、可操作性，不同的几何图形可以呈现出多种搭建方式。分阶段投放的不同材料可以满足幼儿不同阶段层次的需求，激发其创造力。

● 观察要点

1. 幼儿是否按照设计师的要求进行搭建。
2. 幼儿游戏的方式是独自游戏、平行游戏还是合作游戏。
3. 幼儿能否不怕困难坚持完成作品，体验成功的快乐。

## 观察记录

### 一、幼儿表现

活动开始啦，孩子们开始讨论和绘制设计图，设计图绘制完成后便开始了今天的搭建活动。帅帅说："我是组长，今天迪迪和乐乐当配送员和建筑师，你们的工作是按照设计图上面的要求进行搭建和取放积木。"迪迪和乐乐说："好的，一定准时送达。"帅帅接着说："悠悠，你是设计师，要和建筑师一起搭建。建筑师们要和悠悠商量着搭建，不然搭错了可就麻烦啦。""好的！"建筑师们异口同声地回答。悠悠说："现在我们开始工作吧，先找出五种不同形状的积木，标记出房子、花园、车库、前门和后门的位置。"迪迪看了看设计图说："好嘞，马上去拿。"悠悠接着说："乐乐，我们现在一起搭建城堡的房子部分……"

搭建活动有条不紊地进行着。

过了一会儿，忽然听到悠悠说："这样可不行，花园可不是这样的！"乐乐说："悠悠你还是听我的吧，弧形的积木没有了，这样搭建的花园也挺好看呀！"悠悠说："听我的……"帅帅赶紧过来了解情况，然后跟两个小组员说："别着急，积木不够了，我们可以换成不同形状的花园，还可以搭两个花园呢，悠悠搭一个，乐乐也搭一个，好吗？"迪迪说："帅帅说的对，你俩别生气了，快来帮忙拿积木，咱们赶紧搭城堡吧。"

### 二、分析与评价

自从建构区填充了不同材质的搭建材料后，孩子们对搭建活动更加感兴趣了，小朋友按照前期的设计完成了城堡的搭建，在此过程中有分工、有合作。在小组所有成员的共同努力下完成了房子、花园、车库、前后两个大门等搭建任务，最后还运用辅助材料在花园里添加了小路、花草、大树等环境设施。当设计师和建筑师之间意见不统一时，小组长及时给予合理的建议。大家再次达成共识后重新进行合作搭建，搭建成结构坚固、造型独特、环境优美的"城堡"。

## 调整与改进

1. 幼儿在搭建前要先进行设计，明确搭建目的和搭建方向，知道自己要搭建的样式以及需要用到的搭建技巧。在搭建过程中当幼儿的主题目标有所改变时，教师要运用巧妙的语言或方式对孩子进行引导。

2.鼓励幼儿大胆、自由创造，一物多玩，及时表扬。教师注意给幼儿提供自主解决问题的机会，锻炼其解决问题的能力和应变能力。

区域活动计划与记录

## 活动计划

活动名称：搭建高架桥　　班级：中班　　指导教师：赵笑乾

> 设计意图：一天，晴晴问芃芃："你每天是怎么来幼儿园的？"芃芃说："我每天都是坐爸爸的车来的，路上会经过高架桥，桥上特别堵。"正在一旁整理衣物的阳阳说："有一次我上课迟到，也是因为我和爸爸被堵到了桥上，我想建一座不堵车的桥。"几句简单的对话使小朋友们产生了共鸣，第二天几人不约而同地选择了建构区，准备建起一座属于自己的"高架桥"。在日常生活中，幼儿了解到建桥最主要的目的是为了缓解交通拥堵，以便于交通工具或行人在桥上畅通无阻。活动中，幼儿通过搭建的形式将自己见到的、想象到的桥直观地展现出来，锻炼了幼儿的逻辑思维和动手操作能力，增强了幼儿敢于尝试、勇于挑战的精神。

● 材料准备

1.材料投放：不同形状的积木及辅助材料。
2.使用工具：木质积木、泡沫积木。
3.环境创设：宽敞的场地、多种搭建方法示意图。

● 材料规划

教师根据幼儿的年龄特点，有目的、有计划地投放各种材料，创设环境，让幼儿在宽松和谐的氛围中按照自己的意愿自主选择活动内容和活动伙伴，主动地进行探索和搭建。根据即将开展的搭建活动的主题，在建构区内投放一些不同材质的积木、搭建方法示意图、辅助性材料等。通过让幼儿尝试不同的组合搭建方式激发幼儿的想象力和创造力，根据幼儿不同阶段的水平适时投放不同层次的材料，让幼儿在反复尝试中通过观察寻找原因、总结经验。

● 观察要点

1.该阶段幼儿能否科学地进行组合搭建。
2.幼儿在宽松和谐的氛围中能否按照自己的意愿，自主选择搭建内容和搭建方法。
3.幼儿遇到问题时，能否耐心地寻找原因。

## 观察记录

一、幼儿表现

进区后小朋友们分别取出不同形状的积木，晴晴对阳阳说："我想用圆柱形积木搭建桥墩。"阳阳马上表示："我来用长方形积木搭建桥面吧！我先把长方形积木横铺到桥墩上，然后在桥的两边铺好上、下桥的坡。"搭建完成后，有的小朋友在桥面上开起了小汽车。玩了一会儿，大家发现两辆小汽车在桥上开很容易撞在一起。晴晴对大家说:"我们总是撞车,可能是因为桥面太窄了。"阳阳马上表示:"我们好像不知道哪边是去幼儿园的路,哪边是回家的路,这样乱走的话就会堵车。"这时,在一旁观察的芃芃也说:"我知道了,我们把桥面加宽变成两边都可以通过的就行了。"说完他就去寻找合适的积木,几个小朋友便在原来的基础上将桥面加宽。

搭建好后,晴晴提出建议:"这座桥的两旁没有护栏,汽车在开的时候很容易掉下去。"听到晴晴的建议后,小朋友们不约而同地拿起积木整齐地摆放在桥面的两边,摆放好后还进行了实验。这一次高架桥并没有出现拥堵和撞车的情况,他们高兴地跑过来说:"老师你看!我们把桥搭好啦!"突然晴晴又提议:"我们可以把三角形和半圆形间隔地放,这样是不是会更加好看呢?"其他小朋友并没反对,而是和晴晴一起重新搭建起来。几个人配合默契,一个放半圆、一个放三角形,很快就重新摆好了。

搭好之后,扮演司机角色的小朋友便一人一辆小汽车在桥面上开了起来。

### 二、分析与评价

幼儿在搭建桥的过程中,互相谈论关于桥的搭建方法,互相说出自己的想法并给予采纳。例如,搭桥的护栏时,晴晴提出三角形和半圆形间隔地摆放,其他小伙伴不仅同意了她的想法,还共同参与摆放。老师在区域中投放的各种材料激发了幼儿的创作兴趣,通过不断地寻找原因、总结经验,幼儿参与活动的主动性明显增加,并且有了尝试、挑战的强烈愿望。

### 调整与改进

1. 教师根据幼儿的年龄特点投放不同层次的材料,将区域活动与幼儿的生活经验结合起来,进一步拓展了幼儿的认知边界。

2. 在进行区域活动时,教师改变以往的参与方式,更多地关注幼儿的想法和需要,对幼儿进行平行指导。教师不是把自己的主观想法、愿望、标准直接强加于幼儿,而是为幼儿获得经验提供积极主动的支持。

## 区域活动计划与记录

### 活动计划

活动名称:搭建火箭　　班级:中班　　指导教师:赵笑乾

> 设计意图:火箭模型在日常生活中十分常见,幼儿虽然不了解火箭的基本结构和外形特征,但是对其表现出了浓厚的兴趣。基于幼儿的兴趣点,我设计了本次区域活动主题,引导幼儿在了解火箭构造的基础上,大胆构思出各具特色的火箭,同时促进幼儿动手与思维能力的协调发展。通过同伴间的交流与互动,使幼儿了解分工合作的重要性,体验搭建活动带来的乐趣。

● 材料准备

1. 材料投放:不同形状的大型实心木质积木、小型木质积木、塑料积木。
2. 环境创设:宽敞的场地、多种搭建方法的示意图。

● 材料规划

材料的选择要考虑到安全性和可操作性。中班幼儿随着年龄的增长，积累了一些搭建知识，加上手、臂力量的逐步发展，所以教师在本次"搭建火箭"的建构活动中选取了大型实心积木、小型积木和塑料积木等材料让其进行操作。

● 观察要点

1. 幼儿能否有效地选择和使用搭建材料。
2. 幼儿能否根据搭建情况提出自己的不同意见。
3. 幼儿在活动中的合作能力得到了哪些方面的发展。

## 观察记录

### 一、幼儿表现

"火箭"引发了幼儿的探究欲望，但是如何搭建呢？为了满足幼儿的好奇心，教师带领幼儿欣赏各式各样的火箭——火箭的图片，感知其形状特点，并介绍搭建材料及方法，引导幼儿选择不同材料进行搭建。

区域活动开始，几个小朋友选择了建构区，由于前期有了一定的知识积累，大家通过短暂的商量，便迅速投入搭建活动中。由于火箭的外观是圆柱体，柏旭和睿睿一致决定选取半圆形积木并用垒高的方法进行建构。活动过程中，两人配合默契，即将搭建火箭顶端部位时，柏旭对睿睿说："火箭的顶端是尖的，我找不到合适的积木了，怎么办？"话音刚落，洽洽自告奋勇地担负起寻找积木的职责，经过一番寻找，终于找到了适合的积木。"找到了，我找到了，"洽洽激动地跳起来喊："你看，我们可以用三角形，把尖的这边朝上放就可以了。"柏旭一脸崇拜地看着她说："你真厉害，这样我们就可以进行下一步了。"在大家齐心协力下，火箭已经初具规模，在一旁若有所思的小美说："你们负责搭建，我和洽洽负责搬运积木。"说完四人便迅速投入自己的任务中，在大家的默契配合下，终于完成了火箭的搭建。

### 二、分析与评价

通过引导幼儿观察火箭与动手搭建，在感知火箭基本结构的同时鼓励幼儿运用多种形式进行表现。幼儿在搭建火箭前，先进行短暂的沟通，表达自己的想法并规划设计方案，有利于提高小伙伴的默契度。活动中，柏旭和洽洽几位小朋友分工明确，提高了搭建效率并避免了意见不统一带来的争执。

## 调整与改进

1. 在区域活动中，教师应关注能力较弱的幼儿，设计多种游戏玩法，使幼儿得到递进式的成长。只有通过实践、分析、再实践，才能够突破固有思维，给予幼儿更多机会和发展空间。而且，有挑战性的材料更能激发幼儿对区域活动的兴趣。

2. 在日常教学活动中，幼儿要提前绘制设计图，为搭建活动做准备。引导幼儿在平铺、架高、围堵、连接等搭建方法的基础上，进行组合搭建或创新。

## 区域活动计划与记录

### ✏ 活动计划

活动名称：搭建社区　　班级：中班　　指导教师：梁卓

> 设计意图：中班幼儿已有一定的建构经验和水平，随着搭建技巧的逐渐提高，幼儿已不满足于单纯地搭建小桥、滑梯、宝塔等小型建筑，而是寻求场景更加丰富的内容，与伙伴组合搭建的需求也逐渐显现。离园后，浩文、雨涵、青青、梓鑫和淼淼几个小朋友经常会结伴在小区内的游乐场玩耍，对小区的游乐场设施、小超市、进出小区的大门都非常的熟悉。今天，几个孩子不约而同地选择了搭建区，准备一起搭建最喜爱的小区。

- 材料准备

1. 材料投放：积木及半成品辅助材料，如汽车、娃娃、动物等玩具。
2. 使用工具：木质积木、泡沫积木。
3. 环境创设：小区设施搭建步骤图。

- 材料规划

鼓励幼儿尽情地表现想象中的建构世界，营造能支持他们自主游戏、自由创造的环境。教师应该根据幼儿的发展水平来创设情境，满足幼儿不同的游戏需要，推动他们在游戏中的发展。结合即将开展的搭建主题，我收集了一些相关的图片、玩具、实物模型供幼儿观察思考，以引发其合理运用和组合材料的联想，尤其是当幼儿遇到搭建难题时，可以通过观察这些物体，来思考是否有值得借鉴之处。

- 观察要点

1. 幼儿能否探索和发现建构材料的特性。
2. 幼儿能否尽情表现想象中的建构世界，与他人合作解决构造中的难题，有自主游戏的愿望和自由创造的需求。

### ✏ 观察记录

**一、幼儿表现**

由于幼儿对周边居住环境的关注度越来越高，知道居住的社区与自己和家人的生活紧密相关，对社区内的建筑元素有着浓厚的兴趣。因此，在今天的建构区区域活动中，几个孩子商量好要搭建大家最熟悉的社区。

梓鑫拿了一块半圆形的积木搭在早已高高架起的两块长方形积木上方，说："我要来搭一个大门，咱们小区的大门上边是这样子的。"浩文说："那我就搭一个门卫室吧！搭在你的大门里边，紧挨着行吗？"说完，他用几块正方形的积木开始做垒高的搭建。"咱们小区里有好多车，我来建一个停车场吧！"最喜爱小汽车的淼淼，很早就观察到老师提供的辅助玩具小汽车，迫不及待地想要把它们利用上。雨涵和青青则一起建起了小区游乐场上的设施。滑梯是两个人最喜爱的场所，只见她们不断地想办法延伸滑梯的梯道，还利用了手中的玩具小人做实验，玩具小人一次次从滑梯的旁边滚下来，急得两个孩子发出了一串串惊呼。

声音吸引了旁边正在专心建构的几个孩子，大家发现小伙伴遇到了不太容易解决的难题后都过来准备帮忙。浩文说："滑梯有点太高了，这个小人会摔坏的！"梓鑫帮忙把滑梯的高度降低了一点，发现还是不行。这时，雨涵说："要不再放一块积木吧！"说着拿来一条跟滑梯的长短大小相等的长方形扁条状积木。并排放在一起的"滑梯"看起来结实多了，大家马上拿出玩具做尝试，森森把手中的小汽车放在了上边，汽车顺利地从上边滑了下来，大家开心极了。青青也试着把玩具娃娃放了上去，结果滑到一半，又栽倒了。接下来的时间，大家继续研究着改进的方法，直到娃娃顺利从最高处滑下来。

二、分析与评价

搭建的过程中，幼儿根据本次预设主题很快确定了搭建方案。由于大家有共同的环境体验和认知，对场地设施的建构项目有强烈的共鸣。当看到同伴搭建起熟悉的大门后，幼儿就能够产生积极的认知联想——门卫室。遇到伙伴需要帮助时，大家齐心协力想办法解决问题，而没有直接向老师寻求帮助。

### 调整与改进

1. 老师在活动中提供的半成品材料和辅助材料跟搭建主题密切相关，幼儿能够运用这些材料真正"玩起来"。组合式搭建方法与幼儿的搭建需要相吻合，提升了幼儿的集体构建能力。

2. 当幼儿在搭建过程中遇到困难时，往往会向老师寻求帮助，而这次几名幼儿主动帮忙、一起寻求解决方法的行为是在原有水平上的一次飞跃，是认知能力、逻辑思维能力、合作能力的多重体现和进步。

# 阅读区活动

## 区域活动计划与记录

### 活动计划

活动名称：安静阅读　　班级：中班　　指导教师：潘晓娴

> 设计意图：在阅读活动中常常发现有的幼儿边看书边说话，影响他人阅读，还有的会去争抢别人正在看的书，造成区域混乱的情况。为了帮助幼儿养成安静阅读的好习惯，在区域活动中教师通过情景体验和问题讨论，引导幼儿感受安静阅读带来的好处，养成文明阅读的好习惯。在活动中，通过一起商定区域游戏规则，引导幼儿感受规则的意义，使幼儿在与同伴的交往中能够接受同伴的意见和建议，做到不打扰同伴，与同伴友好相处。

● 材料准备

1. 材料投放：图书、区域规则。
2. 环境创设：舒适的小椅子、毛绒玩具、轻音乐、安静的区域氛围。

- **材料规划**

在好书推荐架上投放幼儿感兴趣的绘本以供幼儿自主阅读。阅读区环境安静、舒适、远离过道，避免他人来回走动影响幼儿的活动。教师查找并排除各种打扰幼儿安静阅读的因素，为幼儿创造安静阅读的条件。

- **观察要点**

1. 幼儿能否知道自己在阅读区中如何进行自主阅读，在自主阅读中怎样做到安静阅读，不打扰别人。
2. 幼儿能否与同伴一起制定阅读区的区域规则，并感受规则的意义；能否基本遵守规则，做到安静阅读，感受自主阅读带来的益处。
3. 当与同伴发生矛盾或争抢图书时，幼儿能否通过协商解决冲突。

## 观察记录

### 一、幼儿表现

活动开始了，幼儿来到了阅读区。他们各自选择想要看的绘本，找到合适的位置坐下，开始了阅读活动。阳阳走到明明身边，一边看书一边不停地说："嘟嘟嘟嘟，小汽车来了，今天我要去郊游啦……"一旁的泽泽有些不乐意了，说道："能不能小点声，打扰到我看书了。"阳阳说："我也在看书，我给明明讲书上的内容呢！"明明说："我可以自己看书，你不要打扰我了，吵得我都没办法认真看书了！你要遵守进区规则！"阳阳并没有理会，依然我行我素。

区域规则为何不邀请幼儿一起来制定呢？想到这里，教师提议小朋友们共同制定新的规则。这个建议得到了大家的一致赞同，教师找来纸和笔，大家开始商讨并记录。

然而，商讨过程进行得并没有那么顺利。泽泽说："首先，在阅读区看书的时候不能说话，要安静看书。"阳阳不同意："为什么要安静看书，我喜欢一边看书一边说话。"泽泽说："看书的时候我需要安静地看书里的内容，你如果说话就会打扰到我，你自己在家看书可以边看边讲故事，但是在幼儿园不可以，因为大家都在看书，我们需要安静。"这时，有人建议："如果你真的很想讲故事，可以去区域外面，这样就不会打扰大家看书了。"阳阳想了想说："好吧，那我们在阅读区就安静看书。"接下来大家开始制定第二条区域规则，明明说："看书也要排队，我在看的时候你如果也想看，就要等一等，等我不看了，你才可以看这本书。"这次大家全票通过。随后依依提议说："我们看书的时候不仅要保持安静，还要做到爱护图书，今天我看到一些图书已经有坏的地方了，我们每个人在这里看书都要注意保护图书，如果坏了就要修补好。"大家制定好规则后继续看书，每当阳阳想说话的时候，看看墙上制定的区域规则，便自觉保持安静了。

### 二、分析与评价

有些幼儿不能够做到安静阅读，给其他人造成了困扰，此时，教师发现了问题并进行引导。幼儿通过相互讨论，最终一起商讨出区域规则，并共同遵守约定的内容，做到安静阅读。这个活动让幼儿变被动为主动，积极主动地参与制定规则更有助于他们遵守规则。

### 📝 调整与改进

1. 幼儿在阅读过程中有时想要讲述故事和表演故事，因此应在教室内增设故事表演区。当幼儿想讲故事的时候可以去表演区，这样就可以避免打扰到其他正在安静阅读的幼儿。

2. 区域活动之前，应让幼儿一起讨论如何做到安静阅读，学会一起商讨区域游戏规则，更重要的是学会在活动过程中遵守规则。可以通过情境体验，让幼儿感受安静阅读带来的好处，从而促使他们安静阅读。

## 区域活动计划与记录

### 📝 活动计划

活动名称：整理书籍　　班级：中班　　指导教师：赵笑乾

> 设计意图：由于中班多数幼儿还没有形成收纳整理的好习惯，每次阅读区域活动结束后，书架上的书籍都很凌乱。为了增强幼儿的整理能力，我通过整理书籍活动，引导幼儿尝试有难度的整理活动，并使幼儿探索出属于自己的整理方式。整理过程中幼儿将想法付诸实践，可以提高自身的动手与整理能力。鼓励幼儿在与同伴的交流中，感受互助的力量及成功的喜悦。

● 材料准备

1. 材料投放：各式各样、大小不一、薄厚不同的书籍。
2. 使用工具：图书架。
3. 环境创设：图书摆放整齐的步骤图。

● 材料规划

教师应根据幼儿的年龄特点，营造一个宽松、舒适的环境，有目的、有计划地投放各种材料，在材料的选择上要考虑到层次性和可操作性。根据即将开展的"整理书籍"活动主题，教师在阅读区投放大小、材质各不相同的书籍，在幼儿该阶段整理能力的基础上适时增加难度，有利于激发幼儿主动探索整理技巧的欲望。

● 观察要点

1. 幼儿是否掌握整理图书的方法和技巧。
2. 幼儿在集体活动中能否认真倾听同伴发言。
3. 幼儿能否互帮互助、合作完成图书整理工作。

### 📝 观察记录

**一、幼儿表现**

在前一天的阅读区域活动结束后，整理能力较差的元元对我说："老师，我不会整理图书，你可以教教我吗？"正要转身离开的萱萱表示："明天我还会看，不用整理。"月月听见后立刻表达自己的想法："虽然明天还会有人看，但是其他小朋友找书的时候就不方便了。"说完，一片寂静，大家都若有所思。第二天区域活动开始之前，几位小朋友再一次选择阅读区，他们没有看书，而是主动整理绘本。

在整理的过程中，萱萱详细观察整理图书的步骤图，然后将大小一致的书籍放在同一个书架上。在大家进行摆放时，我观察到月月先将红色封面的书籍放在一起，然后依次将蓝、绿等颜色的书籍进行分门别类地摆放，就在月月投入地摆放书籍时，元元愤怒地自言自语："为什么我选择了把一样颜色的书籍摆放在一起，最后看起来还是不整齐呢？"正在专心整理的月月一脸惊讶地问："怎么了？需要我帮忙吗？"元元对月月说："为什么我摆放的书看起来不整齐呢？我已经按颜色来摆放了。"机灵鬼萱萱对元元说："你可以按照相同颜色里的大小个进行摆放呀！"话音刚落，元元的脸上露出了开心的笑容，转身便按照萱萱教给他的方法进行摆放。经过不断地尝试和请教，小朋友们依次摆放好了所有的书籍，最后还骄傲地向我炫耀："我们是一起完成的，我们是一起完成的！"

二、分析与评价

在实践的过程中，幼儿逐步了解到书籍的结构，掌握了整理书籍的技能技巧，进一步提高了自身的动手能力。当元元在区域活动中遇到问题时，如果我直接将收纳摆放的方法告诉他，他就会错失与同伴间相互沟通交流的机会。因此，教师应注重培养幼儿自己解决问题和互相合作的良好品质。

### 调整与改进

1. 在区域材料的投放中，教师应投放不同层次的、丰富多彩的书籍让幼儿进行整理，幼儿只有通过"实践—分析—再实践"得到的知识才是最牢固的。

2. 区域活动时，在该阶段幼儿整理能力的基础上适时增加难度，并通过同伴间的互动与沟通，提高幼儿的整理方法和技巧。

## 区域活动计划与记录

### 活动计划

活动名称：整理图书　　班级：中班　　指导教师：甘云

> 设计意图：阅读区是幼儿最喜爱的区域之一，但由于幼儿年龄小，自控能力比较弱。每次看完书后，图书角都会比较乱。为了培养幼儿爱惜图书、养成爱读书的好习惯，提高独立整理物品的能力，我设计了本次区域活动。让幼儿在实际操作中学会整理图书和修补图书的方法和技巧，同时提高幼儿的动手能力，培养幼儿文明阅读的好习惯。

- 材料准备

1. 材料投放：大小不一、厚薄不同的图书、书架。
2. 使用工具：抹布、剪刀、双面胶、透明胶、水彩笔。
3. 环境创设：坐垫、地毯、规则图片、操作步骤图片。

- 材料规划

投放的图书数量要多，种类要齐全。教师根据中班幼儿年龄特点、兴趣爱好和主题要求等，提供内容合适的图书，如图书的画面简单、颜色鲜艳、情节不宜复杂、篇幅不宜过长等。同时，在图书区贴一些绘本故事图片供幼儿欣赏，引导幼儿以看图讲述的形式跟同伴讲解图片上的内容。

● 观察要点

1. 通过整理图书，幼儿能否掌握整理图书的方法和技巧。
2. 在实际操作中，幼儿的动手能力是否在原有基础上有所提高。
3. 幼儿能否积极地参与整理图书的过程，并针对破损图书进行主动修复。

## 观察记录

一、幼儿表现

阅读活动中，我看到两个小朋友在交谈。原来，丽丽看完书后，将书随意放在了书架上，琪琪走过去把书放在正确的位置后说："这本书还是这样放整齐又好看，这是上次跟着老师一起整理的。书架上都贴着小标签，以后你要根据标签放回图书，大的书和小的书在书架上的位置不一样。"丽丽得到提示后，仔细地观察起书架上不同位置的标签，在琪琪的引导下，基本弄清楚了各种类型的书籍的正确摆放位置。丽丽说："其他小朋友也有放错的，咱们先整理摆放左边书架的书，我递给你，你来放吧。"两位小朋友开始对应着标签摆放这些凌乱的书籍，在放置的过程中，丽丽说："我们还可以按图书的薄厚不同来进行整理。"琪琪说："还可以把小动物的图书放在一起，小花小草的图书放在一起。"两位小朋友边商量边整理。最后，她们发现有两本破损的书籍混在其中，马上将其拿出并根据老师提供的修补工具进行了修补。

二、分析与评价

对中班幼儿来说，学会整理图书是一项很重要的技能，他们已经有了一定的分类、归整能力，喜欢自己动手进行整理。我有意识地请班上的孩子轮流帮助老师整理堆放凌乱的图书，以使幼儿形成规则意识和秩序感。小朋友们能积极地参与进来，互相合作、讨论，还想出了各种整理图书的好办法。另外，幼儿对破损的图书有了主动修补的意识，能够根据自己的认知水平进行简单修补。

## 调整与改进

1. 幼儿在读书时，会发生折损等情况，需要开辟一处用于收纳修补图书的地方，帮助其养成爱护图书的好习惯。为了保持阅读区的规范有序，图书要放在固定的位置，并贴上小标签，帮助幼儿养成物归原位的习惯。
2. 发挥家园共育的作用，调动家长积极性，鼓励幼儿回家后也要整理书柜和房间里的物品，提高自我服务能力。

## 中班区域活动计划与记录

## 活动计划

活动名称：整理图书　　班级：中班　　指导教师：郐鹏瑜

> 设计意图：随着年龄的增长，中班幼儿逐渐养成了整理图书、物品分类的习惯和自主阅读的能力。本次活动分为阅读图书、发现问题、图书分类和图书收纳整理等环节，通过师幼讨论、绘画图表、竞赛游戏等方法，培养幼儿的动手能力，帮助幼儿掌握整理图书的技巧，养成物归原位的好习惯。

● **材料准备**

1. 材料投放：各类图书、画笔、绘画纸。
2. 使用工具：书架、图书摆放示意图、桌子一张。

● **材料规划**

材料的投放要与本次的活动内容相匹配，符合幼儿的年龄特点及发展需要。图书的形状、大小、薄厚等特征要明显，数量可以根据幼儿的发展需要递增或减少。为了让幼儿更加明确本次活动的目的，教师提供了整理好的书架等参照物，使幼儿愉快地接受挑战。

● **观察要点**

1. 幼儿能否积极参与图书整理。
2. 幼儿是独立完成本次图书整理活动，还是与同伴合作完成。
3. 幼儿是否掌握了整理图书的技能。

## 观察记录

### 一、幼儿表现

宥宥问："茉茉，你看到《爱吃图书的狐狸》这本书了吗？我在书架上找了半天也没找到。"茉茉说："咱们一起找吧。"小炜说："我有的时候也找不到想看的书。"乐乐说："咱们把书柜整理一下吧。"宥宥说："可是我不知道怎么整理。"茉茉很有耐心地说："宥宥别着急，咱们一起整理。"小炜说："咱们按照图书的大小进行分类吧，这样简单一些。"茉茉说："我来整理长方形的图书。"宥宥说："我把小正方形的图书放在一起。"小炜说："我和斯淇整理大长方形和大正方形的图书，乐乐你负责把整理到一起的图书放回书柜上，好吗？"乐乐说："可以。"

宥宥："太好啦，书柜变得这么整齐，我们很快就能看到自己喜欢的图书放在哪里。"斯淇说："如果我拿完图书忘记它应该放到哪里，这可怎么办呀？"这个问题引发了小朋友们新的讨论，有的说："那可不行，一定要记住取放图书的位置。"有的小朋友说："还是做一个标记比较好。"孩子们你一言我一语，并和老师共同寻找好办法。

这时小炜忽然惊喜地指着墙上的书柜照片和同伴说："斯淇你看，照片上的图书都有不同颜色的标签，我们可以按照标签进行分类，这样很快就能给图书找到家啦。"斯淇说："就是就是，这是一个好办法，咱们一起画标签吧。"绘画可是宥宥和茉茉小朋友的强项，他们用不同颜色的标签区分图书的种类，还让老师帮忙在标签上写上了数字，按照这样的方法，很快就给图书找到了自己的家。

### 二、分析与评价

分类、整理的方法不仅适用于图书区，同样适用于其他区域。通过本次活动可以看出，幼儿之间团结、相互合作的意识和能力较强，喜欢帮助能力弱的小朋友。幼儿能够积极地参与活动，主动说出自己的想法，通过师幼讨论、同伴合作等方法愉快地将所有图书进行分类摆放。

### 调整与改进

1. 区域活动是培养幼儿常规能力、增进同伴合作和发展友谊的最好时机。教师可以让每个区域的小朋友竞选"区域小组长"，负责提醒和帮助小朋友们在活动结束时整理好区域的物品。

2. 在阅读活动中小朋友应该自觉做到物归原位，让自己喜欢阅读并且做到爱护图书，学会整理图书的方法，这样才能争取到更多、更有效的阅读时间。

## 区域活动计划与记录

### 活动计划

活动名称：整理图书　　班级：中班　　指导教师：张金婷

> 设计意图：中班幼儿已经有一定的归纳、分类能力，而且喜欢自己动手进行整理。在整理活动中，幼儿充分发表自己的见解，积极参与讨论，制定规则，在自主性得到发展的同时，也培养了细心和耐心。另外，与同伴一起动手整理的过程也有利于培养幼儿的集体意识，使幼儿在集体活动中增进友谊。

● 材料准备

1. 材料投放：不同类型的书籍、书架、卡纸、水彩笔。
2. 使用工具：安全剪刀、双面胶、胶棒。
3. 环境创设：关于书籍种类划分与归类的例子。

● 材料规划

幼儿对图书分类充满了浓厚的兴趣。在整理图书的过程中，要引导幼儿学会选择主题、组织素材，并用绘画辅助，最终寻找合适的方法进行示意牌的制作。

● 观察要点

1. 幼儿能否按照一定的规律对书籍进行分类。
2. 幼儿能否运用不同的材料装饰书籍分类示意牌，体验创作的乐趣。
3. 幼儿能否根据自制示意牌分组进行书籍整理与摆放活动。

### 观察记录

一、幼儿表现

区域活动的时间到了，几名幼儿来到了阅读区。

首先，教师引导幼儿了解图书的类型，如童话类、科普类、绘画类等，通过游戏的方式帮助幼儿练习图书分类。其次，幼儿对班级现有的图书进行简单归纳梳理，分小组制作、装饰不同图书类型的示意牌。最后，幼儿根据自己制作的分类示意牌尝试进行图书整理。

在制作过程中，承承根据本小组的"童话类"示意牌，在指示牌上绘制出小红帽作装饰。小组成员有的在卡纸上画小红帽，有的画大灰狼，还有的画了一些蘑菇和花朵作为点缀，共同装饰"童话类"示意牌。

在图书分类的过程中，果果先仔细观察了老师提供的图书分类案例，然后将《白雪公主画册》放在童话类书籍区域。卿卿看到后，犹豫了一下，对她说："不对，这本书是绘画书，应该放在绘画区。"果果反驳道："可是这本书是白雪公主，白雪公主是童话故事！"卿卿犹豫地想了一下，对果果说："这本书是讲怎么画白雪公主的。如果讲的是白雪公主的故事，它就是童话书，但是它是用来教我们画画的书。"果果愣了一下，仔细地想了想，表示赞同，然后将《白雪公主画册》放到了绘画类书籍区域。

### 二、分析与评价

书是人类进步的阶梯，是中华文明的重要载体。通过引导幼儿整理图书可以帮助他们了解读书的重要性，养成爱护书籍的好习惯。从观看书籍分类的案例和完成书籍分类的小游戏，再到自主进行书籍分类，这个过程遵循了支架式教学理论，可以帮助幼儿完成从认知到内化的学习过程，举一反三。当两位小朋友在区域活动中出现认知分歧时，教师选择静待并观察幼儿的解决方法，留给幼儿自主解决问题的空间。如果教师在两人出现问题时马上介入其中，会让两名幼儿错失培养发现问题、探索问题、解决问题的能力的机会，我们要培养幼儿独立解决问题、独立思考、平等交流的能力。

### 调整与改进

1. 在环境创设中，要让幼儿学会举一反三、自主操作。通过游戏的方式引发幼儿的学习兴趣，寓教于乐，引导幼儿独立回答哪本书应该放在哪种类型的区域。

2. 在设计指示标志时，可以让幼儿先进行小组规划，设计好指示牌，再进行组内分工，共同完成设计。

3. 在区域活动中，教师要掌握好介入问题的时机，过早介入会让幼儿失去独立思考的机会，过晚介入会让幼儿有无助的感觉。所以，教师要时时刻刻关注区域内幼儿的情况，把握好介入问题的时机。

# 美工区活动

## 区域活动计划与记录

### 活动计划

活动名称：爱心送给您　　班级：中班　　指导教师：张金婷

设计意图：感恩节就要到了，美工区投放了五颜六色、不同材质的材料，深深地吸引着幼儿。孩子们总喜欢过去摸摸、剪剪和折折，它为幼儿的游戏、创作营造了宽松、舒适的氛围，可以培养幼儿初步感受美和表现美的能力。通过折爱心的活动，引导幼儿根据老师提供的示意图独立或合作完成折纸，使他们发挥想象装饰自己的作品。在游戏中，提高幼儿的折纸技巧和使用剪刀的技能，发展手部的小肌肉动作。通过活动帮助幼儿感受爱的情感、表达对父母的感恩之情，有利于引导幼儿理解父母的辛苦，促进家庭关系的和睦。

● 材料准备

1. 材料投放：水彩笔、油画棒、手工折纸、铅笔。
2. 使用工具：安全剪刀、双面胶、胶棒。
3. 环境创设：播放音乐《感恩的心》，提供爱心折纸步骤图和文字讲解。

● 材料规划

从幼儿的能力出发，提供充足和丰富的材料，准备方便幼儿自己裁剪的纸，步骤少的折纸用普通厚度的纸，步骤多的折纸要用薄一些的纸，最好用纸质稍软、韧性好、可塑性强、不会太脆的纸张。让孩子根据自己的需要选择材料，这样不仅能美化作品，满足幼儿的需要，还有利于孩子们在探索中获得知识经验。

● 观察要点

1. 幼儿在活动中是否具有主动合作的意识，能否独立或合作完成折纸任务。
2. 幼儿能否发挥创造性思维，装饰自己的折纸作品。
3. 在活动结束后，幼儿能否将材料归位，养成良好的行为习惯。

## 🖉 观察记录

### 一、幼儿表现

活动开始了，承承和卿卿两位小朋友来到了美工区。

教师播放音乐，引导幼儿说出父母爱护自己的表现。幼儿可以根据区域展示的爱心折纸步骤图进行自主操作。完成后的小朋友将自己对父母的祝福用水彩笔画在折纸上，并进行装饰。

在折纸装饰的过程中，承承想要将多个爱心粘在一起，可是当他尝试根据折纸步骤图和通过回忆老师的讲解来再次进行折纸时，由于中间一个对折的步骤出错，他怎么也无法折好爱心。在不断尝试中，承承显得有些灰心，他生气地把纸扔在了桌子上。卿卿看到了，她对承承说："不是这样的！我来！"于是捡起承承丢在一边的纸帮他重新折叠。承承看了看，似乎意识到自己错在了哪里，想要将彩纸拿回来，不停地说着："我会了，我会了！"在抢夺过程中他不小心抓到了卿卿的手。看到卿卿的脸上露出了痛苦的表情，承承充满歉意地说："对不起，我真的不是故意的。"卿卿说："没关系，不疼了，送给爸爸妈妈的礼物你要自己折，我就想告诉你怎么折。"接下来，卿卿示范了一次，承承也学会了折爱心，还主动将自己的多色水彩笔与卿卿共享，两人一起装饰起自己的作品。

### 二、分析与评价

爱的教育是幼儿品德教育不可缺少的重要一环。引导幼儿运用自己的方式表达对父母的感恩和爱的情感，能够培养其良好的中华民族传统美德。将情感具象化到美术作品上也能够帮助他们获得发散性思维，展现自己的设计想法。当两名小朋友在区域活动中出现矛盾时，教师并没有马上过去调解，而是在等待，以观察幼儿是怎样解决问题的。在活动中，当幼儿遇到困难时，教师给予幼儿充分独立的思考空间，能够提高孩子们的自主性和合作意识。在幼儿自主活动过程中，教师应尽量采用间接介入的方法来引导幼儿，以此提高他们对活动的积极性、主动性。

### 调整与改进

1. 在设计作品时，要让幼儿学会发散思维。教师可以通过展示几个有独特风格的设计作品，来促进幼儿思考，考虑怎样才能呈现出特别的作品，体现创造性。

2. 在讲解折纸步骤时，可以让幼儿进行小组教学，让先学会的孩子来做小老师，有困难的孩子要学会主动请教，并学会请教的礼仪。

区域活动计划与记录

### 活动计划

活动名称：窗花我会剪　　班级：中班　　指导教师：张金婷

> 设计意图：剪纸是我国古老的民间艺术之一，也是幼儿所喜爱的一项活动。它历史悠久，风格独特，具有鲜明的民俗艺术特色。通过剪窗花的活动，有利于发挥幼儿的想象力、创造性思维和动手剪纸的能力。幼儿通过鉴赏，可以感受窗花独特的美，有利于发展幼儿对中华传统文化的认知，体会中华民族传统文化的魅力和对称图案的神秘，对发展其空间想象能力具有一定的促进作用。

- 材料准备

1. 材料投放：红色彩纸、铅笔。
2. 使用工具：安全剪刀。
3. 环境创设：播放一小段《中国窗花》纪录片，向幼儿展示精美的窗花制作成品。

- 材料规划

材料要丰富，尤其是幼儿用的各种纸张，其摆放要便于幼儿随取随用。根据活动的内容和幼儿的实际水平提供不同材质、大小的操作用纸，也可为幼儿准备一部分半成品，幼儿可在半成品上进行发挥，创作出自己喜欢的窗花。投放的材料应根据幼儿发展水平及主题逐步投放，随时更换。

- 观察要点

1. 幼儿能否欣赏、理解中国古典窗花独特的对称之美，找寻窗花图案中的中国元素。
2. 幼儿能否在教师的引导下创作出窗花。
3. 幼儿在活动结束后能否清理剪纸碎屑，并将手工用品放回原处。

### 观察记录

**一、幼儿表现**

活动开始，孩子们来到了美工区。

教师先播放了一小段《中国窗花》纪录片，在向幼儿展示精美窗花成品的同时引导幼儿说出窗花作品中的中国元素，探索窗花的特点——对称。通过观察窗花的制作过程引导幼儿发挥想象力，用铅笔勾勒图案并创造属于自己的窗花，悬挂在教室里增添年味。

在制作过程中，金豆小朋友很快学会了剪窗花的基本技法，只见他不仅完成了绘制图案的步骤，还尝试在纸上简单勾勒窗花的完整形态。而恰恰小朋友用铅笔绘制出了较为复杂的图案，可是当她想要将图案剪出来时，却不小心将图案弄坏了。她很生气地将剪纸摔在了桌子上。这时，赛赛感受到她情绪不好，过去安慰："你画得粗一点，纸就不容易断啦！"恰恰还是为自己弄断了作品而生闷气，赌气说："剪纸真麻烦。"赛赛知道她因为做了好久的东西坏掉了，所以很难过，就鼓励恰恰："你画的图案很漂亮，剪出来一定很好看。再试一次吧！"恰恰受到同伴的鼓励后开始重新绘制窗花，虽然还是有点烦躁的情绪，但是坚持完成了自己的作品。在这一次的尝试中，她的动作明显轻柔了许多。展示窗花时，恰恰把自己和金豆、赛赛的作品贴在了一起。

### 二、分析与评价

剪窗花的活动可以锻炼幼儿的动手能力，培养幼儿的耐心与细心，促进幼儿空间思维能力的发展。活动中，幼儿的合作能力体现在每一次的相互鼓励和协作互助中，面对困难坦然应对并学会克服困难。

### 调整与改进

1. 在环境创设中，教师可以进一步对窗花的造型进行讲解，让幼儿猜测剪窗花的由来和意义，说出窗花图案中所蕴含的意义和美好期盼，列举春节的其他传统习俗。

2. 在看到幼儿互帮互助的行为时，要多加表扬，激励更多的幼儿敢问、敢教，主动帮助他人。鼓励做得快的幼儿去帮助行动比较慢的幼儿，为他们提供一些建议。

3. 在图案设计方面可以多提供给孩子们一些造型做参考，帮助幼儿发散思维，鼓励他们尝试在家里再次制作窗花，将精美的作品粘贴在家里的窗户上。

## 区域活动计划与记录

### 活动计划

活动名称：可爱的小刺猬　　班级：中班　　指导教师：赵笑乾

> 设计意图：周末过后，从老家回来的彤彤说他在地里见到一只刺猬，浑身有着短而密的刺，他的话引起了孩子们的好奇心。为了满足幼儿强烈的探究欲望，我设计了本次区域活动主题，引导幼儿在了解刺猬的外形特征和生活习性的同时，通过动手制作进一步了解刺猬，锻炼幼儿的认知能力和动手操作能力。让幼儿初步体验综合运用不同手工材料制作作品的快乐，使他们喜欢用手工表达自己的想法和情感。

● 材料准备

1. 材料投放：彩泥、向日葵瓜子、一次性蛋糕盘、牙签等。
2. 使用工具：捏泥工具、安全剪刀、水彩笔、双面胶、胶棒。
3. 环境创设：手工成品刺猬装饰品、用多种材料制作刺猬的步骤图。

● **材料规划**

教师根据幼儿的年龄特点，有计划、有层次地在区域内投放可收集性、可操作性强的、不同层次的材料，以满足幼儿的需求。中班幼儿随着年龄的增长，有了一定的知识储备，所以可以让幼儿自主选择材料进行创作。结合主题，搜集相关的绘本，让幼儿从绘本中了解刺猬的生活习性和相关特征，激发幼儿的想象力和创作力。

● **观察要点**

1. 幼儿是否可以自主选择材料进行创作。
2. 幼儿遇到问题时是如何解决的。

## 观察记录

### 一、幼儿表现

彤彤跟小朋友们说完长满刺的小刺猬后，引发了大家的兴趣，大家你一言我一语，展开了热烈的讨论。为了满足幼儿的好奇心，我找到了关于刺猬的绘本故事——《勇敢的小刺猬》，从故事中小朋友们了解了刺猬的生活习性和特征。区域活动开始后，几个孩子选择了美工区，由于幼儿有了前期的知识了解，进区后便直接选取自己需要的材料开始制作。在制作的过程中，婷婷先欣赏了老师用各种材料制作的小刺猬步骤图，然后用白色的彩泥搓成刺猬的身子、用剪刀在彩泥上剪出了刺猬的刺，婷婷自言自语地说："刺猬身上的刺是黑色的，我要用黑色的水彩笔涂色。"说完，她便认真地涂起色来。

有的幼儿选择用一次性蛋糕盘制作，先用水彩笔在纸盘上勾勒出刺猬的轮廓和眼睛，再用剪刀剪下来，最后用胶水把瓜子一层一层地粘贴在轮廓内。刚开始梓汐是将瓜子平面贴到纸盘上，正在她投入地创作时，彤彤小朋友说："小刺猬的刺不是竖起来的吗？为什么看不到刺猬的刺呢？"这时，梓汐小朋友抬起头重新看了看步骤图和成品摆件后，若有所思地说："我知道怎么办了。"于是，将粘贴好的瓜子摘下来重新粘贴，这次是将胶水涂抹到瓜子壳较粗的一头，尖尖的一头朝上。小朋友们制作好后，将作品放置在作品架上进行展示。

### 二、分析与评价

为了满足幼儿的好奇心，通过故事分享和动手制作刺猬，让幼儿在活动中初步了解刺猬的身体结构以及刺猬为什么会长刺，刺的作用是什么。通过老师投放的各种材料，激发幼儿的制作兴趣，使他们能够主动参与活动。两位小朋友在区域活动中遇到问题时，教师并没有马上介入，而是等待，以观察幼儿如何解决问题，锻炼幼儿的独立思考能力及创造力。

## 调整与改进

1. 教师根据幼儿的年龄特点投放刺猬的制作步骤图，当小朋友遇到问题时要引导他们自主地观察步骤图，使他们学会独立思考问题。教师鼓励幼儿通过不断地尝试、探究发现问题、解决问题。

2. 根据幼儿的年龄特点，教师投放了不同层次的材料可供幼儿进行自主选择，更有利于发挥幼儿的创作力，而不是一味地去模仿别人。

## 区域活动计划与记录

### ✎ 活动计划

活动名称：漂亮的青花瓷盘　　班级：中班　　指导教师：甘云

> 设计意图：青花瓷以其突出的历史风格和独特的艺术特色被誉为中国的"国瓷"，是中国文化的象征。青花瓷是幼儿易于理解和接受的一门艺术，也是很好的幼儿美术欣赏教材，本次的区域活动以青花瓷盘为幼儿创作的素材，引导幼儿结合中国特有的水墨画形式在瓷器上进行表现，在培养幼儿审美情趣的同时扩大幼儿的视野，带领幼儿走进青花瓷的世界，让他们从小了解和感受中国传统文化的艺术之美，激发其民族自豪感。

- 材料准备

1. 材料投放：水彩笔、油画棒、水粉、超轻黏土、毛笔、毛球、纸盘、瓶子等。
2. 使用工具：捏泥工具、调色盘、小水桶、安全剪刀、双面胶、胶棒。
3. 环境创设：青花瓷纯音乐、各种青花瓷器做背景、用多种材料绘制盘子的步骤图。

- 材料规划

材料的选择要考虑到可收集性和可操作性，大班幼儿随着年龄的增长，有了一定的知识储备，再加上手臂、手部的控制能力增强，所以在这一活动中主要选取盘子、瓶子、超轻黏土等让其进行操作。

- 观察要点

1. 幼儿能否够感受青花瓷盘的花纹特点及其独特的白底蓝花的色彩搭配。
2. 幼儿能否运用不同材料装饰青花瓷盘，体验创作的乐趣。
3. 幼儿能否在活动中互相合作，并在结束后把自己的绘画材料分类摆放，养成良好的习惯。

### ✎ 观察记录

一、幼儿表现

活动开始了，小朋友们来到了美工区。

首先，教师带领幼儿欣赏课件"青花瓷盘"，观察花纹和颜色的特点，告诉幼儿以中间的图形为中心，围绕这个中心面对面用一样的图形来装饰的方法叫中心对称。其次，为幼儿介绍制作青花瓷盘的各种材料和步骤图，引导幼儿可以选择不同材料进行制作。最后，开始了他们的"青花瓷"之旅。

在制作的过程中，凡凡先欣赏了青花瓷步骤图，然后选用蓝色水彩笔在一次性蛋糕盘上画出青花瓷花纹。优美的线条，加上点和线有规律的完美组合，一个漂亮的青花瓷盘一会儿就完成了。最后，凡凡用小夹子把做好的盘子架起来，放到展示台上。

妙然选择用蓝色的超轻黏土制作青花瓷盘。她将花纹搓成了长条形和球形，用小剪刀、小工具刻出花型粘贴在盘子上，又在周围用水彩笔进行了装饰，但是最后一步——"架盘子"怎么也架不好，尝试多次，不是向前倒就是向后倒，于是妙然生气地将盘子扔到一边。凡凡看到了关心地问："妙然，你怎么了？"妙然怒气未消地对凡凡说："这个盘子怎么这么不听话，怎么也立不起来！"凡凡对妙然说："要不我帮帮你吧！"他拿起妙然的盘子，又拿了两个夹子，边做边讲："这两个夹子不能离得太远，太远了盘子的边就会挨到地，这样就会倒，但是离得太近了也站不稳。两个夹子中间可以放进我们的四根手指头就可以了，你看，这样不就站稳了吗！"妙然自己拿起盘子试了试，果然像凡凡说的那样，只要两个夹子中间有可以放进四根手指的距离就可以了。两个好朋友高兴地拥抱在一起："制作青花瓷盘子真好玩，下次我们还一起制作！"

### 二、分析与评价

青花瓷是最富有古代中国浓郁气息的瓷器，青花瓷的主色调为蓝色和白色，图案有山水、鸟兽、人物等，栩栩如生。通过引导幼儿动手设计青花瓷盘，帮助幼儿在活动中初步了解中国的传统文化，对中国民间工艺产生兴趣，培养其审美情趣和表现力。通过各种材料的投放，激发幼儿的制作兴趣，促使幼儿主动参与活动。在区域活动出现情况时，教师没有马上介入，而是观察幼儿是怎样解决问题的，促使其自己想办法解决问题，培养其互助合作的良好品质。

### 调整与改进

1. 在区域材料的投放中，要让幼儿"跳一跳才能够得着"。只有通过"实践—分析—再实践"得到的知识才是最牢固的，而且有挑战性的材料更能激发幼儿对区域活动的兴趣。

2. 在区域活动中，教师要掌握好介入问题的时机，过早介入会让幼儿失去独立思考的机会；过晚介入会让幼儿有无助的感觉。所以，教师要时时刻刻关注区域内幼儿的情况，掌握好介入问题的时机。

## 区域活动计划与记录

### 活动计划

活动名称：树叶画　　班级：中班　　指导教师：梁卓

> 设计意图：大自然就是孩子们创意无限的提供者，红色的花、绿色的草、五颜六色的蝴蝶，都会引发幼儿的好奇心和探索欲。随着四季的轮回，树上的叶子绿了、半绿半黄、彻底变成了黄色、飘落了下来……孩子们对色彩缤纷的树叶充满了兴趣，本次活动引导幼儿尝试用树叶进行自主创意活动，使幼儿对大自然和周边的事物产生进一步探究的愿望，体验创作的乐趣。

● 材料准备

1. 材料投放：树叶、水彩笔、蜡笔、彩铅、素描纸、彩色卡纸、一次性纸盘、彩色冰糕棍、彩色颜料。
2. 使用工具：白乳胶、安全剪刀、双面胶、胶棒。
3. 环境创设：四季的树叶知识背景墙、用多种材料配以树叶组合的装饰画步骤图。

● 材料规划

材料的选择要基于幼儿对自然界事物美的欣赏与创作的欲望，提供必要的半成品辅助材料，便于幼儿自主操作。中班幼儿的动手操作能力明显加强，能够运用绘画、手工制作等方式表现自己观察或想象到的事物。环境的创设作为隐性知识储备，促进幼儿可以从更多方面选择和运用材料发挥创造力。

● 观察要点

1. 幼儿能否借助已有经验，自主探索周围环境并选择自己所需的材料。
2. 为幼儿提供的多种半成品和辅助材料，能否满足不同发展阶段的幼儿在制作过程中的需要。
3. 活动中，幼儿能否通过与同伴之间交流和思维碰撞去探索问题、解决问题，进而获得成功的体验。

### 观察记录

一、幼儿表现

户外探索时，一直在观察树叶形状、捡了很多"有趣"的不同叶子的晨晨、灿灿、梓轩、一诺和雪薇兴高采烈地将捡来的树叶放在了美工区的收纳筐里，准备给树叶"换新装"。

区域活动时间到了，几个孩子欣喜地来到美工区。操作台上方悬挂的树叶组合装饰画和步骤图很快引起了大家的注意，尤其是用多种材料与树叶搭配后形成的呼之欲出的金鱼和翩翩飞舞的蝴蝶，让孩子们在惊叹的同时萌生了浓厚的制作兴趣。大家拿起早已准备好的树叶，准备"大干一番"。

在利用老师提供的辅助材料时，有的幼儿拿起素描纸和水彩笔，有的准备利用彩色卡纸和白乳胶。这时，灿灿拿起一片梧桐叶子，放在素描纸上开始沿着叶子边缘的部分进行描绘。当取下树叶后，灿灿观察到了在树叶上还有很多叶脉，于是用蜡笔对照着叶子上的纹路进行手绘，画了几条后，灿灿并不满意这个效果，转头问梓轩："我画的叶子花纹怎么不好看？"梓轩看后，提示叶脉有点粗，灿灿在仔细观察一番叶子上的叶脉纹路后，选择用彩铅画出树叶的纹路。梓轩则是选择用颜料拓印的方式，在树叶上涂抹喜欢的颜料，轻轻地按压在纸上，拿开树叶后，达到了自己想要的效果。

一诺拿起一片叶子观察了半天，叶子很平整，边缘呈规则的锯齿状，叶子的颜色还没有完全变黄，透出逐渐变浅的绿色。能看出来，一诺非常喜欢这片叶子，爱不释手。"一诺，你看我的树叶，像一个小'心'，我要把它涂成红色的。你呢？你要做什么？"雪薇问道。一诺："我想做一把小扇子。"有了初步的想法后，一诺选择了彩色卡纸和剪刀、胶棒作为辅助材料。只见她打开胶棒，在树叶的底部开始涂抹。为了验证能不能粘牢固，一诺先涂抹了小部分的叶片，当发现将其粘在彩色卡纸上的效果并不好时，一诺放弃了胶棒，选择了双面胶，反复尝试后发现使用双面胶能达到不错的效果。在接下来的制作过程中，一诺在与雪薇和梓轩的交流中获得了更多的灵感，用剪贴的方法完成了"扇面"的制作，最后还将冰糕棍粘贴在"扇子"的背面，一把精致的小扇子就在大家的出谋划策下完成了。

二、分析与评价

充满大自然气息的"森林幼儿园"是孩子们发现并享受创作的天堂，兴趣和对美的欣赏与需求使幼儿随时可以选择身边适合的事物进行加工和创作。教师根据对幼儿探索行为的观察和交流，适时地在对应区域内为幼儿提供可供选择的半成品材料，将教育元素蕴含在隐形的环境中，潜移默化地产生积极影响，通过投放的材料鼓励幼儿的创作行为。教师没有过多地指导和要求，当幼儿之间进行探讨时，他们之间思维碰撞产生的灵感更能引起共鸣，从而达到意想不到的效果。

### 调整与改进

1. 在投放半成品材料时，应更加注意阶梯式的投放需要，根据不同操作水平的幼儿可以添加如毛杆、毛线、丝带等更多辅助材料，甚至在辅助材料的投放中尝试加入一些需要"特别技能"的草料，如彩色闪光纸和形状打孔器，以满足幼儿具有挑战性的需要，激发幼儿的求知欲和探究欲。

2.区域活动进行中，教师要注重观察、记录和适时地引导，在本次活动的开展中，当幼儿在需要帮助时，教师没有马上做出反应，而是有意看看幼儿接下来会怎么做。针对不同发展水平的幼儿，有时教师要提供必要的合理帮助，适当的引导和鼓励会增加幼儿继续探究的信心，所以幼儿何时需要教师的介入、需要怎样的帮助是我们进一步要学习和研讨的内容。

区域活动计划与记录

## 活动计划

活动名称：我的自画像　　班级：中班　　指导教师：郐鹏瑜

> 设计意图：进入中班后，幼儿的自我意识增强，同时关注到了自己与他人的区别，尤其是对自己和同伴的五官特征非常感兴趣。根据幼儿的兴趣点，我设计了本次活动——"我的自画像"。通过名画欣赏、观察人物照片和照镜子等方法使幼儿更好地观察人物的表情，激发幼儿的创作兴趣和欲望。以自我表达、与同伴讨论和自由创作等环节为主体，运用线条、形状进行绘画或制作，体验创作带来的乐趣。

### ● 材料准备

1.材料投放：彩色豆子、水彩笔、油画棒、水粉、超轻黏土、彩纸、牛皮纸、毛线等。
2.使用工具：捏泥工具、调色盘、小水桶、安全剪刀、双面胶、胶棒。
3.环境创设：名画《最后的自画像》、人物表情照片、舒缓的音乐。

### ● 材料规划

材料的选择要考虑到安全性和可操作性。中班幼儿随着年龄的增长，虽然积累了一些美术方面的知识与经验，但是手部力量小、手臂的控制力一般，所以在"我的自画像"这一活动中我们为幼儿提供的是彩纸、牛皮纸、毛线、超轻黏土等易操作的创作材料。

### ● 观察要点

1.幼儿能否运用线条、形状等元素表现五官的特征。
2.幼儿能否运用多种材料创作"我的自画像"，体验创作的乐趣。
3.幼儿在创作过程中是互相合作，还是独立完成。

## 观察记录

### 一、幼儿表现

活动开始了，琪琪、小美和依依来到了美工区。小美说："这些镜子和照片是老师给我们的材料，一起来看一看吧。"琪琪说："这个人的眉毛是用两个三角形做成的，我一看到他的表情就想笑。"依依说："我这个照片也很有意思，他有满头的卷发，连眉毛和胡子都是卷卷的。"琪琪和依依问："小美，你喜欢哪张照片呀？"小美一边认真地照镜子一边说："我想画我自己，把我的粉色眼镜画上，还有我的小嘴巴。我还想给自己画上卷卷的长头发。"琪琪说:"我想用彩纸做,要剪出很多很多的图形,你们谁会剪爱心的形状呀,我要做一个爱心的夹子。"小美说:"我可以帮你!你可以先画出爱心的形状,再按照形状剪下来就可以啦。"小美说:"你们看我给自己画了弯弯的睫毛,是彩虹颜色的,漂亮吧。"琪琪和依依说:"哇,你的画看上去和小马宝莉一样美。"依依说:"你们看这是我模仿毕加索爷爷的自画像制作的,这大眼睛和大鼻子是不是比较夸张。"琪琪说:"是的是的,不过看上去他不太开心。我们再做一个搞笑一点的脸吧。"小美说:"好呀好呀,我来设计头发和眼睛部分。"依依说:"我来设计他的鼻子。"琪琪说:"我来搞定嘴巴部分。"

孩子们兴致勃勃地进行着今天的创作。

### 二、分析与评价

本次活动深受幼儿喜爱,在创作过程中时不时会听到孩子们的笑声,通过欣赏名画,幼儿可以仔细观察画中人物的五官特征和多种表情;用看照片和照镜子的方法了解自己和同伴的五官有哪些不同;感知不同的表情会给别人带来不一样的感受。

运用老师投放的多种材料,大胆地进行创作。在活动过程中孩子们通过相互讨论和探索,清楚地描述出自己的创意和操作方法。当个别幼儿在操作过程中遇到困难时,老师并没有马上介入,而是把问题留给小朋友们自己解决。作品完成后孩子们开心地将作品放置在展示架上相互欣赏。

### 调整与改进

1. 要选择本班幼儿感兴趣的主题,以贴近孩子生活的活动作为教育点。

2. 当幼儿遇到困难的时候老师不要急于介入,要给孩子留出与同伴商量和解决问题的空间,培养他们互助合作的精神。

# 生活区活动

## 区域活动计划与记录

### 活动计划

活动名称:穿衣　　班级:中班　　指导教师:梁卓

> 设计意图:幼儿时期是培养良好的生活习惯和学习习惯的最佳时期,在培养幼儿独立生活能力的同时更能增强幼儿的自立意识,中班年龄段的幼儿多数已逐渐摆脱了依靠成人的帮助穿脱外套、外裤的习惯,而逐渐有意识地想要自己尝试有些难度的穿衣体验,如系纽扣、拉拉链、扣摁扣、撕合粘扣等,在穿衣的过程中知道整理衣服的重要性。通过本次活动,引导幼儿学习正确的穿衣方式,使他们了解穿戴整齐的意义,学会收拾衣物和整理衣服,锻炼幼儿的动手能力,掌握最基本的生活技能。

- **材料准备**

1. 材料投放：不同款式的幼儿上衣若干、蒙氏教具——衣饰架。
2. 使用工具：生活区域操作台、挂衣支架。
3. 环境创设：生活区墙面展示穿衣步骤图以及系纽扣、系蝴蝶结、拉拉链的方法步骤图。

- **材料规划**

为幼儿提供的材料要便于幼儿实操、简单实用，便于幼儿穿脱。衣饰架的操作格包含了系纽扣、拉拉链、系蝴蝶结、粘扣、盘扣等多种练习系扣子的方法，能够满足不同发展层次的幼儿进行选择性练习的需要，而各种款式的上衣则是与幼儿的生活密切相关的，更易被幼儿所接受。

- **观察要点**

1. 为幼儿提供的穿衣步骤图、多款式上衣等材料能否满足幼儿练习的需要。
2. 幼儿在游戏中是否专注并对游戏本身感兴趣、持续专注地投入其中。
3. 幼儿能否运用已有经验和知识储备拓展游戏情节，挑战自我、克服困难。

## 观察记录

### 一、幼儿表现

在来、离园的时间里，幼儿自己穿脱衣物并叠好放在自己的橱柜里。每当这个时候，总有一些小朋友出现找不到袖口、外套上下颠倒穿不到身上，或者不会系纽扣、系串位、不会拉拉链等情况，常常着急地寻求同伴或老师的帮忙。于是，为了帮助幼儿解决眼前的困难，使他们更好更早地养成生活自理能力，我在生活区内投放了练习穿衣的材料。

早上来园时，有好几个孩子发现区域里有新投放的物品，在仔细观察后发觉与自己的生活密切相关。出于好奇和想尝试的心理今天选择生活区的孩子特别多，很快，区域的预留位置就爆满了。

说起来容易，真正操作起来可就没有那么简单了。俏俏平常穿衣服就有些磨磨蹭蹭的，常常会寻求别人的帮助，今天，她拿着一件稍微大些的上衣，没仔细看就往身上穿，一次、两次，不知是哪里不舒服，俏俏浑身扭动着。"你的后背有一个包，衣服不平！"扭头一看，俏俏发现晓阳站在后边，正对着他比画着。"哦！快帮我看看，我后面没有穿好。"晓阳仔细检查了一下，发现由于在穿时没有注意到衣服上连着的帽子，使帽子窝在了里边。经过同伴的提醒，俏俏马上脱了下来，想要扔到一边，换下一件试穿。看穿她的小心思，我及时介入，希望俏俏不要急于换装，告诉她想要穿好一件衣服可没有那么容易，需要考虑衣服本身的特点，在穿之前就要做好相应的准备工作，下次再穿时才能避免发生类似的事情。

佳浩则选择了衣饰架的系蝴蝶结来操作。这个选择对中班幼儿来说有些难度，因此，我在区域环境创设中加入了蝴蝶结步骤图的展示。佳浩非常仔细地看图并动手尝试，一次次的失败并没有使她失去信心，多次用不同的方法反复练习关键步骤。为了不打扰到她的自主尝试，我没有匆忙介入。一旁的鑫鑫已经完成了穿衣系拉链的"任务"，把目光也投向了佳浩。在小伙伴的提示和帮助下，佳浩最终也系好了蝴蝶结。

### 二、分析与评价

选择与幼儿的日常生活息息相关的穿衣练习，引起了孩子们的共鸣，平常穿脱衣服快的、好的小朋友其实早已引起了大家的注意，教师提供的练习机会吸引来了更多需要锻炼的幼儿。服装的款式和系扣方法的多变，能够使幼儿获得自己穿衣的乐趣和自我服务的满足感。当在练习过程中，幼儿有想放弃的想法时，老师的适时介入，激发起了幼儿挑战难题的愿望，成功后的喜悦也能够促使幼儿在生活中不轻易放弃，为早日有更好的生活自理能力打下了坚实的基础。

### 调整与改进

1. 教师注意到了为较难的操作步骤准备演示图，但是没有考虑到幼儿的年龄特点和理解能力，应伴以动画播放的形式帮助幼儿更好地理解操作技巧，如系蝴蝶结、系盘扣、系金属扣等。

2. 区域活动中同伴之间的互相观察和帮助更能够产生积极的效果，幼儿的交往能力和语言表达能力在与伙伴的互动中得到提升。教师的鼓励和引导能够使幼儿在生活中继续主动练习，因此应有更多的沟通方法做辅助，鼓励幼儿的进一步练习操作。

区域活动计划与记录

### 活动计划

活动名称：拉拉链　　班级：中班　　指导教师：潘晓娴

> 设计意图：秋天到了，孩子们穿的衣服增加了，衣服上各种各样的拉链、纽扣、绑带给幼儿带来了不同的挑战，而培养幼儿的生活自理能力在学龄前的各个时段都至关重要。因此，教师在区域中有针对性地投放了卡通形象无纺布小动物拉链、带拉链的衣服以及拉拉链的步骤图，通过引导幼儿自己动手参与、不断练习，促进孩子手部动作的发展，鼓励其做力所能及的事，使幼儿在活动中树立自尊和自信。

● 材料准备

1. 材料投放：无纺布小动物拉链、带拉链的衣服。
2. 环境创设：拉拉链的歌曲、步骤图。

● 材料规划

拉拉链是一项生活技能，需要反复操作和练习。根据中班幼儿年龄特点，在材料的投放上教师应考虑到趣味性和可操作性，将拉链制作在无纺布小动物的身上，通过"帮小动物穿衣服"练习拉拉链。在材料的准备上注重幼儿动手能力的发展，在区域中为幼儿投放的步骤图，可供幼儿直观地看到拉拉链的具体操作方法。

● 观察要点

1. 幼儿能否通过观察步骤图了解拉拉链的方法，能否通过操作卡通小动物拉链，逐步掌握拉拉链的技巧，并应用到实际穿脱衣服过程中。

2. 在活动过程中，全体幼儿能否掌握拉拉链的方法，有多少能够掌握，有多少不够熟练，需要再练习，幼儿的手指小肌肉群动作是否得到了发展。

3. 通过拉拉链的活动，幼儿是否体验到自我服务的快乐。

## 观察记录

### 一、幼儿表现

活动开始，教师向幼儿介绍今天的新游戏"我来帮你拉拉链"，然后出示卡通形象的拉拉链活动材料，通过情境导入引导幼儿主动尝试学习拉拉链的方法，让幼儿在游戏中学习，在趣味中练习。通过抛出问题"你是怎么拉拉链的？"引导幼儿尝试并讲述拉拉链的步骤。

活动过程中，晨晨拿起一个小动物拉链开始认真地练习，很快他就完成了任务，欣喜地对老师说："老师，我会拉拉链了。""是吗？真能干，晨晨今天穿的衣服也有拉链，你能把衣服上的拉链拉一下吗？""好吧！"晨晨爽快地答应着。几分钟过去了，晨晨还没把两边的拉头插齐，所以始终也没把拉链拉上。他渐渐有些着急了，在一旁的悦悦看到这个情况，凑过去问道："先把两边的拉头插齐，再用左手将拉头摁住……"可是晨晨已经有些不耐烦了。悦悦说："晨晨，你仔细听，老师播放的这首歌曲就是拉拉链的方法：小拉链，真有趣，就像小人坐电梯，小人走进电梯里。两扇门，才关闭。电梯顺着轨道走，一层一层往上升。"听完歌曲晨晨又重新提起了兴趣，悦悦用手指着拉拉链的步骤图："晨晨，你看着步骤图慢慢地再试试吧！相信你一定可以成功的，加油！"于是，晨晨耐心地看着步骤图一步步地尝试，最后终于把拉链拉好了，开心地蹦起来："太棒啦，我不仅可以给小动物拉拉链，还可以给自己拉拉链，我已经长大了，可以照顾自己了！"晨晨还开心地对其他小朋友说："我学会拉拉链啦，你会吗？我可以教你！先把衣服拉平，摆好拉头，拿起有拉链插销的一头，插进另一头的插口里，把拉头和插销合拢，一只手抓住合拢的一头，另一只手抓住拉片，向上拉，一直拉到最上面就拉好啦！"看到晨晨自信的样子，我们都露出了笑容。

### 二、分析与评价

幼儿生活自理能力的培养不是一朝一夕就能完成的，而需要一个非常漫长的过程。活动中，当晨晨拉拉链失败的时候，同伴的鼓励以及有趣的歌曲，使晨晨又重新找到了自信。在不断练习的过程中，大部分幼儿能够通过观察步骤图，掌握拉拉链的方法，同时提高手部小肌肉的控制能力。因此，教师要不断地为幼儿创造锻炼的机会与条件，使他们在学习中提高自我服务的技能。

## 调整与改进

1. 要掌握拉拉链的方法需要幼儿有耐心、常练习，在培养幼儿专注力的同时应当加强趣味性的游戏。因此，可将拉拉链的歌曲制作成拟人化的动画，用有趣的情境动画来提高幼儿对拉拉链练习的兴趣，使幼儿更主动地参与进来。

2. 在区域材料的投放中，要注重幼儿的可操作性和层次性，使每一位幼儿"蹦一蹦够得着"，有一部分幼儿的手部肌肉群发展得较弱，对于很小的拉链不易掌握，因此可将拉链按大小进行区分，幼儿可以先练习大拉链，以此来提高他们参与的兴趣，增加自信心。

## 区域活动计划与记录

## 活动计划

活动名称：练习使用筷子　　班级：中班　　指导教师：张金婷

> 设计意图：筷子是我们日常饮食中应用最为广泛的工具，在幼儿升入中班后，对餐具的选择与指导也会从单一的勺子过渡到勺子、筷子交替使用。根据观察发现，绝大部分幼儿在此之前从未接触过筷子，最初上手时，对筷子这个新生事物感到既茫然又好奇，充满了兴趣。"练习使用筷子"活动锻炼的是幼儿手部精细协调动作，在用筷子夹物品的过程中，不仅是五个手指的活动，其腕、肩及肘关节同样会参与到整个过程中。本次区域活动通过为幼儿投放与日常生活息息相关的筷子和辅助物品，引导幼儿在正确使用的基础上，尝试用筷子夹住不同难度的物品，锻炼幼儿的手部肌肉动作及手眼协调能力，使幼儿享受使用筷子进餐的乐趣。

● 材料准备

1. 材料投放：海绵块、纸球、花生粒、豌豆粒等。
2. 使用工具：木制筷子数十双、纸杯、塑料筐。
3. 环境创设：舒缓的纯音乐、正确使用筷子的步骤图。

● 材料规划

材料的选择要考虑到安全性和可操作性，中班幼儿随着年龄的增长，需要逐渐从使用勺子过渡到使用筷子。同时，为提升幼儿的手部控制能力，本次活动中主要的材料选取是质量较轻的小型物品，如海绵块、花生粒等。

● 观察要点

1. 幼儿能否自主地按照正确的方式使用筷子。
2. 幼儿能否使用筷子夹不同难度的物品并成功放入纸杯。
3. 幼儿能否在活动中互相合作，并在结束后把自己的材料和工具分类摆放，养成良好习惯。

## 🖉 观察记录

### 一、幼儿表现

活动开始，赛赛、承承和恰恰三位小朋友来到生活区。

首先，教师为幼儿播放课件，了解筷子的起源、来历、历史演变，引导幼儿观察正确使用筷子的姿势——两根筷子放在大拇指和食指中间，大拇指在两根筷子的上面，食指抵住一根筷子，中指在两根筷子的中间，无名指抵住另一根筷子，小拇指在无名指下面。

生活区的"练习使用筷子"活动的材料今天是第一次投放，幼儿被桌子上的游戏材料吸引，来到操作台，看看提示板，拿起筷子。赛赛尝试像视频中的讲解员一样，开始练习持筷的姿势，自己调整了一段时间后，她还是感到有些生疏和不自然，花了将近三分钟才逐渐习惯，她反复地去尝试练习，最终做出了"上二下三"的正确手势，握持的姿势变得逐渐标准。从最开始的赶着花生跑到将花生夹住，虽然慢了些，而且额头上布满了汗水，但她成功地夹住了花生，并且努力地将第一颗花生送入了纸杯，他高兴地喊："我学会啦！"

与此同时，一旁的承承和恰恰被吸引过来，承承也尝试拿起筷子。最初他将两根筷子捏在一起，收成拿勺子时候的划拳状，但他发现这样做根本夹不起来。"你拿筷子的方式不对，要这样拿。"赛赛热心地提醒了他，在承承面前示范了正确的持筷方式与操作。承承学着赛赛的样子，反复地调整和适应新工具的使用手法，很快地掌握了握持的方式。

### 二、分析与评价

在操作活动中，两名幼儿充分发挥自己的学习能力和聪明才智，在探索过程中积累经验并成功掌握了筷子的使用方法，实现了从零到一的突破。赛赛在从懵懂到逐渐掌握筷子使用方法的过程中敢于采用不同的方法进行多样化的尝试探索，并通过自主的视频学习反思自身不足，在实际操作中不断调整手法和持筷姿势，她专心致志，不受外界的干扰，在学会后乐于主动地将自己的经验传授给他人。承承在自己初次使用筷子时姿势错误的情况下，认真听取了赛赛的建议并努力尝试，也成功地将海绵块夹到杯子里。但是，他的坚持性还有待提高，需要在接下来的学习和生活中反复练习。

### 调整与改进

1. 握持方式的改变是幼儿使用筷子的最大难题，要打牢基础，应该确认幼儿的握持手法无误后再加强指导他们对力度、角度的进一步探索和尝试。同时，小组学习能够激发个人斗志，让幼儿更专注高效地解决问题。课件视频中的内容程序较为复杂，初学时要给幼儿提供积极交流的平台，提升他们的团队协作、自我反思与自我动手能力。

2. 在提供操作材料时，要根据幼儿的兴趣和发展水平进行投放，依据对幼儿操作情况的观察定期调整、更换与补充。按不同难度的物品分批次让幼儿尝试，不同难度的物品会进一步激发幼儿的学习兴趣，使孩子们多方面的能力得到提高。

## 区域活动计划与记录

### 活动计划

活动名称：系鞋带　　班级：中班　　指导教师：甘云

> 设计意图：很多幼儿在生活中对父母及其家人依赖过多。系鞋带这一生活技能对中班幼儿来说是比较有难度的。针对这一情况，结合幼儿年龄特点及实际情况，我在生活区投放了有鞋带的鞋子，让幼儿练习系鞋带，锻炼小肌肉的发展，增强幼儿的自我服务能力，体验成功的乐趣。

- 材料准备

1. 材料投放：鞋子若干双、托盘、音响。
2. 使用工具：适合幼儿长短的带鞋带的鞋子、托盘。
3. 环境创设：舒缓的纯音乐、系鞋带的步骤图。

- 材料规划

通过步骤图的展示，帮助幼儿了解系鞋带的正确方法，锻炼幼儿的动手能力和空间思维能力。

- 观察要点

1. 幼儿能否掌握系鞋带的正确方法和步骤。
2. 幼儿是否在活动中提升了手指的灵活性。

## 观察记录

### 一、幼儿表现

董思墨小朋友是一个乖巧文静的小姑娘，每天都穿一双黑色系鞋带的皮鞋。由于孩子从小有"内八字"，走路不太稳，穿上了特制的"矫正鞋"来矫正走姿。升入中班后，孩子们在动手操作方面较之前有了很大的进步，每次午睡起床时，我都会发现思墨在尝试自己系鞋带，可都没能成功。我看在眼里，心中不禁思忖：看来孩子自我服务的愿望很强烈，要鼓励和支持孩子的良好意愿和行为。

于是，我从一段小故事《系鞋带》入手，引导幼儿说一说故事里的小朋友是怎样系鞋带的，接下来带领孩子们熟悉系鞋带的儿歌及方法。只见思墨边唱儿歌，边观看步骤图：先把两端鞋带绳拉直对齐——交叉打结——变成两个蝴蝶结——继续交叉打结。有了正确的方法引导，思墨的目的性更明确了，尝试的兴趣也更浓厚了。在思墨的坚持不懈下，终于自己穿好了鞋子。虽然鞋带系得有些七歪八扭，但孩子的脸上也露出了兴奋的神情。

### 二、分析与评价

在系鞋带的练习中，幼儿往往会因为技法不易掌握而失去兴趣，而扎一个漂亮的蝴蝶结却是幼儿乐于学习的。于是，我利用生动形象的儿歌来激发幼儿的兴趣，让幼儿循序渐进、巧妙过渡，只要幼儿愿意学、有兴趣学，就会收到意想不到的效果。

## 调整与改进

1. 在区域中多投放一些编制类材料，如毛线编小辫、丝带编织蝴蝶结等，教师通过观察每个幼儿不同程度的表现，了解孩子的不同发展水平以及需要，及时给予指导。

2. 帮助幼儿梳理总结，以图文的形式展示出来，通过练习系鞋带，锻炼幼儿的独立自主意识。可以用废旧材料制作鞋带和鞋子，增强幼儿的学习兴趣。

学习系鞋带的儿歌如下：

绑鞋带，手中拿，

一左一右先交叉，

一根弯腰钻进门，

拉紧它，折出两个小耳朵，

再交叉，钻进门，

拉出一朵蝴蝶花。

# 种植区活动

## 区域活动计划与记录

### 活动计划

活动名称：给植物浇水　　班级：中班　　指导教师：甘云

> 设计意图：在花草树木中感受大自然、亲近大自然，探索植物的奥秘是幼儿最感兴趣的活动之一。班级植物角区域的创设可以帮助幼儿近距离观察和照顾植物，让幼儿懂得植物就像人一样，摄取食物和水才能成长，才能保持健康。照顾植物的过程不仅有助于培养幼儿的责任感、锻炼幼儿的观察力，还能激发他们对探索植物及其生长的兴趣，从而获得有关植物的知识经验，萌发他们热爱大自然的情感。

- 材料准备

1. 材料投放：各种植物。
2. 使用工具：喷壶、水瓢、小铲子、塑料盒等。
3. 环境创设：舒缓的纯音乐、步骤图、植物种子标本。

- 材料规划

喷壶和小水瓢的选择要考虑到中班幼儿手部的控制能力，选择的材质可以是比较轻的喷壶和水瓢。

- 观察要点

1. 幼儿能否掌握给植物浇水的正确方法，知道合适的水量可以让植物茁壮成长，水量过多则不利于植物的生长。
2. 幼儿能否投入照顾植物的过程中，专注地完成小任务并体会到给植物浇水的乐趣。

### 观察记录

一、幼儿表现

教师带领幼儿到户外种植园地观察榕树，皓皓说："幼儿园的榕树跟我们家院子里的榕树长得不太一样，我们那的树长得又高又大，叶子是绿色的，而且很茂盛，为什么幼儿园的榕树叶子是黄色的，树坑里也是干的？"小杰说："我知道，小树要浇水才能长大，这棵小树肯定是渴了，所以才长成这样的。"小朋友们都对小杰的想法表示认可。得到老师的肯定后，大家一起抬来水，拿起水瓢给小树浇水，边浇水边说："我给你喝水了，你要快快长大哦。"承承小朋友心太急，为了让小树长得更快一点，给小树浇了好多水，导致树坑里的水都流了出来。皓皓看到这种情况急忙制止，说："老师告诉我们小树跟人一样，也有喝饱的时候，所以浇水的时候不能太多也不能太少，我们可以每次给小树浇三瓢水，三天浇一次，使小树养成规律的喝水习惯。"在皓皓的提示下，小朋友们回忆着给小树浇水的正确方法，讨论着浇水的技巧。大家按照正确的方式，也轮流给其他植物浇了水。

### 二、分析与评价

花草树木是幼儿最熟悉的，也是最贴近幼儿实际生活的。在活动中，幼儿的兴趣被充分地调动了起来，小朋友都积极地想要照顾植物，当发现在照顾小树的过程中有错误的行为时，马上有小朋友做出正确的提示，在他的提醒下，所有的幼儿再一次巩固了给植物浇水的相关知识。这次活动更多地激发了他们内在的动力，让他们体验到了其中的乐趣，进一步使幼儿树立了爱护植物的意识。

#### 调整与改进

1. 可以利用晨间谈话时间和幼儿讲一讲种养植物的知识，在植物角投放观察记录表，让幼儿及时观察并记录，感知植物生长变化的过程。

2. 在植物角中可以配上种植植物的方法图片，让幼儿通过观察图片，加深对各种植物的印象。

3. 让家长和幼儿一起养护植物，不仅能增进与孩子之间的情感交流，更有利于树立幼儿对生命和自然的敬畏之心。

## 区域活动计划与记录

#### 活动计划

活动名称：给植物浇水　　班级：中班　　指导教师：潘晓娴

> 设计意图：植物角是幼儿非常喜欢的区域，他们喜欢照顾植物，但是分不清哪些植物需水量多，哪些植物需水量少，有的植物浇水过多把根泡坏了，有的植物缺水干枯了。因此，通过本次活动引导幼儿给植物浇水，让植物生长得更茂盛，从而培养幼儿热爱劳动的品质，激发幼儿对植物的关爱之情。在活动过程中，通过尝试用多种容器给植物浇水，引导幼儿进行观察和比较，发展幼儿的探究能力。在照顾植物的过程中，让幼儿懂得花草不仅可以美化环境，还能净化空气，是我们在生活中密不可分的好朋友。

● 材料准备

1. 材料投放：盆栽植物（缺水的植物和不缺水的植物）。
2. 使用工具：水桶、舀子、喷壶，以及若干用大小饮料瓶做成的喷洒壶（在瓶盖上戳几个小洞）。
3. 环境创设：欢快的纯音乐、草地、石头小路、各种盆栽、给植物浇水的图片。

● 材料规划

材料的选择要考虑到可操作性和探索性。中班幼儿对照顾植物已具有了一定的经验和认知，因此在材料的选择上要关注浇水容器的选用，让幼儿能够通过观察发现缺水的植物和不缺水的植物有什么不同、每种植物所需要的水分的多少有什么不同。让幼儿在操作中去尝试、去发现。

● 观察要点

1. 幼儿能否发现植物缺水和不缺水的前后变化，感知水与植物的关系以及植物生长变化的基本条件。

2. 幼儿能否根据不同植物的需水量对投放材料进行探究，运用不同材料给植物浇水，动手动脑探索植物和材料，并乐在其中。

3. 在活动过程中幼儿是否对植物产生关爱之情，喜欢接触大自然，并对发生的现象感兴趣。

## 观察记录

### 一、幼儿表现

活动开始了，幼儿来到了植物角，教师带领幼儿一起观看课件"植物的生长"，让幼儿感知生命的奥秘，体会植物也是有生命的，讨论它们在生长的过程中所需的条件是什么，然后引导幼儿观察缺水的植物和不缺水的植物有什么不同，随后孩子们开始了区域活动。

在活动的过程中，喜多先拿起一盆枝繁叶茂的盆栽，在仔细地观察后，摸了摸泥土，自言自语道："有一点湿湿的，应该是前几天浇过水了。"于是，她拿起一个小喷壶对着叶子轻轻喷了几下。旁边的嘟嘟愁眉不展地看着几盆缺水的植物，对着喜多说："它们为什么耷拉着脑袋，叶子为什么卷起来了？"喜多摁了摁泥土，发现泥土已经有些硬了，对嘟嘟说："它们已经缺水了，需要一些水分才能够生长起来。"两人来到工具区，这里摆满了不同类型的喷洒工具，有小喷壶、大喷壶、小桶、舀子以及一些废旧材料制作的喷壶。嘟嘟首先选择了喜多刚才用到的小喷壶来浇水，在喷水过程中发现水量比较少，然后听取喜多的建议，使用喜多帮他拿来的小桶和舀子，往盆栽里舀了好几次水，直到水从花盆下面的小洞里流出才停止。嘟嘟兴高采烈地说："我们给它浇了很多水，这下可不缺水了吧！"这时喜多发出质疑："如果给植物浇太多的水会不会把它们浇死了呢？老师给我们看的'植物的生长'里面说过如果喝的水太多也会把它们淹死的。"听了喜多的分析，嘟嘟赶忙把花盆里多余的水倒了出来，然后用小水杯往缺水的花盆里各舀了两次水来观察泥土的变化，随后把今天的浇水过程画在了记录表中。

### 二、分析与评价

自然界中的很多资源本身就是很好的探索材料，其中植物的生长就是最真实、最自然的。幼儿在每一次照顾植物的过程中都会体会到生命的奇妙之处。教师尽可能地为幼儿提供探索和学习的材料与环境，通过观察植物缺水与不缺水时的状态来感受植物生长所必需的条件之一水分对植物的影响。让幼儿主动参与照料植物，通过亲身体验和感受，来感知水和植物的关系，激发幼儿对植物的关爱之情，体验活动的快乐。当幼儿在区域活动中出现问题，不知道植物需要多少水分时，教师并没有马上介入，而是等待，以观察幼儿是怎样解决问题的。

## 调整与改进

1. 在幼儿探索学习的过程中，教师要注意给予相应的支持，当幼儿在思考哪些植物需水量多，哪些植物需水量少的时候，教师要及时根据问题的解决情况进行归纳，并引导幼儿制作观察记录表和采访表，来记录不同种类的植物需水量的差异。

2. 在活动过程中教师要注重引导幼儿进行持续性探究，如对于有着同样浇水量的同类植物来说，花盆底部有小孔和没有小孔，它们的生长有什么不同？在有无阳光照射的情况下，生长状况有何不同？通过"实践—分析—再实践—再分析"激发幼儿对区域活动的兴趣。

## 区域活动计划与记录

### 🖊 活动计划

活动名称：观察小乌龟　　班级：中班　　指导教师：梁卓

> 设计意图：浇一浇茁壮成长的小花，给绿油油的新芽松松土；欣赏一下自己亲自换水、喂食，一点点成长起来的小动物，是幼儿最喜爱参与种养殖区活动的原因。在此过程中，幼儿通过直接感知、亲身体验和实际操作发展着初步的探究能力并积累经验。选择安全系数较高的小乌龟投放于养殖区，能够让幼儿在饲养和照料它们的过程中培养责任心和任务意识。

● 材料准备

1. 材料投放：三只小乌龟（两只大的、一只小的），肉泥、虫干等乌龟食物。
2. 使用工具：大小鱼缸各一个、小渔网两个。
3. 环境创设：种植养殖区域内划分出饲养小乌龟的区域，墙面布置小乌龟的饲养注意事项图。

● 材料规划

在种养殖区投放的三只小乌龟分别是两只大一些的，一只小的。三个乌龟个头都不太大、安全系数比较高，在便于幼儿观察的同时考虑到了饲养过程中换水和喂食中的安全性。

● 观察要点

1. 幼儿是否愿意主动与小乌龟近距离接触，观察它的外观、习性和饮食特点。
2. 在与小动物相处的过程中，幼儿是否具备危险意识，知道如何规避潜在的危险。
3. 幼儿能否运用已有经验开展游戏，在养殖过程中尝试去发现问题、分析问题和解决问题。

### 🖊 观察记录

一、幼儿表现

班里新来的伙伴小乌龟吸引着孩子们的注意力，近几日，很早就来园的孩子越来越多了。晨间活动时，值日生乐乐和梓峭发现鱼缸里小乌龟的水脏了，于是商量着要给乌龟换换水。乐乐："你看这么脏的水，小乌龟别生病了！咱们给它们换水吧！"两个孩子给小小龟换了水，可是另外一个缸里的两只稍大一些的乌龟可让他俩开始有点为难了。峭峭："我不敢拿它。"乐乐："我也只敢拿那只小的。"正在犹豫中，峭峭突然发现了旁边的小渔网，高兴地说："咱们用这个试试吧。"乐乐："太棒了！让我来吧，要轻轻地把它们运出来。"两个孩子商量着试了半天，终于小心翼翼地把所有乌龟捞起，其中一只乌龟由于挣扎摔了一下，两人马上蹲下检查乌龟是否受伤，在确保无大碍的情况下成功地给三只乌龟换了水。

壮壮和桐桐也围着观看，桐桐说："我今天给小乌龟带肉泥了，咱们喂给它吃吧！"在孩子们渴望的眼神中我决定将小乌龟拿出来，便于幼儿近距离观察。在强调了不要将手放在乌龟的嘴边、不要用手去抓它的四肢等安全问题后，我把几只小乌龟拿出来放在了地上，小朋友们围坐在一起。桐桐在圆圈中央放上了从家里带来的肉泥，朵朵："小乌龟原来也爱吃肉啊！我还以为它会爱吃青菜呢！"壮壮："小乌龟的头那么小，嘴巴那么小，身体那么小，尾巴也是那么小，它怎么这么小。"桐桐："老师，小乌龟背上的花纹可真好看啊，它遇到危险的时候头就缩进去了，我们都小点声音，嘘……"

接下来，全体幼儿以分组的形式分别聚在小乌龟的周围观察它的进食和形态。在看了小乌龟的走路姿势后，大家围绕小乌龟展开了一系列讨论。

### 二、分析与评价

在养殖区投放小动物，首先要保证动物所处环境的舒适性和安全性，其次要便于幼儿亲自动手操作，如喂食、换水、清理粪便等。此外，教师要提供适当的材料。本次晨间区角活动中，两名值日生主动想到了给脏了的鱼缸换水，使乌龟的生存环境保持干净，当发现其中两只乌龟比较大时，为了避免发生潜在的危险，乐乐提议先给小乌龟换水，这是幼儿对危险预见性的一种成熟表现，说明乐乐的危险意识较强。当峭峭发现有可以利用的工具，确保在工具的帮助下可以给大一点的乌龟换水时，两个孩子都主动地做了尝试，发现乌龟不小心掉了下来，还马上检查乌龟是否受伤。通过这次的幼儿主观操作活动，以及幼儿之间的对话和协作，我发现孩子们对生命的保护和对自己安全的保障都有了很强的意识。

### 调整与改进

1. 在养殖活动开展的过程中，幼儿有与小动物（如小兔子、小螃蟹、小乌龟等）近距离接触的需要。在注意安全问题的前提下，适当地满足全体幼儿和小动物近距离接触的需求。可以针对不同小动物的特点，引导幼儿分组进行观察。

2. 通过引导幼儿观察小乌龟走路、进食等状态下的不同形态，鼓励幼儿可以通过搭建"乌龟之家"、画一画"我眼中的小乌龟"、用彩泥捏出"乌龟的一家"等方式从多方面表达自己的情感。

## 中班区域活动计划与记录

### 活动计划

活动名称：种子生长变化　　班级：中班　　指导教师：郏鹏瑜

> 设计意图：在班级的种植区里进行简单的种植活动，是幼儿直观感受植物生长过程的良好机会。本次活动我们选择了幼儿常见的绿豆作为种子，通过土培和水培两种方法进行种植。运用看一看、说一说、猜一猜、种一种、画一画等方法，不仅能够引导幼儿学到许多有关植物的知识，还可以掌握简单的种植技能，更重要的是培养幼儿的爱心、耐心、责任心以及观察、比较等多方面的能力。

- 材料准备

1. 材料投放：通过土培和水培两种方式种植好的绿豆苗。
2. 使用工具：小铲子、喷壶、测量工具、记录本。

3. 环境创设：种子生长变化图片、各类植物、种子若干、轻音乐。

● 材料规划

材料的投放要符合幼儿的年龄特点及发展需要，结合季节的变化有层次地投放种类丰富、操作简单、方便观察、幼儿熟悉的植物。提供安全性较高的使用工具，在活动区域粘贴"工具使用示意图"。

● 观察要点

1. 幼儿能否按需给植物浇水和松土。
2. 幼儿能否按照任务分配表完成工作。
3. 幼儿能否根据植物的生长变化进行自主记录。

## 观察记录

### 一、幼儿表现

活动开始了，小朋友们来到了种植区。

安然指着任务表说："我们今天需要照顾小豆苗，还要给植物浇水、松土和整理黄叶子。"

森森说："我来整理黄叶子，然后给小花浇浇水。"

"我来给小花松松土。"秋石拿着小铲子走了过来。

"你们快来看呀，小豆苗盆里的土都干了，我们快给它浇浇水吧。"涵涵担心地说道。

萱萱说："小豆苗的茎这么细，我们可要轻一点，别伤害到小豆苗。"

"等一下，我先把花盆表面的土松一松，水就会很快地漏到小豆芽的根部啦。"秋石小心翼翼地用小耙子给豆苗松了松土，然后拿起小喷壶在泥土表面喷了一些水。

这时萱萱开心地说："安然你快来看呀，在土里长的豆苗好像长高了。"

安然正在用心地照顾水培的绿豆，听到萱萱的声音马上凑了过来。"真的吗？真的吗？"安然一边说，一边拿起放在花盆旁边测量豆苗高度的小木棍，仔细地和上一次做的标记进行对比。

两个孩子兴奋地说道："真的真的，和星期一相比，今天的绿豆苗长高了一个大拇指甲盖的长度。"

萱萱说："安然，我们把土培绿豆的变化画在记录表里吧。"

萱萱和安然一边画一边兴高采烈地讨论着，她们的声音吸引了旁边照顾花草的森森。森森说："我也好想跟你们一起观察，可以吗？"

"当然可以啦！"萱萱和安然异口同声地回答。

安然说："你看这是咱们在水里种的绿豆，它也长出了小芽芽，我们一起画下来吧。"说着，安然就和森森一起记录水培绿豆的生长变化。他们在表格中画出了怎样给绿豆苗换水、清洗种植盘、捡绿豆皮等工作内容，还有测量方法和豆苗的生长变化。

### 二、分析与评价

幼儿总是很有耐心地照顾着班里的植物，并且每次都把观察到的内容用心记录下来，在记录本中可以看到把绿豆放在水里泡一天就会先胀开"绿衣"，第二天就会发芽，然后这些小芽会不断变长、长出毛毛根，再长出叶子，直到豆瓣慢慢脱落，叶子慢慢长大，长出更多的叶子，绿豆苗的茎也会随之长高。

### 调整与改进

1. 幼儿对种植绿豆的活动非常感兴趣，教师可根据幼儿的兴趣需要为幼儿提供更多种类的种子让幼儿观察，并与幼儿共同探讨种子的基本特征、生长环境和种植方法等内容，开展更加丰富的种植活动。

2. 鼓励幼儿自主进行种植活动，从收集种子到植物的生根发芽，每一个环节都能帮助幼儿了解更多的科学知识与种植技巧，从而不断提高幼儿的观察能力和动手能力，培养他们的爱心和耐心。

# 第六章　大班区域活动

## 建构区活动

### 区域活动计划与记录

#### 🖉 活动计划

活动名称：小汽车　　班级：大班　　指导教师：彭彩云

> 设计意图：小汽车是孩子们经常乘坐的一种交通工具，每辆小汽车都有其独特的外形及炫丽的颜色，深受幼儿喜爱。通过搭建小汽车，可以引导幼儿在了解汽车组成的基础上，根据想象设计出独具一格的小汽车。在搭建过程中增强幼儿的动手能力和想象力，在同伴互动中培养分享与合作、交流与创新的能力。

● 材料准备

1. 材料投放：长方体、圆柱体、锥体等各种形状的积木以及辅助材料，如奶箱、一次性纸杯等半成品。
2. 使用工具：白色卡纸、水彩笔、建构场所。
3. 环境创设：搭建方法的示意图和各种汽车的图片。

● 材料规划

材料的选择要符合幼儿的年龄特点。大班幼儿随着年龄的增长，想象力和创造力也有了很大提升，为了满足幼儿的搭建需要，能够使幼儿有一个自由创造的环境，本次活动投放了样式多样的积木和一些辅助材料来支持幼儿的搭建活动。此外，还准备了各种汽车的实物图片给幼儿参考。

● 观察要点

1. 幼儿能否根据自己的分工完成相应的任务。
2. 幼儿在活动中能否根据已有知识经验对搭建内容有所创新。
3. 搭建过程中，同伴之间在遇到分歧时，是否可以采用协商的办法来解决问题。

### 📝 观察记录

**一、幼儿表现**

活动开始了，大宝、二宝、淼淼、桐羽和可可5位小朋友来到了建构区。

根据已有的知识经验，幼儿总结出小汽车由车头、车身、车尾和轮子组成，车头有照明灯和发动机，车身有方向盘和座位，车尾有后备厢和尾灯。之后5名小朋友开始了他们的搭建工作。

5名小朋友对工作进行了分工，淼淼是设计师，负责汽车的设计工作；桐羽和可可是建筑师，负责搭建小汽车；大宝、二宝是搬运工，负责运输材料。大家分工明确，开始工作。淼淼拿出了刚刚画好的小汽车，对桐羽和可可说："这是我设计的小汽车，你们必须按照我画的样子去搭建，开始吧！"桐羽对可可说："好的，我们先来搭建车头吧！大宝和二宝，我们现在需要半圆形、长方形和细条形的积木，帮我们拿一下好吗？"大宝和二宝高兴地答应着。他们的建构工作有序地进行着，过了一会儿，只见淼淼和桐羽、可可发生了争执，我听到淼淼大声地喊道："桐羽、可可，你们怎么把我的设计随便改了呢，我才是设计师，你俩应该按照我的设计去搭建。"桐羽和可可反驳她："老师刚刚讲了，车尾有尾灯，你的设计里面没有，我们就给加上了。"淼淼生气地表示："我设计的汽车就是没有尾灯，我说没有就没有！"桐羽和可可也着急了："老师刚才说了，车尾有尾灯，有，就是有。"看着设计师和建筑师的争执越来越激烈，我向设计师和建筑师提出了一个问题："你们想一想，车尾的尾灯有什么作用呢？"这时大宝和二宝也参与了进来。二宝表示："我爸爸给我讲过，汽车后面的灯可以起到提示作用，一刹车，后面的灯就亮了。"紧接着，二宝说："汽车拐弯时，后面的灯也有提示作用，往哪边拐，哪边的灯就亮了，告诉后面的人我要拐弯了。"我说："大宝和二宝说得非常好，是喜欢观察、思考的孩子。既然尾灯有这么重要的作用，淼淼，你是不是可以适当地完善一下你的设计呢？"她点了点头，拿起笔开始完善自己的设计，将尾灯设计在了车尾的后面，并且设计了3个尾灯。接着大家继续分工合作，不一会儿，漂亮的小汽车就诞生了！

**二、分析与评价**

幼儿在建构过程中，根据已有的知识经验，对搭建工作进行了明确的分工。出现有分歧的情况是很正常的，作为教师，应该尊重和接纳每一位幼儿的想法。在这次的建构活动中我在双方产生激烈的争执时适时地介入，为他们提供了一个改进的方向，起到了教师作为引导者的作用。

### 📝 调整与改进

1. 今天建构区的小朋友们自发地进行了角色分配，并且对每个角色都有相应的定位，这是幼儿生活经验的体现。接下来，教师要将更多生活中的角色渗透到区域活动中，创设多种生活场景，鼓励幼儿扮演各种角色，了解更多角色的定位。

2. 在此次区域活动中，幼儿之间发生了冲突。发生冲突是一件很正常的事情，这是对自己想法和行为进行验证的一个必然的过程，教师要允许这样的事情发生，并且不要急于干预，要看事态的发展，在必要的情况下适时介入。

## 区域活动计划与记录

### ✏ 活动计划

活动名称：道路　　班级：大班　　指导教师：杨会霞

> 设计意图：道路是幼儿熟悉的生活环境，与幼儿的生活紧密相关，幼儿对行驶在路上的各种各样的车尤为感兴趣。通过搭建道路，引导幼儿在了解道路设施的基础上，能够大胆想象并设计出自己心目中的道路，让幼儿在搭建的过程中，发展想象和动手操作的能力，学会平铺、围合、垒高等搭建技能，促使不同能力水平的幼儿都能得到发展，在搭建活动中能够与同伴进行协商、合作与分享。

● 材料准备

1. 材料投放：牛皮纸、各种形状的积木、小汽车、交警等。
2. 使用工具：白色油画棒。
3. 环境创设：纯音乐、搭建方法和步骤图、道路图片。

● 材料规划

材料投放是否合理、适宜，直接影响到幼儿的兴趣和活动的有效开展。积木是建构区的主要材料，同时各种形状的塑料小房子、玩具汽车、警察模型等辅助材料的提供能够给予幼儿更多的支持，促使幼儿运用多种材料，丰富游戏情节。

● 观察要点

1. 幼儿能否通过观察道路图片，综合运用围合、平铺、拼接等技能搭建道路。
2. 幼儿能否运用不同材料搭建道路，能否根据自己的想象设计、创作出新作品，体验成功的乐趣。
3. 幼儿能否在搭建活动互相帮助、互相合作。

### ✏ 观察记录

一、幼儿表现

区域活动开始了，凡凡、涵涵和安安三个小朋友一起来到了建构区，本次主题活动是"道路"。

幼儿先是欣赏道路的图片，讨论怎么搭建道路。在搭建的过程中，凡凡仔细查看了教师为幼儿提供的材料，发现有长方形、正方形、三角形、拱形和圆柱体等积木，凡凡说："我们可以将牛皮纸平铺在地上当路，用黑色记号笔在中间画出线条当分割线，路的旁边有路灯，有红绿灯指示牌，用白色油画棒画上几条线当斑马线。"涵涵说："我在过马路的时候在路旁边看见有警务亭，那是交警叔叔办公的地方。"安安说："我们可以在道路的左边用积木搭建一个小公园，在公园里摆放一些凳子、小树和小花。"

三个人谈论后都表示很赞同。于是，三人开始分工合作，涵涵用牛皮纸剪了一条长长的路，并用黑色记号笔画出了分割线，在路的起点用圆柱体和拱形积木搭建了一个拱门，在路的中间用同样的方法也搭建了一个拱门，道路旁边用大小不一的长方形、三角形、圆柱体等积木搭建一个楼房，在路的两边用绿色卡纸剪出一排排树木，涵涵说："我们用长方形的积木分出东西南北路，中间设置一个交叉口，把辅助材料小汽车放在路上，让警察叔叔指挥交通安全。"安安问："还有路灯呢？"两人谈论后决定，用筷子和白色的超轻黏土制作一些路灯，道路搭建完成。最后，他们还运用辅助材料在道路旁边搭建了一个小小的公园。

### 二、分析与评价

在搭建过程中，幼儿都很投入，能根据以往的搭建经验，运用围合、平铺、拼接等技能，按照图片的提示进行搭建。遇到困难时能在老师的鼓励引导下寻找解决问题的办法，中途不放弃，非常有耐心地完善自己的作品，坚持完成搭建活动，最终感受到了成功的喜悦与满足。在肯定个别幼儿的独立成果时，也要鼓励幼儿相互合作才能取得更大的收获。

### 调整与改进

1. 在区域材料的投放中，根据主题投放辅助材料是十分必要的，巧妙及时地提供材料能够增强幼儿主题建构的丰富性和完整性。

2. 引导幼儿学会用多种方式记录自己的搭建过程和成果（如讲述、绘画、统计等），让幼儿逐步学会先计划、设计再动手搭建。

## 区域活动计划与记录

### 活动计划

活动名称：搭货车　　班级：大班　　指导教师：贾乐

> 设计意图：建构区是幼儿主动、自由地利用各种不同的建构材料塑造物体形象、反映周围生活环境的一个区域。通过搭建货车，幼儿根据自己的经验来玩积木、插塑玩具，他们运用拼插、垒高、砌接等方法搭建货车，不仅能丰富感知体验，还发展了幼儿的空间想象力、创造力、动手能力和建构技能。幼儿在轻松自然、平等友好的氛围中，学会与他人一起分工协作完成活动，这促进了幼儿的社会性发展，培养了幼儿不怕困难的精神，以及与他人合作的能力和解决问题的能力。

- 材料准备

1. 材料投放：各种形状的积木。
2. 环境创设：用积木拼摆马路。

- 材料规划

材料的选择要考虑到可收集性和可操作性，大班幼儿随着年龄的增长，对各类汽车有一定的知识储备，手臂、手腕以及小肌肉的控制能力增强，所以"搭货车"这一活动中主要选取的材料是积木。

- 观察要点

1. 幼儿能否根据货车的作用和特点选择个别搭建或者合作搭建。
2. 幼儿能否根据不同形状的积木来想象货车的组成。
3. 幼儿在活动中能否互相合作，并在结束后将建构材料分类摆放，养成良好习惯。

## 观察记录

### 一、幼儿表现

区域活动开始了，小朋友们纷纷进入自己所选的区域中，建构区迎来了赫赫和童童两位小朋友。幼儿先是观察货车的特点：大大的车头和长长的车身。接下来，幼儿自主选择不同形状的积木进行搭建。最后，幼儿开始了他们的"搭建货车"之旅。

在搭建的过程中，童童拿着积木左看看右看看，不知道该如何开始搭建。这时赫赫走到他的身边蹲了下来，说："你先用两个圆形的长积木做货车的轮子，然后再用方形积木搭车头就行了。"在赫赫的帮助下，童童很快就搭成了一辆货车。后来，童童陆陆续续又搭建了7辆不同形状的小货车，成了一个"货车大王"。

赫赫在帮助完童童后也开始进行自己的搭建，不一会儿，他就搭建了一辆很大的货车。但是赫赫低着头皱着眉看着他的货车，这时我走到他的身边问："你的货车搭建完了吗？"他回答："老师，我总感觉不像货车。"我看了他的作品后提示他："货车是干什么工作的呢？"听完赫赫茅塞顿开，马上跑到教室里开始寻找物品，一会儿拿来了笔筒，一会儿又拿来了图书，直到把他搭建的货车装得满满的。这样一来，货车就像模像样地上路了。活动结束后，孩子们开心地把搭建材料放回了建构区。

### 二、分析与评价

在建构游戏中，幼儿为了按照自己的设想搭建物件，需要不懈地、持久地努力克服困难。无论是个别构建还是合作构建，对幼儿的品德和行为习惯都有一定的要求。在活动初期，通过环境创设，让幼儿有尝试、操作的机会，幼儿自由选择材料，自由建构货车，在拼拼搭搭的过程中，教师的鼓励和赞赏就会使幼儿的好奇心和兴趣油然而生，使幼儿的游戏积极性不断提高，游戏水平也随之提升。

## 调整与改进

1. 在区域材料的投放中，要让幼儿"跳一跳才能够得着"。除了积木，还可以投放易拉罐、纸牌、拼插玩具等材料，让幼儿用多种材料进行搭建。有挑战性的材料更能激发幼儿对区域活动的兴趣。

2. 在区域活动中，教师要掌握好介入问题的时机，过早介入会让幼儿失去独立思考的机会，过晚介入会让幼儿有无助的感觉。所以，教师要时时刻刻关注区域内幼儿的情况，掌握好介入的时间。

区域活动计划与记录

## 活动计划

活动名称：搭建游乐场　　班级：大班　　指导教师：郑翠飞

> 设计意图：游乐场是备受幼儿喜爱的场地，孩子们对游乐场中的器械比较熟悉，与此同时，这些器械由于特点突出，容易被幼儿模仿搭建。搭建过程不仅能够提升幼儿对垒高、围合、连接、铺平等建构技巧的组合运用能力，还可以锻炼幼儿的观察力、想象力、动手能力和创造能力，并且在与同伴的合作交流中，锻炼沟通和协调能力。

- **材料准备**

1. 材料投放：大小积木若干、雪糕棍、纸板、报纸、纸筒、绿植玩具等。
2. 使用工具：双面胶、剪刀、超轻黏土、透明胶等。
3. 环境创设：游乐场器械图片。

- **材料规划**

建构区材料的选择要考虑到安全性、丰富性、探索性、有效性等特点。大班幼儿对搭建方法与技巧已经有了一定的了解，而且他们的想象力和抽象思维有了一定的发展，因此在材料投放时，要注意材料投放的丰富性和探索性，给予他们对材料进行二次加工的空间。

- **观察要点**

1. 幼儿能否抓住游乐器械特征并运用多种技能、材料进行创造性的搭建，体验搭建的乐趣。
2. 幼儿能否有目的、有计划地完成搭建活动。
3. 在活动中幼儿能否开展合作游戏，与同伴共同完成建构任务。

## 观察记录

### 一、幼儿表现

幼儿先观察图片，唤起对游乐场的记忆，激起搭建的兴趣与欲望。接下来通过已有认知，了解它们的名称，观察认识各种器械间的不同特点，并展开讨论：这些器械可以用什么材料通过哪种方法搭建出来？当幼儿对自己想搭建的器械有了一定的设想之后，便开始动手对游乐场进行搭建。

建构过程中，孩子们利用多种积木搭建不同的游乐器械，有用长条形积木、圆柱体、正方体积木搭建滑梯的，有用积木通过垒高、连接等方法搭建过山车的，有用平铺等方式搭建旋转木马的，还有把正方体积木摆放在旁边当长椅的……而月月和轩轩正在合作搭建蹦床。月月取来四根小积木当蹦床的四根腿，轩轩拿来一块方形的积木当蹦网。月月看见后提出了质疑："蹦床是有弹性的，不像积木这样硬硬的，我们不应该拿积木当蹦网。"轩轩思考了一下表示同意，但是选择哪种材料当蹦网呢？通过讨论和商量，月月和轩轩选择剪一块报纸当蹦网，并用透明胶将其粘贴在蹦床的四条腿上。

在搭建结束后的分享交流环节，孩子们发现由于没有事先商定好场地，游乐场的布局显得有些紧凑，并且出现了重复搭建游乐器械的情况。对于这个问题，幼儿通过讨论，一致认为在下次活动中应该事先集体商定游乐场布局，规划好游乐设施分布，之后再分组分工进行搭建。

### 二、分析与评价

互相交流能够很好地唤起幼儿对游乐场的美好回忆，激发幼儿对搭建的兴趣。对游乐器械特点的探讨，能够引导幼儿回忆、观察常见的游乐器械，锻炼幼儿的观察能力。搭建前的规划、设想能够帮助幼儿明确自己的搭建目标、具化自己的搭建方案。在活动中，幼儿运用已知技能和经验，选择多种方法搭建不同的游乐设施，并根据不同的材料特点，表现各种游乐设施的不同特性。在这个过程中，幼儿之间往往需要交流和合作以达到搭建目的，这不仅能够帮助幼儿树立合作意识，还发展了他们的协调、沟通和合作能力。

### 📝 调整与改进

1. 区域材料的选择和投放要充分体现丰富性和可探索性，在支持幼儿动手操作的同时，还能激发他们的积极性，能够使幼儿与材料进行互动。但同时，过于丰富的材料会分散幼儿的注意力。因此，老师要依据不同主题和不同发展水平的幼儿提供材料，且应有计划地提供，不定期地修补、更换建构材料。

2. 在区域活动中，最后的总结和分享是一项升华主题内容的重要环节，不仅可以发现问题、获得经验，为下次活动的开展打下良好基础，还有助于幼儿学习经验的迁移和应用。在此次分享交流活动中，幼儿发现了游乐场布局过于紧凑的问题，并讨论出了解决问题的方法，可以在下次活动时依照解决方案进行处理。

区域活动计划与记录

### 📝 活动计划

活动名称：小房子　　班级：大班　　指导教师：周瑜

> 设计意图：房子在我们的日常生活中随处可见，但是形状各不相同，有尖尖的、平平的、圆圆的等。在区域活动中，建构区一直受到小朋友们的喜爱，幼儿通过日常观察、了解和收集丰富了立体建构的经验。通过搭建小房子，引导大班幼儿在已有搭建经验的基础上，将单一的积木形状通过组合形成不同的结构，促进了幼儿想象力、创造力和思维能力的发展，满足了孩子们的发展需求。通过搭建游戏，不仅让孩子们认识、了解了各种几何图形，还增强了幼儿之间互相合作的精神。

- **材料准备**

1. 材料投放：各种形状的积木、各种房子的图片、日常收集的盒子。
2. 环境创设：以各种房子为背景、多种搭建方法步骤图。

- **材料规划**

材料的选择要丰富多样，随着年龄的增长，大班的幼儿对各种积木都有一定的认识，掌握的搭建方法也会多于中小班幼儿，品种单一会限制幼儿的想象力，所以这一活动中积木的种类要丰富多样。

- **观察要点**

1. 幼儿是否了解房子的不同特点，感受到不同房子的差异。
2. 幼儿能否运用多种搭建方法，并用各种形状的积木和物品进行搭建。
3. 幼儿的合作水平和解决问题的能力是否得到了提高。

## 观察记录

### 一、幼儿表现

区域活动开始了，建构区来了4位小朋友，他们先观察了各种房子的图片，泽泽对星星说："你看，这个图片里的房顶是尖尖的。"星星说："我这个房顶是圆圆的。"星星问小鱼："小鱼，你看到的房顶是什么样的呢？"小鱼回答："我看到的房子是三角形的房顶。"小九说："我设计的是平顶的房子，我们一起来搭建吧。"我看到泽泽先用一个大的盒子做楼房的根基，然后运用架空的方法，用几根圆柱形的积木把房屋支撑起来，小九看到泽泽搭建的只差房顶了，赶紧去拿了几个长方形的积木运用平铺的方法做成了房顶。没用多长时间，他们两个就合作搭建了一座小房子。另外一边呢，小鱼和星星是两个小女孩，她们两个商量搭建一个城堡，而且她们两个搭建房子用到的材料跟泽泽和小九用到的材料是不一样的，把三角形的积木用垒高的方法放到了长短不一的长方形和圆柱形积木的上面，用几个这样的组合拼成了一个城堡。突然之间泽泽和小九争吵了起来，我走近一听，原来是要搭建第二个小房子了，泽泽想搭建一个高楼，而小九想搭建一个带院子的房子。泽泽说："搭建高楼吧，我们可以一起在里面工作。"而小九说："我想搭建院子，我奶奶家就有院子，特别大。"他们一人一句地争吵了起来。小鱼听到后说："你们可以搭建一个带院子的楼房呀。"听完泽泽开心地说："可以呀，我们两个想要搭建的都有。"小九听到泽泽说的话后说："好呀，好呀，我们搭建一个又大又高的带院子的楼房。"说完两个人开开心心地去搭建了。

### 二、分析与评价

在区域活动中，幼儿能够运用平铺、围合、垒高、架空等搭建技巧完成本次搭建任务。大班幼儿已经具有一定的独立建造能力，掌握了一定的搭建技巧，会使用辅助材料，能进行一定的设想和规划，能通过分工合作完成一件较为复杂的工程。大班的幼儿在建构活动中相互合作的意识非常强，他们懂得互相谦让，有一定解决问题的能力，在搭建过程中发生小小的争论也可以通过交流来解决。

## 调整与改进

1. 在区域材料的投放中，要保持材料的多样性，及时进行补充、调整。根据幼儿的兴趣和需要，改进或摒弃不适合的材料，开发挖掘新材料，使投放的材料更具有针对性，更符合幼儿的身体和智力发展水平。

2. 为幼儿提供纸、笔、橡皮、尺子，让幼儿在搭建前先进行设计，使他们了解自己要搭建的样式以及需要用到的搭建技巧，便于幼儿更快地决定方向。

3. 指导要得当、适时，在观察指导的时候，要给幼儿一定的发挥空间，给他们营造可以表达需求、困难的宽松环境。要仔细倾听幼儿的"秘密"，站在孩子的视角去想、看问题，这样才能更有效地推进幼儿游戏。

# 阅读区活动

## 区域活动计划与记录

### ✎ 活动计划

活动名称：把你看到的内容讲出来　　班级：大班　　指导教师：潘晓娴

> 设计意图：幼儿在阅读活动中，常常想用语言表现故事内容，很多时候却不知如何表述，而掌握讲述故事的方法是促进幼儿语言交流、丰富词汇的重要途径。因此通过活动"把你看到的内容讲出来"，引导幼儿观察画面中的人物、场景、天气等内容，学习讲述故事的方法。在活动中丰富幼儿的词汇量、锻炼幼儿的语言表达能力和思维条理性，从而使幼儿的表述更加符合逻辑，提高理解力和记忆力。使幼儿在与同伴的交流互动中体验和同伴交谈的乐趣，愿意将高兴、有趣的事与同伴分享。

- 材料准备

1. 材料投放：图书、讲述步骤图。
2. 环境创设：舒适的小椅子、毛绒玩具、轻音乐、安静的区域氛围。

- 材料规划

区域内投放一些有关主题活动的绘本，以供幼儿自主阅读。同时，投放讲述步骤图，在步骤图上用绘画的形式向幼儿展示讲述故事的方法，使幼儿通过参考步骤图中展示的方法，能够讲述自己所看到的内容。

- 观察要点

1. 幼儿能否通过故事画面中的人物、场景、天气、动作等理解故事的内容。
2. 幼儿能否根据看到的画面讲述故事，并且思考在什么地方发生的事情，都有谁，他们在干什么，他们在说什么，会发生什么事情，从而掌握讲述故事的方法。
3. 在讲述过程中幼儿能否思考人物之间、画面之间的关系，思维能力和逻辑能力是否得到了提高。
4. 幼儿能否大胆讲述故事内容且讲述得比较连贯，是否乐于参与讲故事活动。

### ✎ 观察记录

一、幼儿表现

区域活动开始啦，幼儿来到了阅读区。一位小朋友向大家介绍投放在区域中的《足球场》《我爱足球》《运动小人》《森林运动会》等绘本，引导大家观察讲述步骤图。豆豆挑选了新投放的《足球场》，从第一页开始认认真真地读了起来，他用手指点着插图讲故事，看到了穿蓝色队服的足球队员在踢球，马上兴奋地手舞足蹈起来："蓝色队员拿到了球，绕过白色队员，前面就可以进球了。"在一旁的小易看到第四页时，皱起了眉头，看看我，又看看讲述步骤图，然后对一旁的溪溪说："溪溪，你会讲故事吗？我不会讲这个，你能讲给我听吗？"溪溪听到后放下了手上的书，拿起小易的《森林运动会》，边看边问小易："这是在哪里？都有谁？"小易说："这是在森林里，有很多小动物，有狮子、猴子、刺猬、松鼠、熊、兔子，还有乌龟。"溪溪说："它们在干什么？"小易说："在跑步。"溪溪接着问："你猜猜它们在说什么？"小易说："不知道。"溪溪想了想说："它们要比赛跑步，会说些什么呢？"小易说："我跑得最快，你快追我吧！"溪溪鼓励道："你讲得可真好啊，你再给我讲讲后面发生的故事吧，我当你的小听众。"得到了溪溪的鼓励，小易尝试着开始讲述故事了。

在区域分享中，我发起倡议："谁想把自己看到的故事分享给大家呀？"小易马上举手示意，清晰地讲述起来："大家好，我叫小易，我今天看到的故事是森林运动会，森林里住着很多动物，有一天它们要比赛跑步，狮子说：'我跑步最快了，你们谁能超过我？'猩猩说：'我可以超过你，我们开始比赛吧！'于是它们邀请很多动物来当裁判……"精彩的故事情节和完整的讲述过程获得了小朋友们热烈的掌声，小易也露出了自信的笑容。

### 二、分析与评价

在区域活动中，幼儿能够理解画面中包含的故事内容有哪些，语言表达能力强的幼儿很快就掌握了讲述故事的方法，而能力较弱的幼儿还掌握得不够熟练，如小易在区域活动中就遇到了困难，这时能力较好的溪溪帮助了小易，通过同伴之间的互相学习，小易慢慢掌握了方法。幼儿语言表达能力的培养是一个循序渐进的过程，可以在日常生活中利用吃饭前后、睡觉前的时间，让孩子听听录音，讲讲故事，使幼儿的语汇量得到充分扩充，同时要丰富幼儿多方面的知识、开阔视野。这样幼儿才会愿意讲故事、喜欢讲故事、大胆地讲故事。

### 调整与改进

1. 引导幼儿把讲故事的过程、感想以及讲的内容记录下来，或者把故事内容录制下来，回过头来让幼儿听一听，幼儿会更有成就感，也会更喜欢讲故事。

2. 要挑选幼儿喜欢的、有趣的故事。除了故事的内容健康、积极向上，还要注意故事语言的生动和简练，以及部分的重复。这样的故事，能引起幼儿学习讲述的兴趣，也更容易掌握。

## 区域活动计划与记录

### 活动计划

活动名称：老鼠偷吃我的糖　　班级：大班　　指导教师：周瑜

> 设计意图：《老鼠偷吃我的糖》是根据一首民间童谣改编的绘本，绘本内容诙谐、幽默，采用循环式的故事表述方式，受到了幼儿的喜爱。本次活动引导幼儿在了解故事内容的基础上体验连锁接应对话的乐趣，养成良好的阅读习惯。活动过程中幼儿在一问一答的游戏中感知与表达故事内容，提高了幼儿的阅读理解能力和自主阅读的能力。

● 材料准备

1. 材料投放：绘本《老鼠偷吃我的糖》若干本。
2. 环境创设：几张舒适的椅子，柔软的靠垫、地毯，图书区安静的氛围。

● 材料规划

大班幼儿社会知识逐渐丰富，语言技巧逐渐成熟，教师可为幼儿投放一些配有简单文字且情节生动形象的绘本读物与有关探险和设置问题环节的图书。同时，放置讲故事步骤图，同伴之间进行交流讲解时可供参考。

● 观察要点

1. 幼儿在阅读过程中能否感知连环套故事的特点，体会故事的趣味性。
2. 幼儿能否观察画面中的人物、情节，将前后联系起来，理解故事的内容。

## 观察记录

### 一、幼儿表现

区域活动开始了，沫沫和青青手拉手进入了阅读区。沫沫进去之后选择了一本书看了起来，快速地翻阅之后又去换了第二本书。一会儿工夫，她又将第二本书放了回去。显然，两本图书都没有引起她的阅读兴趣。这时她发现了坐在一旁正认真看书的青青，于是凑到青青的旁边偷偷地瞄起了青青的书。青青看到沫沫坐过来和她一起看，对沫沫说："我给你讲讲这个故事吧。"沫沫开心地说："好呀，好呀，我很想听听你的这个小故事。"青青翻阅着故事书，娓娓道来："有个人去告状说：'老鼠偷吃我的糖。'法官就问：'老鼠呢？'那个人说：'老鼠被花猫吃了。'法官又问：'花猫呢？'那个人说：'花猫爬到树上去了。'"接着沫沫认真地对青青说："我知道这本书是什么意思了，下边是不是该问'树呢？'？"青青回答道："树被人砍了。"看着图画，沫沫又接着问："人呢？"……青青和沫沫以一问一答的方式看完了整本书，两人被书中幽默风趣的故事情节引得哈哈大笑，反复以一问一答的方式复述着书中的内容。

### 二、分析与评价

阅读区的活动能够培养幼儿的阅读技能和阅读习惯。在活动过程中，幼儿能够根据连续画面提供的信息，复述故事的情节。在此次阅读活动中，沫沫和青青能抓住重点去观察画面，并串联起图片的内容进行正确的表述。共同阅读过程中，他们在一问一答的游戏情节中感知与表达故事内容，体会阅读的乐趣。

## 调整与改进

1. 根据幼儿注意力时间长短的不同，选择适宜的绘本读物，有助于幼儿对书中的故事产生兴趣。可以投放大量画面色彩缤纷、情节生动有趣的图书。
2. 阅读区不应只放书架、图书，应该根据幼儿的兴趣特点，放置一些小沙发、靠枕和坐垫，为幼儿营造温馨舒适的环境，提高幼儿的阅读兴趣。

## 区域活动计划与记录

### 活动计划

活动名称：整理书籍　　班级：大班　　指导教师：姚倩男

> 设计意图：阅读区因有大量适宜幼儿阅读的绘本而广受幼儿喜爱。但是，在区域里常常会在桌上和地上看到散落的图书，书架上的书东倒西歪。在整理图书时，也存在"看时有人，收时无人"的现象，从而给下次的活动带来许多不便。通过整理图书，可以让幼儿掌握收纳的基本方法，在做一做、想一想的过程中提高幼儿的整理能力和责任意识，感受与同伴合作的乐趣并养成良好的整理习惯。

- **材料准备**

1. 材料投放：水彩笔、即时贴、彩色打印纸等。
2. 使用工具：安全剪刀、胶带、双面胶等。
3. 环境创设：纯音乐、整理图书步骤图。

- **材料规划**

材料的选择要考虑到安全性、可操作性，根据大班幼儿不同的发展水平和需要，投放不同难度标准的操作材料，以水彩笔、即时贴、彩色打印纸等为主，让所有幼儿都可以在操作中获得满足感和成就感。

- **观察要点**

1. 幼儿能否运用已有经验设计标签。
2. 幼儿能否在游戏过程中，根据实际情况创新整理规则。
3. 幼儿能否运用材料的特性解决设计标签中的难题。

### 观察记录

**一、幼儿表现**

诗涵和琪琪来到图书区，认真观看了老师制作的整理图书步骤图，然后开始沟通想法。诗涵拿起一本书，问琪琪："故事类的图书我们用圆形的绿色标签来表示，可以吗？"琪琪认同了她的想法："那你负责在即时贴上画圆形，我负责剪吧！"两个小朋友开始制作标签。最初诗涵的圆形怎么也画不好，歪歪扭扭的，她很着急，赶紧找琪琪来帮忙："你有什么办法能把圆形画好吗？"琪琪马上想到以前美术活动中学到的小技巧，于是到美工区拿来了一次性杯子，给诗涵做示范。她把纸杯放到即时贴上，一手按住纸杯，一手拿起画笔，沿着杯底的轮廓画出一个圆形，诗涵看到后马上开始模仿着她的样子画圆。在两个人的配合下，故事类的图书都贴上了圆形的绿色标签。

接下来，她们在书架第一个格子里也贴上了圆形绿色标志，代表这个格子里放的是故事类图书。琪琪把书放进去后，诗涵又发现了一个小问题："你刚才放的这些书，看起来很不整齐，而且不方便小朋友找书，我们来整理一下吧！"琪琪表示很赞同，于是她们开始行动起来，把书脊全部朝外摆放好。

这时琪琪又发现了问题:"我觉得这样还是不够整齐,这些书有高有低,我觉得应该按照从高到低的顺序再调整一下,会变得更整齐的!"

整理完后,诗涵激动地说:"琪琪,我们可真厉害,图书区变得整整齐齐了,我们还学会了好多整理图书的方法,下次我要邀请更多的小朋友加入我们!"琪琪点头表示同意。

二、分析与评价

在生活中,我们常常听到家长和老师抱怨孩子们把玩过的玩具、看过的图书到处乱丢,虽然表面看上去都是一些小问题,可事实上会给孩子的生活、学习带来不少麻烦。通过让幼儿当"图书管理员",可以激发幼儿的整理兴趣,从而将帮助幼儿整理、督促幼儿整理转变为幼儿主动整理、会整理。通过教师投放的各种材料,激发幼儿的整理收纳兴趣,使幼儿积极地参与到活动中。在诗涵小朋友制作标签遇到困难时,教师没有立马介入,而是在旁边观察幼儿,并根据观察,分析是否需要提供适宜的指导。教师最大限度地放手,给予了幼儿充分自由的游戏机会,也正是在放手的过程中,教师发现了"超有办法的儿童"。同时,促进了琪琪和诗涵互相之间的交往与合作,她们不仅在整理图书上提升了一个层次,解决问题的能力也得到了提高。

### 调整与改进

1. 在区域材料的投放中,要考虑到材料的丰富性,保证其种类和数量,可以根据幼儿的发展和兴趣,依次投放。

2. 在区域活动中,教师要对幼儿有深入的观察和了解,介入的时机要掌握好,过早介入会让幼儿失去独立思考的机会,过晚介入会让幼儿产生无助的感觉。

## 美工区活动

### 区域活动计划与记录

### 活动计划

活动名称:花艺    班级:大班    指导教师:田玲

> 设计意图:户外散步时,幼儿被香味扑鼻、色彩艳丽的花朵吸引,纷纷感叹:哇,好美呀!于是我抓住这一教育契机,开展了本次区域活动。通过观察和制作花朵的过程,引导幼儿在了解花朵形状、结构的基础上,能够运用新技法"渲染"制作出具有不同特点的花朵。活动中幼儿手指肌肉的协调性、灵活性能够得到进一步锻炼,对大自然和社会文化生活中的美的感受和体验进一步加深。

● 材料准备

1. 材料投放:纸巾、图画纸、白色皱纹纸、毛根、淡彩颜料等。

2. 使用工具：喷壶、水枪、牙刷等。

3. 环境创设：不同种类花朵做背景、制作花朵的步骤图。

- 材料规划

为幼儿投放不同层次、种类丰富的材料，激发幼儿的创作兴趣和欲望。低结构的材料，可以促进幼儿的多样化塑型，所以本次活动主要选取各类纸、毛根、淡彩颜料、喷壶等物品引导幼儿进行操作。

- 观察要点

1. 幼儿是否喜欢运用渲染的技法制作花朵。
2. 幼儿在活动中能否运用流畅的语言与同伴进行沟通。
3. 幼儿能否根据不同材料的特性解决活动中遇到的难题。

## 观察记录

### 一、幼儿表现

在创作过程中，宥宥先观察了教师制作的步骤图，然后选择了图画纸、毛根、淡彩颜料、喷壶、安全剪刀等工具。她用叠小扇子的方式把图画纸折在了一起，用毛根紧紧地绕在中间；拿起安全剪刀，按照折痕均匀地剪出花瓣，但没有剪断；最后拿起喷壶对着花朵喷了适量颜料。不一会儿，栩栩如生的花朵就做好了。

秋石也先看步骤图，然后选择了纸巾、毛根、淡彩颜料、喷壶等工具。他先找到了纸巾的中心点，围绕中心点把纸巾揉捏在一起，形成花朵的形状；再用毛根来制作花托、花茎，固定花朵底部；然后把颜料用喷壶喷在了花朵上。但是他喷的颜料太多，而纸巾较薄，很快就破了。他沮丧地说："这是怎么回事，为什么我的花朵破了呢？"在思考后，仍没有想到答案的秋石对宥宥说："你是怎么做的？可以帮帮我吗？"宥宥放下手中的花，看了看："我觉得是因为你的颜料喷得太多，所以花瓣破了。我们一起来做一朵，这次颜料喷少一点，试试吧！"很快，在宥宥的帮助下，秋石的渲染花做好了，他高兴地对宥宥说："谢谢，真是多亏了你！"活动结束音乐响起，两人有序地整理材料，按标记收放，将作品整齐地摆在展示柜上。

### 二、分析与评价

本次做花的活动中，渲染是幼儿之前没接触过的方法，教师制作了详细的操作图，比较有趣，并且做出来的效果非常好，会让幼儿获得极大的成就感。活动过程中，宥宥在仔细观察操作图后可以认真地完成作品，并且面对小朋友的求助，宥宥耐心地给予帮助，体现出了合作意识，更增加了活动的趣味性。当秋石遇到困难时，教师给了他充分的独立思考空间，让幼儿的潜能得到真正发挥。区域活动是幼儿自己的活动，探索的问题也是他们真正想知道的。最后秋石选择让小朋友来帮忙，不仅培养了他解决问题的能力，还提高了他的合作意识。

## 调整与改进

1. 教师在观察指导时，要多给幼儿提供一定的发挥空间。要仔细地倾听幼儿的"秘密"，多站在幼儿的视角去想问题、看问题，这样才能更有效地推进幼儿游戏。

2. 在选择材料时，多选用低结构材料。它的可塑性大，玩法开放、自由，且能一物多用，可以更好地激发幼儿的主动性和创造性，从而真正做到材料为幼儿服务。

## 区域活动计划与记录

### 活动计划

活动名称：秋天的果实　　班级：大班　　指导教师：杨会霞

> 设计意图：秋天是一个多姿多彩的丰收季节，那金灿灿的菊花、红彤彤的苹果、黄澄澄的柿子、雪白的棉花都引发了幼儿对秋天无限的兴趣与热爱。通过欣赏作品，幼儿在了解秋天果实特点的基础上，运用已有生活经验，用美工的形式大胆地进行想象和创造，引导幼儿乐意与同伴合作，体验美工活动带来的愉悦情绪，提高动手操作能力，进一步深化幼儿对秋天的认知。

- **材料准备**

1. 材料投放：纸杯、皱纹纸、彩纸、彩色超轻黏土、水彩笔、塑料保护膜、颜料、蜡笔、吸管、毛杆。
2. 使用工具：画笔、调色盘、剪刀、双面胶、图画本、胶棒。
3. 环境创设：丰收背景音乐，成熟的麦子、玉米、水果做背景，制作不同果实的步骤图。

- **材料规划**

材料的选择要考虑到多样性与可操作性。大班幼儿知识的储备量不断增加，手部灵活性发展较好，在制作果实过程中为幼儿提供的材料以塑料保护膜、颜料、超轻黏土、彩纸、吸管、毛杆等物品为主，便于幼儿进行操作。

- **观察要点**

1. 幼儿是否知道什么果实是在秋天成熟的，能否大胆表述自己的想法。
2. 幼儿能否运用不同材料制作秋天的果实，掌握撕纸、粘贴等技能，体验成功的乐趣。
3. 幼儿在活动结束后能否将材料分类归位，养成良好习惯。

### 观察记录

**一、幼儿表现**

区域活动时间开始了，苗苗、博博和萌萌三位小朋友来到了美工区，本次的主题是"秋天的果实"。幼儿先欣赏秋天的果实，苗苗说："到了秋天苹果会变红，柿子会变成黄色。"萌萌说："秋天是一个丰收的季节，石榴也成熟了，我特别喜欢吃石榴。"制作过程中，苗苗欣赏了老师提供的实物及步骤图，然后选择了塑料泡沫保护膜，用黄色和绿色的颜料进行操作。她先用剪刀把塑料膜剪成了玉米的形状，然后将画笔蘸上黄色的颜料，把刚才剪好的形状涂满，由于保护膜上有一粒一粒的小突起，"玉米粒"显得非常饱满，最后她用绿色的颜料在玉米旁边画上了两片叶子，一个金灿灿的玉米就完成了。

博博和萌萌在仔细观察步骤图后选择材料进行制作。萌萌用超轻黏土捏了一个大大的圆形，博博问："这个是干什么用的呀？"萌萌说："这是一个水果盘，我们可以在里面装上水果，招待客人。"博博表示自己可以制作水果，两个小朋友分工明确，只见博博取下一块红色的超轻黏土，放在手里不停地揉搓，一会儿，一个又红又圆的苹果就完成了。用相同的方法，金黄的梨子也制作出来了。水果盘中很快就摆满了水果。"快来品尝美味的水果呀。"两个小朋友一边拍手一边笑着说。活动结束后，幼儿把水彩笔放在盒子里，把剪刀、超轻黏土等材料放到美工区，再把桌子上的纸屑清理干净。

二、分析与评价

《3～6岁儿童学习与发展指南》在艺术领域中指出：幼儿园艺术教育目标是使幼儿能初步感受并喜爱环境、生活和艺术中的美，喜欢参加艺术活动，并能大胆地表现自己的情感和体验，能用自己喜欢的方式进行艺术表现。什么果实是在秋天成熟的呢？孩子们运用美工材料给出了答案。在活动中，通过运用幼儿已有的生活经验、与同伴相互交流探索，培养幼儿的沟通与合作能力，使幼儿体验到美工活动带来的快乐。

## 调整与改进

1. 在区域材料投放中，鼓励幼儿收集一些废旧物品进行创作，如我们平时收快递时最常见到的塑料保护膜，类似的物品还有很多，需要我们引导幼儿在生活中不断发现。

2. 在区域活动中，要鼓励幼儿多观察，然后进行大胆的创作和想象，而挑战性的材料更能激发幼儿的创作兴趣。

## 区域活动计划与记录

### 活动计划

活动名称：果皮粘贴画　　班级：大班　　指导教师：李乾

> 设计意图：创意画在美育活动中占据着重要的地位，旨在开发幼儿的想象力，拓宽幼儿的美术视野，提高幼儿的创造性。在制作创意画的时候，幼儿可以展开想象，大胆地进行创作，表达自己对周围世界的认知。在创意区，大部分都是低结构材料，幼儿可以利用拼搭、粘贴、折纸、绘画等多种艺术手段制作出更美的艺术品。在和同伴相互欣赏作品的交流中，有利于提高幼儿的艺术素养，激发他们的创作热情。

● 材料准备

1. 材料投放：橘子皮、水彩笔、油画棒、超轻黏土、纸盘、卡纸等。
2. 使用工具：捏泥工具、安全剪刀、双面胶、胶棒。
3. 环境创设：树叶粘贴画、粘贴画步骤图、运动人物照片。

● 材料规划

材料的选择要考虑到可收集性和可操作性，大班幼儿随着年龄的增长，有了一定的知识储备，掌握了美术工具的使用技巧，可以熟练使用剪刀和胶水。幼儿可以把橘子皮作为颜色填充到自己画的运动图中，也可直接用橘子皮剪出自己想要的图形，再进行粘贴组合。

- **观察要点**

1. 幼儿能否运用橘子皮拼凑出各种运动形态，体验到创作的乐趣。
2. 在活动过程中，幼儿能否相互配合、互相合作。
3. 活动结束后，幼儿能否分类摆放绘画材料，养成良好的习惯。

## 观察记录

**一、幼儿表现**

活动开始了，天天和依依两位小朋友来到了创意区。天天选择了白色的卡纸、水彩笔、双面胶和剪刀，然后在白色的卡纸上画出了在室外活动中跳绳的图画。在勾出轮廓后，天天并没有用水彩笔进行填充，而是拿起橘子皮，放到画面上进行比对，用剪刀剪成一个个小块；然后在图画上涂上胶水，把剪成小块的橘子皮贴到图画上；最后用水彩笔进行简单的填充，一副粘贴画就做好了。

依依选择了黑色的卡纸、比较完整（大块）的橘子皮、胶水、水彩笔和剪刀。但是，他并没有在纸上绘画，而是在橘子皮上进行创作。他在橘子皮上画出了身体或者衣服，然后用剪刀剪下来，在橘子皮后面贴上双面胶，贴到画纸上，最后用彩笔画上人物的头和四肢，这些人物有着夸张的动作、不同的造型，看起来很是有趣。

天天在第一个人物制作完成后停了下来，开始左顾右盼，看别人的画。天天对依依说："我的橘子皮总掉，粘不住。"依依说："我的橘子皮用双面胶粘的，不会掉，你也试试吧。"天天："这个办法好，但是我需要你的帮助，你能帮我吗？"依依："我已经做好了，我帮你，咱们一起做吧。"他们又选择了双面胶，用双面胶把橘子皮粘起来，依依在上面完整地画画，再剪下来，进行粘贴。音乐声响起，本次活动结束了，天天和依依把材料重新放回美工区。

**二、分析与评价**

创意画的核心在于创造，这种不规定方法的制作更容易激发幼儿的兴趣。在天天操作出现问题时，教师给了幼儿独立解决问题的空间。天天礼貌地等待依依完成绘画之后再寻求帮助，这是天天社会性的良好体现。两个幼儿在讨论中解决问题，体现了教师退位的重要性。我们要培养幼儿发现问题、探索问题、解决问题的能力，培养幼儿互相合作的良好品质。

## 调整与改进

1. 在区域活动中，具有挑战性的主题更能引起幼儿的制作兴趣，从而把不可能变成可能。可回收物的再利用，既环保又能丰富区域材料，同时自然物的利用可以促使幼儿发现大自然的美。
2. 在区域活动中，教师要时时刻刻关注区域内幼儿的情况，做好一个引导者和旁观者。

## 区域活动计划与记录

## 活动计划

活动名称：画花　　班级：大班　　指导教师：田玲

设计意图：花朵是幼儿最为喜爱和熟悉的形象之一。教师要创造机会和条件，支持幼儿自发的艺术表现和创造，让幼儿用绘画、捏泥、手工制作等多种方式表现自己的想法。因此，本次活动为幼儿准备了多种材料和工具供他们自由选择，使幼儿整合已有经验、运用多种方式制作不同的花朵，引导幼儿感受美术创作的乐趣，提高审美情趣。

● 材料准备

1. 材料投放：画纸、颜料、勾线笔、气泡膜。
2. 使用工具：调色盘、排笔、棉棒、海绵印章、彩色马克笔。
3. 环境创设：不同花朵实物、图片等装饰、用多种材料绘制花朵的步骤图。

● 材料规划

大班幼儿已经积累了一定的生活经验，掌握了一定的美术技能，具有一定的艺术表现能力。因此，在活动中要让幼儿感受到美术创造的快乐和自由。在材料提供方面，准备多种材料和工具供幼儿选择，在提升幼儿认知能力的同时让其充分享受美术创作的乐趣。

● 观察要点

1. 幼儿能否用绘画的方式创作自己喜爱的花朵图案。
2. 幼儿能否与同伴大胆分享自己的想法，感受美术创作的快乐。

## 观察记录

### 一、幼儿表现

请幼儿欣赏各种花朵图片，观察其特点，花有花瓣和花蕊。引导幼儿依次认识不同种类的花，如梅花、荷花、向日葵、桃花等，了解它们的名称和不同之处。鼓励幼儿选择合适的材料和工具设计自己喜欢的花朵。

开始绘制花朵了，有的幼儿选择了彩笔在纸上绘画，有的拿起排笔蘸颜料进行创作，有的拿着气泡膜涂上颜料，还有的小朋友在一旁观察他人的操作后，才选择感兴趣的材料进行创作。圆圆就是其中一个，从活动开始她就一直在犹豫，直到看到坐在旁边的可可用海绵印章蘸了颜料在画纸上进行拓印，三下五下，几个花瓣就初具轮廓。圆圆看着这种绘画方法觉得很有趣，随后也拿着海绵印章蘸颜料开始拓印花朵……不一会儿，有五个花瓣的花朵便显现了出来。圆圆很满意，随后拿起一根棉棒，蘸上黄色的颜料绘制花蕊，再用白色的颜料进行点缀，最后还拿画笔给桃花画上了叶子和枝干……在最后的分享环节，圆圆告诉大家自己的想法："我想画一枝桃花，但是我不知道应该怎么画。看到可可正用海绵印章画花，画的花瓣可圆了，特别好看，我也就这样画了。"

### 二、分析与评价

美是能给人带来愉悦的，每个孩子也都有自己的审美标准，如不同的色彩倾向、不同的绘画手法……幼儿在自由宽松的创作氛围中，能够选择与自己的活动目标相适应的材料，在教师鼓励下按自己的想法进行操作，发挥想象力和创造力，去感受美和表现美。在最后的分享环节，幼儿向同伴介绍了自己创作过程中的小插曲，不仅展现了自我审美情趣，还发展了分析问题和解决问题的能力。

### 调整与改进

区域活动中教师应提供的材料，要能满足幼儿的审美和表现需要。虽然幼儿已经对常见的工具和材料有了一定的操作经验，但仍要在活动前引导幼儿了解将要使用的工具和材料，尤其是区域中补充的新材料，以便幼儿正确、恰当选择、使用。

## 区域活动计划与记录

### 活动计划

活动名称：剪窗花　　班级：大班　　指导教师：周瑜

> 设计意图：幼儿园正在举行"迎新年"主题活动，幼儿在装饰自己班级环境前，参观了其他班级的活动室，对窗花产生了兴趣。因此，教师决定将幼儿感兴趣的内容纳入区域活动中。通过活动，引导幼儿了解窗花的特征，激发幼儿的想象力、创造力和对民间艺术的兴趣。

- 材料准备

1. 材料投放：各色彩纸、水彩笔、油画棒。
2. 使用工具：安全剪刀、双面胶、胶棒。
3. 环境创设：民间艺术纯音乐、各种窗花做背景、剪窗花的步骤图。

- 材料规划

大班幼儿已具备观察物体的细节部分的能力，并且能够把所见所闻表现出来。窗花背景图、步骤图等材料可以供幼儿参考和学习。使用工具的安全性、环保性和便捷性也是重要的考虑因素，便于幼儿利用工具充分发挥自己的想象力、创造力和表现力。

- 观察要点

1. 幼儿能否剪出自己设计的窗花，能否独立完成自己的作品。
2. 通过活动，幼儿对剪纸的兴趣是否有所提高。

### 观察记录

一、幼儿表现

希希在材料筐里找到一张红色的正方形纸，并对其进行对边折、再对边折，完成后拿彩笔在纸上画出了好多波浪形的花边，开始沿着花边进行裁剪，完成后又选择了一张紫色的正方形彩纸，用同样的方法又剪了一个窗花。希希打开两个像一串串葡萄的窗花，仔细欣赏着。佳佳看到希希的作品说："你剪的窗花好漂亮呀！像葡萄。你看看我剪的。"说着，她打开自己剪好的窗花展示给大家。佳佳在剪的过程中一直在看墙上的操作步骤图，有时还要将自己剪的样子放在墙上，与图样进行比对，因此她剪成的样子和图样十分相似。文文也看见了佳佳的剪纸作品，问佳佳："你是怎么剪的呀，我怎么剪不成呢？"佳佳告诉她："我是先把纸沿着边对折了两次，然后再按照图的样子画出花纹的。剪的时候要特别小心，如果剪在另一边就剪错了。刚才我就剪坏了一个。"文文请佳佳来示范，并且跟着她一步步进行了尝试，在遇到小问题时佳佳都会主动帮助她解决。在佳佳的指导和讲解下，文文最终成功地剪出了一个造型独特的窗花作品。

### 二、分析与评价

在剪窗花的过程中，小朋友们积极参与、认真制作。他们能在尝试和探索中展现作品的特色。大班的幼儿思维非常活跃，常常会有一些奇思妙想，对事物有着自己独特的想法和感受。通过活动可以引导孩子发现美、感受美，更重要的是能够引导孩子表现美、创造美。剪窗花活动可以提高幼儿的动手操作能力，培养幼儿对民间艺术的兴趣。

### 调整与改进

1. 区域活动应该添加作品展示环节，以便幼儿在完成作品后可以更直接、更清晰地展示出来。引导幼儿主动欣赏和评价同伴的作品，使他们在相互交流的过程中共同提高、增强自信。

2. 教师在幼儿需要时，可以在技能、技法上对幼儿提供帮助，如不同的折法、不同的画法等，让幼儿体会到成功的喜悦。

## 区域活动计划与记录

### 活动计划

活动名称：小花伞　　班级：大班　　指导教师：陈雪芹

> 设计意图：伞是幼儿熟悉的物品，尤其是下雨天，色彩艳丽的伞面装饰吸引着幼儿的目光，引发幼儿想要制作一把小花伞的创作欲望。通过引导幼儿欣赏不同伞面的花纹和图案，鼓励幼儿尝试运用不同色彩和线条大胆地进行伞面设计，锻炼他们的动手能力和想象能力，在此过程中使幼儿体验到创作活动的快乐，提高他们的审美情趣。

- 材料准备

1. 材料投放：纸伞、颜料、彩纸、彩笔。
2. 工具投放：调色盘、排笔、记号笔、剪刀、胶水、海绵章、吸管。
3. 环境创设：有关伞的纯音乐、各种纸伞做背景、用多种材料装饰纸伞的步骤图。

- 材料规划

根据大班幼儿动手能力的特点和思维创新意识的发展情况，活动中选用了实物伞供幼儿进行设计。在装饰纸伞材料的提供上尽可能满足幼儿运用多种方法创作的需要，达到不同的装饰效果，协助幼儿将自己的想象变成现实。

- 观察要点

1. 幼儿能否运用不同色彩、线条、形状大胆地进行伞面设计。
2. 在创作活动中幼儿是否愿意和同伴交流，并分享自己喜爱的艺术作品。

## 观察记录

**一、幼儿表现**

活动开始了，幼儿先欣赏各种伞面装饰，感知伞的不同花纹、线条和图案之间的差别，认识彩虹伞、波浪花纹伞、波点伞、格子伞……不同的花纹就代表不同的伞。小朋友们纷纷选择了自己需要的工具和材料按照自己的想法进行设计。有的幼儿拿排笔蘸上颜料在伞上画彩虹；有的则画上小船、白云和蓝天；有的准备用彩纸剪贴的方式装饰花伞……乐乐画了一会儿便坐不住了，只见他左瞧瞧、右看看，问问左边的娇娇在画什么，问问右边的天天在做什么，看到大家都在装饰小伞，于是想了想，自己也开始忙碌起来。不一会儿乐乐的伞上出现了彩虹、好几朵有表情的云、一艘遨游在云海上的小船，还有几个长着翅膀飞翔的小人，后来他贴了几个彩纸剪的小星星，使整个伞面变得更加丰富立体、有故事感。在乐乐的带动下，小朋友们纷纷开始动手丰富自己的伞面。最后，大家轮流分享了自己的伞面故事。

**二、分析与评价**

伞是幼儿常见的物品之一，伞面凭借它的形态优势，为幼儿提供了进行艺术创作的平台。幼儿在活动中最喜欢相互模仿，他们有时会因为同伴操作材料的新奇有趣，产生对这种材料的操作欲望。在这个过程中，同伴之间相互学习、借鉴，自发地与同伴合作解决问题，获得了创作的快乐体验。

## 调整与改进

1. 幼儿喜爱模仿，容易在与同伴的相互交流中模仿和学习，并且幼儿只有在自主选择自己感兴趣的材料并与之相互作用的过程中才能有所动、有所想、有所思、有所悟。在活动中，幼儿的想法和选择的材料可能会随着意愿随时变化。因此，活动中教师应提供数量充足的材料供幼儿选择，以保证幼儿的操作活动顺利进行。

2. 教师在区域活动中要适时、适度地发挥引导作用，以培养幼儿自主学习的能力，真正实现美术教学与美工活动的优化结合，做到美术活动的游戏化和自主化。

### 区域活动计划与记录

## 活动计划

活动名称：制作花　　班级：大班　　指导教师：董培培

> 设计意图：春天到了，院子里五彩缤纷的花朵常常吸引孩子们驻足欣赏，根据幼儿的兴趣点，我跟小朋友们商量，准备通过制作花朵的方式将那份美好的记忆留在班中。引导大班幼儿运用已有经验，综合运用剪、拼、贴技能进行自主创作。通过废物巧利用，促使幼儿主动参与、自主探究，提高他们的动手操作能力。

- 材料准备

1.材料投放：手工花图片若干、各色皱纹纸、一次性筷子、纸杯若干、剪刀、黑色勾线笔、油画棒、双面胶、塑料包装网。

2.使用工具：捏泥工具、调色盘、小水桶、安全剪刀、双面胶、胶棒。

- 材料规划

材料的选择要考虑到可收集性、可操作性，大班幼儿对自己的手臂、手部的控制能力较强，可以根据自己的意愿和不同的材料特性探究多种制作方式，半成品和辅助材料的提供可以使幼儿在创作中感受到战胜难题、挑战自我的乐趣。

- 观察要点

1.幼儿在制作的过程中，能否用不同的材料呈现出心中美丽的花朵。

2.幼儿在活动中能否做到认真专注、互帮互助。

## 观察记录

### 一、幼儿表现

活动开始了，幼儿先欣赏用各种材料制作花的图片，教师引导幼儿讨论制作这些美丽的花朵所使用的材料和工具。在制作过程中，有过纸杯花制作经验的豪豪拿起了一个纸杯，用勾线笔在纸杯上画上优美的线条，又用油画棒给它穿上了"红色的外衣"，最后用剪刀将纸杯剪成花朵的形状，一朵绽放的小红花就这样完成了。一朵两朵三朵……豪豪越做越熟练，还创造性地将它们粘贴在了区角的树枝上。一旁已经完成了花朵制作的小雨看到了问："为什么你的花没有花蕊呢？"豪豪听了恍然大悟，随后对小雨说："确实没有花蕊，可是我不会做呀！"小雨说："没关系，我来帮你吧。"只见小雨拿起一个黄色的塑料包装网，将它剪成了长条状，又用双面胶一层一层叠加粘在一起，用手卷成一个圆形的花蕊，把它粘在花心处，瞬间给原来的纸杯花增色不少。豪豪说："小雨你真棒！再做纸杯花的时候我也会做花蕊了。谢谢你！你做的花呢？"小雨拿起自己的花朵请豪豪看，细心地为豪豪介绍："我的小花是用皱纹纸做的，我把它粘在了筷子上。你看，花的下边还有绿色的叶子呢！好看吗？"豪豪："真好看！你做的是什么花呢？"小雨骄傲地回答："是向日葵。我要把它插在花盆里，向着太阳。"

### 二、分析与评价

幼儿有自己思考并想办法解决困难的意愿。在本次活动中，幼儿之间通过细心的观察能够发现问题，并主动为同伴提供解决问题的方法，通过两人的合作，幼儿将原来的作品进行加工后使作品得以完善，从而获得最终的良好体验。动手能力较强的幼儿材料选择范围较广，制作起花来得心应手，还能运用余下来的时间主动去帮助他人，起到了很好的榜样示范作用。

## 调整与改进

1.在区域材料的投放中可以加入有挑战性的材料，如小米、大米、各种豆子、花生等农作物，利用种子的特点进行立体拼贴。

2.在区域活动中，教师要时时刻刻关注区域内幼儿的情况，观察幼儿对各种材料的使用情况，以便随时进行调整和投放。

## 区域活动计划与记录

### 🖊 活动计划

活动名称：制作精灵屋　　班级：大班　　指导教师：贾乐

> 设计意图：美工区是幼儿非常喜欢的区域，幼儿可以通过自己的双手来制作各种各样的作品。幼儿对精灵屋有一种梦幻而又神奇的感觉，通过制作精灵屋，引导幼儿在了解精灵屋的基础上，能够大胆想象并设计出具有不同特色的精灵屋。大班幼儿的手部小肌肉灵活性发展较好，因此设计本次活动，让幼儿通过自由创作的过程发展想象力和创造力。

● **材料准备**

1. 材料投放：超轻黏土、形状各异的瓶子等。
2. 使用工具：压板、塑料模型等捏泥工具。
3. 环境创设：欢快的音乐、悬挂一些小精灵、捏泥的方法步骤图。

● **材料规划**

材料的选择应考虑到形象、可塑性强、操作简易。大班幼儿随着年龄的增长，有了一定的知识储备，再加上对超轻黏土的操作能力增强，所以在"制作精灵屋"这一活动中主要选取的材料是瓶子和超轻黏土。

● **观察要点**

1. 幼儿是否掌握了团、捏、搓超轻黏土的基本技能，能否可以熟练使用工具。
2. 在活动中，幼儿是否可以运用不同方式制作精灵小屋，体验创作的乐趣。
3. 幼儿能否在活动中互相欣赏，结束后是否把自己的制作材料分类摆放好，养成良好习惯。

### 🖊 观察记录

**一、幼儿表现**

活动开始了，墨墨和莜莜两位小朋友来到了美工区。首先，幼儿间互相讨论精灵屋是什么样子的：有各种各样的房顶，圆形的、三角形的、蘑菇形状的等，还有奇妙的门和窗户。其次，她们观察制作精灵屋的材料和捏泥的步骤图，并自主选择材料，用不同方式进行制作。最后，开始了她们的创作之旅。

在制作的过程中，墨墨先用白色的超轻黏土将瓶子包裹起来，然后用蓝色的超轻黏土捏了一个圆形的屋顶，还用一个个的小球点缀屋顶。接着用优美的线条、点和线有规律的完美组合制作了窗户和门。不一会儿，一个漂亮的精灵屋就完成了，最后墨墨将它放到了展示台上。

莜莜也选择用白色的超轻黏土打底，并用黄色的超轻黏土制作了一个蘑菇形状的房顶，还在房顶上安装了一个烟囱。我观察到莜莜在制作窗户时，将超轻黏土搓成了长条形和球形，利用压板制作出了一个窗台，又在门上进行了装饰，创作兴趣很浓厚，操作步骤也很有序。完成后她拿着自己的作品让我看，我欣赏完后说了一句："精灵小屋好像太孤单了。"这句话让莜莜马上想到了一个好主意，她拿着她的精灵小屋马上回到座位上继续操作了起来。不一会儿，莜莜完成了最后的工序，后非常兴奋地来到了我的面前，邀请我来参观："老师，你看我做的精灵小屋漂亮吗？"只见她为小屋增加了许多装饰——绿草地、小花、小动物，使小屋显得生机勃勃。高高低低、大大小小、五颜六色的精灵小屋被小朋友们放在了一起，每个精灵小屋都有自己的特点，像极了一个精灵部落。

### 二、分析与评价

幼儿在活动中能够掌握团、捏、搓等基本技能，学会感受作品的美，对创意美工产生了浓厚的兴趣。当老师提出问题时，幼儿能够主动探索问题、解决问题。在幼儿的成长过程中，我们要培养他们自己想办法解决问题和互相合作的良好品质。

### 调整与改进

1. 在区域材料的投放中，可以为幼儿提供多种材料，如卡纸、皱纹纸、颜料、布料等，让幼儿自己进行创作，发展幼儿想象力。而且，材料的多样性能够激发幼儿对区域活动的兴趣。

2. 在区域活动中，教师要掌握好介入的时机，过早介入会让幼儿失去独立思考的机会；过晚介入会让幼儿产生无助的感觉。所以，教师要时时刻刻关注区域内幼儿的情况，掌握好介入的时间。

## 区域活动计划与记录

### 活动计划

活动名称：装饰画　　班级：大班　　指导教师：刘晓宁

> 设计意图：绘本《我的手掌印——动物园》是幼儿非常喜爱的绘本之一，其中的内容全部由手掌印绘画表现，新颖有趣、生动形象、浅显易懂。这样的绘本读物对幼儿来说是一个很好的艺术素材，绘本活动与美术活动有机地整合在一起，让孩子用手印画的方式来表现形态各异的动物，既可以扩大幼儿的视野，提高了幼儿的动手能力，又提高了他们的审美情趣，激发创造性思维。

● 材料准备

1. 材料投放：绘本、记号笔、水粉颜料、画板、抹布。
2. 环境创设：轻音乐、各种小动物图片。

● 材料规划

1. 投放的材料符合幼儿的兴趣需要和现有水平。
2. 材料投放体现层次性、满足幼儿的个体需要，让幼儿有自主选择的机会。
3. 幼儿在与材料的互动操作中可以积累经验，获得发展。

● 观察要点

1. 幼儿能否运用已有绘画技能，遵守区域规则开展游戏。
2. 幼儿在创作手掌印画时，是否愿意主动与人沟通，沟通语言是否通畅。
3. 幼儿创作了哪些作品，是否勇于尝试用手掌印画出新作品。

### 观察记录

**一、幼儿表现**

活动开始了，凡凡和丁丁两位小朋友来到了美工区。

幼儿先欣赏绘本《我的手掌印——动物画》，感受手掌印的变化。幼儿交流讨论手掌印的是什么？是用什么样的方法印出来的？带着这样的疑虑，凡凡和丁丁开始进行手掌印画活动。凡凡很熟练地用手掌沾着颜料，根据作品需要运用"平按、侧压、转压、点印"等技巧。一会儿，白色的画纸上就呈现出了各种各样小动物的形象。然后，丁丁用湿抹布擦干净手，画下一个景物。我发现，他在绘画过程中能将物品放回原位并能保持画面整洁，操作熟练。一旁的丁丁操作步骤也很有序，丁丁对凡凡说："你会印小狮子吗？帮帮我吧！"凡凡思考了一下说："我会，你看，这样就行了。"丁丁兴奋地说。"看起来并不难啊，我也试试吧。"说着丁丁迫不及待地用手沾上黑色颜料印起来，虽然没有凡凡熟练，但也印出了小狮子的基本特征。没过一会儿，我就听见丁丁的声音："老师，快看，我的小狮子好看吗？"看着他那渴望的眼神，我马上回应："好看，丁丁真厉害！"丁丁说："我妈妈带我去动物园，天黑了，狮子就是黑色的，我可喜欢了！"只见丁丁一脸满足的样子。活动结束音乐响起，两人有序地按标记收放材料，将作品整齐地摆放在展台上，并主动洗净双手。

**二、分析与评价**

1. 幼儿已具备基本的绘画技能，且已学会通过独立思考来解决困难。本次活动中，幼儿的行为表现是日常活动的再现，展现出他们良好的规则意识，充分体现了幼儿在区域活动中的规则性。

2. 在活动中，当幼儿遇到困难时，教师给予幼儿充分的独立思考空间，提高幼儿的自主性、独立性和合作意识。在活动过程中，教师应尽量让幼儿脱离教师的范例，灵活运用绘画技巧，发挥想象，大胆绘画，并以此提高他们参与活动的积极性和主动性。

3. 幼儿对事物的感受和理解不同于成人，他们表达自己的认识和情感的方式也有别于成人。丁丁对色彩有自己独特的看法，在他的印象里，晚上的狮子就是黑色的，所以他在选择颜色时毫不犹豫地选择了黑色，他愿意将自己看到的和老师进行交流，达到了《3～6岁儿童学习与发展指南》中提出的幼儿能用简单的色彩画出自己想画的事物，并且在美术活动中乐在其中的目标。

### 调整与改进

1. 幼儿的绘画技能与语言表达能力、词汇量及倾听习惯的发展有很大偏差，教师应想办法在讲评活动中提高幼儿语言组织的完整性。

2. 让幼儿真正成为区域活动的主人，教师指导应得当、适时，有针对性。

3. 让幼儿多接触大自然，感受和欣赏自然美丽的景色。

区域活动计划与记录

### 活动计划

活动名称：做香肠　　班级：大班　　指导教师：周瑜

> 设计意图：每到冬天，家家户户都会做香肠，并将做好的香肠挂满房前屋后，那么香肠是怎样制作出来的呢？为了满足幼儿的好奇心，通过在美工区投放多种材料引导幼儿开展"做香肠"的活动，让幼儿感知香肠的形状特征，并根据自己的想法创作出不同风格的"香肠"，提高幼儿的创造力、想象力和动手操作能力。

● 材料准备

1. 材料投放：水彩笔、油画棒、超轻黏土、纸条若干。
2. 使用工具：捏泥工具、安全剪刀、双面胶、胶棒。
3. 环境创设：各种香肠图片做背景、用多种材料制作香肠的步骤图。

● 材料规划

美工区是幼儿自主选择活动的重要场所。它既能满足幼儿的自主操作需要又建立在幼儿的兴趣点上，为幼儿提供了主动学习的基本条件。教师在投放时考虑到了材料的多样性、层次性和实效性，注重幼儿的个体差异，根据幼儿的年龄特点和不同发展水平进行投放，促使幼儿的潜能得到最大程度地发挥。

● 观察要点

1. 幼儿是否了解香肠的样子以及香肠的形状特点。
2. 活动过程中，幼儿能否根据香肠的特征进行大胆尝试，制作出各具特色的香肠。
3. 在遇到困难时，幼儿之间是否可以相互帮助，合力解决问题。

## 观察记录

一、幼儿表现

今天的美工区里投放了各种香肠的背景图片来为幼儿的制作提供参考。小墨、萱萱、朵朵和另外几个好朋友进入了美工区，大家先是仔细察看了图片上各种香肠的样子，然后投入制作中。小墨选取超轻黏土制作香肠，只见她把超轻黏土搓成了一个个长条，然后把长条的两端微微对折，做成弯弯的长条形状。她很开心地向周围小朋友说："你们看我做的香肠，这是我用超轻黏土捏出来的，我的香肠弯弯的像香蕉一样。"这句话吸引了萱萱和其他小朋友。我看萱萱用到了纸条和胶棒，她用一个纸条两边对接做成了一个圆圆的圈，然后用同样的办法做了好几个同样的圈，紧接着她用胶棒把每一个圆圈连接起来。萱萱向其他小朋友展示："我的香肠是用纸做的，一个个连起来好像一串糖葫芦呀。"朵朵看到其他小朋友都在展示，也把自己的介绍给大家："我是用超轻黏土做的烤香肠，我先搓成了一个长条，然后用塑料小刀在香肠的两边切开了两个小口，这样我的烤香肠就做好了。你们看，它还是红色的呢！"小朋友们纷纷谈论自己的制作方法。这时萱萱提议："刚才我看到图片上有一串香肠特别长，很有趣！要不我们也做一个长长的香肠吧！"小墨说："那应该怎么办呢？"朵朵想到了一个好办法："我们可以像火车车厢一样把香肠都连接起来呀！"说完，小朋友们便行动起来。

二、分析与评价

幼儿在活动过程中表现积极、主动，对制作活动有极强的兴趣。活动中通过看一看、说一说、做一做等各种体验，激发了幼儿的学习热情，使幼儿在操作探索中发现形状变化的奥秘，感受形状变化的乐趣。由于材料能够满足不同发展水平的幼儿使用需求，幼儿对区域投放的材料使用率较高。

### 调整与改进

1. 材料投放要有层次性和实效性：在班级美工区进行材料投放时，并不是越多越好，而是要有层次地进行投放，充分满足每名幼儿的不同发展需求。

2. 引导幼儿积极思考、积极猜测，教师不介入，让幼儿在实际操作中寻求答案，这样既能增强幼儿的探索意识，又能发挥幼儿的主动性。

## 生活区活动

### 区域活动计划与记录

### 活动计划

活动名称：保护牙齿　　班级：大班　　指导教师：任金素

> 设计意图：幼儿园里近期组织幼儿进行了全面体检，医生提出龋齿问题在幼儿中普遍存在。班上有几个幼儿的牙齿很黄，因为牙疼、补牙等问题，孩子们经常会在一起谈论牙齿的话题。通过角色扮演的游戏，引导幼儿了解保护牙齿的方法，使幼儿有分工、有合作、有讨论、有发现，在满足幼儿探索欲望的同时，让幼儿懂得爱护牙齿的重要性，逐渐养成良好的日常生活习惯。

- 材料准备

1. 材料投放：牙医服饰、牙齿模型、牙刷、刷牙视频等。
2. 环境创设：营造牙齿医院的环境布置、刷牙的步骤图、爱护牙齿的方法图。

- 材料规划

材料的选择要考虑到实用性和可操作性，大班幼儿随着年龄的增长，有了一定的知识储备，再加上对自己的手臂、手部的控制能力增强，所以在"保护牙齿"这一活动中主要选取的材料是牙刷、牙齿模型等。

- 观察要点

1. 幼儿能否运用平时刷牙和去医院检查牙齿的经验开展游戏。
2. 幼儿能否合理分配角色，表现出该角色的正确行为。
3. 幼儿能否遵守规则并解决玩伴间的纠纷。

## 观察记录

### 一、幼儿表现

活动开始了，开心、甜甜和安安三位小朋友来到了生活区。在品尝了黑芝麻糖后，大家开始互相观察牙齿表面上的变化。在漱口后，又观察了杯子里的漱口水的变化和牙齿的情况，知道了漱过口的牙缝里依然会留有残渣，明白了刷牙对保护牙齿的重要性。

根据刷牙步骤图，幼儿讨论正确的刷牙方法：先刷上下排牙齿的外侧面，把牙刷斜放在牙龈边缘的位置，以两至三颗牙齿为一组，用适中力度上下来回移动牙刷；刷上下牙齿外侧时，要将横刷、竖刷结合起来，旋转画着圈刷；然后再刷牙齿的内侧面，重复以上动作；刷门牙内侧的时候，牙刷要直立放置，用适中的力度从牙龈刷向牙冠，下方牙齿同理；要刷咀嚼面，把牙刷放在咀嚼面前后移动。

最后，大家开始了牙医检查游戏：甜甜和安安来到了"开心牙医诊所"，开心认真地给他俩检查牙齿。他发现甜甜有一个蛀牙，可是甜甜说："我每天都刷牙，为什么牙齿还是有蛀牙呀？""你是医生，你要告诉我为什么？要不然你就不能当医生。"开心被问到目瞪口呆，似乎不知如何回答是好。面对开心小朋友的求助，我说："保护牙齿不能完全依靠每天刷牙，还要注意很多事情。"甜甜着急地问："还需要注意什么呀？"三个小朋友你一句我一句地讨论着保护牙齿的注意事项：不能在睡前吃甜食；不能乱咬硬物；要多吃蔬菜、水果、营养丰富的食物；乳牙松动或脱落时，不能用舌舔或吮；不能咬手指、咬唇或咬舌。

由于安安小朋友想到的好方法最多，大家一致推荐安安当"牙医"，甜甜和开心当"病人"，三人玩起了角色扮演游戏。

### 二、分析与评价

牙齿疾病是幼儿中普遍存在的问题，大多数幼儿没有掌握正确的刷牙方法，对牙齿防护常识了解的也不多。好多幼儿有蛀牙和龋齿，这已经成为不少家长头疼和亟待解决的问题。这次的区域活动使幼儿认识到了牙齿的重要性，增强了幼儿爱牙、护齿的意识，明白了正确的刷牙方法和保护牙齿的小常识，让幼儿学会用正确的方法保护牙齿。整个活动层层递进，激发了幼儿进一步探究的欲望，使幼儿开始主动学习正确的护牙知识。

## 调整与改进

在区域材料的投放中，可以加入《幼儿刷牙记录卡》——太阳表示早上，月亮表示晚上，小朋友如果早上刷牙了，就在太阳的下面打个"√"，如果晚上刷牙了，就在月亮的下面打个"√"，以此来检测小朋友能不能做到坚持每天早晚都刷牙，促使幼儿养成早晚刷牙的好习惯。

区域活动计划与记录

## 活动计划

活动名称：扣扣乐　　班级：大班　　指导教师：庄向荣

设计意图：进入冬季后，幼儿需要系纽扣的服装越来越多，可是由于纽扣的种类众多，幼儿掌握起来有一定的难度，想要解决这个问题，就要找到快速、准确系扣子的方法。为此生活区增添了大量系纽扣的操作材料，希望通过练习不同种类纽扣的系法帮助幼儿熟练地系纽扣，增强其自理能力。反复系纽扣的游戏可以锻炼幼儿手部小肌肉的灵活度，使幼儿在尝试中获得成功与挫折的情感体验，促进幼儿全面、健康地发展。

● 材料准备

1. 材料投放：纽扣树、纽扣花、纽扣车、纽扣鱼等。
2. 环境创设：轻音乐、系扣子步骤图、解扣子步骤图。

● 材料规划

材料的选择要考虑到可操作性，要让幼儿"跳一跳才能够得着"。只有通过实践、分析、再实践得到的知识才是最牢固的，而且有挑战性的材料更能激发幼儿对区域活动的兴趣。

● 观察要点

1. 幼儿是否对系扣子感兴趣，遇到困难时能否调整自己的心态攻克难题。
2. 幼儿在活动过程中是否愿意主动与人沟通，沟通是否顺畅。
3. 幼儿是否按一定规则对材料的形状、颜色进行有目的地拼扣。

## 观察记录

### 一、幼儿表现

活动开始了，晴晴、欢欢和一诺三位小朋友来到了生活区。晴晴选择了纽扣树，她把其中一朵花放在树的纽扣上，看到花上有扣眼，尝试将扣眼掰开塞进扣子，虽然扣子和扣眼紧紧挨在了一起，却没有扣在一起，所以手一松花瓣便掉了下来，反反复复试了几次，结果还是一样，晴晴将材料放回了生活区，有些沮丧。教师提示她可以先观察一下系扣子步骤图，晴晴认真地看起来——把纽扣和小孔对齐，然后把纽扣竖起来，对准小孔穿过去，在另一端捏住纽扣拔出来，纽扣就扣好了！晴晴边看步骤图边扣纽扣，由于纽扣太小，孔也太小，两分钟过去了，她还是没有成功！欢欢目睹了晴晴一次又一次的尝试，鼓励她说："没事的，要不你先试试大一点的扣子吧。"这一次，晴晴用手捏住大纽扣，穿过大孔就容易多了！成功后的晴晴喊道："老师，我把扣子穿过来啦！"因为掌握了方法，她有了想要不断尝试的愿望，很快就把剩下的纽扣都扣好了。这时，一诺说："晴晴，你能帮帮我吗？"一诺的扣子有些不规则，加大了系纽扣的难度，但是晴晴很乐意帮她，两人一起"研究"怎么才能让不规则的纽扣穿过扣眼被系好。渐渐地，他们发现系不规则的纽扣，需要慢一些，两只手的配合要更默契。通过努力，一诺选择的不规则纽扣也很好地被系完了！两个人轮流尝试，体验成功后的乐趣。这时，教师提示他们三个小朋友把之前的小纽扣拿出来试一试。孩子们用正确的方法，没一会儿就把纽扣树扣好了。其他小朋友看见他们玩的样子，也被吸引过来，一起玩扣纽扣的游戏。

随着熟练程度的提升，孩子们可以随意将梯形和长方形拼在一起，大家讨论："你看，我这个像不像扫把，我扣了一个扫把！"亮亮在拿到正方形后说："我要做长长的火车。"……茜茜无意中将一个手环的扣子和扣眼扣在一起形成了一个环，她将环戴在手指上："看！我的戒指！"甜甜说："我妈妈的戒指上都有花的。"于是她便扣上了一朵花，形成了"小花戒指"。"我也要做小花戒指"……很多幼儿也跟着她做了起来。幼儿沉浸在拼扣组合里。

### 二、分析与评价

在拼扣中，幼儿从无意识自由拼扣发展到有意识拼扣。随着动作的熟练，个别幼儿有意拼扣能力有所增强，拿起一个形状觉得像什么就拼什么，如拼"小花戒指"过程中，幼儿无意地将正反面扣在一起，让系扣子从平面到立体，增加了趣味性，这是一种创造性的系扣方式。此次活动提升了幼儿扣纽扣的技能，增强了幼儿的动手能力和自我服务能力。

### 调整与改进

1. 在区域材料的投放中，要投放不同层次的材料。幼儿可以从简单的材料开始练习，逐渐挑战难度大的材料，激发幼儿对区域活动的兴趣。
2. 在区域活动中，教师要时刻关注区域内幼儿的情况，在幼儿需要帮助时掌握好介入的时间。

## 区域活动计划与记录

### 活动计划

活动名称：系扣子　　班级：大班　　指导教师：彭彩云

> 设计意图：由于生活区的活动贴近幼儿的生活体验，幼儿很喜欢到此区域开展游戏。生活区中投放的材料可以提高孩子的动手能力以及生活自理能力。本次活动中通过系扣子的游戏，引导幼儿找到快速系扣子的多种方法，潜移默化地提高幼儿的动手能力，培养幼儿积极发现问题、解决问题能力。通过比赛的形式培养幼儿不断进取、不怕失败的良好品质。

- 材料准备

1. 经验准备：幼儿有系扣子的经验。
2. 材料投放：大小合适的、带有扣子的衣服若干。
3. 环境创设：两张桌子。

- 材料规划

材料的选择要符合大班幼儿的年龄特点和操作水平。衣服是否合身直接影响到幼儿的操作是否顺利，因此为幼儿提供大小合适的衣服非常关键。

- 观察要点

1. 幼儿在游戏中能否遵守游戏规则。
2. 幼儿能否专注于游戏，对游戏是否感兴趣。
3. 游戏中幼儿是否愿意主动帮助、关心他人。

### 观察记录

**一、幼儿表现**

活动开始了，小朋友们来到了生活区。泽泽问茗茗："你会系扣子吗？"茗茗不假思索地回答说："当然会了。"于是泽泽说："咱们比一比谁系扣子系得快。"两个小朋友选了两件马甲，穿好后开始比赛。比赛随着茗茗的一句"我系好了"而结束，茗茗抢先了一步。泽泽不服气地说："再比一次，这次我没发挥好。"第二轮比赛开始了，结果还是茗茗抢先了一步，而且泽泽的扣子还没有对准扣眼儿，把衣服穿歪了。这次泽泽接受了比赛结果，好奇地问茗茗："你系扣子又快又准，你是怎么做到的？"茗茗告诉他："快速系扣子是有方法的，系扣子时需要按照一定的顺序，这样就不容易漏掉扣子，为了让扣子对号入座，我都是从下往上系，这样就不容易把衣服穿歪了。"泽泽恍然大悟地说："原来如此啊，系扣子还有这么多方法和技巧啊。"不服输的泽泽要跟茗茗再比一次，这次真的快了很多，并且把衣服穿得整整齐齐！

**二、评价与分析**

系扣子的活动提高了幼儿自理能力，同时提高了他们发现问题、探索问题、解决问题的能力。泽泽小朋友经过一次次的失败，终于明白系扣子是需要技巧和方法的。茗茗将自己快速系扣子的方法分享给了泽泽，也让他们在潜移默化中感受到相互帮助的温暖。

### 调整与改进

1. 教师可以更换不同形式的纽扣，如盘扣、按扣等，帮助幼儿了解更多不同的系纽扣的方法。也可以更换不同形状的纽扣，让幼儿探索快速系不同形状纽扣的方法。

2. 当幼儿因其本身经验与能力的局限性而使探索活动难以继续，需要教师帮助的时候，教师要给予一定的支持。所以，老师一定要具有敏锐的观察力和判断力。

## 种植区活动

### 区域活动计划与记录

### 活动计划

活动名称：给小鱼换水　　班级：大班　　指导教师：彭彩云

> 设计意图：种植区的创设给了幼儿接近自然、了解生命的机会。通过给小鱼换水，引导幼儿了解换水这项活动的目的性和必要性，让幼儿在亲身体验后，找到给小鱼换水的方法。活动过程中培养幼儿的动手能力，以及爱护动物、保护生命的意识。

- **材料准备**

1. 材料投放：鱼缸、小鱼。
2. 使用工具：晒过的水、水瓢、水盆、渔网。

- **材料规划**

材料的选择要符合幼儿的年龄特点，有利于幼儿活动时发挥自主性，大胆尝试，因此材料的投放要能够满足幼儿活动的需求，结合即将开展的主题，我收集了一些换水时常用的工具，如水瓢、水盆、渔网等操作性强的工具。

- **观察要点**

1. 幼儿能否专注地从始至终完成一件事。
2. 幼儿遇到困难时是如何解决的，是否愿意调整自己的行为使活动顺利完成。
3. 在情感体验上，幼儿获得了什么样的感悟。

## 观察记录

### 一、幼儿表现

活动开始了，幼儿通过了解知道了给小鱼换水是为了让小鱼在一个干净舒适的环境中更好地成长。引导幼儿明确给小鱼换水时的注意事项，如从自来水管中接了水之后要放一两天再倒入鱼缸，否则水里面的氯会伤害到小鱼；换水时不要把鱼缸里的水都倒掉，要留一些原来的水让小鱼更好地适应；等等。

幼儿开始给小鱼换水，他们一人拿了一个水瓢，小心翼翼地把鱼缸里的水舀到水盆里，这时朴朴说："这个盆快满了，咱们先去倒一次水吧。"两个人一起端起盆往洗手间走，可是一边走，水一边往外洒，轩逸说："咱们走慢一点。"水还是往外洒，两个人渐渐没有力气了，只好把盆放到地上。轩逸抱怨说："真是太累了，这盆水这么沉，早知道就少放点水了。"这句话好像突然给了朴朴提示，他赶忙说："是啊，现在水太满了，我们把水舀出来点，就不容易往外洒了。"轩逸听到后点头表示赞同。他们快速把盆里的水舀到空盆里，再次端起水盆往洗手间走。果然，这次水没有洒出来，盆也轻了很多。两名小朋友找到方法后开心极了，两人合作，很快帮小鱼换好了干净的水，骄傲地对我说："老师，我们找到了好办法。快看，小鱼已经换好水了，它们可以健康地成长了。"

### 二、分析与评价

给小鱼换水的活动使幼儿在生活中获得了知识与经验，不仅学会了如何给小鱼换水，还增强了他们对生命的敬畏感和责任感。两个小朋友在遇到问题时，通过讨论、尝试，终于成功地解决了问题。在活动过程中锻炼了自己发现问题、探索问题、解决问题的能力，教师给予了幼儿独立思考和交流的机会，让他们在潜移默化中感受到合作完成任务的成就感。

## 调整与改进

1. 在区域活动中，幼儿通过实践、分析、再实践得到的知识才是最牢固的。孩子们通过自己的思考成功地给小鱼换了水。在后续的活动中，教师应鼓励幼儿将鱼缸中的彩石和假草拿出来进行清洗，小鱼的家会变得更加整洁漂亮！
2. 在区域活动中，教师要时刻关注区域内幼儿的情况，掌握好介入问题的时间。

## 区域活动计划与记录

### 活动计划

活动名称：观察金鱼　　班级：大班　　指导教师：王晓玲

> 设计意图：幼儿喜爱动物，且好奇心强，不仅喜欢触摸、摆弄、操作，更喜欢通过若干个小问题表现对认识周围世界和求知的渴望。本次活动中，我运用观察记录表的方法引导幼儿观察金鱼，让幼儿学习用科学、有顺序的观察方法满足自己的求知欲。此外，通过观察金鱼，可以培养幼儿热爱动物、保护生命的意识。

- 材料准备

1. 材料投放：玻璃缸、金鱼若干条、鱼食。
2. 使用工具：金鱼观察记录表。
3. 环境创设：金鱼饲养手册。

- 材料规划

游来游去的金鱼深得幼儿喜爱并且便于饲养。大班幼儿的逻辑思维能力有了一定程度的发展，可以采用图画和观察记录表的方法填写观察结果。因此，本次活动选取了观察记录表作为支持幼儿学习的工具，引导幼儿依据自己的观察将金鱼的特征记录在表中。

- 观察要点

1. 通过观察，幼儿能否熟悉并了解金鱼的整体外形特征。
2. 幼儿能否学会有顺序地观察金鱼，并将金鱼的外形特征按照自己的想法填写在观察记录表上。

### 观察记录

#### 一、幼儿表现

教师引导幼儿欣赏金鱼游动时美丽的身姿。为幼儿介绍区域投放材料——观察记录表，请幼儿讨论观察金鱼的方法和顺序，提示幼儿可以将观察结果用绘图等方式填写在记录表上。

活动开始了，大家兴致勃勃地观察着金鱼，看着金鱼摇曳的身姿，孩子们兴奋极了，互相讨论着哪儿是金鱼的头，金鱼的头是什么形状的，上面又有哪些器官……明明说："有眼睛的是金鱼的头！"轩轩说："金鱼的头跟人的头一样，也有眼睛和嘴巴。"璐璐说："可是人的头上还有头发，我怎么看不到金鱼的头发呢？"涵涵说："金鱼的头怎么能和人的头一样呢？金鱼没有头发，但是身上有鱼鳞。"……经过激烈的讨论，孩子们把自己观察到的金鱼各部位的特点都用图画的方式记录在了观察表上。

在这个过程中，婷婷自言自语道："咦，这条鱼怎么不动？它在睡觉吗？"灿灿回答："金鱼没有睡，你看它的眼睛睁着呢！"此时，姗姗也加入了讨论："金鱼的眼睛一直是睁开的！"灿灿说："不会的，它睡觉时应该和我们一样要闭眼睛的！"姗姗又说："你看，其他的金鱼这么长时间也没有闭上过一次眼睛，也没有眨过眼。"灿灿听完有点怀疑自己的判断，但又不肯轻易相信姗姗的论断，婷婷也不知道听谁的好了。为了搞明白金鱼在睡觉时会不会闭眼睛，弄清楚这条金鱼现在是不是在睡觉，三个小伙伴展开了一番讨论。最后决定，等金鱼"午睡"时看看它是否睁着眼睛。商量完后，三个小朋友都兴致勃勃想等中午一探究竟……看到三个孩子商量出了办法，老师及时提醒他们不要忘记自己的观察任务，三个小伙伴马上拿起表格围到鱼缸周围，开始认真地观察并及时做好记录。

### 二、分析与评价

观察能力是认知能力的一个重要方面，是积累知识的起点，而观察记录表能够帮助幼儿进行有目的地观察，学习科学的观察方法。此外，在讨论和分享的过程中，同伴的观点和想法也能激发幼儿进一步观察的欲望，获得更多的知识和能力。如实记录观察结果的过程，激发了幼儿的创造力和想象力。在实践中，虽然有观察记录表的辅助，但幼儿的注意力有时会随着兴趣点的转移而发生变化，此时需要老师的适时引导，在完成有目的观察的同时满足幼儿的兴趣，发展幼儿的探究能力。

### 📝 调整与改进

幼儿观察时，为了帮助幼儿获得更多的、系统的知识，老师的介入要适宜，不要打扰幼儿，要学会倾听。幼儿在观察时提出的问题往往都是他们感兴趣的问题，而"兴趣是最好的老师"，这些问题会促进幼儿自主学习能力的提高。

## 区域活动计划与记录

### 📝 活动计划

活动名称：观察植物　　班级：大班　　指导教师：李乾

> 设计意图：幼儿对大自然探索的渴望日益增加，他们期待了解大自然的规律，亲近大自然。植物区是幼儿每日必去的区域，在这里他们可以和植物零距离接触。幼儿在观察植物的同时可以了解种植规则，探索植物生长的奥秘。通过简单的种植活动可以让幼儿掌握种植周期和种植方法，了解大自然，提高幼儿的观察能力，激发幼儿的探索欲望。

- 材料准备

1. 材料投放：一次性纸杯、容器、发了芽的大蒜和土豆、浇水壶、土壤。
2. 使用工具：观察记录表、尺子、笔。
3. 环境创设：植物背景墙、各种植物小标签。

- 材料规划

植物和材料的选择要考虑安全性，要对植物的习性有所了解。教师要为幼儿提供必要的与种植相关材料，方便幼儿科学合理地照顾和观察植物。随着幼儿观察能力的提升，观察记录表必不可少，其可方便幼儿用数值精确地做记录。

- 观察要点

1. 幼儿能否把握好植物的种植方式和尺度。

2.幼儿能否通过种植活动，感受到植物也是有生命的，也是需要精心呵护的。

### 观察记录

**一、幼儿表现**

今天选择植物区的有三位小朋友，分别是甜甜、佳佳和然然。

甜甜和佳佳一起来到植物区，他们拿上喷水壶接满了水，开始给绿植浇水。当甜甜把水壶里的水快浇完时，佳佳拿过来直接把剩下的水倒入了一盆植物中。因为佳佳浇的水太多，植物一下子吸收不了，水就从盆里溢了出来，泥混着水流到了桌子和地上。可是，转身去接水的两个人并没有注意到。

然然进入植物区后，找出自己的观察记录本，来到她种的小麦面前进行观察。她在记录表上写上时间、画上观察到的植物，然后拿出尺子对最长的小麦和最短的小麦进行测量并把数字记到本上。做完这些，然然准备去拿喷壶给小麦浇些水。这时，他发现了地上的泥水，大声说："呀！这里有好多水，好脏啊。"喊声吸引来几名幼儿，有人问："是你把水倒到地上了吗？"然然说："我刚才在观察小麦，这些水不是我洒的。刚才佳佳和甜甜在这儿，应该是她们弄的吧。"小静说："那咱们赶紧收拾一下吧，脏水都流到桌子上了。"大家准备去找墩布和抹布，这时接好水的甜甜和佳佳也闻声跑了过来。看到小朋友们都在为这事忙碌，佳佳主动对大家说："对不起，那个水是我们洒的。"然然说："水洒出来没关系，你给植物一下子喝了那么多水，它会被淹坏的，咱们救救它吧。"佳佳和甜甜赶紧用小铲子，把花盆里满满的水给舀了出来。

在分享环节里，佳佳主动跟大家分享了刚才发生的事情，老师也给大家讲了一个拔苗助长的小故事，告诉孩子们植物的生长是有一定规律的，不要心急，它们就像我们人类一样，都需要细心呵护。

**二、分析与评价**

在植物区，幼儿接触植物的方式有很多种，如给植物浇水、用放大镜观察植物、用尺子测量植物的高度、记录植物发生的变化等。给植物浇水是幼儿都喜爱的活动，但是植物不是喝水越多越好。在分享环节里，佳佳谈了刚刚发生的故事，让小朋友们了解到浇水太多对植物的危害，也让大家知道如何做才能更好地照顾和保护植物。细心的然然在活动中及时发现了问题，并且想办法、提建议，呼吁大家了解植物的真正需求，他的行为是非常值得小朋友们学习的。

### 调整与改进

1.在区域材料的投放中，要让幼儿在玩耍和乐趣中学习，要加强合作意识，养成幼儿善于观察的好习惯。

2.在种植区域活动中，教师请小朋友们轮流做"水精灵"，每天巡视、观察植物的状态，适时适量地给植物浇水。提高幼儿对植物的认知，培养幼儿的观察能力、动手能力，树立幼儿爱护植物的意识。

区域活动计划与记录

### 活动计划

活动名称：修剪枝叶　　班级：大班　　指导教师：彭彩云

设计意图：种植区被各种鲜活的生命所填充着，有生机盎然的植物，有充满活力的小鱼，这不仅满足了幼儿对自然生物的好奇心，还使幼儿感受到了生命的力量。通过修剪枝叶，可以引导幼儿了解枝叶修剪的技巧和熟练使用剪刀的方法。此次活动可以丰富幼儿的感知经验和主观体验，发展幼儿的动手能力，激发他们热爱大自然、保护大自然的情感。

● 材料准备

1. 材料投放：盆栽月季。
2. 使用工具：小喷壶、修剪枝叶的剪刀。
3. 环境创设：舒缓的音乐。

● 材料规划

材料的选择要符合大班幼儿的年龄特点。大班幼儿随着年龄的增长，有了一定的生活经验，对剪刀的使用并不陌生，掌握了一些安全使用剪刀的技巧和方法。因此，在此区域中投放了幼儿专用的剪刀。

● 观察要点

1. 幼儿是否掌握了枝叶修剪的方法。
2. 幼儿的游戏经验是否丰富，遇到修剪困难，是如何解决的。
3. 在此次活动中，幼儿是否丰富了情感体验，对大自然和生命又有何新的感悟。

## 观察记录

### 一、幼儿表现

活动开始了，小朋友们高兴地来到了种植区。教师引导幼儿了解修剪枝叶是为了让植物更好地吸收营养、更好地生长，教师出示各种植物的图片，引导幼儿观察、讨论什么样的叶子需要修剪，什么样的叶子不需要修剪，修剪过程中需要注意什么，使幼儿初步掌握枝叶修剪的技巧。

涵涵拿起剪刀按照从上到下的顺序开始对枝叶进行修剪，将弱枝、病枝、过长和过密的枝条全部剪掉，一盆干净整洁的月季盆栽便呈现在了她的面前。

桐羽也学着涵涵的方法修剪枝条，桐羽剪完后高兴地对涵涵说："我剪完了，剪了那么多有病的枝条。"涵涵看后对桐羽说："修剪枝叶要按照一定的顺序，这样就不容易漏掉了。"桐羽听了连忙说："好的，我怎么没想到呢！"过了一会儿，桐羽突然急得跺起了脚，涵涵连忙问："你怎么了，桐羽？"桐羽着急地说："刚才我按照你说的方法检查枝叶，发现这个小枝有点不好了，我想把它剪掉，可是怎么剪也剪不动。"涵涵看了看说："我来试一试。"结果涵涵用了很大的力气也没有剪动，两个人相互看看，不知道怎么办。涵涵提议："要不，我们一起来试试吧！来，我们一起用力。"两个小朋友配合好，齐力使劲："一、二、三。"枝叶终于剪下来了！

### 二、评价与分析

修剪枝叶的活动给予了幼儿直接接触大自然的机会，可以使幼儿了解修剪枝叶的方法，提高幼儿的动手能力，激发其热爱、尊重和保护自然的情感。两个小朋友在遇到困难后通过分享经验，一次次地尝试，最后取得了成功。这次的合力挑战，给予了他们敢于面对困难的决心与勇气。

## 调整与改进

在活动创设中，教师要积极为幼儿提供自主探索、自主冒险的环境和材料。因此，教师应该在种植区投放更多的辅助工具，如小铲子、修剪植物专用刀、记录表、量尺等，记录植物的生长过程。

区域活动计划与记录

## 活动计划

活动名称：照顾小兔　班级：大班　指导教师：贾乐

> 设计意图：喜爱动物是幼儿的天性，但幼儿缺少接触动物的机会，于是我设计了本次活动，选择了幼儿喜欢的动物——小白兔，使幼儿在照顾兔子的同时能够了解兔子的基本特征和生活习性。幼儿通过辩论、分析、合作、分享等形式，提高解决问题的能力。激发幼儿喜欢小动物、愿意亲近小动物的情感，体验喂养动物的快乐。

- 材料准备

1. 材料投放：兔子。
2. 使用工具：胡萝卜、青菜、芹菜、干草、兔粮。
3. 环境创设：兔子窝、围栏、喂养记录表。

- 材料规划

材料的选择要考虑到动物的生活习性，于是教师准备了兔子喜爱并容易保存的食物。根据大班幼儿的年龄特点，教师准备了合适的打扫工具，方便幼儿及时为兔子打扫生活环境，照顾兔子的生活起居。

- 观察要点

1. 幼儿是否知道饲养员的工作内容。
2. 幼儿是否了解饲养兔子的方式与兔子的生活习性。
3. 幼儿能否在饲养兔子的过程中感受饲养带来的快乐，体验人与动物之间的密切联系。

## 观察记录

### 一、幼儿表现

活动开始了，琳琳和桐桐两位小朋友来到种植区。教师引导他们观看兔子的相关资料，了解兔子的生活习性。

琳琳和桐桐迫不及待地进入区域照顾小兔子。琳琳选择去喂食兔子，食物篮里有很多食物（胡萝卜、青菜、芹菜、干草、兔粮），琳琳说："这些都是小兔子喜欢吃的食物，可是它最喜欢吃什么呢？"这时桐桐将兔子的食槽拿出来说："我们把每种食物各放一些，看它先吃哪个，就知道它最喜欢吃什么了。"于是，他们在食槽里把每种食物都放进去了一些，然后在一旁观察。小兔子来到了食槽前面，不一会儿就把食槽里的胡萝卜和青菜吃光了。他们兴奋地跑到教师面前说："老师，兔子最喜欢吃胡萝卜和青菜了。"教师补充道："兔子是一种植食性动物，它喜欢吃各种蔬菜和植物。"琳琳和桐桐看着吃饱的兔子，满意地笑了。

闲下来的琳琳和桐桐决定打扫兔舍，他们把打扫工具拿到兔舍里，吓得兔子直躲，这一情形把琳琳和桐桐逗得直咧嘴笑，桐桐说："我们先把小兔子抱出来吧，不然它会害怕的。"琳琳点头同意了。他们一起把兔舍打扫干净，然后给兔子喂食，最后填写了喂养记录表。他们看见小兔子在干净的兔舍里蹦蹦跳跳的，非常高兴。

### 二、分析与评价

在活动中，幼儿通过讨论、分析、合作、分享等形式，提高了解决问题的能力。教师给幼儿提供充分的探索空间，会带来无尽的发现。幼儿只有在亲身实践中，才能获得印象最深刻的知识。教师组织的这次活动抓住了幼儿的兴趣点，所以幼儿越来越喜欢和教师交流、分享他们的新发现，从而使师生关系更加融洽。

### 调整与改进

1. 在区域材料的投放中，可以增加观察兔舍温度的材料。引导幼儿了解白天兔子喜欢在什么温度下生活，晚上气温低，我们应该怎样照顾兔子。

2. 在区域活动中，教师要掌握好介入问题的时机，过早介入会让幼儿失去独立思考的机会；过晚介入会让幼儿产生无助的感觉。所以，教师要时刻关注区域内幼儿的情况，掌握好介入问题的时间。

## 区域活动计划与记录

### 活动计划

活动名称：照顾植物　　班级：大班　　指导教师：贾乐

> 设计意图：在生活中，我发现幼儿有随手乱折树枝、乱摘花草的行为。为了让幼儿了解保护植物的重要性，我们从照顾植物开始，通过帮助植物除草、修剪，让幼儿获得简单的种植知识和技能。在活动中，幼儿发现问题并找到解决的办法，分工合作照顾植物，在种植研究的过程中体验劳动的喜悦，同时激发了热爱大自然、保护大自然的情感。

● 材料准备

1. 材料投放：各种植物、尺子、记录表。
2. 使用工具：水桶、铲子、肥料。
3. 环境创设：植物架子。

● 材料规划

材料的选择要考虑到植物的生长环境等因素，于是教师准备了利于植物生长的材料以及测量工具等。大班幼儿的逻辑思维能力有了一定程度的发展，可以使用观察记录表，用画图等方式按照自己的想法将植物的特征记录在表中。

● 观察要点

1. 幼儿是否了解植物的生长特点和生长过程，从而了解保护环境的重要性。
2. 幼儿能否用图形记录的方式表现植物的变化。
3. 幼儿之间能否团结合作，体验小组活动的乐趣。

### 观察记录

一、幼儿表现

区域活动开始了，丽丽和茜茜来到种植区照顾植物。教师引导他们观看相关图片，了解植物的生长特点和生长过程。

接下来丽丽和茜茜进入区域照顾植物，丽丽发现种植架最下面的一盆植物叶子黄了，说："这盆植物的叶子怎么黄了？"茜茜说："可能是因为在架子下面没有阳光的照射，所以叶子才会变黄，我们给它换换位置就好了。"丽丽将变黄的叶子剪了下来，然后给它找到了一个阳光充足的地方。当她们正在给植物浇水时，丽丽大喊："快看，这个植物上有好多小虫子。"然后她拉着老师走到了那盆生小虫子的植物前说："老师，植物的叶子上有好多小虫子。"教师仔细观察后说："生虫子是植物最容易得的一种病。"丽丽说："老师，我们这么细心照顾这些植物，为什么还会有虫子呢？"教师耐心地讲解："虫子不是植物长出来的，而是有的植物含有虫子需要的营养成分，于是这些虫子就会聚集在植物身上。我们可以采用一些方法来阻止植物生虫，如改善土壤质量、除草、修剪及清除杂草等。"丽丽和茜茜听后一起帮助植物除草、修剪，希望小虫子赶紧离开，植物能够健健康康地成长。

二、分析与评价

在本次区域活动中，幼儿通过观察与交流，能够发现问题并找到解决的办法，分工合作照顾植物，能让幼儿获得简单的种植知识和技能，在种植研究的过程中体验劳动的喜悦，同时激发了幼儿对种植探究的兴趣。

### 调整与改进

1. 在区域材料的投放中，可以让植物的种类更加多样。只有亲自种植植物，观察植物开花、结果这一系列的过程，幼儿获得的知识才是最牢固的。那些能开花结果的植物更能激发幼儿对种植区域活动的兴趣。

2. 种植区域涉及的知识面较广，教师应该将植物较容易发生的问题记录下来，并根据对应的问题寻找解决的办法。

# 角色区活动

## 区域活动计划与记录

### 🖊 活动计划

活动名称：超轻黏土饼干　　班级：大班　　指导教师：姚倩男

> 设计意图：小区附近和商业街上总会出现各种各样的饼干店，各具特色的甜品吸引着幼儿前去购买。在饼干店透明的橱窗里，总能看到工作人员忙碌的身影，幼儿对那里面的奥秘充满了兴趣。在制作饼干的过程中，通过角色扮演游戏让幼儿了解饼干店的人员组成及其职责，锻炼幼儿小手的灵活性，帮助幼儿积累生活经验，在沟通中提升语言表达能力与协作能力。

● 材料准备

1. 材料投放：特色服装、游戏币、超轻黏土、毛根、餐具、清洁工具等。
2. 使用工具：超轻黏土工具、双面胶等。
3. 环境创设：饼干店背景布。

● 材料规划

材料的选择要考虑到可操作性和安全性，大班幼儿的动手操作能力逐渐增强，手部动作更加灵活，所以在"超轻黏土饼干"这一活动中主要选取的材料是超轻黏土、毛根等。

● 观察视角

1. 幼儿是否了解饼干店人员组成及其职责，并能协商分配角色。
2. 活动中能否运用不同材料制作、装饰饼干，体验创作的乐趣。
3. 在游戏中，幼儿与同伴的合作状态是否积极，能否按照游戏规则进行游戏。

### 🖊 观察记录

一、幼儿表现

活动开始了，茉茉、萱萱、睿睿和昊昊四位小朋友来到了角色区。

作为面点师的茉茉对学徒萱萱说："今天我们要做曲奇饼干、小动物饼干，我们赶紧准备食材吧！"萱萱把材料准备好后，茉茉开始忙碌起来，而萱萱只在一旁看着。服务员睿睿正在整理货架上的各种商品，这时顾客昊昊走了进来："苏打饼干多少钱？"睿睿不假思索地回答："三块钱。"昊昊付完钱，拿着饼干开心地走了。睿睿看到店里没人光顾了，便开始擦起了桌子。

这时，昊昊又走了进来，询问道："我还想买草莓奶油饼干，你们有吗？"睿睿回答："不好意思，我们这里没有。不过我会把你的需求告诉面点师，你下次来的时候就有啦！"昊昊点点头，离开了。

茉茉知道顾客的需求后，让萱萱一起找来了超轻黏土、基础工具、毛根等材料，开始制作草莓奶油饼干。茉茉先把红色超轻黏土揉成圆形，再捏成椭圆形，并用塑形针戳出草莓身上的小点点；然后拿出黄色超轻黏土揉两个圆形，压扁，两个圆形中间夹上白色超轻黏土，之后把草莓放到上面，并把毛根插在旁边做装饰。

做了两个饼干之后，茉茉发现萱萱在一旁无所事事，就跟她说："萱萱，你也来一起帮忙啊，我一个人做不了那么多！"可是萱萱却愁眉苦脸地说："我不会，我怕我做得不好看。"茉茉赶忙说："没关系的，这很简单，我可以教你！"在茉茉的帮助下，萱萱成功地做出了饼干，边笑边说："我还要再做几个不同的饼干！"

### 二、分析与评价

在整个游戏过程中，幼儿的分工明确。茉茉和睿睿这两个小朋友在遇到问题时能够随机应变，显现出很强的角色意识。萱萱虽然也能参与到游戏中去，但其自信心显然要逊于其他幼儿，在游戏中只处于尾随阶段，如她总是被分配任务的那个人，并且对自己不擅长的饼干制作过程有些胆怯，不敢尝试。幸好茉茉与她搭配，通过榜样作用及游戏角色之间的互动，激励了她的游戏行为。在茉茉的帮助下，萱萱体验到了成功制作饼干的快乐。这让幼儿在游戏中看到了自己的能力，得以充分认识自我、肯定自我，相信自己能在游戏中扮演好角色，从而建立起自信心。

### 调整与改进

1. 在买卖过程中，教师应鼓励小顾客和服务员多交流，如询问食物的构成材料、讨价还价等，发展幼儿的语言表达能力和社会交往能力。

2. 对自信心较弱的幼儿，教师要在游戏中为其提供成功的机会和条件，必要时给予一些帮助，要让幼儿多看到自己的闪光点，帮助幼儿树立自信心。也可以请能力较强的幼儿成为其搭档，使他们互相学习，共同进步。

## 区域活动计划与记录

### 活动计划

活动名称：舌尖上的韩国　　班级：大班　　指导教师：姚倩男

> 设计意图：国外美食因风味独特、做法多变而吸引着幼儿的注意力。例如，来自韩国的美食——石锅拌饭、泡菜、大酱汤等，它们色泽鲜艳、香味扑鼻，深受幼儿喜爱。通过角色扮演游戏，让幼儿了解韩国的饮食文化特色，同时发展幼儿的动手、协商能力，在游戏中体验与他人交往的快乐和劳动的辛苦。

● 材料准备

1. 材料投放：韩国传统服装、餐具、厨具、清扫工具、游戏币、超轻黏土、纸、画笔等。
2. 使用工具：超轻黏土基础工具、双面胶等。
3. 环境创设：韩国特色背景布。

### ● 材料规划

为角色区创设温馨舒适且符合游戏主题的环境是幼儿愿意参与游戏的前提，这便于幼儿很快进入角色，投入丰富的游戏情节中。材料的选择要做到种类多样，保证幼儿有材料可玩，这样有利于游戏的顺利开展。所以，"舌尖上的韩国"这一活动主要选取的材料是韩国特色背景布、韩国传统服装、餐具和厨具等。

### ● 观察视角

1. 进入本次游戏的幼儿人数是否合理。
2. 幼儿能否了解自己扮演的角色及其职责，并公平地进行角色分配。
3. 幼儿在游戏中能否互相配合、顺畅地与他人沟通、结束后把自己的游戏材料分类摆放。

## 观察记录

### 一、幼儿表现

活动开始了，安然、畅畅和乐乐三位小朋友来到了角色区。

在游戏开始时，大家在角色的选择上产生了争执。森森说："我想当厨师！"安然说："我也想当，我先来！"大家你一句我一句，谁也不让谁。这时，畅畅想到了一个好主意："我觉得可以用抽签的方式来决定，咱们把这些角色都画在纸上，叠起来，一人抽一个，抽到哪个就扮演哪个，然后再轮换，这样很公平。"大家都表示同意。

角色分配好后，大家穿好服装来到了自己的岗位。安然扮演服务员的角色，她开始整理桌子、扫地、摆餐具。畅畅扮演厨师的角色，他在厨房里不停地忙碌着，用超轻黏土制作石锅拌饭里需要的食材。乐乐扮演顾客，他仔细地看着菜单，点了很多菜。开始的几分钟里，他们玩得可热闹了，每个人的积极性都很高。可是时间一长，没有顾客上门，餐厅就变得冷清了。大家也都表现出了厌倦的情绪，厨房里的各种蔬菜、水果乱扔乱放，甚至乐乐还跑到了隔壁的建构区。教师观察到此情况后，做出了一个打电话的动作："喂，请问是舌尖上的韩国餐厅吗？你们这里能电话订餐吗？"安然立马回答："可以，不过要加钱哦！"教师："好的，我要一份石锅拌饭，再要一份炒年糕。"安然："没问题，做好之后电话通知你。"大家很快又有了积极性，厨师开始做饭，服务员开始清理垃圾，就连扮演顾客的乐乐也开始给餐厅打电话，也要订餐。这样，餐厅又热闹起来。

### 二、分析与评价

每个国家的饮食文化都有其独特之处，幼儿在初步了解韩国的饮食文化特色的基础上，学习用协商、轮流等交往策略分配角色，提高了幼儿的语言表达能力和协作能力。当教师发现幼儿对角色的分配有争执时，并没有马上介入，而是观察他们是如何解决的。畅畅小朋友平时的领导能力很强，并且善于思考。他选择用抽签的方式进行角色分配，得到了大家的一致认同。在游戏过程中，教师发现幼儿对游戏产生了厌倦和消极的情绪，及时以同伴的身份参与其中，以顾客的身份引导幼儿再次进入角色，有序地进行游戏。教师在区域活动中的间接引导，可以提升幼儿的游戏水平，使游戏更加情节化，调动幼儿情绪，使幼儿再次投入自己扮演的角色中。

## 调整与改进

1. 游戏中的角色分配是幼儿的游戏需要，也是游戏的重要部分。教师应让幼儿主动思考如何进行分配，教师可以适时地引导，而不是替幼儿做决定。

2. 在区域活动中，教师和幼儿一起玩时，要多听幼儿的意见，鼓励幼儿多出主意，并给予必要的支持和帮助。这样教师的加入不会让幼儿的游戏失去原有的意义和趣味。

# 益智区活动

## 区域活动计划与记录

### 活动计划

活动名称：夹珠子　　班级：大班　　指导教师：李亚杰

> 设计意图：五颜六色的珠子因色彩鲜艳、光滑圆润而受到幼儿的普遍喜爱，夹珠子的游戏对幼儿手部小肌肉群的发展有很大的帮助。许多幼儿都喜欢益智区的彩色珠子，"夹珠子"这一活动选择率较高。通过夹珠子，可以帮助幼儿提高使用筷子的熟练程度，促进其手部精细动作的发展。在游戏过程中可以增强幼儿的专注力、控制力和手眼协调能力，使幼儿在与同伴相互交流的过程中养成自我服务、关心同伴的良好品质。

● 材料准备

1. 材料投放：大小不同的珠子、小碗、托盘、夹子、筷子、对应板、计时器等。
2. 使用工具：筷子、夹子、数字卡片、对应板。
3. 环境创设：轻快的背景音乐、游戏规则图。

● 材料规划

1. 投放的材料有安全性、易收集性和可操作性。
2. 材料投放体现层次性，满足幼儿的个体需要和自主选择的需要。

● 观察要点

1. 幼儿能否用筷子准确地将珠子夹到对应板上。
2. 幼儿是否愿意主动与人沟通，遇到问题能否和同伴协商解决，并对游戏进行适当调整。
3. 幼儿能否安静游戏，游戏结束后能否做到主动将材料放回展示柜。

### 观察记录

一、幼儿表现

活动开始了，今天有八位小朋友选择了益智区。蓝月和儒硕在益智区回忆游戏规则以及筷子的正确使用方法。月月说："手握筷子前，先将两根筷尖对齐，用拇指、食指和中指3根手指头轻轻将筷子拿住。"儒硕说："拇指要放在食指的指甲旁，拇指和食指的中间夹住筷子。"两位小朋友愉快地开始了今天的游戏。

月月选择了小鸭子对应板的工作。她说:"我最喜欢玩儿小鸭子对应板了。"开始的时候月月非常认真,可是没一会儿工夫她就有点不耐烦了,先是把珠子夹到桌子上,然后又把珠子夹到托盘里。俊尧看到后对她说:"你看这个珠子五颜六色的,我们给它们分下类吧,把相同颜色的珠子装进透明的玻璃瓶里。"

区域里的其他小朋友也加入进来。他们把所有的珠子用筷子按颜色分类装进玻璃瓶中排成一排,看着自己的劳动成果,他们的脸上露出了满足的笑容。这个时候聪明的段奕芃按照规律对玻璃瓶进行了调整。两分钟后,她摆出了一个漂亮的心形。小月月一边拍手一边叫好:"真漂亮呀!我好喜欢。"区域里所有的小朋友都给她鼓掌……大家欢呼、拥抱在一起,分享喜悦的心情。

## 二、分析与评价

本次区域游戏中,区域负责人俊尧和同伴蓝月一起探索珠子的新玩法,并且成功吸引了区域里的其他小朋友。通过对珠子玩法一步步地加大难度,让幼儿对夹珠子产生了浓厚的兴趣。

教师通过投放各种辅助材料让幼儿创造更多玩法,在促进幼儿主动参与活动的同时激发幼儿无限的想象力,使幼儿勇敢地挑战自己。在同伴有新想法的时候,幼儿能够和同伴共同商讨,寻找更加好玩的游戏情境,而不是寻求老师的帮助。

### 调整与改进

1. 教师在活动中提供的辅助材料应和区域活动的主题密切相关,这样幼儿才能够真正运用辅助材料进行区域游戏。

2. 当幼儿在游戏的过程中遇到困难或是积极性不高的时候,经常会寻求教师的帮助,但是这次活动区域的小负责人担任了引导者的角色,而且效果很好。所以,教师在分享的环节应该让幼儿明白同伴之间应该互帮互爱。

## 区域活动计划与记录

### 活动计划

活动名称:益智板　　班级:大班　　指导教师:李亚杰

> 设计意图:幼儿在日常生活中经常提到益智板游戏,益智板是一种有益于幼儿思维能力的发展的操作材料,大家都很喜欢。在操作益智板的过程中,要让幼儿感知材料特征,探索不同的游戏方法。通过游戏活动提高判断、推理等认知技能,提升逻辑思维能力和解决问题的能力。在与同伴的交流互动中,获得成功的情感体验。

● 材料准备

1. 材料投放:各种难易程度的益智板、记录表、记号笔、水彩笔、数字卡片、计时器等。
2. 使用工具:益智板、粗细不同的线、记号笔、记录表等。
3. 环境创设:轻快的背景音乐、难易程度不同的示例图、益智板的操作注意事项。

- **材料规划**

材料的选择要考虑可重复利用性。大班幼儿随着年龄的增长，有了一定的知识储备，绘画技能较之中小班时期有很大提升，除了为幼儿准备难易程度不同的益智板，还添加了记录表，便于幼儿将自己的游戏规则记录下来。

- **观察要点**

1. 幼儿能否探索发现益智板的特性，尝试解决操作中遇到的难题。
2. 在游戏中幼儿能否关心同伴，并为同伴提供必要的帮助。
3. 幼儿能否坚持完成自己的作品，体验成功的快乐。

## 观察记录

### 一、幼儿表现

区域时间到了，有六位小朋友选择了益智区。豆豆和子萱仔细地查看益智板是否完整。豆豆边取材料边说："子萱我们要先找出边和角，从外向内按图形找出关联点，再拼图。"子萱说："我觉着，可以按照拼图卡片后面的字寻找规律拼图，也可以根据图案或者卡片边缘的锯齿寻找相连的卡片。"豆豆不甘示弱："还可以记录下来，下次就能看着图拼图了。"几个小朋友在自己无限的想象中展开了他们的智慧大比拼。

潆潆和晟轩选择了7×7共49块的恐龙拼图。他们先把边角和非边角进行分类。很快四周的两圈就已经拼好了，中间部分则按照恐龙的身体部位以及旁边的情境关系拼摆，剩下头部的时候晟轩遇到了困难，反复尝试仍然无法拼好，热心的小美加入了他们。"我觉得是在这儿……"晟轩说。潆潆反驳道："好像不对，应该这样！"小美建议："转一下试试？""哇！对了，对了，就是在这儿！"三个人开心地欢呼着。晟轩、小美和潆潆从一开始疑问的口气，到通过不断尝试最终找到了正确的位置，获得了成功的体验。

### 二、分析与评价

幼儿没有固定地按照一种方法进行拼图，而是巧妙地结合了两种方法。益智板的主要功能就是发展幼儿手、眼、脑的综合协调能力，同时发展幼儿的手指灵活性，锻炼精细动作。

在幼儿遇到问题的时候，教师以支持者的身份观察幼儿是怎样解决的。假如教师在晟轩遇到困难时马上指导，也许这个拼图会很快完成，但是孩子就会丢失主动探索的机会，也不会有小美后来的加入和最后三人齐力获得的成功体验。作为支持者、引导者，教师要培养幼儿自己想办法解决问题和互相合作解决问题的良好品质。

## 调整与改进

1. 益智板种类繁多，可以在益智区投放难易程度不同的益智板，以便于全体幼儿进行操作，不会让幼儿觉得很难，望而却步。同时，为能力较好的幼儿提供更大的发展空间，让幼儿有兴趣继续探索和挑战自己，促进全体幼儿主动参与活动。

2. 在区域活动中，教师要引导幼儿学会倾听，让幼儿能够在教师的帮助下归纳、概括有关经验，能够从游戏和生活中感受事物之间的联系，获得数、量、形、空间、时间等感性经验。

# 精神生命篇

有人说："人们一旦学会了用艺术的眼睛去看待世界，也就会自然而然地用这双眼睛省察日常生活，反观自我成长，从而在心灵上发现自我，在精神上获得丰盈，在生命上感受意义，在人生中活得从容。"经典的儿童影视艺术作品源于生活，寓教于乐，为童年的生活增添了几分趣味和享受，为不断丰盈着的生命提供了丰富的养料。

# 第七章 小班影视赏析活动案例

## 人与自我

### 影视案例赏析一

**一、影片介绍**

影片名称：《拔萝卜》。
导演：钱家骏。
片长：10分钟。
上映时间：1957年。
上映地点：中国。

> 内容简介：《拔萝卜》这个故事最早是由俄罗斯的阿尔克谢·托尔斯泰所写，后改编为一部动画短片，很适合五岁以下或者刚刚开始学习阅读的孩子观看。该片讲述了小白兔在地里找到一只大萝卜，用尽全身力气拔不出来，这时它开始动脑筋想办法，邀请身边的朋友帮忙，通过大家的合作，终于把大萝卜拔了出来。从动画形象看，片中的主角个个可爱，且给人一种软绵绵的感觉，音乐活泼欢乐。

**二、教育价值**

《3～6岁儿童学习与发展指南》中指出："幼儿期是语言发展，特别是口语发展的重要时期……应为幼儿创设自由、宽松的语言交往环境。"《拔萝卜》是一个趣味性与表演性相结合故事，富有情景表演和音乐性，且源于幼儿生活。影片中小白兔寻找帮助者的故事就是为了让幼儿明白一个人不能完成一件事情的时候，可以请同伴一起帮忙，大家齐心协力克服困难。

**三、活动设计**

**（一）导入部分**

师：小朋友们拔过萝卜吗？用什么方法拔萝卜？
生1：我没有拔过，但是我在电视上见过，农民伯伯是用铲子来挖萝卜的。
生2：我拔过萝卜，双手抓住萝卜的叶子，用力向后，还摔了个屁墩，最后终于拔出来了。
师：影片中的小动物是怎样拔萝卜的，我们一起看看吧！

**（二）完整欣赏影片**

师：影片的名称是什么？故事里都有谁？在干什么？

生1：影片名称是《拔萝卜》。

生2：故事里有小白兔、小猴、小猪、小熊，小白兔在拔萝卜，一个人的力量太小了，拔不动，于是它就请其他小动物帮忙一起拔萝卜。

师：萝卜是怎么拔出来的？萝卜拔出后，小动物们的心情怎么样？

生3：萝卜是通过小猴、小猪、熊、蜗牛一起帮忙才拔出来的。

生4：萝卜拔出后，大家都很高兴，一起欢快地跳起舞。

**（三）分段欣赏并讨论影片内容**

1. 片段一：欣赏小白兔拔萝卜的场景，思考萝卜拔不动的原因。

师：小白兔为什么自己无法把萝卜拔出来？你觉得怎样才能把萝卜拔出来呢？

生1：因为萝卜太大，一个人的力量太小了。

生2：它可以找好朋友帮忙。

生3：它可以使用工具，比如铲子、锄头……

- 小结：小白兔在地里找到一只大萝卜，用尽全身力气拔不出来。小白兔拔不动萝卜，需要找人帮忙，于是先后找来了许多小动物帮忙。

2. 片段二：遇到困难，大家想尽一切办法。

师：小白兔在拔萝卜的过程中遇到了什么困难？请谁来帮忙？

生1：小白兔一个人没有拔出萝卜，一个人的力气太小了。

生2：它先请来了小猴、小猪，可是小猪一边拔一边睡觉。小熊来了以后让大家都走开，但没想到不仅没把萝卜拔出来，自己还摔到一旁，最后蜗牛也来帮忙了。

- 小结：小白兔在拔萝卜的过程中遇到了困难，先后请来了小猴、小猪、小熊、蜗牛。幼儿从故事情节中明白一个人的力量是有限的，人多力量大。

3. 片段三：遇到困难的时候，朋友之间要互相帮助。

师：小白兔是如何叫其他小动物来帮忙的？你可以学一学吗？

生1：小白兔对小猴子说："快来啊，快来帮帮忙，快来帮我拔萝卜。""来了来了，马上就来。"

生2：小白兔和小猴子一起叫小猪："快来啊，快来帮帮忙，快来帮我拔萝卜。"

- 小结：每个人都会遇到困难，这时可以找同伴帮忙。大家一起齐心协力共渡难关，胜利一定会到来。

4. 片段四：人多力量大，齐心协力，共渡难关。

师：萝卜终于拔出来了，大家的心情是怎样的？

生1：通过大家的帮忙，萝卜被拔出来了，大家围着萝卜跳起了舞，蜗牛站在萝卜上面，看着大家获得了成功，脸上露出了微笑，高兴极了。

生2：我拔过萝卜，是跟爸爸妈妈一起拔的，拔出萝卜以后特别高兴。

- 小结：把萝卜拔出来需要靠大家共同的力量，这就是人多力量大的道理。我们平时如果遇到困难就要懂得寻求帮助。大家应该互相帮助、互相关心。

**（四）分享总结**

师：在生活中遇到自己解决不了的事应该怎么办呢？这个故事有哪些值得我们学习的地方？

生1：遇到困难，我们也要找人帮忙，共同努力才能战胜困难。

生2：搬不动很重的东西，可以找爸爸妈妈或者老师帮忙。

生3：遇到自己一人解决不了的事情，就要找人帮助，克服困难。

- 教师总结：无论在生活还是在学习中，遇到困难后，我们一定要积极地想办法解决，克服困难，不能放弃。需要帮忙时一定要找人帮助，这样做事才能事半功倍。大家在齐心协力的过程中不仅增进了友谊，还会因互帮互助建立真挚的感情。

**（五）演一演**

让我们一起动起来，选择自己喜欢的角色演一演吧！

**延伸部分：** 增设"拔萝卜"的表演区，规划和布置游戏角色头饰及游戏场景。要知道故事中都有谁，选择自己喜欢的角色以及出场顺序。让幼儿更快地融入所扮演的角色中，体验故事带来的乐趣，给幼儿创设一个想说、敢说、有机会说的环境。

**四、相关影片推荐**

影片名称：《功夫熊猫》。

导演：马克·奥斯本、约翰·斯蒂文森。

片长：95分钟。

上映时间：2008年。

上映地点：美国。

● 影片简介

熊猫阿宝是一家面条店的学徒，天天百无禁忌地做着白日梦，梦想着自己有一天能在功夫的世界里与明星级的大人物进行一场巅峰之战。在一场特殊的比武大会上，阿宝竟意外胜出，且需要代表"和平谷"将邪恶的大龙永久地驱除出去。阿宝在师傅的调教下成为一个拥有足够武术技巧、可以打败强大敌人的顶级战士。最后，阿宝凭借自己对武功的悟性和师父传授的武术战胜了大龙，拯救了山谷，为山谷带来了和平。

> 推荐理由：熊猫阿宝经历重重磨难，最终成为武功高手，拯救了山谷。这个影片教育小朋友要心怀梦想，并努力为之奋斗。

**五、相关绘本推荐**

绘本名称：《小黑鱼》。

作者：李欧·李奥尼。

● 绘本简介

大海的一个角落里住着一群小鱼，大家都是红色的，只有一条是黑色的。有一天，一只凶猛的金枪鱼吃掉了所有的小红鱼，只有小黑鱼逃走了。不久，小黑鱼遇到了一群躲在礁石后的小红鱼，为了生存，不再躲避，他想到一个好办法：教小红鱼游成大鱼的样子，而自己来当眼睛！就这样，它们在清凉的早晨游，在明媚的中午游，把大鱼都吓跑了。

> 推荐理由：故事中的小黑鱼遇到困难的时候，就动脑筋，想办法解决它；当朋友遇到困难时，小黑鱼对朋友不离不弃，不管有多难，都会很勇敢地解决它。终于靠大家团结协作，游成大鱼的样子，把金枪鱼吓跑了。

授课教师：何国伟

## 影视案例赏析二

### 一、影片介绍

影片名称：《孤独的小猪》。

导演：沈祖慰。

片长：10分钟。

上映时间：1988年。

上映地点：中国。

> 内容简介：《孤独的小猪》是1988年上映的国产动画片，由上海美术电影制片厂制作。在影片中，小猪悠闲地住在木屋里，当刺猬求小猪帮忙摘下身上的红果、山羊要求进小猪房中避雨时，小猪均以"我不帮助别人，也不要别人帮助"为理由拒绝了，甚至小白兔被大灰狼紧追要求进它的院子里躲避一下时，它也不肯伸手相助。它的自私行为惹得篱笆、大树和小屋都很不满。它们见小猪自私，也不愿帮助小猪。最后，小猪被瘸狼抓住，小兔、山羊都赶来救小猪，惩罚了瘸狼。这部剪纸动画对儿童具有教育意义，通过一个反面故事阐述了大家要互助互爱的道理，这种方式比说教对幼儿心理的影响更大。

### 二、教育价值

《3~6岁儿童学习与发展指南》中指出："幼儿在与成人和同伴交往的过程中，不仅学习如何与人友好相处，也在学习如何看待自己、对待他人，不断发展适应社会生活的能力。"影片让幼儿知道朋友之间应该互相帮助，以及学习与同伴相处的方法。当遇到困难时，幼儿应学会与好朋友一起面对，体验友好相处的情感。

### 三、活动设计

**（一）导入部分**

师：小朋友们，你们有自己的好朋友吗？

生1：有，我的好朋友是小明。

师：今天老师带来了一个好朋友，看看是谁呢？

生2：小猪。

师：这只小猪，它从来都不需要朋友，大家都叫它孤独的小猪。孤独的小猪今天会遇上什么事情呢？请欣赏影片《孤独的小猪》。

**（二）完整欣赏影片**

师：影片的名称是什么？故事里都有谁？在干什么？

生1：影片的名称是《孤独的小猪》，故事里有小刺猬、小山羊、小兔、大灰狼，大灰狼想要吃小猪和其他小动物。

师：你对影片中哪段动画的印象最深刻，请说一说？

生2：小刺猬、小山羊、小兔遇到困难的时候，去找小猪帮助，小猪都拒绝了它们。

生3：最后小猪被瘸狼抓住，这时小刺猬、小山羊、小兔都勇敢地与狼对抗，帮助小猪，朋友之间就应该互相帮助。

- 小结：在故事中，小动物没有得到小猪的帮忙，但是在小猪遇到困难的时候，小动物都赶来救小猪，惩罚了瘸狼。从这个故事中我们知道了人人都需要朋友的道理，朋友之间应该互相帮助。

### （三）分段欣赏并讨论影片内容

1. 片段一：相互帮忙，团结的力量最伟大。

师：小刺猬、小山羊、小兔都遇到了什么困难？小猪帮忙了吗？小猪是怎么说的？

生1：小刺猬身上有很多果子，想让小猪拿下来几个，小猪没有帮忙，说："我不帮助别人，也不要别人帮助！"

生2：小山羊遇到了下雨天，想到屋里避避雨。小猪没有帮忙，说："我不帮助别人，也不要别人帮助！"

生3：小兔被出来觅食的大灰狼盯上了。它逃着逃着，跑到了小猪家门口。"小猪、小猪，快让我进去躲躲呀！"小白兔拼命拍门。小猪说："我不帮助别人，也不要别人帮助！"

师：小兔子是怎么逃脱大灰狼的？

生4：房子和篱笆都对小猪的做法很生气。门自动为小兔打开了，可是小猪又堵上了，篱笆也自动分开，小兔急忙进去，大灰狼被夹住了，小兔才顺利逃走了。

- 小结：当小动物遇到危险时，小猪没有帮助它们，小动物都感到很失望，甚至连房子和篱笆也感到小猪的做法有些过分。我们不要向小猪学习，这种态度和想法是不对的，我们应该互相帮忙，团结的力量才是最伟大的。

2. 片段二：小猪请求朋友帮助时，懂得了人多力量大，朋友之间要互相帮助的道理。

师：小猪遇到了什么困难？小动物是怎么帮助它的？

生1：小猪被瘸狼装进了布袋，小猪苏醒了，流下了后悔的泪水："谁来帮帮我呀！"

生2：小动物都来帮忙了：小兔来，抓起一把灰撒到瘸狼脸上，瘸狼迷了眼，小兔救走了小猪。

生3：山羊用角把瘸狼撞出老远，刺猬用刺扎进了瘸狼的脚。它们跑过独木桥，向小猪家冲去。瘸狼被独木桥打入了水中。小动物肯定会帮助小猪的，因为大家要互相帮助。

- 小结：小猪觉得自己不会遇到困难，不需要别人帮忙，可是小猪被瘸狼一路追赶，正当狼将要抓住它的时候，山羊、刺猬、小兔赶来救小猪，惩罚了瘸狼。通过这个故事，我们明白了每个人都需要别人帮助，同时不要拒绝帮助别人。

3. 片段三：小猪获救后，感受到朋友间真挚的友谊。

师：小猪获救了，它心里会怎么想？小动物心里会怎么想？

生1：小猪心想：别人找我帮忙的时候，我没有帮助它们，心里很惭愧。

生2：在我遇到困难的时候，小动物及时地解救了我，我非常感谢它们。

生3：小动物都想着：小猪遇到困难了，我要去救它。

- 小结：当小猪获得帮助后，它才明白被别人帮助自己是多么快乐。我们每个人都需要朋友，朋友之间应该互相帮助。

### （四）分享总结

师：如果让你对小猪说一句话，你最想对它说什么？你平时是怎样帮助、关心朋友的？

生1：我想对小猪说：好朋友需要相互信任、相互帮助，遇到困难时要齐心协力共渡难关。

生2：平时遇到困难一起解决，比如摔倒了把他扶起来，搬桌子搬不动大家一起搬……

- 教师总结：每个人的成长都少不了朋友给予的温暖。在伤心难过的时候，朋友之间要多鼓励；在遇到困难的时候，朋友之间要互相帮助。

**（五）演一演**

师：当刺猬、山羊求助小猪时，小猪均以"我不帮助别人，也不要别人帮助"为理由拒绝了，甚至小白兔被大灰狼紧追要求进它院子里躲避一下时，它也不肯伸手相助。直至小猪遇到瘸狼时才反省，最后小动物团结一致打败了瘸狼。我们以小组为单位，一起演一演吧！

延伸部分：开展美术活动"我的好朋友"，通过绘画自己与好朋友快乐游戏的场景，增进与好朋友之间的真挚情感。

**四、相关影片推荐**

影片名称：《永远的朋友》。

导演：杰斯佩·莫雷。

片长：77分钟。

上映时间：2009年。

上映地点：德国、意大利、法国。

● 影片简介

小老鼠约翰尼是一个失败的演员，失去了自己的角色，成为一个流浪者。对于自己在城市中经历的这一切灾难，它需要一些时间来调整，而放松自己的最好去处莫过于"好朋友"农场，这个农场在一个小山村，恬静适宜。很快，小老鼠约翰尼和农场的弗兰兹和沃尔德马成为好朋友。当它们的另一位朋友小山羊云云走失后，三位新结成的朋友开启了一次历险并找回了它们的山羊朋友。

> 推荐理由：小老鼠约翰尼历险寻友。在经历种种困难之后，它们还是勇往直前，最终获得成功。好朋友间的互帮互助、不畏困难和艰险的品质值得我们学习。

**五、相关绘本推荐**

绘本名称：《两个好朋友》。

作者：罗琳娜·斯密诺维奇。

● 绘本简介

亚历克斯和露露（一只狗和一只猫）是最好的朋友，它们有很多共同的爱好：在公园里跑、跳、荡秋千等。但是，两个朋友也有很多不同之处。例如，亚历克斯酷爱足球，喜欢冒险，梦想当一名船长；露露只喜欢画画。当亚历克斯意识到两个人的差异时，它开始时刻思考这个问题，并产生了深深的忧虑——担心两个人会因为彼此的差异而产生可怕的对立。不过，露露似乎不这么认为……

> 推荐理由：可以让小朋友进行角色扮演，将《两个好朋友》做成舞台剧的形式。让小朋友明白自身和其他人的差异性，接受自己独特的个性，接纳自己，提高自己的自信心，不畏惧人际交往。

授课教师：郭欣

## 影视案例赏析三

**一、影片介绍**

影片名称：《小蝌蚪找妈妈》。

导演：特伟、钱家骏、唐澄。

片长：15分钟。

上映时间：1960年。

上映地点：中国。

> 内容简介：《小蝌蚪找妈妈》是由上海美术电影制片厂于1960年制作的水墨动画片，这部作品取材于画家齐白石创作的鱼虾等形象，采用中国传统的水墨画技巧，动作设计十分细腻。在该片中，青蛙妈妈产下的宝宝们慢慢长出尾巴变成了一群小蝌蚪，小鸡和妈妈的亲密让小蝌蚪们羡慕不已，它们决定去找自己的妈妈。它们不知道自己的妈妈是什么样子的，在虾公公描述了它们妈妈的特征后，它们便开始踏上寻找妈妈之路。一路上它们错把金鱼、螃蟹、乌龟、鲶鱼当作自己的妈妈，最后小蝌蚪们终于找到了自己的妈妈。整个故事讲述了小蝌蚪们追寻自我的主体性建构——我是什么样的，我的父母是什么样的，我又会长成什么样。渴望长大，这是儿童的一种心理倾向。

**二、教育价值**

童话故事具有浓厚的幻想色彩，深受幼儿的喜爱。童话故事是发展语言、加强形象思维、促进幼儿社会认知的重要途径。影片中小蝌蚪活泼可爱的形象犹如一群天真无邪的孩子，随着小蝌蚪不断询问妈妈的特征，幼儿直观地了解了小蝌蚪变青蛙的生长过程。通过情景对话、观察图片、交流分享、合作探究、小组分析、情境游戏的形式加深了幼儿对故事的理解与体验，帮助他们进一步了解了社会关系，同时发展他们的积极性思维及语言表达能力。

**三、活动设计**

**（一）导入部分**

通过观察图片，请幼儿向大家介绍自己见过的小蝌蚪。

师：今天老师给小朋友们带了一个好朋友，你们看是谁啊？

生1：小蝌蚪宝宝，我喜欢它。

师：请小朋友用几句话来说一说自己见过的小蝌蚪，要尽量说清楚它长什么样子，它是怎么长大的。

生2：我之前养过小蝌蚪，小小的、黑黑的、圆圆的身子。我把它放在鱼缸里，每天都要看看它，它是我的好朋友。

生3：它小的时候有条小尾巴，后来长着长着就不见了，长出了四条腿，和小蝌蚪长得一点也不一样。

师：今天我们一起欣赏《小蝌蚪找妈妈》的影片，影片中小蝌蚪会寻找自己的妈妈，让我们一起看看发生了什么事情吧！

**（二）完整欣赏影片**

师：影片的名称是什么？故事里都有谁？

生1：影片的名称是《小蝌蚪找妈妈》。

生2：故事里有小蝌蚪、金鱼、乌龟、螃蟹、鲶鱼、青蛙。

师：影片跟我们平常看的电影有什么区别？小蝌蚪把哪些动物当成自己的妈妈了？印象最深的是什么画面？

生4：这个影片是黑白色的，平常看的影片是彩色的。

生5：小蝌蚪把虾公公、金鱼、螃蟹、乌龟、鲶鱼当成了自己的妈妈。

生6：小蝌蚪找妈妈的时候，遇到了乌龟，大家一起喊乌龟妈妈。这时，小乌龟上前说："这是我的妈妈。"刚遇到鲶鱼时，小蝌蚪们一起叫它妈妈，把它吵醒了，鲶鱼非常生气。

**（三）分段欣赏并讨论影片内容**

1. 片段一：欣赏小蝌蚪和小鸡玩耍后的场景，感受它们寻找妈妈的迫切心情。

师：小蝌蚪为什么要去找妈妈？

生1：因为别的小动物的妈妈都在身边，自己的妈妈却不在，所以决定一起寻找自己的妈妈。

◉ 小结：小蝌蚪就像小朋友一样，妈妈不在身边会非常着急，所以迫切地想要寻找妈妈。

2. 片段二：通过小蝌蚪寻找妈妈的过程了解蝌蚪变成青蛙的生长过程。

师：小蝌蚪在找妈妈的过程中都遇到了谁？它们都有什么特点？

生1：小蝌蚪在寻找妈妈的过程中遇到了虾公公、螃蟹、金鱼、乌龟、鲶鱼。

生2：螃蟹有白白的肚皮，金鱼有一双大眼睛。

生3：乌龟有四条腿，鲶鱼有一张大嘴巴。

师：经过小蝌蚪们的不懈努力，它们终于找到了妈妈，那小朋友知道小蝌蚪是怎样变成青蛙的吗？

生4：小蝌蚪先长出两条后腿，再长出两条前腿。

生5：长出四条腿以后，尾巴慢慢变小，然后就消失不见了，最后换上绿衣服，变成可爱的小青蛙。

师：我们这里有小蝌蚪变成青蛙的生长过程图片，小朋友可以将图片顺序排列好，然后分组进行讲解，这样每个小朋友就都能知道青蛙的生长过程了。

生6：小蝌蚪先长出两条后腿，这个图片排第一；然后长出两条前腿，这个排第二；尾巴慢慢变小，这个排第三；最后变成青蛙，这个排第四。

◉ 小结：在寻找妈妈的过程中，小蝌蚪遇到了许多小动物，它们都像自己的妈妈，有白肚皮、大眼睛、四条腿或者大嘴巴这些特征，但不是小蝌蚪的妈妈。黑黑、小小的蝌蚪慢慢长出后肢，再长出前肢，然后尾巴慢慢变小，消失不见，身体变成墨绿色，最后变成青蛙，这就是小蝌蚪变成青蛙的过程。

3. 片段三：小蝌蚪通过不同的信息找到了妈妈，知道在遇到困难时要寻求帮助。

师：小蝌蚪找不到妈妈特别着急，那在生活中，小朋友如果找不到妈妈该怎么办？

生1：爸爸告诉我，不要动，在原地等着爸爸妈妈来找。

生2：可以找警察叔叔帮忙。

生3：放学的时候可以回到幼儿园找老师帮忙。

○ 小结：小朋友都是遇事冷静的孩子，当我们找不到家人的时候，可以寻求帮助。比如，在公园里找不到妈妈了，可以到110警亭或者找身边的人打电话给妈妈；在幼儿园的路上找不到妈妈了，可以回到幼儿园找老师帮助；在商场里找不到妈妈了，可以在原地等候，不要乱跑。这些方法都非常实用。但是，小朋友最好外出的时候跟紧家人或者老师，这是最安全的方法。

4. 片段四：分角色表演，进一步梳理故事情节。

师：老师给每个小朋友都准备了小蝌蚪的胸饰，我想请小朋友一起扮演小蝌蚪，这里还有金鱼、乌龟、小螃蟹、鲶鱼的头饰，大家可以来试一试哦。

生1：我想当金鱼妈妈，我喜欢金鱼的大眼睛。

生2：我喜欢乌龟，我来当乌龟。

生3：我喜欢螃蟹，我来当螃蟹。

生4：那我来当鲶鱼吧！

○ 小结：我们需要注意每个动物的声音、表情等，它们都是不一样的。

### （四）分享总结

师：看完影片，想一想：如果是你找不到妈妈了，你会对小动物说什么，做什么？

生1：我会对小动物说：我找不到了妈妈了，能帮助我一起寻找吗？

生2：会跟着小动物一起寻找妈妈。

师：你认为小蝌蚪表现得怎么样？在它们身上有哪些值得学习的地方？

生3：他们表现得不错，最终找到了妈妈。它们一直寻找妈妈，直到找到为止，这股劲头值得我们学习。

### （五）一起画一画

师：通过观看《小蝌蚪找妈妈》动画片，小朋友知道了一种特殊的美术表现形式——中国水墨画。小朋友想不想尝试一下呢？让我们用手中的画笔、宣纸和墨水通过点、线、面的技法来尝试一下吧。

延伸部分：教师提供小蝌蚪、鲤鱼妈妈以及青蛙的头饰（或胸饰），幼儿自由选择角色，进行故事表演。在游戏过程中，幼儿学说完整的角色对话，尝试用不同的语音语调表现故事中的角色。

### 四、相关影片推荐

影片名称：《疯狂动物城》。

导演：拜恩·霍华德、里奇·摩尔、杰拉德·布什。

片长：109分钟。

上映时间：2016年。

上映地点：美国。

● **影片简介**

故事发生在一个所有哺乳类动物和谐共存的美好世界中，兔子朱迪从小就梦想着成为一名惩恶扬善的刑警。凭借智慧和努力，朱迪成功地从警校毕业并进入了疯狂动物城警察局。近日，城中接连发生动物失踪案件，就在全部警员都致力调查案件真相之时，朱迪却被局长发配成为一名无足轻重的交警。最后，朱迪找到了尼克，两人联手揭露了一个隐藏在疯狂动物城之中的惊天秘密。

推荐理由：该片讲述了兔子朱迪在一个所有动物和平共处的动物城市，通过自己的努力奋斗完成自己儿时的梦想，成为动物警察的故事。

### 五、相关绘本推荐

绘本名称:《坚持到底不放弃》。

作者:布兰达·S.迈尔斯。

● 绘本简介

小青蛙斯蒂克利的脚趾是有黏性的,能帮助它粘到窗户、天花板和冲浪板上,甚至可以粘到盘子上。小青蛙斯蒂克利有一种天赋,或者可以说是毅力,就是不管遇到多么困难的挑战,即使不能确保会有好的结果,依然能坚持完成任务。毅力是孩子要学习的一项重要能力,因为无论在家还是在学校,拥有坚持把事情从始至终做完的品质,能帮助孩子达成目标,并使他们为自己感到自豪。

> 推荐理由:毅力是影响孩子一生的重要品质,对于孩子的心理健康、拓展社会技能和获得学业的成功非常重要。然而,每个人不是天生就具备毅力的,毅力的获得需要父母的引领和指导。通过小青蛙的故事,孩子了解到小青蛙是如何制订计划、执行计划以及解决执行过程中遇到的困难并最终完成任务的。绘画幽默风趣,步骤具体详细,非常具有实用性。

授课教师:郭欣

## 影视案例赏析四

### 一、影片介绍

影片名称:《小红脸和小蓝脸》。

导演:戴铁郎。

片长:10分钟。

上映时间:1982年。

上映地点:中国。

> 内容简介:《小红脸和小蓝脸》是根据挪威作家托尔边·埃格的童话故事改编的动画片。"小红脸和小蓝脸"的学名叫乳酸杆菌,是一种对牙齿非常有害的细菌。故事讲述了它们寻找到不注重口腔卫生的小明,在小明口腔里安家落户到最终被驱逐出去的一系列经历。该片色彩鲜艳、人物线条简洁、构思新颖、音乐轻快,用拟人化的手法形象生动地展现了乳酸杆菌进入牙齿这一生理现象,易于为儿童所接受。

### 二、教育价值

牙齿健康与自身健康息息相关,口腔健康问题不容忽视。幼儿时期正是牙齿发育和培养护牙习惯的关键时期。该片正是以拟人化的手法,活泼、直观且有趣地表现了枯燥难懂的科学知识,使幼儿在形象生动的故事中逐渐懂得保护牙齿的重要性,知道处理蛀牙的方法,并在日常生活中养成注意口腔清洁、勤漱口、勤刷牙的好习惯。

### 三、活动设计

#### （一）导入部分

师：小朋友请看图片，这是老师要为大家介绍的一个新朋友——小明，这个小朋友有一个不太好的习惯，你们看他在做什么呢？

生1：他正躺在床上吃饼干。

师：小明临睡前躺在床上还要吃糖果饼干，这不，就让两个坏家伙跑进了他的嘴巴里了。今天让我们一起来看一看这两个小家伙都在小明嘴巴里干了些什么吧！

#### （二）完整欣赏影片

师：看完这部影片后，你知道小红脸和小蓝脸是谁吗？它们都在小明嘴里做了什么事情呢？小明又做了什么呢？

生1：小红脸和小蓝脸是对牙齿有害的细菌，它们跑到了不爱刷牙的小明嘴里，把小明的牙齿凿坏了。

生2：小明去求助了牙科医生，把细菌赶出了自己的嘴巴。

#### （三）分段欣赏并讨论影片内容

1. 片段一：通过了解细菌进入小明嘴巴的过程知道蛀牙发生的原因。

师：小红脸和小蓝脸这两个对牙齿有害的细菌为什么选择钻进小明的牙齿呢？

生1：因为小明睡前没有刷牙。

生2：小明睡前还在吃糖果饼干。

师：除此之外，你还知道哪些习惯也容易让细菌跑到嘴里呢？

生3：如果刷牙不认真，就刷不干净牙齿，牙齿上也会有细菌。

◐ 小结：小红脸和小蓝脸这两个对牙齿有害的细菌在寻找那些不爱刷牙、晚上临睡还在吃糖果饼干的小朋友，顺着糖果和饼干跑到他们的嘴巴里。

2. 片段二：通过了解细菌在小明牙齿上安家落户给小明带来极大的困扰，知道蛀牙的危害。

师：小红脸和小蓝脸最喜欢吃什么呢？它们在小明的牙齿上做了什么？小红脸和小蓝脸在小明的嘴里常住了之后，做了什么？

生1：它们最喜欢吃小明牙缝里的食物，吃完以后它们吐出酸水，在牙齿上钻了个洞。

生2：它们在小明嘴里吃得饱，睡得足，长得越来越胖，现在的洞不够住了，于是它们在小明的牙齿上凿了一个宫殿。

师：小明在运动的时候，小红脸和小蓝脸在做什么？小明怎么样了？小明并没有重视小红脸和小蓝脸，继续吃雪糕，这下又出什么问题了？

生3：它们也在小明嘴里运动，从在小明牙齿上凿的滑梯上摔下来了。小明感觉到牙齿痛，并且脸肿了。

生4：小红脸和小蓝脸在小明嘴里开心地唱歌跳舞，小明牙齿疼，疼得他都打滚。

师：如果你是小明，现在你会怎么办呢？

生5：我会赶紧想办法把细菌从自己的嘴里赶跑。

◐ 小结：小红脸和小蓝脸在小明的嘴里生活得非常快活，在他嘴里安了家，随意在小明牙齿上打洞，甚至还建造了宫殿，这导致小明的脸变肿了，甚至牙痛到在地上打滚。

3. 片段三：从小明赶跑细菌的经历中知道治疗蛀牙的方法。

师：小明这次用什么方法尝试赶跑小红脸和小蓝脸呢？他成功了吗？又想了什么办法？

生1：这次小明开始认真刷牙了，但他没有成功。他又去找牙医帮忙了。

师：医生想了什么办法帮小明驱赶小红脸和小蓝脸呢？

生2：牙医用工具把小蓝脸和小红脸的宫殿给填上了，最后它们被小明吐出去了。

师：有的小朋友像小明一样，牙齿痛了因为害怕而没有马上去看牙医，结果牙齿没有得到有效的治疗，加重了病情，你想对这些小朋友说点什么吗？

生3：不能害怕去看牙医，牙医能帮助我们赶跑嘴里的细菌。

○ 小结：小明想通过刷牙赶跑这两个小家伙，不过他没有成功。这下必须要去找牙医帮忙了。牙医通过专业的手段修补好了小明牙齿上的破洞，两个小家伙也顺着漱口水离开了小明的嘴巴。

4. 片段四：细菌仍旧在寻找下一个目标，提示幼儿在日常生活中需要重视口腔健康。

师：小红脸和小蓝脸被赶跑了以后去哪儿了？它们还要干什么呢？

生1：它们又在拿着望远镜找那些不爱刷牙的小朋友，想继续在他们嘴里安家。

师：为了不让细菌来我们的嘴里安家，我们应该怎么做呢？

生2：我们要保护好牙齿。

○ 小结：这两个对牙齿有害的细菌虽然被小明从嘴巴里赶了出来，但是它们并没有放弃，拿着望远镜寻找下一个不爱刷牙、不保护自己牙齿的小朋友，准备再去他的嘴里安家呢！小朋友一定小心，不能让它们破坏了我们的牙齿！

（四）分享总结

师：看完今天的影片，小朋友知道应该如何保护我们的牙齿，不让小红脸和小蓝脸破坏它们吗？

生1：早晚认真刷牙。

生2：睡前不吃糖果、饼干。

○ 教师总结：我们应该在日常生活中养成良好的口腔卫生习惯，饭后勤漱口，睡前不吃零食，少吃糖，定期检查牙齿，早晚用正确的方法刷牙。当然，如果已经引发了蛀牙，我们要赶紧找牙医寻求帮助。

（五）学习正确的刷牙方法

师：我们现在都知道要认真刷牙保护牙齿，那你知道正确的刷牙方法吗？现在让我们一起来学习一下吧。请小朋友看看老师手里的牙齿模型和牙刷，刷牙时我们先要将牙刷毛分别放在牙齿外侧和内侧，上下刷，之后用牙刷来回刷每个牙齿的咬颌面，每次都要坚持刷够三分钟。

延伸部分：在角色扮演区开设"牙科医院"，并投放牙刷、牙齿模具、牙科用品等，引导幼儿在角色扮演中懂得保护牙齿的重要性，并帮助幼儿消除去牙科医院的恐惧感。

## 四、相关影片推荐

**影片名称**：《牙牙精灵战队》。

**导演**：蒋楚剑、饶琨华。

**片长**：20集。

**上映时间**：2019年。

**上映地点**：中国。

● 影片简介

这是一个由牙牙精灵队长率领的由美牙牙、壮牙牙、益牙牙、乖牙牙等成员组成的牙牙精灵战队和各种口腔疾病战斗，保护人类口腔健康的故事。

推荐理由：本片把所有的牙病拟人化、卡通化，变成一个个有性格、有破坏技能的病菌怪，通过病菌们搞破坏的故事来阐释各类口腔疾病的根源。其幽默风趣的表现形式提高了孩子们对口腔健康重要性的认识程度，并将口腔健康知识传播给更多的人群。

### 五、相关绘本推荐

**绘本名称**：《牙齿大街的新鲜事》。
**作者**：鲁斯曼·安娜。

● 绘本简介

哈克和迪克正在牙齿上修建自己的小窝，还梦想着修建可以出租的豪华公寓……就在它们的梦想快要实现的时候，一把大刷子和一个大钩子带着很多警察从天而降。最终，哈克和迪克在牙齿警察——牙膏和牙医的双重威胁下逃出了牙齿大街，顺着排水管漂流到地中海，再也没有找过牙齿的麻烦。

推荐理由：这本书用哈克和迪克两个古灵精怪的小家伙向宝宝展示了牙齿被破坏是多么可怕的事情。读完故事后，幼儿会自然地拿起牙刷刷牙，制止哈克和迪克这样的小东西在嘴里干坏事，从此爱上刷牙。

授课教师：刘航

# 人与他人

## 影视案例赏析一

### 一、影片介绍

**影片名称**：《一棵大白菜》。
**导演**：虞哲光。
**片长**：16分钟。
**上映时间**：1961年。
**上映地点**：中国。

> 内容简介：《一棵大白菜》是一部折纸动画，它不同于一般的动画片种，它的人物及场景等都是立体、真实的。故事讲述的是小花猫在菜园里捉蚱蜢时碰坏了一棵大白菜，它怕山羊公公责骂，就把白菜扔到竹篱外。小白兔路过这里，捡起了白菜，正巧被山羊公公看见，就怪小白兔偷菜，小白兔有口难辩。坐在一旁的小花猫很想向山羊公公解释，又怕山羊公公不喜欢它，它心里很矛盾。正在这时，小白兔拾到了小花猫丢失的蝴蝶结，赶忙送给了小花猫。小花猫很感动，便拉着小白兔一起到山羊公公家中并承认了自己的错误。很多时候，我们都会面临小花猫这样的困境，面对自己的错误不敢承认，但是不承认会让自己不自在，还可能会让别人百口莫辩。这部影片教育我们要敢于承认错误。

## 二、教育价值

折纸动画具有极强的识别性，它充满稚气，特点鲜明，深受孩子的喜爱。故事向幼儿呈现了主人公从犯错到认错的心理变化过程，激发幼儿学习影片中正面的人物形象，判断故事所表现出来的对与错、好与坏，让幼儿产生共鸣，从而迁移到自身，知道勇于面对自己的过失才是解决问题的最好办法，让孩子懂得诚实的重要性。

## 三、活动设计

### （一）导入部分

师：小朋友，如果我们不小心碰坏了别人的东西，你会怎么做呢？

生1：马上跟小朋友说对不起，争取小朋友的原谅。

生2：应该马上告诉老师或者大人，自己解决不了的事情就去找大人帮忙。

师：小朋友说得都很好，有一只小花猫在菜园里捉蚱蜢时不小心碰坏了一棵大白菜，小花猫害怕极了，你们猜一猜小花猫会如何解决这个事情，让我们一起走进这部影片吧。

### （二）完整欣赏影片

师：看完这部影片，你觉得它和别的影片里的人物造型有什么不同的地方？电影里令你印象最深的是谁？为什么？

生1：这个电影里的小花猫、小兔子、大白菜好像都是用纸折出来的。

师：这是一部具有民族特色的折纸电影，里面的人物、场景全部都是用纸折出来的。折纸动画是从儿童折纸的手工制作中逐渐发掘出来的新的动画创作方式，是中国美术电影的典型代表。

生2：给我印象最深的是小兔子，它明明知道是小花猫弄坏的白菜却没有在山羊爷爷面前告状，而是鼓励小花猫勇于承认错误。

生3：我印象最深的是小花猫，如果我犯错了一定会承认错误的，虽然我也害怕被批评，但是老师告诉我们，犯错了没关系，改正了就是好孩子。

### （三）分段欣赏并讨论影片内容

1.片段一：小花猫在菜园里不小心碰坏了一棵大白菜，因害怕受到责备而不敢承认错误。

师：是谁碰坏了大白菜？它是怎样做的？它为什么不敢跟山羊爷爷说？

生1：是小花猫在菜园里捉蚱蜢时碰坏了一棵大白菜，它怕山羊公公责骂，就把白菜扔到了竹篱外。

师：你有没有遇见过类似小花猫这样的事情呢？你是怎么处理的？

生2：有一次在家里我把妈妈的口红弄坏了，我很害怕，就把事情告诉了奶奶。奶奶告诉我，只要我主动承认错误，妈妈是不会责怪我的，于是我就勇敢地向妈妈承认了错误，并得到了妈妈的原谅。

● **小结**：小花猫做错事情害怕被责骂就把白菜扔出去，这样做是不对的。小朋友的做法非常正确，做错事情后我们应该主动承认错误并争取别人的原谅。

2. 片段二：小白兔把小花猫丢失的蝴蝶结还给她，通过榜样示范鼓励小花猫承认错误。

师：当小白兔看见那颗被扔掉的白菜后是怎样做的？小花猫向山羊爷爷承认错误了吗？小白兔是通过什么方法鼓励小花猫的？

生1：小白兔捡起了白菜，正巧被山羊公公看见了，遭到了山羊爷爷的责骂；小花猫其实很想向山羊公公解释，又怕山羊公公不喜欢它，所以不敢承认白菜是自己弄坏的。

生2：小白兔捡到小花猫丢失的蝴蝶结，赶紧还给了它，小花猫被小白兔诚实的举动感动了，决定找山羊爷爷承认错误。

○ 小结：小白兔是个善良热心的好孩子，它通过榜样的力量鼓励了小花猫，从而使小花猫获得了主动承认错误的勇气。

3. 片段三：敢于面对错误，勇于认错的小花猫。

师：小花猫最后是怎样做的？山羊爷爷原谅小花猫了吗？

生1：小花猫被小兔子的做法感动了，和小白兔一起到山羊公公家中承认了自己的错误，山羊爷爷原谅了主动承认错误的小花猫。

师：当我们犯错误时应该怎样做呢？生活中你有没有像小白兔这样的朋友，在我们需要帮助的时候，总能带给我们温暖、光明、勇气和智慧？

生2：我们要勇敢承认错误，不能害怕挨批评就不说真话，诚实的孩子是会被原谅的。

生3：我觉得朵朵就是这样的好朋友。她是我的邻居，每一次我们在楼下玩的时候，她都会和我一起。遇到我不敢说不敢做的事情，她都会鼓励我，让我更有勇气。

○ 小结：我们做错了事情并不可怕，但是撒谎骗人就非常可怕了，所以我们要做一个诚实的孩子，即使做错了事情也没关系，主动承认错误就会得到别人的谅解。

（四）分享总结

师：影片里的小花猫最后承认了错误，当小朋友做错事的时候应该怎么办呢？

生1：做错了事情我们要主动承认错误，大人是不会责怪我们的。

生2：不能因为害怕批评就说谎话，这样做是不对的，及时改正错误我们还是好孩子。

生3：犯错了并不可怕，把责任推卸给别人才是可怕的，我们要做像小兔子一样诚实的好孩子。

○ 教师总结：小朋友犯错误是很正常的，我们大人也会犯错。当我们做错了事情，逃避是解决不了问题的，还有可能会牵连别人。我们应该勇敢地直面错误、承认错误并且改正错误，这样才能得到别人的谅解和宽容。诚实是非常可贵的品德。

（五）创编故事内容

师：如果你是小兔子，在遇见今天这种情况时，你会怎样鼓励小花猫勇敢承认错误呢？请你和小伙伴合作排演一部小短剧吧。

延伸部分：分享你和好朋友之间的故事。请幼儿大胆分享与好朋友之间曾经发生的误会，以及解决方式。通过分享与讨论引导幼儿正确地看待错误并勇于承认错误。

**四、相关影片推荐**

影片名称：《崔枢还珠》。

片长：1分30秒。

上映时间：2019年9月。

上映地点：中国。

● 影片简介

崔枢在上京赶考的路上住宿在一家客栈中。他遇到一位病重的商人，并悉心照顾他。商人在临故之前拜托崔枢将自己安葬，并送给他一颗珍珠表示感谢，商人去世后，崔枢十分守信，将商人下葬，同时将珍珠一起放在棺木里。一年后，商人家人得知商人去世，珍珠也丢失了，便将崔枢告上公堂。崔枢说明当年的情况并说珍珠陪着商人一起安葬了。商人家人打开棺木，印证了崔枢的说法，感动不已。

> 推荐理由：商人病了，崔枢作为路人百般照顾，这是待人热诚；商人以珠宝相赠，他坚决不收，这是不图回报；商人死后他依照嘱托将人安葬，这是诚实守信。生活中，我们也该向他学习，交崔枢这样的诚实之友。

### 五、相关绘本推荐

绘本名称：《我要诚实》。

作者：唐娜·W.伊恩哈特。

● 绘本简介

弗兰克总是很诚实但也总惹来意想不到的烦恼。他说："诚实是最好的品德。"弗兰克从来不对他的同学撒谎，"你的雀斑能提醒我北斗星的位置"，他对多蒂说，多蒂把头巾拉下来遮住了脸。"你唱歌就像尖叫"，弗兰克告诉卡罗尔，卡罗尔跺着脚离开了……

> 推荐理由：《我要诚实》这部绘本以诙谐幽默的方式告诉孩子人与人的相处方式，诚实有时也会带来意想不到的伤害。虽然诚实是一种美德，但是也要懂得将心比心，不要一味地说出那些伤人心的"真心话"。

授课教师：任金素

## 影视案例赏析二

### 一、影片介绍

影片名称：《你看起来很害怕》。

导演：兰茜雅。

片长：4分钟。

上映时间：2016年。

上映地点：美国。

内容简介：这部动画上映于2016年，非常简短，影片一共4分钟，没有对白，却非常完整地阐述了一个我们在生活中几乎每个人都会遇到的情景——拔牙。在影片中，一只忧心忡忡的鳄鱼去拔牙，当他看到拿手术刀的兔子医生后，顿觉害怕不已。而兔子发现病人竟是鳄鱼，同样惶恐不安。于是，在治牙的过程中，它们的心理活动激烈碰撞着，各自脑补了一场弱肉强食式的杀戮追逐。本影片虽然画风比较简单，但剧情直戳人心。我们都是长了蛀牙的小鳄鱼，在拔出烦恼与面对苦难的过程中，自己会把困难想象得太过强大与艰难，于是开始逃避。只有勇敢地跨越每一次障碍，我们才会变得更加强大，才有力量抵挡更多的挫折。

## 二、教育价值

《3～6岁儿童学习与发展指南》中指出："健康是指人在身体、心理和社会适应方面的良好状态。"幼儿是一个独立完整的个体，身体健康和心理健康是两个不可分割的方面。牙齿是人体重要的器官之一，幼儿长到五六岁时就渐渐进入换牙期，孩子在面对自己从来没有经历的事情时，都有一种不安甚至恐惧心理。这个故事用幽默风趣的形式向孩子呈现了鳄鱼看牙医的过程，鳄鱼和牙医不同的心理感受和心理变化贯穿故事始终。这部影片不仅帮助幼儿消除了看牙时的恐惧心理，更能帮助幼儿养成爱护牙齿的好习惯。

## 三、活动设计

### （一）导入部分

师：小朋友们，你们有看牙医的经历吗？今天有一只鳄鱼的牙坏了，它要去看牙医，可是它太害怕、太紧张了，你们觉得鳄鱼能成功看牙吗？

生1：我去看过牙，看牙的医生很温柔，我很害怕，但我还是勇敢地坚持下来了。

生2：我觉得鳄鱼会一口把牙医吃掉，因为看牙实在太疼了，鳄鱼忍受不了一张嘴就能把牙医吃掉。

生3：我觉得鳄鱼会十分勇敢，坚持看完牙，如果坏牙不马上医治，严重了，脸都会肿起来，那时候牙齿就更疼了。

师：今天忧心忡忡的鳄鱼就要去看牙医了，它和医生之间会发生怎样好玩有趣的故事呢？我们一起去看看吧！

### （二）完整欣赏影片

师：影片中都有谁呢？如果你是鳄鱼或小兔子牙医，当看到对方时你会怎么办呢？影片中鳄鱼和小兔子医生相互追逐时的音乐带给你什么样的感受？

生1：影片中有鳄鱼和小兔子医生，鳄鱼的牙坏了，需要小兔子医生帮它治疗。

生2：如果我是鳄鱼，我要勇敢地看牙，因为牙疼真的很难受。

生3：如果我是小兔子医生，看见鳄鱼来了，我肯定会很害怕，但是它需要我的帮助，所以我要勇敢，帮助鳄鱼把牙齿看好。

生4：追逐时的音乐让我感觉很紧张，很害怕，好像我自己要看牙一样。

### （三）分段欣赏并讨论影片内容

1. 片段一：鳄鱼鼓足了勇气去看牙医。

师：鳄鱼怎么了？它看见医生时心里是怎么想的？小兔子医生看见鳄鱼来了，它心里又是怎么想的？

生1：鳄鱼牙齿坏了，因为害怕拔牙，所以它很紧张。

生2：小兔子医生看见鳄鱼进来了也很害怕，担心鳄鱼一生气吃掉它。

● 小结：鳄鱼牙齿坏了去看牙医，心里非常害怕；当它走进诊室，小兔子医生看到鳄鱼进来也害怕极了，但是它们都鼓足了勇气接受彼此。

2. 片段二：鳄鱼和小兔子医生各自脑补一场弱肉强食式的杀戮追逐。

师：鳄鱼和小兔子医生在害怕什么？你是从哪些画面看出来它们都很害怕的？请你试着模仿一下它们害怕的样子。

生1：鳄鱼害怕小兔子医生手里的针和看牙的工具，它觉得这些工具很可怕。

生2：小兔子害怕给鳄鱼打针拔牙的时候被鳄鱼一口吃掉。

生3：鳄鱼和小兔子医生想象中的对方都是龇着牙、咧着嘴的，小兔子医生的针管变得又粗又长。

○ 小结：尖尖的牙齿、粗大的针管、比兔子医生还大的剪刀，这些夸张的造型都在表现它们心中的恐惧。鳄鱼身为患者害怕医生手里的工具和拔牙的过程，而小兔子医生害怕看上去很凶猛的鳄鱼一口将自己吃掉，它们各自担心着自己的安危。

3. 片段三：鳄鱼和小兔子医生，最终各自战胜心里的恐惧，勇敢面对困难并解决了问题。

师：如果你是鳄鱼，在面对小兔子医生的时候会怎样做？鳄鱼最后成功拔掉坏牙了吗？

生1：如果我是鳄鱼，我会告诉自己要坚强，不要害怕看牙，医生会轻轻地给我拔牙的。

师：如果你是小兔子医生，看到鳄鱼进来了会怎样做？

生2：看到鳄鱼来看牙，我一定很害怕，但是我会鼓励自己不要害怕，我是医生，我一定能把鳄鱼的坏牙治好。

○ 小结：鳄鱼和小兔子医生心里其实都很害怕，心里做了一次又一次的挣扎，最终它们没有退缩，而是勇敢地面对彼此，战胜了自己内心的恐惧。

（四）分享总结

师：看完今天的影片，小朋友知道如何保护我们的牙齿吗？牙齿生病了就需要看医生，你看牙医的时候心情是怎样的？

生1：平时我们要少吃甜食，勤刷牙勤漱口，睡前不吃东西，爱护我们的牙齿。

生2：我去看牙医的时候也很害怕，但是我会拉着妈妈的手，妈妈说这样会把勇气传递给我，我就不害怕了。

○ 教师总结：小朋友看到牙医会紧张，这是很正常的，大人去看牙医的时候也会紧张，当你感到害怕时可以尝试做深呼吸来放松紧张的心情，也可以转移注意力，想一想别的事情。最主要的是要相信我们的牙医，牙医是非常有经验和耐心的，他们会轻轻地帮我们把坏牙治好。平时我们也要坚持饭后漱口，养成早晚刷牙的好习惯。

（五）故事创编

师：今天，请小朋友来扮演鳄鱼和小兔子牙医，看看在你们身上会发生哪些有趣的事情。

延伸部分：幼儿在区域活动《我是小牙医》中扮演小牙医和小患者，感受不同身份的不同感受，学会站在别人的角度看问题，从而学会尊重别人，知道每天刷牙的重要性，学会爱护牙齿。

四、相关影片推荐

影片名称：《精灵爱牙讲堂》。

导演：蒋楚剑、饶琨华。

片长：20集。

上映时间：2013年。

上映地点：中国。

● 影片简介

《精灵爱牙讲堂》是一个口腔健康知识短片，它主要讲述牙牙精灵和牙博士一起帮助口腔疾病患者解除病痛折磨、科普口腔知识的生活化小故事。故事以轻松幽默为主，巧妙融合口腔健康的知识点及常识，通过各类口腔疾病患者来到口腔医院就诊时与影片主角牙牙精灵的互动让大家了解口腔健康护理知识。

> 推荐理由：幼儿长到5～6岁时，原来的乳牙开始逐渐脱落，换上影响孩子一生的恒牙。我们都知道小牙齿也有大学问，一旦它们出现健康危机，就会打乱我们的生活节奏。很多孩子没有养成良好的护牙习惯，这部影片从"虫牙"的来历等方面讲述护牙小常识，提高幼儿爱牙意识，使幼儿学会自我保护牙齿的方法，养成良好的护牙习惯，从而降低幼儿蛀牙的发生率。

**五、相关绘本推荐**

绘本名称：《鳄鱼怕怕 牙医怕怕》。

绘本作者：五味太郎。

● 绘本简介

当我们牙疼时，常自我挣扎。如果不去看医生，需要忍受令人痛不欲生的牙疼；如果去看医生，又得承受躺在牙医床上的痛苦折磨。牙医也有他的痛苦挣扎：他每天除了要看到那些可怕的蛀牙之外，还得忍受病人的惨叫。五味太郎以诙谐的文字在书中幽默地刻画出病人和牙医对立的矛盾心理。本书主题鲜明、画面富有童趣，是一本令人会心一笑的心理图画书。

> 推荐理由：《鳄鱼怕怕 牙医怕怕》是一本写实的儿童绘本，刻画出病人和牙医对立的矛盾心理。作品中除了生动的绘画外，文字部分全是鳄鱼与牙医的心理活动，以完全一致的心理活动来刻画人物、展开情节，既展示了两个不同角色此时此地的真实心情，又造成了故事讲述结构上朴拙而奇巧的美学效果。

授课教师：张文欣

## 影视案例赏析三

**一、影片介绍**

影片名称：《三只蝴蝶》。

导演：虞哲光。

片长：24分钟。

上映时间：1959年。

上映地点：中国。

内容简介：《三只蝴蝶》是一部立体木偶动画片。动画中的角色主体用木材制作，同时辅以石膏、橡胶、塑料、钢铁、海绵和金属丝等，并逐格拍摄成动画片。在影片中，三只小蝴蝶是好朋友。一天，它们出去玩遇到大雨，便开始寻求避雨的地方，但每次花朵只让它们其中的一只蝴蝶进去避雨，小蝴蝶谁都不想抛弃好朋友，最终它们的团结友爱感动了太阳公公，太阳公公帮助它们赶走了大雨。影片中反复出现的"我们三个好朋友，相亲相爱不分手，要来一块来，要走一块走"让幼儿明白生活中互相帮助、团结友爱的重要性，从小培养幼儿的集体意识。

## 二、教育价值

团结、互助、友爱是幼儿要学习的优良道德品质，好朋友应该互相关心、同甘共苦，这样才能克服困难，获得成功。影片中的白蝴蝶、红蝴蝶、黄蝴蝶都没有抛弃小伙伴，选择共患难，因此感动了太阳公公。我们应引导幼儿从小养成与人合作的意识和习惯，这样才能成为一个善于团结别人、善于理解别人、善于交往的人。

## 三、活动设计

**（一）导入部分**

师：我们一起来猜个谜语吧，两根胡须头上翘，身穿五彩花袍袍，劳动辛苦我不怕，跳起舞来我最好，这是谁呀？

生1：蝴蝶。

师：对，就是蝴蝶。花园里有三只小蝴蝶，它们是好朋友，每天都在一起玩耍，有一天下雨了，你们猜一猜后面会发生什么样的故事呢？

**（二）完整欣赏影片**

师：看完这部影片后，你有什么感受？令你印象最深刻的是哪个情节呢？

生1：令我印象最深刻的是小蝴蝶们没有独自躲进花朵里避雨，而是和同伴一起淋着雨寻找可以让它们一起避雨的地方。

生2：我觉得它们是真正的好朋友，真正的好朋友就是一起快乐，也要一起难过。

**（三）分段欣赏并讨论影片内容**

1. 片段一：三只蝴蝶在外玩耍时碰到了阴雨天气。

师：影片里的三只蝴蝶和你平时在动画里看到的蝴蝶一样吗？

生1：不一样，这里面的小蝴蝶都是木头人偶样子的。

师：《三只蝴蝶》是一部木偶动画，里面的人物都是用黏土偶、木偶或混合材料制作的，造型十分可爱、逼真，搭配十分华丽，三只蝴蝶木偶本身就散发着民族艺术气息。

师：三只蝴蝶是好朋友，它们每天都在一起快乐地玩耍，这一天突然下雨了，它们会去哪里避雨呢？

生2：它们去公园里找小花避雨了。

◎ 小结：三只美丽的蝴蝶是好朋友，它们天天在花园里做游戏、唱歌、跳舞，真是友爱的三个好朋友。

2. 片段二：小花让和它们颜色相同的小蝴蝶进去躲雨，蝴蝶们选择与同伴共同面对困境。

师：三只蝴蝶遇到了哪些颜色的小花，它们之间发生了什么？

生1：它们遇到和自己颜色相同的小花，但是每朵小花只让一只小蝴蝶进去避雨。

生2：遇到了红色、白色和黄色三种颜色的小花，小花只让和自己颜色相同的小蝴蝶进去避雨，蝴蝶们不愿意丢下朋友独自避雨。

○ **小结**：三只蝴蝶宁愿淋雨，也不愿意抛弃朋友而独自躲在小花里避雨。我深深地被三只蝴蝶的友谊感动了。当好朋友遇到困难时，我们要像三只蝴蝶一样和伙伴一起面对并战胜困难，这才是真正的友谊。

3. 片段三：三只蝴蝶同甘共苦的信念最终感动了太阳公公。

师：三只蝴蝶为什么都没有独自避雨？最后谁帮助了它们呢？如果你是小花，你会帮助三只小蝴蝶吗？

生1：它们是好朋友，都不愿意丢下朋友自己避雨，好朋友就要同甘共苦。

生2：小蝴蝶不放弃同伴的精神最后感动了太阳公公，太阳公公赶走了乌云。

生3：如果我是一朵小花，我会让三只小蝴蝶一起进来避雨，帮助别人是一种美德。

○ **小结**：团结友爱、乐于助人是一种美德，大家都是乐于助人的好孩子；三只善良友爱的小蝴蝶用它们的行动最终感动了太阳公公，太阳公公帮助它们赶走了乌云，赶走了雨婆婆，天空终于晴朗了，三只小蝴蝶又开心地玩耍了起来。

**（四）分享总结**

师：影片讲了三只蝴蝶的美好友谊，谁来说一说三只蝴蝶中哪个蝴蝶的行为最让你感动？小朋友知道什么是真正的朋友吗？当朋友遇到困难时我们应该如何做？

生1：最让我感动的是当花朵拒绝让其他颜色的小蝴蝶进去避雨的时候，小蝴蝶没有丢下朋友自己进去躲雨。

生2：当好朋友遇到困难时，我们应该和他们一起面对困难，而不是离开他们、不管他们。

○ **教师总结**：影片中的红蝴蝶、白蝴蝶、黄蝴蝶都选择共患难，没有因为躲雨而抛弃小伙伴，因此感动了太阳公公，太阳公公帮它们赶走了雨婆婆。好朋友之间应该互相关心、同甘共苦，这样才能克服困难，获得成功。

**（五）情景创编**

师：如果你是小花或者小蝴蝶，遇到雨水天气，你会怎么做呢？请小朋友扮演小花和三只蝴蝶，一起改编新的故事结局。

延伸部分：启发幼儿想一想在美丽的花园中三只蝴蝶会干些什么，它们会说些什么？引导幼儿尝试表演。

**四、相关影片推荐**

**影片名称**：《怪兽大学》。

**导演**：丹·斯坎隆。

**片长**：104分钟。

**上映时间**：2013年3月。

**上映地点**：美国。

● **影片简介**

麦克在参观怪兽电力公司之后便下定决心要考进怪兽大学学习惊吓技能，将来成为一名惊吓专员。后来，他如愿考入了怪兽大学。它和一个体积巨大的叫作苏利文的怪物住在了一间宿舍，两人阴差阳错地成了一对冤家。麦克为了证明自己是有能力的出色的惊吓专员，加入了一个二流怪物组成的社团，与队友一起参加惊吓大赛。在比赛的过程中，苏利文和麦克渐渐地解开了心结，成了好朋友。

推荐理由：苏利文和麦克都是怪兽大学的学生，苏利文高傲，而麦克谦和，在历经一系列挫折和误会后两人成了死对头并且被学校开除。它们为了证明院长开除它们是错误的，共同努力，渐渐地解开了心结。在经历种种困难之后，它们彼此帮助，共同努力，勇往直前，最终获得成功。好朋友之间的互帮互助、不畏困难和艰险的这种品质是值得我们学习的。

### 五、相关绘本推荐

绘本名称：《好朋友》。

作者：赫姆·海恩。

● 绘本简介

温暖明亮的水彩画上出现了三只本不该有任何交集的动物：小鸡、小猪、小老鼠。更让人吃惊的是，它们三个竟然共同"驾驶"着一辆单车。小鸡负责控制方向，小猪和小老鼠分别站在两个踏板上，有节奏地上下变化着方位。车轮滚滚向前，身后金黄色的麦子也仿佛跳跃起来，映衬着三个好朋友脸上纯真的笑容。我们迫不及待地想走入它们的生活，看它们如何用简单真挚的情感诠释友谊的真谛。

推荐理由：你的好朋友是谁？为什么他/她是你的好朋友？与成人的沉默许久或小心翼翼不同，孩子通常能第一时间、不假思索地给出答案，即使答案是复杂多变的，但通过每一次回答都能感受到孩子的真诚与坚定。《好朋友》这本书和小朋友分享了友谊的快乐，并在欢乐中阐释友谊的真谛。林姆·海恩以他深具感染力的童心和温暖亮丽的水彩创造了一个孩子眼中的友谊世界，每一个画面都能深深触动读者的心，让读者不禁莞尔，陶醉在书中的欢乐气氛里。

授课教师：张文欣

## 影视案例赏析四

### 一、影片介绍

影片名称：《山羊和狼》。

导演：胡雄华。

片长：15分钟。

上映时间：1960年。

上映地点：中国。

内容简介：《山羊和狼》是1960年上映的国产动画片，该影片为剪纸片。在影片中，小山羊手拿精灵花在河边喝水时，大灰狼跑出来说河水是它的，小山羊要为喝了水付出代价。伤心的小山羊遇到小花猫和小刺猬。在得知事情缘由后，大伙齐聚在小山羊家，商量出了制服大灰狼的妙计。分好工后，大伙各就其位，只等大灰狼到来。故事中小山羊是对付不了大灰狼的，其他小动物虽然各有各的本领，但最终解决问题还需要依靠大家的力量，影片中突出表现的是互相帮助、解决困难的重要性。

## 二、教育价值

该影片告诉我们在遇到强势的坏人时，如果一再软弱，就会一直受欺负。引导幼儿懂得在遇到困难时，要和朋友团结友爱、互帮互助，不要退缩，要学会勇敢地面对，要相信团结的力量可以战胜一切。

## 三、活动设计

### （一）导入部分

师：小朋友还记得一首关于小山羊的儿歌吗？我们一起来说一说吧。

生1：角儿尖尖，胡子长长，借你皮毛，好做衣裳；角儿弯弯，毛儿卷卷，剪下毛毛，好纺线线。

师：角儿尖尖、胡子长长的就是小山羊，今天它出门去河边玩耍，不巧遇上了凶狠的大灰狼。它们之间会发生什么事情呢？我们一起来看看吧。

### （二）完整欣赏影片

师：小山羊遇到了什么困难？如果你是小山羊遇到这种情况会怎么办？你认为小动物能战胜大灰狼最主要的原因是什么？

生1：小山羊喝了河边的水，大灰狼就说那河水是它的，所以要吃掉小山羊。

生2：我要是小山羊，遇到大灰狼的时候肯定吓得脚软了，它肯定会吃掉我的。我要想办法逃走，这时候要是有人来帮助我，我一定特别感动。

生3：小动物虽然都不是大灰狼的对手，可是大家团结起来就会出现奇迹，战胜困难。

### （三）分段欣赏并讨论影片内容

1. 片段一：小山羊在河边玩耍口渴想喝水，遇到了不讲理的大灰狼。

师：小山羊在河边玩耍的时候口渴想喝水，大灰狼说河水是它的，喝了就要付出代价，这样做对吗？大灰狼说晚上要去吃了小山羊，这时候小山羊是如何做的？

生1：大灰狼这样做不对，河水是大家的，不是它自己的，它太自私了。

生2：小山羊非常难过，害怕晚上大灰狼吃掉它。

◉ 小结：小山羊在河边喝水的时候遇到了大灰狼，大灰狼说晚上要去吃掉小山羊，它心里害怕极了，不知道该怎么办才好。

2. 片段二：小山羊遇到了好朋友，大家都赶来帮助小山羊想办法。

师：小山羊遇到了小花猫和小刺猬，它心情是怎样的？小动物都齐心为小山羊想办法对付大灰狼的时候，小山羊情绪发生了什么样的变化？

生1：小山羊当时非常担心害怕，在小花猫和刺猬的追问下，小山羊才说出真相，后来小动物都跑来帮助小山羊。

生2：小动物都赶来帮忙出主意，小山羊非常开心，它们有信心战胜大灰狼。

◉ 小结：小山羊在最害怕的时候遇到了好朋友小花猫和小刺猬，在朋友的一再关心与鼓励下，小山羊鼓起勇气将事情说了出来，热心的小伙伴齐心协力帮小山羊出主意、想办法。

3. 片段三：小动物齐心协力，最终战胜困难打跑大灰狼。

师：最后小动物战胜大灰狼了吗？它们是如何做到的？如果你是其中的小动物，当小山羊遇到困难你会选择怎样做？

生1：最后它们一起打跑了大灰狼，大象用鼻子把大灰狼卷起来扔进河里淹死了。

生2：如果我是小动物，我也会帮助小山羊。我们都会遇到困难，都需要别人的帮助，只有互相帮助，才能战胜困难。

● 小结：团结的力量真是大，大家齐心协力，终于打败了大灰狼，将它淹死在河里，小动物最终取得了胜利。

**（四）分享总结**

师：影片中的小动物在遇到困难时团结互助，当我们或身边好朋友遇到困难时你会怎么做呢？

生1：在遇到困难的时候不要害怕，不要退缩，要相信朋友，大家要团结在一起战胜困难。

生2：好朋友之间要相互帮忙，我们尽全力帮助朋友。当我们需要帮助的时候，他们也会尽全力帮助我们。

● 教师总结：团结的力量是无穷的，当我们遇到困难的时候，也许会害怕，会有消极的情绪，这个时候我们可以向朋友求助，大家互相帮助，利用集体的智慧，齐心协力战胜困难。当我们身边的朋友遇到困难的时候，我们也要主动帮助朋友，这才是真正的好朋友。

**（五）设计"小山羊保卫战"**

师：你是小山羊的好朋友，当你知道大灰狼晚上要来吃掉小山羊的时候，你要怎么帮助它呢？是利用自身有利优势，还是借助周围的环境来打跑大灰狼呢？把你的想法画下来吧。

延伸部分：教师指导幼儿一起排练童话剧《小山羊和大灰狼》，前期与幼儿一起制作动物头饰，并在制作头饰的时候讨论分析角色特点，根据电影内容创编每个角色的台词。

## 四、相关影片推荐

影片名称：《驯龙高手2》。

导演：迪恩·德布洛斯。

片长：102分钟。

上映时间：2014年6月。

上映地点：美国。

● 影片简介

博克岛上年轻英勇的维京勇士小嗝嗝驯服了一条受伤的龙，并与它成为好友。经过五年时间，博克岛居民的生活彻底渗入龙的气息。博克岛成为维京人与龙和平共存的天堂。然而，成长意味着责任。为了寻找的答案，小嗝嗝与忠诚的没牙仔开始了冒险旅程，最终维护了博克岛上人与龙的和平。

> 推荐理由：成长意味着责任。小嗝嗝和伙伴们为了保卫博克岛居民和龙的和平，一起踏上冒险的旅程。在经历种种困难之后他们还是勇往直前，得到越来越多人的帮助，最终守护了人与龙的和平。这部影片告诉我们遇到危险困难时，好朋友之间的互帮互助、不放弃、不畏艰险的品格是非常值得我们学习的。

## 五、相关绘本推荐

绘本名称：《雨中的小红伞》。

作者：克里斯蒂娜·巴特勒。

● 绘本简介

嘀嗒嘀嗒下雨了，小刺猬换上漂亮的新雨帽、新雨衣和新雨靴，撑开小红伞，高高兴兴地冲到雨中玩耍起来。这时，它碰到了小鼹鼠。小鼹鼠太小了，一阵大风把打着伞的小鼹鼠吹飞了。小刺猬好不容易把它救下来，可是一阵大风把它们都吹到了河里。小雨伞成了它们的小船，它们划着小红伞还救下了小老鼠一家。后来，它们来到獾先生家里，小刺猬还用小红伞解决了獾先生家里漏水的问题。它们还把雨天的故事讲给獾先生听。

> **推荐理由**：这是一个能让孩子紧张、兴奋、充满勇气的小故事，扣人心弦的情节让孩子们很好地融入其中，也让孩子们爱上这个故事，喜欢上里面的小动物，最终使孩子们从故事中感受到真挚的友情与充满想象的创造力。

授课教师：张文欣

# 人与社会

## 影视案例赏析一

### 一、影片介绍

影片名称：《迷雾中的小刺猬》。
导演：尤里·诺尔施泰因。
片长：11分钟。
上映时间：1975年。
上映地点：苏联。

> **内容简介**：《迷雾中的小刺猬》是一部画面精美、动画自然流畅，有生动丰富表现力的剪纸动画影片，是运用平滑移动的画或精致的铅笔素描和剪纸做出来的精美作品。在影片中，一个对一切充满好奇、单纯天真的小刺猬去找森林另一头的朋友小熊一起数星星，路上它经历了一场梦一样的奇遇。影片中小刺猬的生活就像我们普通人的生活，常规简单，平淡无奇。当它面对一些新的诱惑或者挑战的时候，它需要鼓起勇气，来面对未知的各种问题和凶险。就像进入一片迷雾之中，等待它的结果是未知的，但探求这种未知的新的生活也会遇到各种好的人和事物，它们可以给予小刺猬各种帮助。

### 二、教育价值

《3~6岁儿童学习与发展指南》中指出，"关心尊重他人"是小班幼儿所要达到的目标。我们应结合影片引导幼儿关注同伴的情绪，了解他人的需要，懂得同伴之间有困难要主动关心并给予一定的帮助，遇到问题要想办法积极解决问题。

### 三、活动设计

**（一）导入部分**

师：小朋友见过小刺猬吗？喜欢它吗？为什么？

生1：我在姨姥姥家见过小刺猬，身上有好多刺。

生2：我去萌宠乐园时见过小刺猬，我还摸了一下，它为了保护自己就把头藏在刺里面了。

师：今天老师带来一个影视作品，就是关于小刺猬的，我们一起看看吧！

**（二）完整欣赏影片**

师：影片的名称是什么？影片中的小刺猬遇到了什么困难？你最喜欢哪个片段呢？

生1：影片的名称是《迷雾中的小刺猬》。

生2：我觉得小刺猬太贪玩了，把好吃的果酱都弄丢了。

生3：我最喜欢小刺猬跟小熊坐在草坪上，吃着果酱数星星，两个好朋友在夜晚开心地相约，好幸福呀！

**（三）分段欣赏并讨论影片内容**

1. 片段一：小刺猬走进迷雾中遇到小动物。

师：小刺猬去找好朋友小熊时路上遇到了谁？小刺猬走进迷雾里发生了什么事情？假如你是小刺猬不小心走进迷雾中，会害怕吗，你会怎么做呢？

生1：它在迷雾里遇到了飞蛾、猫头鹰、小白马、小蜗牛。

生2：小刺猬走进迷雾中，看到蝙蝠和大象时惊慌失措，努力平复自己的心情。

生3：我会带上小手电筒，这样就可以看清楚前面的路，就不害怕了。

● 小结：小刺猬遇到的一切都是未知不可预测的，难免惊慌失措、战战兢兢。当小朋友遇到突发事件时要沉着冷静，想解决办法。

2. 片段二：小花狗帮助小刺猬寻找丢失的果酱。

师：小刺猬找寻果酱的过程中遇到了什么困难？谁帮助小刺猬找到了丢失的果酱？假如好朋友的玩具丢失了，你会怎么办呢？

生1：小刺猬在迷雾中迷路了。

生2：小花狗帮助小刺猬找到了果酱。

生3：我会主动帮助好朋友找玩具。

● 小结：小花狗及时地跑出来主动帮助小刺猬寻找丢失的果酱，小花狗乐于助人的精神值得我们学习。

3. 片段三：小鱼帮助小刺猬顺利穿过小溪流。

师：小刺猬掉进小溪流中，谁救了它？小刺猬找到好朋友了吗？它们在一起都做了什么呢？你会和你的好朋友干什么呢？

生1：小鱼在小溪流中救了小刺猬。

生2：刺猬找到了小熊，两个人吃果酱，舒服地数星星。

生3：我们会约着一起玩，带上好吃的食物分享给对方，并互相照顾、互相帮助。

● 小结：小刺猬在小鱼的帮助下顺利穿过小溪流，找到好朋友。在同伴遇到困难时，我们不要哭，应保持冷静，知道困难是可以克服的，要有战胜困难的勇气。

**（四）分享总结**

师：影片中的小花狗、小鱼都能主动帮助小刺猬解决困难，如果小朋友或同伴遇到困难，你会怎么做呢?

生1：我会主动帮助他，并且一起想办法解决问题。

生2：当我或我的同伴遇到困难时，不能害怕，要勇敢地面对困难，并战胜困难。

● **教师总结**：小朋友在同伴遇到困难时要互帮互助，只有乐于关心、帮助别人的人，才会得到别人帮助，才会有更多的朋友，这样我们身边才能充满爱。

### （五）画一画

师：小朋友，开动你们的小脑筋，试着把你喜欢的影片片段画下来吧！

延伸部分：活动后让幼儿欣赏影片中的小动物形象，并在美工区用剪刀、铅笔、素描笔等工具材料，运用剪纸和素描的方法，画出或剪出自己喜欢的小动物。

## 四、相关影片推荐

影片名称：《谢谢小花猫》。

导演：方明（日本，原名持永只仁）。

片长：14分钟。

上映时间：1950年。

上映地点：上海。

● **影片简介**

勤劳勇敢的小花猫是大伙的好朋友，它不辞辛苦地为大伙看家护院。鸡大哥一大早就锄地去了，怀孕的鸡大嫂在家纺纱，突然肚子痛起来，生了个特别大的蛋宝宝，它赶忙把这喜事告诉鸡大哥。两只老鼠在光天化日之下潜入一户人家，不但糟蹋了谷仓里的粮食，还将房间弄得乱七八糟。最后，它们偷走了母鸡产的蛋宝宝。当它拖着蛋宝宝急匆匆往回赶时，大花猫看见了这一幕，并出手保住了蛋宝宝。后来，又有四只老鼠公然搞破坏。在公鸡大哥和母鸡大嫂的帮助下，大花猫决定将它们捉个措手不及。

> 推荐理由：小花猫担任村里的守夜工作，坚守岗位，把老鼠偷走的蛋宝宝送还鸡大嫂，又同鸡大哥设计逮住了全部老鼠，为大家除害。影片富有儿童情趣，塑造的捕鼠能手小花猫的形象惹人喜爱。该影片告诉小朋友：应具有不畏困难、勇于克服困难的良好品质，好朋友间应互相帮助，体验助人为乐的快乐。

## 五、相关绘本推荐

绘本名称：《小刺猬的麻烦》。

作者：瑞希德·斯卡梅尔。

● **绘本简介**

小刺猬刚刚建好了过冬的小巢，这时候……哎哟……一个鲜嫩多汁的大红苹果从树上落下来，最后落在它后背的刺上面。这下子，小刺猬的小巢不再合适了。噢，天哪！ 小松鼠试着帮它把苹果拿掉，可是事情不像计划得那样顺利。于是很快地，小刺猬背上除了红苹果，又多了三只棕色的坚果！这时，小猪和青蛙也来帮忙了。

推荐理由：《小刺猬的麻烦》是一则非常有趣的绘本故事，通过动物之间的相互帮助来说明动脑筋、想办法的重要性。幼儿在阅读时通过观察、思考、猜测、表达等一系列的活动可获得能力上的提高。

授课教师：刘胜霞

## 影视案例赏析二

### 一、影片介绍

影片名称：《怕怕不怕》。
导演：谭晓佳。
片长：12分钟。
上映时间：2010年。
上映地点：中国。

> 内容简介：《怕怕不怕》这部影片的造型很温馨，动物形象十分可爱，色调温和舒服。怕怕是一只生性腼腆的小鳄鱼，它和妈妈居住在一座恬淡怡人的海滨小镇。这里大部分的居民都是猫族，怕怕一家在此显得如此扎眼与格格不入，这也让它倍感孤独，并且十分害怕走入小朋友中间。它多想在放学后来到路边小店买上一支红豆雪糕，但是那群小猫喧闹欢笑的样子让它望而却步，生怕被它们排挤，被它们欺负，因此红豆雪糕似乎始终难以企及。一天，一只黄色的小霸王龙闯入怕怕的生活，它帮怕怕买到好吃的红豆雪糕，它们还经常在一起玩耍，怕怕由此变得开朗、大胆许多……每个孩子面对新环境都会有怯懦的时候，这个时候，他们需要的是被理解和靠近的温暖。我们要在生活中让孩子明白如何与他人进行"合作"，慢慢地让他们懂得接纳别人的与众不同，与人为善。

### 二、教育价值

小朋友在成长过程中会面临很多的第一次，如面对新环境、新朋友，容易缺乏安全感。因此，我们努力营造交往氛围、创设自由交往机会和游戏机会，鼓励他们自主选择、自由结伴开展活动。《3～6岁儿童学习与发展指南》指出，"愿意与人交往"是小班幼儿所要达到的目标。我们应结合影片内容为幼儿创造交往机会，引导幼儿获得正确的同伴交往方式、学会基本的交往规则，为日后营造良好的同伴关系奠定基础，并鼓励幼儿主动亲近和关心同伴，让他们体会交往的乐趣。

### 三、活动设计

（一）导入部分

师：小朋友，还记得你第一次来到幼儿园时的感受吗？心情是什么样的呢？
生1：我第一次来幼儿园时心里一直想我的妈妈，感觉很孤单。
生2：我第一次来幼儿园时很开心，这里有老师和小朋友陪我做游戏。
师：今天老师给小朋友带了一个关于小鳄鱼怕怕的故事。我们一起来看看吧！

### （二）完整欣赏影片

师：影片的名称是什么？怕怕是怎样适应新环境的？它最后买到红豆雪糕了吗？

生1：影片的名称是《怕怕不怕》，怕怕在霸王龙的帮助下适应了新环境。

生2：怕怕最后终于买到了红豆雪糕，并把好吃的食物和玩具分享给同伴。分享是一件开心快乐的事情。

### （三）分段欣赏并讨论影片内容

1. 片段一：怕怕来到新环境感到很孤独，它不敢去买自己想吃的红豆雪糕。

师：怕怕刚开始上学时的心情是什么样的？当怕怕想吃红豆雪糕时遇到了什么困难？如果你是怕怕，你会怎么做呢？

生1：怕怕没有好朋友，它觉得很孤单。

生2：因为自己胆小不敢去买雪糕，想买的时候雪糕都卖完了。

生3：我会主动问小朋友，谁愿意和我做朋友。

● 小结：怕怕面对陌生的环境表现出了害怕的情绪，小朋友在接触新环境时感到害怕和孤独是一件很正常的事情，我们要学着去适应新环境。

2. 片段二：在新朋友黄色小恐龙的帮助下，怕怕成功品尝到雪糕。

师：是谁帮怕怕买了红豆雪糕？怕怕是怎样克服对小猫的恐惧的？你身边有没有胆小的朋友，你会怎么做呢？

生1：在黄色小恐龙的帮助下，怕怕买到了红豆雪糕。

生2：在好朋友每天的陪伴和鼓励下，怕怕克服了对小猫的恐惧。

生3：我会主动和他交朋友，每天和他一起玩耍。

● 小结：怕怕在黄色小恐龙的帮助下，不但克服了对新环境的恐惧，而且交到了好朋友。这就是好朋友相互帮助的力量，所以我们要学会互帮互助。

3. 片段三：怕怕克服恐惧，和好朋友分享美食。

师：怕怕知道黄色的小恐龙是谁吗？最后怕怕买到红豆雪糕了吗？跟谁分享的呢？

生1：怕怕知道了黄色小恐龙原来是一只黄色的小猫。

生2：最后怕怕在黄色小猫的鼓励下买到了红豆雪糕。

● 小结：小黄猫想办法帮助怕怕克服了内心的恐惧，在好朋友的鼓励和陪伴下，怕怕终于接受了新环境。当我们遇到自己无法解决的问题时，好朋友的帮助会给我们带来意想不到的结果。所以，我们的美食、玩具等都可以和好朋友分享哦。

### （四）分享总结

师：看完今天的影片，你认为怕怕是怎样战胜胆小的呢？如果你是小鳄鱼怕怕，你会怎么做？为什么？

生1：我觉得怕怕在好朋友的帮助下战胜了自己内心的恐惧。

生2：如果我是怕怕，我会鼓起勇气面对新环境和新朋友。

● 教师总结：每个人心中都藏着一个"怕怕"，勇敢地去面对或者和同伴一起分享都可以战胜它。因为朋友的陪伴会给我们带来很大的勇气，所以我们要友爱互助，相信自己是最棒的。

### （五）情景表演

师：在幼儿园里小朋友也会像怕怕一样遇到害怕的事情而不敢去做，但是好朋友的力量是非常大的哦。请分享一件你和好朋友共同解决困难的事情,并通过情景表演向大家再现一下吧。

延伸活动:把《怕怕不怕》的服装和道具投放在表演区,让幼儿进行情景表演。幼儿通过观察和讨论逐步领会故事内容,从而激发幼儿观察和表达的兴趣,深化对故事的理解。在阅读区摆放克服困难的书籍,多关注胆怯的幼儿,鼓励他们多说一说自己的想法和意见。

### 四、相关影片推荐

影片名称:《小蝌蚪找妈妈》。

导演:特伟、钱家骏、唐澄。

片长:15分钟。

上映时间:1960年。

上映地点:中国。

- 影片简介

青蛙妈妈产下的宝宝们慢慢长出尾巴变成了一群小蝌蚪。它们在水塘里游啊游,遇到两只小鸡,虽然彼此不认识,可是它们很快成了好朋友。小鸡和妈妈的亲密让小蝌蚪们羡慕不已,它们决定去找自己的妈妈。路上,它们从虾爷爷那里知道了妈妈的模样,以为能顺顺利利地把妈妈找到。可是找起来,还真不是一件简单的事。

> 推荐理由:本影片讲述了小蝌蚪和自己的兄弟姐妹寻找妈妈的历险经历。在经历种种困难之后,它们还是勇往直前,最终获得成功。好朋友之间互帮互助、不畏困难和艰险的品质值得我们学习。

### 五、相关绘本推荐

绘本名称:《我不会害怕》。

作者:特蕾西·莫洛尼。

- 绘本简介

孩子会害怕很多东西,蜘蛛、打雷还有黑夜里的黑影。这是因为小孩子的头脑里充满了太多的幻想。要耐心地倾听孩子述说自己的害怕,帮助他们确立自我感知,别让他们因为自己害怕的情绪体验而觉得难为情。和孩子谈谈他们感到害怕的那些事物,并在这个基础上建立和巩固他们的自信心。让他们认识到,害怕的情绪是能够被克服和战胜的。

> 推荐理由:不同年龄段的孩子的情绪表现和对情绪的感知态度不太一样,如何让孩子学会管理自己的情绪,更好地与人相处、沟通并融入社会,是关系孩子一生发展的关键。故事用生动形象的语言,描述了害怕时的感受,列举害怕的东西。这些东西都贴近幼儿生活,用儿童化语言,诙谐地道出正确处理害怕的方法,易让孩子轻松接受并淡化害怕情绪。

授课教师:刘胜霞

## 影视案例赏析三

### 一、影片介绍

影片名称:《三只小猪》。

导演：伯特·吉列特。

片长：8分46秒。

上映时间：1933年。

上映地点：美国。

> 内容简介：《三只小猪》中的三只小猪圆润可爱，个性也很鲜明，与大灰狼的对手戏相当紧张刺激。该影片是迪士尼早期动画中不可忽略的精品，还获得了第六届奥斯卡金像奖最佳动画短片。其中一只小猪既聪明又勤劳，脚踏实地地工作，最终建起了结实的房子，不仅抵御了大灰狼的攻击，还给予了对方漂亮的反击。该影片让我们明白了无论是做人还是做事都不能浮躁轻视，勤恳踏实才是最好的选择。

### 二、教育价值

影片中猪老三的形象让观众直观地感受到做事要勤劳、踏实。《3～6岁儿童学习与发展指南》指出：儿童喜欢承担一些小任务。结合影片内容让幼儿知道自己的事情自己做。即使做得不够好，也应鼓励并给予他一定的指导，让他在做事中建立自尊和自信。帮助孩子培养勤劳肯干、聪明机智、做事不图省事、不怕苦不怕累、乐于助人的好品德。

### 三、活动设计

**（一）导入部分**

师：小朋友，我们居住的房屋是用什么材料建造的？你都见过什么房子呢？

生1：我们居住的房屋是用水泥和砖头盖的。

生2：我见过石头房子、小竹楼……

师：今天老师给小朋友带来一个关于三只小猪盖房子的影片，我们一起看看吧！

**（二）完整欣赏影片**

师：影片的名称是什么？大灰狼怎么把房子弄倒的？你印象最深刻的是什么？为什么？

生1：影片的名称是《三只小猪》。

生2：大灰狼大口大口地吸气，然后吹倒了猪老大和猪老二的房子。

生3：我不喜欢猪老大和猪老二，因为它们太懒惰了，所以大灰狼把它们的房子都吹倒了。

**（三）分段欣赏并讨论影片内容**

1. 片段一：三只小猪盖自己的房子。

师：猪老大、猪老二、猪老三分别用什么材料盖的房子？为什么选择这些材料？影片中你听到了什么乐器的演奏声？

生1：猪老大用稻草盖的房子，因为搭建材料容易找到，盖完房子就吹起了笛子。

生2：猪老二为了节省时间用木头盖的房子，盖完房子很高兴，便拉起了小提琴。

生3：猪老三认认真真地用砖头盖了最坚固的房子，盖完房子很开心，便弹起了电子琴。

● **小结**：猪老大和猪老二因为懒惰、图省事选择最轻的稻草和木头盖房子，只有猪老三踏实地盖了砖头房子，小朋友在做事情的时候不可以为了图省事而偷懒哦，一定要像猪老三一样认真、踏实、聪明。

2. 片段二：老三盖得砖头房子最终逃过了被大灰狼吃掉的噩梦。

师：谁的房子被大灰狼破坏了？为什么会被轻松破坏？谁盖的房子最结实？为什么？你认为哪种材料最适合盖房子呢？为什么？

生1：猪老大和猪老二的房子被大灰狼破坏了，因为稻草、木头太轻，大灰狼轻轻一吹便倒了。

生2：猪老二太懒又为了省时省力，用木头盖的房子，也被大灰狼吹倒了。

生2：猪老三盖的房子最结实，用砖头盖的房子最结实。

生3：我会用砖头盖最结实的房子，这样大灰狼就进不来了。

● **小结**：用稻草和木头盖的房子不能抵抗大灰狼的破坏，只有猪老三盖的砖头房子最结实。小朋友懂得了做任何事情都不能怕苦怕累，更不能偷懒。

3. 片段三：平安快乐的三只小猪。

师：三只小猪是怎样躲过大灰狼的？故事结果是什么样的呢？猪老大和猪老二很惭愧，决心要向猪老三学习什么？

生1：在猪老三盖的房子里面躲过了大灰狼，大灰狼掉到烧开的热水锅里，三只小猪快乐地生活在一起。

生2：猪老大和猪老二很惭愧，决心像猪老三一样勤劳、不怕吃苦，做事仔细认真。

● **小结**：因为猪老三做事认真勤恳，它盖的砖头房子救了大家，最后三兄弟齐心协力一起战胜了大灰狼。在生活中，我们也要学习猪老三勤劳、认真做事的好品质。

**（四）分享总结**

师：你最喜欢影片里的哪只小猪？如果你是小猪，会盖什么样的房子？为什么？

生1：我喜欢猪老三，因为他最勤劳，用砖头盖的房子很牢固，不会让大灰狼闯进来。

生2：令我印象深刻的是猪老三，因为当遇到危险时它可以想出好办法战胜大灰狼。

● **教师总结**：这个影片告诉小朋友当遇到危险时，要认真动脑、勤于思考、机智勇敢地面对，做任何事情都要认真踏实，不要偷懒，在生活中提高警惕，不上坏人的当，敢与坏人做斗争，学会保护自己。

**（五）情景表演**

师：猪老三真是一个勤劳聪明的孩子，三个兄弟在相互配合下终于战胜了大灰狼。老师为大家准备了三只小猪和大灰狼的服装、道具，请小朋友扮演故事人物，体验与同伴共同合作的乐趣吧。

延伸部分：通过情景表演让幼儿感受经过努力获得成就的情感体验。知道遇到问题时，应寻求同伴帮助，并想办法解决问题。让幼儿知道做事情要踏实认真，即使做得不够好，也应尽力尝试。引导幼儿养成自立、自主的好习惯。

**四、相关影片推荐**

影片名称：《黑猫警长》。

导演：戴铁郎。

片长：20分钟。

上映时间：1984年。

上映地点：中国。

● 影片简介

在这部影片中，机智、勇敢、帅气的黑猫警长率领警士痛歼搬仓鼠，破侦螳螂案，消灭一只耳，令森林中的动物过上了安枕无忧的日子。

> 推荐理由：在森林王国里，有一个勇敢的、机智的黑猫警长，它带领着一群猫探员惩治邪恶，维护治安。《黑猫警长》的主题曲中唱道："森林公民，向你致敬，向你致敬，向你致敬。"该影片可以培养小朋友的正义感。

**五、相关绘本推荐**

绘本名称：《爱心树世界杰出绘本馆：狼和七只小羊》。

作者：格林兄弟。

● 绘本简介

羊妈妈带着它的七只小羊过着平静的生活，可是贪婪的狼趁羊妈妈外出时欺骗了善良单纯的小羊，将它们一口气吞进了肚子里。羊妈妈回来后伤心欲绝，可怜的小羊们还能得救吗？

> 推荐理由：《爱心树世界杰出绘画馆：狼和七只小羊》绘本故事中运用了大量的木黄色、灰绿色和红棕色，营造出古朴的质感，仿佛让人置身几百年前的乡野之中，让小读者立刻感受到这是一个古老的故事，并运用变化的笔触营造出版画的肌理效果，用色古朴典雅，透射出温暖真挚的情感。绘本以丰富的细节描绘出了孩子内心世界的故事，让孩子在阅读中能够获得无数的惊喜。

授课教师：刘胜霞

# 影视案例赏析四

**一、影片介绍**

影片名称：《谢谢小花猫》。

导演：方明。

片长：13分46秒。

上映时间：1950年。

上映地点：中国。

> 内容简介：《谢谢小花猫》影片由原上海电影制片厂美术小组绘制，是中华人民共和国第一部动画，属于黑白片。影片富有儿童情趣，塑造的捕鼠能手小花猫形象惹人喜爱。影片描写小花猫担任村里的守夜工作，坚守岗位，把被老鼠偷走的蛋宝宝送还鸡大嫂，又同鸡大哥设计逮住了全部老鼠，为大家除害的故事。老鼠想要偷走鸡大嫂的鸡蛋，可是这也是鸡大嫂的宝宝，老鼠偷盗真的可恶，所以鸡大嫂和大花猫十分憎恶老鼠，决定联手教训一下老鼠，最后四只老鼠都得到了惩罚。

## 二、教育价值

《3～6岁儿童学习与发展指南》指出，儿童应遵守基本的行为规范。这是小班幼儿所要达到的目标，我们应结合影片内容告诉小朋友这样一个道理：好朋友间应互相帮助，应具有勇于克服困难的良好品质，体验助人为乐的快乐。在游戏活动中，教师应对幼儿诚实守信的行为及时肯定，培养幼儿的责任感和认真负责的态度，并让幼儿知道不经允许不能拿别人的东西。

## 三、活动设计

### （一）导入部分

师：小朋友见过小猫和老鼠吗？最喜欢哪个动物呢？为什么？

生1：我喜欢小猫，因为小猫全身毛茸茸的，摸起来很软，而且爱干净。

生2：我也喜欢小猫，因为小猫有一双像宝石一样的眼睛，它的鼻子很灵敏，老鼠最怕猫了。

师：今天老师带来一部关于小花猫的影片，一起观看在小花猫身上都发生了什么事情吧！

### （二）完整欣赏影片

师：黑白动画电影和平时看的电影有什么区别？影片的名称是什么？令你印象最深刻是什么？为什么？

生1：一个有颜色，一个没有颜色。黑白影片画面简单，现在的电影是五颜六色的。

生2：影片的名称是《谢谢小花猫》。

生3：令我印象最深刻的是小花猫保护蛋宝宝，它看到同伴有困难会主动帮助它们。

### （三）分段欣赏并讨论影片内容

1. 片段一：鸡大嫂用唱歌的方式传达生蛋宝宝的好消息。

师：鸡大嫂生的蛋是什么样的？鸡大嫂生完蛋出门时唱了什么歌？谁来试着唱一唱呢？

生1：鸡大嫂生的鸡蛋很大，像大香瓜，大极啦！

生2：鸡大嫂生完蛋很快乐，就一直唱"生蛋歌"，让人们知道自己当妈妈了。

生3：我很喜欢鸡妈妈唱的"生蛋歌"，"咯咯咯、咯咯咯"，好开心。

○ 小结：鸡大嫂生完蛋宝宝非常快乐，唱着欢快的歌曲，把这个好消息告诉鸡大哥。我们如果遇到特别开心的事情一定也想第一时间分享给自己的好朋友或者家人，这就是一起分享的快乐。

2. 片段二：两只老鼠去鸡大嫂家偷鸡蛋。

师：鸡大嫂生完蛋去找鸡大哥时，谁来到了鸡大嫂家？做了什么事情？如果你是鸡大嫂会怎么做呢？为什么？

生1：鸡大嫂去把好消息告诉鸡大哥时，太着急没有关好门，两只大老鼠一下就钻进去了。

生2：两只老鼠知道鸡大嫂生了蛋宝宝，去鸡大嫂家偷蛋宝宝。

生3：我会在出门前把门关好，这样坏人就进不去了。

○ 小结：两只老鼠趁鸡大嫂不在家，到鸡大嫂家糟蹋粮食，还偷走了鸡大嫂的蛋宝宝。小朋友要知道不经允许不能拿别人的东西，要做一个诚实守信、认真负责的好孩子。

3. 片段三：小花猫保护蛋宝宝。

师：小花猫为了保护蛋宝宝是怎样做的？蛋宝宝有什么变化呢？如果你是小花猫，你会用什么办法保护蛋宝宝呢？

生1：小花猫为了保护蛋宝宝勇敢地把两只老鼠打跑了。

生2：蛋壳被老鼠摔得有点破了。

生3：我会保证蛋宝宝的安全不让它受伤，再把两只老鼠抓起来。

○ 小结：小花猫在看到蛋宝宝有危险的时候勇敢地把两只老鼠吓跑了。当同伴遇到危险时，小朋友也要向小花猫一样主动关心朋友并给予一定的帮助。

4. 片段四：大家齐心协力打败老鼠。

师：在谁的帮助下鸡大嫂克服了困难？老鼠最后怎样了？

生1：小花猫和鸡大嫂商量故意让四只老鼠进入鸡大嫂家。

生2：在小花猫和鸡大哥、鸡大嫂的合作下四只老鼠都被抓住了。

○ 小结：小动物齐心协力抓住了四只老鼠。不论何事，只要小朋友互相帮助、共同付出，就会有好的结果。小伙伴遇到困难时要互帮互助，体验助人的快乐。

（四）分享总结

师：影片中的小花猫不仅助人为乐，还帮助伙伴解决困难。如果小朋友在生活中遇到了困难应该怎么办呢？

生1：如果小朋友遇到困难，先问问他需不需要帮助，如果需要就帮他一起解决困难。

生2：主动向老师求救或者找大人帮助。

生3：小朋友之间要互相帮助，人多力量大。

○ 教师总结：在日常生活中，小朋友要关心身边的同伴，当同伴遇到困难时，要互帮互助。要向影片中的小花猫一样有责任心，体验帮助别人后的快乐。

（五）情景表演

师：看了影片，我们知道了在困难面前，只有和伙伴共同面对才能解决它。接下来，就请小朋友自由结组，选择你喜欢的人物，一起表演一段影片里的情节吧！

延伸部分：幼儿表演童话剧《谢谢小花猫》，进一步加深影片中的故事情节。在阅读区摆放关于助人为乐的图书，在生活区放一个爱心收集箱，将收集来的有意义的物品送给山区的贫困小朋友。

四、相关影片推荐

影片名称：《拔萝卜》。

导演：钱家骏。

片长：10分钟。

上映时间：1957年。

上映地点：中国。

● 影片简介

小兔子拔萝卜时遇到一个好大好大的萝卜，怎么拔都拔不出来。猴子看见了，跳下树帮忙，可是它俩的力气还是太小，大萝卜纹丝不动。蜗牛爬过来凑热闹，猴子和小兔子都嫌它碍手碍脚想赶它走。猴子摇醒了懒猪，它们三个使出吃奶的劲还是斗不过大萝卜。狗熊现身，问明情况，叫大伙都靠边站，哪知道它竟然拔晕了过去。经过商量，它们决定你拉着我、我拉着他齐心协力拔萝卜，而一旁不被它们看好的蜗牛，也在关键时刻帮了大家的忙。

推荐理由：这个故事讲述了好朋友之间应互帮互助以及人多力量大的道理。这些正是现在的孩子们需要培养的品质。

### 五、相关绘本推荐

绘本名称:《小恐龙呜呼》。

作者：大卫·贝德福德。

● 绘本简介

小恐龙呜呼特别喜欢自己的红手帕姆咪，它无论去哪里都带着姆咪。这是一个充满想象力的绘本故事，帮助孩子以幽默的心态应对生活中的小插曲，培养孩子的环境适应力。永恒的真情赐予孩子无穷的力量。

> 推荐理由：乐于助人是我们经常说的一种美德。在帮助他人的同时，别人解决了困难，自己也感受了快乐。绘本中的呜呼无私地帮助大象，不求回报，虽然不舍自己的红手帕，但最终还是伸出了援助之手，最终它也获得了朋友的回报。所以，让我们从自身做起，帮助别人，把爱洒向生活中需要帮助的人，把快乐留给别人，也留给自己。

授课教师：刘胜霞

# 人与自然

## 影视案例赏析一

### 一、影片介绍

影片名称:《刺猬背西瓜》。

导演：王柏荣、钱家骓。

片长：10分钟。

上映时间：1979年。

上映地点：中国。

> 内容简介：我国老一辈动画家万古蟾带领一批青年将皮影戏、窗花剪纸的艺术形式和雕、镂、刻、剪的工艺手段运用到动画创作中。《刺猬背西瓜》就是我国众多彩色剪纸动画片中的一部作品，讲述小刺猬和刺猬妈妈背西瓜的故事。这部动画片主要说明了办事要灵活变通，不能死守老一套的道理。影片中，小刺猬和妈妈找到一个大西瓜，妈妈要把西瓜背回家，不料西瓜太重，把它压在了西瓜下面。刺猬妈妈怪西瓜太大，决定不要了。可是小刺猬和小白兔推着西瓜边往前滚边喊刺猬妈妈回家吃西瓜。刺猬妈妈看到说："这办法我妈妈可没教过。"最后，大家高高兴兴地推着西瓜回家了。

### 二、教育价值

《刺猬背西瓜》这个影片中的刺猬妈妈墨守成规并将之视为准则，觉得任何偏离自己大脑中标准的行为都是不可理喻的，并且对他人所遵守的不同准则表现出莫名的不理解。这个故事让幼儿懂得不能一味简单地效仿传统或大众，遇事要善于思考，要有克服困难的勇气和决心，不要退缩和放弃。

### 三、活动设计

**（一）导入部分**

师：小动物在森林里快乐地玩耍着，它们在一起快乐地蹦蹦跳跳，小刺猬看见红红的果子开心极了，让我们一起看看小刺猬在干什么吧。

**（二）完整欣赏影片**

师：这部影片和你以前看到的影片色彩、人物造型有什么不一样的吗？

生1：它里面的人物都是侧面的。

师：这是剪纸动画片的特点，剪纸动画的造型设计以侧面像为主，同时按照需要制作人物的正面、半侧面标准造型。所以，我们看到的这些人物都是平面的，而不是立体的。

**（三）分段欣赏并讨论影片内容**

1. 片段一：欣赏小动物玩耍的场景，感受影片中彩色剪纸动画的特点。

师：你们都看到了谁？它们玩得开心吗？它们在干什么呢？

生1：可爱的小刺猬、小白兔、啄木鸟。

生2：它们很开心，正在蹦蹦跳跳地玩耍。

师：这部影片的特点是什么？里面的人物造型是什么样的？

生3：里面的小动物是薄薄的，我看到的都是它们的侧面。

● 小结：《刺猬背西瓜》是一部彩色剪纸动画，中国传统剪纸动画中所有角色、道具、场景都是片状的，以平面的方式制作，所以小朋友看到的都是侧面的身体和侧面的脸。

2. 片段二：小刺猬敢于尝试新方法，成功摘到果子。

师：小刺猬想用手去摘大果子，刺猬妈妈对小刺猬说了什么？小刺猬想了什么办法？刺猬妈妈同意了吗？为什么？小刺猬最后怎么摘到大果子的？

生1：刺猬妈妈说果子太高了，摘不到。

生2：小刺猬想跳起来用手摘，但是刺猬妈妈没有同意。因为刺猬妈妈的妈妈告诉它只能用刺背果子，所以刺猬妈妈不同意用手摘果子。

生3：小刺猬最后跳起来用手摘下来一个大果子。

师：你认为刺猬妈妈说的话对吗？你支持小刺猬吗？为什么？

生4：刺猬妈妈说的话不对，它没有思考解决问题的办法。支持小刺猬，小刺猬用聪明的办法摘到了果子。

● 小结：当遇到大果子时，刺猬妈妈一成不变的办法失败了，小刺猬则用新的方法摘到了大果子。当小朋友遭遇失败时，不要灰心，要像小刺猬一样开动脑筋，想出更好的办法来解决难题。

3. 片段三：刺猬妈妈一成不变的办法失败了。

师：刺猬妈妈成功了吗？你觉得刺猬妈妈哪里做得不好？

生1：刺猬妈妈没有成功，它被压到西瓜底下了。

生2：刺猬妈妈的办法不好，它只听别人的，自己不想新的办法。

师：如果你是小刺猬，怎样把果子运回家呢？

生3：我会爬到梯子上把果子摘下来。

● 小结：刺猬妈妈用它的方法失败了，我们用同一种办法去应对不同的事情是行不通的。当我们遇到新的问题后，要积极地寻找新办法。

4.片段四：在小动物的帮助下，西瓜被成功地运回家。

师：小刺猬最后是怎样做的？把西瓜带回家了吗？

生1：运回家了，是小动物一起帮忙把西瓜运回家的。

生2：大家一起用手推，把西瓜"滚"回了家。

师：小刺猬尝试用新方法解决困难。小朋友，如果你们遇到了困难，会怎么办呢？

生3：我会和大家商量，想办法解决问题。

● 小结：小刺猬尝试用新的方法解决问题，最后用新办法把大西瓜运回了家。小朋友遇事要善于思考，积极灵活地解决问题。

（四）分享总结

师：影片中的小刺猬不愿意墨守成规，勇于探索新的事物，你们喜欢这样的小刺猬吗？为什么？

生1：喜欢，因为它很聪明，动脑筋想办法把大西瓜运了回家。

● 教师总结：小刺猬用创新的方法解决了问题，最后在大家的帮助下把大西瓜高高兴兴地运回了家。这个故事告诉我们，遇到困难要有克服困难的决心和勇气，要善于思考，要尝试用不同的办法解决问题。

（五）故事表演

师：我们一起表演一下刺猬摘果子的片段吧，让我们想一下还有其他办法可以摘到果子吗？如果你扮演小刺猬，你会用什么办法摘果子？

延伸部分：在表演区准备道具，让孩子们进行创新表演，引导幼儿根据故事内容编创动作，发展幼儿的创造力，培养幼儿的表演能力。

四、相关影片推荐

影片名称：《小猪宝贝》。

导演：克里斯·努安。

片长：89分钟。

上映时间：1995年8月。

上映地点：美国。

● 影片简介

小猪作为游乐节目里的礼品来到了农场。这里的动物各司其职，坚守自己的岗位。小猪为了证明自己的价值，每天专心学习。小猪要去参加牧羊大赛啦！这件事引来了众人嘲笑，却给了小猪一个证明自己的机会。

> 推荐理由：这是一部适合全家一起观看的温情片。故事情节简单，片中可爱的小猪宝贝不畏困难、敢于挑战的勇气着实让人为之感动。导演用拟人化的手法赋予了小猪智慧和梦想，以及真挚的感情，打动了无数观众的心。《小猪宝贝》的整个旋律中都荡漾着温馨，它讲述了一个不屈不挠的励志故事，小猪宝贝在一个不平等的领域以超凡的决心、真诚以及勇气跨越了歧视，最后站在了胜利者的舞台上。它对理想执着的追求教会了我们应该怎样对待自己的理想与追求。

### 五、相关绘本推荐

绘本名称:《了不起的杰作》。

作者：阿什莉·斯拜尔。

● **绘本简介**

这是一个关于坚韧、勇气和友谊的故事。有一天，小女孩想到一个特别好的主意。在她的"好朋友"狗狗的帮助下，她打算做一个世界上最了不起的东西。她做好了计划，准备了材料，开始动工。可是，做这样东西比她原来想象的要难得多。她一次次重来，又一次次失败。终于，挫折化作怒气……就在她想要放弃的关头，狗狗建议出去走走。回来的时候，她在那些失败的作品中发现了一些新的东西、新的视角，终于她完成了最后的杰作——滑板车！

> 推荐理由：每个孩子都是天生的艺术家，也是异想天开的创造家。《了不起的杰作》就让我们见证了一位艺术家、创造家的诞生。不要怀疑孩子的能力，在孩子成长的过程中，什么样的杰作都是有可能产生的。这是一个普通女孩的故事，还有她在这世界上最好的朋友一只可爱的狗狗。不论做什么事，彼此都在一起，有着深厚的友谊。而这位小女孩，她想到一个特别好的主意，准备做一件了不起的杰作，而这正是在她的"助手"狗狗的帮助下完成的。

授课教师：魏薇

## 影视案例赏析二

### 一、影片介绍

影片名称:《冬天里的小田鼠》。

导演：乔元正。

片长：17分钟。

上映时间：1990年。

上映地点：中国。

> 内容简介：《冬天里的小田鼠》是一部木偶动画。虽然只有不到二十分钟，但温馨的话语让人多年以后一直回味无穷。影片中的甜甜是一只与它的兄弟姐妹很不一样的小田鼠，它喜欢收集温暖的阳光、斑斓的色彩和动听的声音，并把它们当宝贝一样看待。面对兄弟姐妹的嘲笑，甜甜不以为然。它热爱生活、珍惜生活，没有什么季节会令它讨厌。一年四季，每个季节都有它的美好与灿烂，正是因为四季的轮回，我们的生活才有了不一样的精彩。让我们感恩大自然的馈赠，用心享受每个季节！

### 二、教育价值

影片中的小田鼠甜甜用它所搜集到的宝贝让大家在寒冷的冬天感到了温暖和开心。甜甜收藏温暖的阳光、动听的声音，和伙伴分享"文艺"的、看不见的四季美。这个故事告诉幼儿要善于观察，发现生活中美好的瞬间，记录美好，分享美好。

### 三、活动设计

**（一）导入部分**

师：小朋友，你们知道秋天是什么样子的吗？我们一起看一看下面这些图片。

生1：秋天的叶子是黄黄的。

生2：秋天是丰收的季节。

师：现在让我们一起看看小田鼠一家在干什么吧。

**（二）完整欣赏影片**

师：小朋友，这部影片里的卡通形象和我们平时观看的卡通形象有什么区别？看完这部影片后，你最喜欢小田鼠收集的什么物品？

生1：这部影片里的小田鼠像玩具娃娃。

生2：我很喜欢这个小田鼠，令我印象最深刻的是它记录了声音。

生3：小田鼠甜甜收集了温暖的阳光、斑斓的色彩和动听的声音，甜甜把这些宝贝分享给大家，为全家人驱走严寒，带来美好。

**（三）分段欣赏并讨论影片内容**

1. 片段一：初步了解故事内容，感知木偶片的特点。

师：秋天是收获的季节，小田鼠都在干什么？小田鼠甜甜为什么没有收集食物呢？甜甜在干什么？

生1：小田鼠一家在忙着储备食物、稻草。

生2：因为它想收集更多的美好，它在思考、观察。

师：影片中的小田鼠有个特点，小朋友发现是什么了吗？

生3：这部影片里的小田鼠像玩具娃娃。

● 小结：小田鼠一家都在忙碌地准备过冬的食物，而小田鼠甜甜在思考，它想收集一些不一样的东西。《冬天里的小田鼠》是一部木偶动画，木偶形象是采用海绵做成的，看起来很像我们的布偶娃娃，木偶肢体的关节依靠铜丝、银丝等金属材料连接，活动自如，木偶片的人物和布景都是立体的。

2. 片段二：小田鼠积极努力地收集美好事物。

师：甜甜收藏了什么？

生1：甜甜收集了温暖的阳光、斑斓的色彩和动听的声音。

师：你支持甜甜吗？甜甜为什么要收集这些？

生2：支持，这样在寒冷的冬天也能拥有温暖的阳光，也能听到小鸟的歌声，感受每个季节的美好。

● 小结：我们的生活中有很多美好的事物，小朋友要仔细观察，发现并收集美好事物，珍惜幸福的生活。

3. 片段三：将收集的美好事物分享给大家，带给大家快乐。

师：寒冷的冬天来了，甜甜是怎样带给大家温暖的？

生1：甜甜把它精心收集的美好的事物分享给大家，大家一起分享温暖的阳光、好听的歌曲，开心地度过寒冷的冬天。

师：你有什么好办法让冬天变得更加温暖吗？

生2：我们可以保存春天的花朵、夏天的阳光、秋天的美食，等到冬天，拿出来一起分享。

● 小结：小田鼠甜甜细心观察生活的美好，把这些美好收集起来，在寒冷的冬天给大家带来温暖，让大家感受到了收集、分享的快乐。小朋友也可以把生活中美好的事物收集起来和大家分享，让大家感受快乐。

### （四）分享总结

师：小朋友们都很喜欢甜甜收集的美好，谁能分享一下自己身边美好的事物呢？

生1：我给小朋友分享一朵漂亮的花，这个是我在长廊玩汽车的时候捡到的，我觉得它很漂亮，香香的。

生2：我给小朋友分享一个我在沙池里挖到的宝石，它很漂亮，圆圆的，还有漂亮的光彩。

● 教师总结：大自然是美丽的，每个季节都有它的特点。每个人都拥有一双善于观察的智慧的眼睛，让我们像甜甜一样，善于观察身边美好事物、收集美好、分享美好。

### （五）表演故事

师：小朋友，如果你是甜甜，你最想收集什么呢？你会把这些美好分享给谁呢？让我们一起来表演故事《冬天里的小田鼠》吧。

延伸部分：开展音乐活动《冬之歌》，幼儿跟着老师边唱歌边玩游戏，并在美工区开展收集分享游戏，收集美好的事物，记录快乐的瞬间，让幼儿一起分享快乐。

## 四、相关影片推荐

影片名称：《小宇宙3：自然奇观》。

导演：克洛德·纽里德萨尼、玛丽·佩雷努。

片长：81分钟。

上映时间：2011年12月。

上映地点：法国。

● 影片简介

该影片讲述了在一个废弃的池塘边发生的故事。影片通过主人公的回忆，讲述了男孩10岁那年，在乡下的叔叔家度过的一个有趣的夏天。废弃的池塘通过孩子们的眼睛和想象，变成了一个神奇的王国，蜻蜓、仙女、龙、蝾螈、萤烛灯……孩子们经历了一个短暂而激烈的启蒙阶段，他们将会脱胎换骨。

> 推荐理由：纪录片的画面，纯真的视角，将心理世界与自然世界融为一体。观看时，那些美好时光都是与野外大自然相关的，微风拂面，水波荡漾，看似平静的世界，内心实则波涛永未停歇。两个孩童之间的交流也格外独特，并非依靠语言才能沟通，大自然里的每一朵花、每一片叶都能传递情感，非常浪漫，充满童趣。

## 五、相关绘本推荐

绘本名称：《一年的光阴》。

作者：爱莎·贝斯蔻。

● 绘本简介

用散文诗的语言解读一年的时光，极富韵律，读起来朗朗上口。与文字相配的美妙图画展现了自然风光和北欧人独特的生活方式。更巧妙的是，星期歌、钟点歌和四季歌让孩子在阅读过程中不知不觉对时间有了认知，体会到了时光的美妙。

> 推荐理由：一年十二个月，每一天、每一个月、每一个季节都有着不同的生活气息，宁静恬然、幸福快乐的生活让孩子们看到瑞典的独特风情，了解了季节变迁的自然知识。创造的喜悦、时时不忘感恩的故事场景也能帮助孩子培养高尚的情操和宽容的胸怀。

授课教师：魏薇

## 影视案例赏析三

### 一、影片介绍

影片名称：《人参娃娃》。
导演：万古蟾。
片长：25 分钟。
上映时间：1961 年。
上映地点：中国。

> 内容简介：《人参娃娃》是剪纸动画片，影片可以让幼儿感受剪纸动画的特点。该片主要讲述了居住在深山的人参娃娃帮助饱受剥削的小长工小虎子惩罚贪心狠毒的财主胡扒皮的故事。影片取材于东北家喻户晓的神话传说。人物造型充分体现了封建社会地主和底层劳动人民的特点，坏的丑陋、美的善良，反映了旧社会地主的贪婪和穷苦的劳动人民的悲惨，通过一个神奇可爱的人参精灵来表明善有善报恶有恶报的道理。

### 二、教育价值

影片以独特的剪纸艺术形式塑造了人参娃娃的可爱形象。当看到长工小虎子深受财主压迫，任劳任怨时，人参娃娃展现出了除恶扬善、乐于助人的精神品质。影片让幼儿懂得勤劳善良的人在困难和恶势力面前会取得最终的胜利，也映射出人与人之间要互帮互助、心存善念的道理。

### 三、活动设计

**（一）导入部分**

师：小朋友，今天老师带来一个可爱的人参娃娃，大家一起来认识一下它，看看人参娃娃长什么样子？

生1：人参娃娃不是真的娃娃，是个小精灵。

生2：人参娃娃胖胖的、白白的，特别可爱。

师：人参娃娃是千年人参幻化成的孩童，头扎冲天辫，身穿红肚兜，白白胖胖，天真可爱，有些调皮捣蛋，常在夜间出现，会变戏法，也会唱歌。让我们一起看看在这个可爱的人参娃娃身上发生了什么故事吧。

## （二）完整欣赏影片

师：剪纸动画电影和你看的其他电影有什么区别？小朋友喜欢胡财主吗？为什么？那你最喜欢谁？

生1：这个动画里面的人都是侧面的，很有趣。

生2：胡财主太坏了，他总是欺负小虎子。

生2：我最喜欢人参娃娃，因为它帮助小虎子打败了坏人。

## （三）分段欣赏并讨论影片内容

1. 片段一：介绍胡财主和小长工的故事。

师：胡财主家有个小长工叫什么？他每天都要干什么？胡财主是怎么对他的？

生1：叫小虎子，他不分白天黑夜地干活，不能休息。

生2：胡财主不让小虎子睡觉，还打骂他、欺负他。

师：你喜欢胡财主吗？为什么？

生3：不喜欢，他是坏人，总是欺负小虎子。

- 小结：胡财主每天都欺负勤劳的小虎子，不让小虎子休息。

2. 片段二：人参娃娃出现后帮助了小虎子。

师：有一天小虎子在干活的时候发现了谁？它长什么样子？

生1：小虎子发现了人参娃娃，它白白胖胖的，十分可爱。

师：人参娃娃是怎么帮助小虎子的？如果是你，你会帮助小虎子吗？

生2：人参娃娃把小虎子带到树林里，为了帮他还清欠财主的债，送给小虎子一大棵人参。我会帮助他的。

- 小结：善良的小虎子得到了精灵的帮助，小朋友们要做善良勤劳的人，同时要乐于帮助那些有困难的人。

3. 片段三：小虎子在人参娃娃的帮助下战胜了财主。

师：胡财主听到事情经过后，他想对人参娃娃做什么？他成功了吗？

生1：胡财主听了事情的经过，他就想抓住人参娃娃。

生2：胡财主没有成功，最后人参娃娃把胡财主引开之后，钻入土中。胡财主在洞里寻找，突然山洞开始剧烈晃动，掉下的石块把胡财主埋在了洞里。

师：为什么胡财主最后会失败？

生3：因为胡财主很贪心，他太坏了，他被好人打败了。

- 小结：这个故事告诉我们要做善良的人，勤劳善良的人会打败坏人。

## （四）分享总结

师：小朋友喜欢影片里的人参娃娃吗？为什么？

生1：非常喜欢人参娃娃，因为它聪明勇敢，帮助勤劳善良的好人。

- 教师总结：人参娃娃聪明勇敢，帮助善良的小虎子打败坏人。在生活中，我们也要积极帮助有困难的小朋友。

## （五）画一画——可爱的人参娃娃

师：小朋友都很喜欢人参娃娃，人参娃娃聪明善良，形象可爱。小朋友拿起手中的画笔，画一画可爱的人参娃娃吧。

延伸部分：组织幼儿进行"人参娃娃"的情景剧表演，通过对角色的理解和扮演，幼儿可进一步了解、熟悉故事内容。

### 四、相关影片推荐

影片名称：《影响世界的中国植物》。

导演：李成才、周叶。

片长：10集。

上映时间：2019年9月。

上映地点：中国。

● 影片简介

中国复杂的地形和气候条件造就了独一无二的植物天堂。穿越亿万年的时光隧道，植物让这片原本一无所有的土地开始有了生机；世界第三极青藏高原的隆起，塑造了今天的中国，也重新划分了中国的植物版图：这里几乎涵盖了世界上主要的植被类型，也成为众多古老植物的避难所。让观众爬上高原，穿越沙漠，深入雨林，开启一场中国大地的植物之旅吧。

> 推荐理由：中国已知的植物有35000多种，占世界植物种类总量的十分之一，这里是植物的天堂、文明的摇篮。衣食住行、美的历程，传播万里、绵延不绝。从雅鲁藏布江峡谷的原始森林到中国茶树最古老的源头，再到非洲中部高原地区的青蒿素，该片用震撼而温暖的镜头语言呈现了21科28种中国植物的生命旅程。

### 五、相关绘本推荐

绘本名称：《一园青菜成了精》。

作者：周翔。

● 绘本简介

周翔眼光独具，选择了《一园青菜成了精》这首趣味十足的童谣作为文本。为了让现代孩子更容易了解，他改编了部分内容，配合童谣背景，巧妙融入中国元素，无斧凿之痕。如援用京剧武打场面，又如扉页风景和《清明上河图》汴京城郊菜圃的联想。

> 推荐理由：小葱青秆绿叶儿长得直，正像一根银杆枪；韭菜的叶片狭长而扁平，如同两刃锋。大蒜成熟后的裂瓣，辣椒的浑身红通通，茄子的紫胀圆滚，都成了战斗的结果，让人读出意料之外却又不得不信服的荒诞。写到莲藕时，不是说它天性生长于湿泥里，而是成了逃跑不及的败军之将，糊里糊涂，慌不择路地钻进了烂泥坑——绘本充满趣味，深受孩子们的喜爱。

授课教师：魏薇

## 影视案例赏析四

### 一、影片介绍
影片名称:《小猫钓鱼》。
导演:方明。
片长:14分钟。
上映时间:1952年。
上映地点:中国。

> 内容简介:小猫妙妙和咪咪是一对性情相反的姐弟,一个勤劳听话,一个贪玩懒散。太阳出来了,妈妈要它们起床,妙妙立刻爬了起来,咪咪却要赖会儿床;洗脸的时候,咪咪更是玩起了吹肥皂泡的游戏。三母子来到河边钓鱼,妙妙坐在妈妈身边认真地垂钓,咪咪却一会儿捉蝴蝶一会儿扑蜻蜓。结果,妈妈和妙妙钓到了很多鱼,咪咪两手空空。坐在饭桌上等鱼吃时,妙妙和咪咪因为钓鱼和吃鱼发生争吵,妈妈劝慰一番,咪咪明白了钓鱼要专心,不能三心二意。

### 二、教育价值
《小猫钓鱼》影片让我们明白了,做任何事情都不能三心二意,无论干什么事,都不能漫不经心,要养成认真勤劳的好习惯,专心致志才能成功。《小猫钓鱼》可以让孩子们从小猫的经历中看到自己的影子,从而更加懂得做事一心一意的道理。

### 三、活动设计
**(一)导入部分**
师:今天老师为小朋友介绍两只可爱的小猫咪,它们是妙妙和咪咪,小猫咪爱吃什么食物呢?
生1:小猫爱吃鱼、爱吃罐头。
师:猫妈妈要带咪咪和妙妙一起去钓鱼啦,我们一起看看吧。

**(二)完整欣赏影片**
师:咪咪和妙妙第一次钓鱼一样吗?如果你是咪咪,你会怎么办?
生1:我觉得两只小猫不一样,妙妙很棒,做事情认真。
生2:妙妙钓了好多鱼,咪咪却一条鱼也没有钓到。
生3:我是咪咪的话,我就不去抓蝴蝶,等钓完鱼再去玩其他的。

**(三)分段欣赏并讨论影片内容**
1.片段一:欣赏咪咪和妙妙起床的画面,感受两人对待起床的不同态度。
师:故事里都有谁?猫妈妈叫咪咪和妙妙起床,它俩分别是怎么做的呢?小猫都去了哪里,做了什么?
生1:猫妈妈、咪咪和妙妙。
生2:妙妙立刻爬了起来,咪咪却要赖会儿床。
生3:它们一起去河边钓鱼。
师:你觉得咪咪和妙妙的性格一样吗?
生4:不一样,妙妙很听话,不赖床。咪咪有点懒,喜欢睡懒觉。

● 小结：小猫妙妙和咪咪是一对姐弟，从妈妈叫它们起床可以看出，妙妙勤劳听话，咪咪却有点懒散。小朋友，我们要向妙妙学习，不可以偷懒赖床喔。

2. 片段二：咪咪因为三心二意，一条鱼也钓不到。

师：咪咪和妙妙是怎么钓鱼的？

生1：妙妙认真钓鱼，咪咪边玩边钓鱼。

师：小朋友你们喜欢谁的钓鱼方式？为什么？

生2：我喜欢妙妙的钓鱼方式，因为咪咪钓鱼不认真。

● 小结：咪咪和妙妙的钓鱼过程是不一样的，妙妙很专心认真，而咪咪三心二意。所以，专心的妙妙钓到了鱼，三心二意的咪咪一条鱼也没钓到。小朋友要记得做任何事情都不能三心二意，要养成认真的好习惯，专心致志才能成功。

3. 片段三：回到家后，咪咪和妙妙吵架了，妙妙指出了咪咪的错误。

师：咪咪和妙妙为什么吵架？

生1：妙妙说咪咪不好好钓鱼，说它总是玩。

师：小朋友，你们认为谁错了？为什么？

生2：我认为咪咪错了，因为咪咪不专心钓鱼，所以一条鱼也没有钓上来。

● 小结：我们应该向妙妙学习，做事要认真专心。不可以像咪咪一样做事情三心二意。

4. 片段四：咪咪认识错误并改正，成功钓起一条大鱼。

师：咪咪第二次钓到鱼了吗？为什么咪咪第二次钓上鱼来了呢？它是怎么做的？

生1：钓到了一条大鱼。

生2：因为它按着猫妈妈说的那样认真地钓鱼，没有去抓小蝴蝶和蜻蜓。

师：小朋友现在喜欢咪咪了吗？你有和咪咪之前一样不认真的时候吗？

生3：喜欢了，因为咪咪改正了错误。我有时候在家吃饭不认真，边吃边要求妈妈放动画片。我以后会专心吃饭的。

● 小结：咪咪不再三心二意，而是认真专注地钓鱼，因为认真，咪咪第二次成功地钓到了一条大鱼。我们在生活中要专心做每一件事，不能三心二意。

（四）分享总结

师：你们喜欢认真的咪咪吗？为什么？

生1：喜欢，因为它认识到自己的错误以后，做事情就变得专心、认真了。

● 教师总结：只要一心一意，认真仔细耐心地做，什么事情都能做好。小朋友在日常生活中也要养成认真的好习惯，做事要有耐心，不可以三心二意。

（五）分组游戏

师：现在请小朋友扮演小猫咪，我们一起到"鱼塘"钓小鱼，并将钓到的小鱼放到自己的小桶里，让我们一起专心地钓鱼吧。

延伸部分：在美工区为孩子们准备材料，让小朋友以绘画、泥塑等形式自由自主地创造属于自己的《小猫钓鱼》作品。

**四、相关影片推荐**

影片名称：《粗心的小胖》。

导演：章超群、虞哲光。

片长：10 分钟。

上映时间：1955 年。

上映地点：中国。

● **影片简介**

姐姐想帮助弟弟改掉粗心大意的毛病，给他讲了一个"粗心的小胖"的故事。小胖在一家摩托车制造厂里做司机，他因为粗心大意，经常在马路上丢失东西。有一位送牛奶的老伯伯经常在马路上拾到小胖丢失的东西，今天捡到一个车轮，明天捡到一个车把，后天又捡到一个摩托车身……老伯伯贴了许多招领的纸条，一直没有人来领。老伯伯把拾来的东西装配成一辆摩托车，插上招领的小旗子，到马路上等候失主。凑巧小胖开车经过，老伯认出了小胖，赶快骑上这辆摩托车追上去，一直追到厂里。老伯向小胖说明了一切，小胖才知道原来自己丢失了那么多东西，心里十分难过。从此以后，小胖就专心工作，不再粗心大意了。

> 推荐理由：《粗心的小胖》是一部充满儿童生活情趣的影片，引导孩子做事要细心认真、不能粗心大意的木偶片，让孩子们在笑声中学到知识。

### 五、相关绘本推荐

绘本名称：《稀里糊涂先生》。

作者：恐龙小 Q 儿童教育中心。

● **绘本简介**

一个乱糟糟的公寓里住着一个乱糟糟的年轻人——稀里糊涂先生。作为一名建筑设计师，马虎大意的性格可把他害得不轻——他设计了一座别致的办公楼，却忘了设计房顶；他设计了一座高耸入云的大厦，却忘了设计电梯……稀里糊涂先生对自己失望极了……

> 推荐理由：本绘本涵盖了孩子在成长过程中可能遇到的各种生活习惯问题，包括做事马虎、拖拉、吃饭挑食、不爱吃蔬菜、不讲卫生、不爱刷牙，总想看电视、玩手机，自理能力弱，等等。通过简单有趣的故事让孩子学会如何管理自己，提高自理能力，做讲卫生、不挑食、认真勤快的好孩子。插画色彩鲜艳，充满童趣，可爱的卡通人物形象更能提高孩子的阅读兴趣，符合孩子认知特点，有利于培养孩子良好的阅读习惯。

授课教师：魏薇

# 第八章 中班影视赏析活动案例

## 人与自我

### 影视案例赏析一

#### 一、影片介绍
影片名称：《大智寓言之乌鸦喝水》。
导演：高达。
片长：3分钟。
上映时间：2017年。
上映地点：中国。

> 内容简介：一只乌鸦口渴了，到处找水喝。找了很久，乌鸦发现不远处有一个水瓶，便高兴地飞了过去，稳稳地停在水瓶口，准备痛快地喝水。可是，瓶子里的水不多，瓶口又小，乌鸦的嘴无论如何也喝不着水，怎么办呢？细心的乌鸦发现，石子沉入瓶底，里面的水好像比原来高了一些。乌鸦非常高兴，它叼来许多石子，把它们一块一块地投到水瓶里。随着石子的增多，水瓶里的水也一点一点地慢慢往上升。终于，水瓶里的水升到了瓶口，乌鸦总算喝到水了。通过乌鸦动脑筋想办法喝到水的故事，幼儿明白了遇到困难要仔细观察、认真思考，积极想办法解决困难。

#### 二、教育价值
在生活中，幼儿会遇到各种各样的困难，他们会求助父母、家人或同伴。教师可通过观看本影片引导幼儿大胆地表达自己对影片内容的猜测与想象，感受小乌鸦的聪明机智，告诉幼儿遇到困难不要轻言放弃，要运用身边可以利用的东西帮助自己，发挥自己的聪明才智，要不断尝试、验证，最后得出结论，积极寻求解决的办法。

#### 三、活动设计
（一）导入部分
师：小朋友，你在生活中遇到过困难吗？遇到困难时，你是怎样解决的？
生1：我遇到困难后有时候自己解决，有时候请别人帮忙。
师：今天就有一个朋友，它遇到了一点点困难，让我们一起看看到底发生了什么事情吧！
（二）完整欣赏影片
师：口渴的乌鸦找不到水喝是什么样的心情？如果你是乌鸦，你会怎么做？如果你是乌鸦，发现一只装有水的瓶子，可旁边没有石子，你会想什么方法喝到瓶子里的水？

生1：乌鸦找不到水喝，心里特别失落，但是它没有放弃，继续坚持找水。
生2：乌鸦好聪明啊，想了好多办法尝试喝水，最后把石子放在瓶子里成功地喝到了水。
生3：如果我是乌鸦，我会尝试往里边放点沙子，使水位上升，这样也能喝到水。

**（三）分段欣赏并讨论影片内容**

1. 片段一：乌鸦口渴了，到处找水喝。

师：故事里的主人公是谁？在它身上发生了一个什么样的故事？

生1：乌鸦口渴了到处找水喝。

生2：乌鸦飞了很久，找到了一个水瓶，但是瓶子里的水不多，瓶口又很小。

● 小结：乌鸦在空中飞了很久，终于发现一个水瓶，便高兴地飞了过去。由于乌鸦没有放弃，最后终于找到了水。当我们想要达成一个目标时一定要坚持，不能轻言放弃。

2. 片段二：瓶口太小，乌鸦喝不到水。

师：在乌鸦想喝水时，它遇到了什么困难？

生1：水瓶里的水太少，乌鸦喝不到水瓶里的水。

生2：瓶口也太小了，乌鸦的嘴伸不进去。

师：如果你是乌鸦，面对喝不到水的瓶子，你会放弃吗？

生3：我不会放弃，好不容易才找到水，我会想办法喝到水，如果放弃就更没有水喝了。

● 小结：水瓶里的水太少，瓶口也小，乌鸦的嘴无论如何也够不到。乌鸦并没有放弃，而是想办法反复尝试。

3. 片段三：乌鸦用石头填充的方法使瓶子里的水位升高，成功喝到了水。

师：乌鸦为了能喝到水都想到了哪些办法？它最后用哪种办法成功喝到水了？

生1：乌鸦想把水瓶撞倒，可水瓶纹丝不动。

生2：乌鸦想了个好办法，它把石子放在瓶子里，水就慢慢升高了，石子越放越多，水就被挤到了瓶口，乌鸦成功喝到了水。

师：面对一瓶喝不到的水，乌鸦凭借着自己的智慧与耐心成功地喝到了水。如果是你，你还能想出其他帮助乌鸦喝到水的办法吗？

生3：我会用沙子试一试，我觉得这样也会成功喝到水。

● 小结：乌鸦不怕失败，寻找各种办法，最后终于靠自己的智慧成功喝到了瓶子里的水。在生活中，小朋友遇到困难时，也要像乌鸦一样开动脑筋想办法解决困难。

**（四）分享总结**

师：当你在生活中遇到困难会怎么办？

生1：想办法自己解决。

生2：不要放弃，要像乌鸦一样想办法解决问题。

师：影片中乌鸦的身上有哪些值得你学习的地方？

生3：在困难面前要积极动脑筋想办法解决。

● 教师总结：乌鸦遇到困难没有放弃，而是开动脑筋想尽办法解决困难。我们在遇到困难时也要学会坚持，不要放弃，用智慧打败困难，取得成功。

**（五）科学探索小实验**

师：如果你是乌鸦，你还能想到哪些办法喝水，我们以绘画的形式把方法记录下来吧！

延伸部分：在区域活动中开展"乌鸦喝水"探索活动，分别用水、石子、沙子等做小实验，看看哪个材质能让瓶子里的水更快地出来。

### 四、相关影片推荐

影片名称:《功夫熊猫》。

导演：马克·奥斯本、约翰·斯蒂文森。

片长：95分钟。

上映时间：2008年。

上映地点：美国。

● 影片简介

在很久以前，有一只喜欢滚来滚去的大熊猫。它的名字叫"阿宝"，是一家面条店的学徒。阿宝虽然笨手笨脚，但也勉强算是谋到了一份职业，可是阿宝天天梦想着自己有一天能和功夫了得的大人物进行一场巅峰之战。

> 推荐理由：故事主要讲述了熊猫阿宝不甘心一辈子卖面条，却迷上了功夫。为了实现自己的理想，熊猫阿宝不气馁，在师傅的教授下，刻苦训练，学了一身功夫，最后终于战胜了敌人。这个影片让我们懂得不管遇到什么困难，我们都要勇敢面对，想办法解决，坚持就能成功。

### 五、相关绘本推荐

绘本名称:《大脚丫跳芭蕾》。

作者：埃米·扬。

● 绘本简介

《大脚丫跳芭蕾》讲述的是一个叫贝琳达的女孩很喜欢跳芭蕾，而选拔会的评委嫌她的脚太大，拒绝看她的表演。她只好放弃跳舞，找了一份餐厅的工作，虽然很喜欢餐厅的老板和客人，但她还是常常怀念跳舞的时光。有一天，餐厅里来了一个乐团，在老板的邀请下，贝琳达开始为餐厅的客人跳舞，她跳得美极了，餐厅的客人越来越多，连大都会芭蕾舞团的指挥都来看她跳舞了。贝琳达终于又回到了舞台，开始为更多的人跳舞。贝琳达很快乐，因为她可以一直跳舞。至于那些评审会说些什么，她一点也不在乎了……

> 推荐理由：《大脚丫跳芭蕾》讲述了贝琳达因有一双异常的大脚而被排斥在舞台之外的故事。作者独具匠心的情节设计是希望孩子面对事物的表象时可以看到真正的内涵和价值，也让孩子从小学会尊重别人，不把嘲笑别人作为好玩有趣的娱乐。当我们遇到困难时要勇敢面对，坚持不懈。

授课教师：王丽卿

## 影视案例赏析二

一、**影片介绍**

影片名称：《小鲤鱼跳龙门》。

导演：何玉门。

片长：18分钟。

上映时间：1958年。

上映地点：中国。

> 内容简介：《小鲤鱼跳龙门》是一部国产彩色动画片，由何玉门担任导演，在1959年获得中国第一届《大众电影》"百花奖"最佳美术片奖。小鲤鱼一跃跳过桥墩，得到了小伙伴的喝彩，可是奶奶不以为然。于是，鲤鱼奶奶给小鲤鱼讲了一个鲤鱼祖先跳龙门的故事，说龙门那边有个天堂，只有勇敢的小鲤鱼才能跳过去。小鲤鱼被奶奶的故事深深吸引，决定出发寻找龙门。它们游过大江和急流，克服重重困难，终于跳进了龙门。小鲤鱼经过重重险阻跳过龙门，让大家明白在遇到困难时要勇敢面对，不要害怕，然后想办法解决，在解决困难的过程中要坚持，不要轻易放弃，最后一定会取得胜利！

二、**教育价值**

小鲤鱼寻找龙门的画面生动、活泼，表现出小鲤鱼对美好生活的向往与追求。影片在形象塑造上夸张了小鲤鱼又圆又亮的眼睛，突出它对世界充满了好奇以及对美好未来的憧憬与希望，表现出小鲤鱼的活泼与进取精神。鲤鱼跳龙门的整个过程让幼儿感受并懂得面对重重困难，永不退缩、积极向上的精神，更使幼儿懂得了在遇到困难时要积极面对，继续坚持，最后一定会取得成功。

三、**活动设计**

（一）**导入部分**

师：小朋友，你喜欢小鱼吗？为什么？

生1：我家养了好多鱼，小鱼自由自在地在水里游。我可真羡慕它们。

师：有一条特别勇敢的小鲤鱼，在它身上发生了一件特别神奇的故事，我们一起来看看吧！

（二）**完整欣赏影片**

师：影片的名称是什么？

生1：影片的名称是《小鲤鱼跳龙门》。

师：故事里都有谁？发生了什么事情？

生2：小鲤鱼和它的伙伴们跳龙门。

师：影片中哪个情节让你印象最深刻呢？

生3：小鲤鱼在寻找龙门的过程中经历艰难和险阻，但它并没有放弃。当找到龙门后它又一次次尝试跳龙门，在和同伴的合作下终于成功跳过龙门。

（三）**分段欣赏并讨论影片内容**

1.片段一：鲤鱼奶奶分享鲤鱼跳龙门的故事。

师：鲤鱼奶奶给小鲤鱼们讲了一个什么样的故事？

生1：在海的尽头有一座龙门，只要能跳过龙门就能变成龙，飞到天上。
师：小鲤鱼听了跳龙门的故事后是怎么想的？
生2：小鲤鱼想去跳龙门。

○ 小结：小鲤鱼有一个梦想，想找到传说中的龙门，并跳过去。小鲤鱼知道龙门很难跳过去，但它还是想尝试一下。

2. 片段二：小鲤鱼出发去找龙门。
师：小鲤鱼在找龙门的过程中遇到了谁？发生了什么事情？
生1：小鲤鱼一次次地往上面跳，却总是找不到龙门。
生2：小鲤鱼准备跳龙门时尾巴被水草缠住了。
师：影片中出现了多种颜色，这些色彩给你带来了什么感受？请你说一说。
生3：影片中出现了多种颜色，影片里的动画很美，感觉小鲤鱼们很活泼、可爱，令我想继续看下去。

○ 小结：小鲤鱼一直向上游，一不小心尾巴被水草缠住了，怎么也挣脱不了。面对艰难和险阻，小鲤鱼并没有放弃，一直努力，想要跳过龙门。

3. 片段三：小鲤鱼在找龙门的过程中尾巴被水草缠住了，得到了大螃蟹的帮忙。
师：在寻找龙门的过程中谁帮助了小鲤鱼？
生1：大螃蟹用大钳子帮小鲤鱼剪开了水草。
师：如果在生活中有人遇到了困难，你会主动帮助他吗？为什么？
生2：有人遇到困难时我会主动帮助他，当我遇到困难时别人也会帮助我，我们会互帮互助。

○ 小结：当大螃蟹看到小鲤鱼遇到困难时，第一时间跑出来帮忙。在大螃蟹的帮助下，小鲤鱼挣开了水草。我们要像大螃蟹一样，做一个乐于助人的好孩子。

4. 片段四：小鲤鱼经过重重险阻找到了龙门，在不断努力和坚持下成功跳过龙门。
师：小鲤鱼找到龙门后跳过去了吗？它是怎样跳过去的？
生1：小鲤鱼游到龙门，龙门很高跳不过去。
生2：它们跳得不够高，跳了几次都没有跳过去。
生3：小鲤鱼尝试了几次都没有跳进龙门，但它们没有放弃，继续坚持，终于成功跳进龙门。
生4：浪头一拍，弹得很高，小鲤鱼跟着浪头弹进了龙门。
师：如果你是小鲤鱼，面对重重困难，你还会坚持吗？为什么？
生5：我会坚持，因为只有坚持才有可能成功，如果放弃了，连成功的机会都没有了。

○ 小结：面对又高又大的龙门，小鲤鱼没有轻言放弃，而是做了无数次的尝试，在它们的努力和坚持下，终于找到好办法，成功跳过龙门。小朋友在生活中遇到困难时，要坚持不懈，积极思考，找到解决办法。

**（四）分享总结**

师：当你在生活中遇到困难时，你会怎么做呢？
生1：遇到困难时我通常自己解决，有的时候请小伙伴或老师帮忙。
师：你认为小鲤鱼是一条什么样的鱼？在它身上有哪些值得你学习的地方？
生2：小鲤鱼是一条非常勇敢的鱼，我要学习它坚持不懈的精神。

○ 教师总结：小鲤鱼跳过了龙门，既壮观又激动人心，就连天空中的彩云和水中的浪花仿佛也在为它们欢呼叫好,庆祝它们跳龙门的胜利。生活中当小朋友遇到困难的时候,要勇敢面对,不要害怕,然后想办法解决。在解决的过程中要坚持,不要放弃,最后一定会取得胜利!

### (五)续编故事

师:面对又高又大的龙门,小鲤鱼没有轻言放弃,而是做了无数次的尝试,在它们的努力和坚持下,终于找到好办法,成功跳过龙门。那么,小鲤鱼和小伙伴在龙门另一边的生活会是怎样的呢?请你用绘本或连环画的形式展现出来并与同伴分享。

延伸部分:幼儿开展体育活动"小鲤鱼跳龙门",让幼儿体验游戏快乐的同时,培养幼儿的合作意识与合作能力。

## 四、相关影片推荐

影片名称:《三个和尚》。

导演:徐景达。

片长:19分钟。

上映时间:1980年。

上映地点:中国。

● 影片简介

红衣小和尚不远千里来到一座高高耸立在山顶上的寺庙。虽然挑水需要到山下很是辛苦,但他仍做得乐此不疲。不久,来了一个蓝衣瘦高和尚,下山挑水的重任落在他的身上。很快,瘦高和尚因为挑水的问题同小和尚发生冲突,两人开始抬水喝。后来,他们又迎来一个黄衣胖和尚,胖和尚刚入寺庙,就把水缸里的水喝了个光,小和尚和瘦高和尚一下不乐意了,三个和尚为如何抬水吃水的问题大打出手。

推荐理由:一个和尚挑水喝,两个和尚抬水喝,三个和尚没水喝,这是一个寓言故事。三个和尚为什么没水喝?因为三个和尚拥有同一种心态,都不想出力,想依赖别人,在取水这件事上互相推卸责任,结果谁也不去取水,以致大家都没水喝。这部影片就是通过这样一个既简单又有趣的小故事告诉我们应该克服自私自利的坏思想,人与人之间应该互相合作、互相帮助。

## 五、相关绘本推荐

绘本名称:《古利和古拉》。

作者:中川李枝子。

● 绘本简介

田鼠古利和古拉善良可爱、无忧无虑,最喜欢做的事情就是"做好吃的,吃好吃的"。它们在森林里烤蛋糕,到原野上野餐,还举办盛大的南瓜宴……而最开心的事情莫过于和朋友们一起分享。故事充满了孩童的真趣,简单的快乐中蕴含着对生活的热爱。

推荐理由：《古利和古拉》有着天真烂漫的儿童气息，对年龄较小的孩子特别具有吸引力。古利和古拉在"找好吃的，做好吃的，吃好吃的"时总是形影不离；遇到难题时会一起想办法；做了好吃的会请大家一起吃……孩子们在阅读本书时会将故事情节中体现出的合作、分享、友爱、关怀、劳动、创造等价值观自然地"吃"进心里。

授课教师：王丽卿

## 影视案例赏析三

### 一、影片介绍

影片名称：《鹬》。

导演：艾伦·巴利拉罗。

片长：6分钟。

上映时间：2016年。

上映地点：美国。

内容简介：《鹬》获得了第44届安妮奖最佳动画短片奖和第89届奥斯卡金像奖最佳动画短片奖。该影片讲述了一只饥饿的小矶鹬（一种海鸟）努力克服恐水症，到海浪肆虐的沙滩上觅食的故事。影片用精妙绝伦的画面、充满童趣的视角将成长中的勇气、爱、友谊等串联起来，使观众仿佛跟着小矶鹬一起经历了成长的过程，十分触动人心。

### 二、教育价值

每个人在成长的过程中都会遇到无数次挑战，只有勇于直面困难才能有所收获。该影片运用形象生动的方式引导幼儿从鹬宝宝克服困难、成功学会捕食的故事中懂得面对困难时要勇敢地战胜心中的恐惧，以此帮助幼儿树立勇于接受挑战的信心。

### 三、活动设计

**（一）导入部分**

师：小朋友，老师今天要为大家介绍一种叫作"鹬"的鸟类，请小朋友看图片猜测一下鹬鸟生活在哪里？平时又吃什么呢？

生1：鹬鸟生活在海边，它们吃小鱼和贝壳。

师：鹬鸟生活在海边，平时以吃海边的小鱼和贝类为生。这天，鹬宝宝仍然等着妈妈捕来食物喂饱自己，可是今天妈妈找到食物之后并没有喂给鹬宝宝，发生了什么呢？让我们一起看一下吧！

**（二）完整欣赏影片**

师：影片讲了一个什么故事？令你印象最深刻的是什么？

生1：影片讲述了鹬宝宝学习捕食的故事，令我印象最深刻的是鹬宝宝鼓起勇气再次去捕食时，它看到了水下美丽的景象，从此不再害怕海浪，学会了如何捕食。

## （三）分段欣赏并讨论影片内容

1. 片段一：了解鹬宝宝鼓起勇气准备独立捕食的故事背景。

师：鹬是如何捕食的？鹬妈妈为什么不再给鹬宝宝投喂食物？鹬宝宝又是如何做的呢？

生1：海浪退了就去沙滩上捕食，海浪来了就赶紧跑走。

生2：鹬妈妈是想让鹬宝宝自己学会找吃的。

生3：鹬宝宝听妈妈的话去海边学习捕食了。

师：你遇到过哪些原本是妈妈帮你做，但有一天妈妈突然要你去做的事情？你的心情是什么样的？

生4：有一次妈妈给我钱让我一个人去小超市买冰糕，我有点害怕，但我还是鼓起勇气去了。

● 小结：海滩上，一群鹬在捕食，鹬妈妈正准备让鹬宝宝学会独立捕食，鹬宝宝虽然有点害怕，但还是鼓起了勇气尝试。

2. 片段二：鹬宝宝独自捕食却遭遇挫折，鹬宝宝难忘的捕食经历吸引幼儿的注意，抓住幼儿的内心。

师：鹬宝宝成功捕到食物了吗？它遇到了什么？被海浪淹没的鹬宝宝变得怎么样了？为什么会这样呢？

生1：鹬宝宝没有吃到食物，它找到食物的时候海浪突然来了，它被淹没了。

生2：它变得害怕大海，不敢去捕食了。

师：如果你是鹬宝宝，你会怎么做呢？

生3：我也会害怕，但是我还可以再去试一试。

● 小结：鹬宝宝在独立捕食的时候一不小心被海浪淹没了，这下鹬宝宝再也不敢去捕食了，甚至变得开始害怕大海了。

3. 片段三：鹬宝宝在寄居蟹的帮助下克服了对大海的恐惧，懂得了只要有勇气就可以战胜困难。

师：鹬宝宝放弃捕食了吗？这次它遇到了什么状况？海浪到哪里消失了？会对鹬宝宝造成威胁吗？

生1：它没有放弃，鼓足了勇气想去试一试，但这次它又碰到了海浪。它吓得赶紧跑走了，但是海浪到它找到食物的地方就消失了并没有伤害它。

师：鹬宝宝碰到了谁，帮助它克服了恐惧？它的好朋友是怎么在海浪中保护自己的？

生2：鹬宝宝碰到了寄居蟹，寄居蟹去找食物，被海水淹了，鹬宝宝担心地赶紧跑去看，发现寄居蟹把自己埋在沙子里来抵御海浪，一点事也没有。

师：鹬宝宝是怎么学会在海浪中保护自己的？它在海浪下看到了什么？

生3：鹬宝宝也学着寄居蟹的样子把自己埋在沙子里抵御海浪，并且在寄居蟹的帮助下，看到海浪里美丽的景象和藏着食物的地方。

师：请小朋友想一想，除了像寄居蟹一样把自己埋在沙子里抵御海浪，你还有什么办法帮助鹬宝宝克服对海浪的恐惧呢？

生4：我可以告诉它当海浪来了就飞起来，等浪走了，再回到沙滩上找食物，这样就可以保护自己了。

● 小结：鹬宝宝遇到了一只寄居蟹，正当它好奇的时候，海浪又来了，鹬宝宝吓得慌不择路像寄居蟹一样把自己埋在土里。当海浪淹没鹬宝宝的时候，在寄居蟹的提醒下，鹬宝宝睁开了眼睛，发现了海浪里美丽的景象。

**4. 片段四：鹬宝宝在克服困难后意外获得新的捕食方法，进一步感受到了战胜困难后的喜悦。**

师：鹬宝宝如何克服了自己对海浪的恐惧？

生1：因为鹬宝宝学会了在海浪中保护自己的方法，它发现海浪并没有自己想象的那么可怕。

师：鹬宝宝在克服恐惧的过程中还学会了什么？

生2：它学会了找到埋在沙子底下食物的方法，可以找到更多更大的食物。

师：鹬宝宝克服了对海浪的恐惧之后，开心地在海边跳来跳去，并且利用自己的新方法收获了很多食物。你在克服了困难之后是怎样表达内心的喜悦的呢？

生3：我会高兴地把这件事情告诉我的爸爸妈妈，还有我的好朋友。

◯ **小结**：这次特殊的经历帮助鹬宝宝克服了困难。它还学会了可以捕获更多食物的方法，获得了成长。

**（四）分享总结**

师：看完今天的影片，请小朋友想一想你在成长的过程中是如何克服困难的呢？你会向谁求助？当我们遇到有困难的人应该怎么做呢？

生1：我很害怕抽血，但是妈妈告诉我抽血是为了给我检查身体，要我勇敢，针扎就疼一下，我鼓起勇气试了试，就是针扎进去那一下有点疼，后面就不疼了。抽血的时候，妈妈也抱着我，让我勇敢一点。当我以后看到小朋友害怕抽血时，我就会告诉他，就疼一下，勇敢一点就过去了。

生2：遇到困难的时候可以向爸爸妈妈和老师求助。

生3：当我看到其他人遇到困难时，我很乐意帮助他们。

◯ **教师总结**：我们在长大的过程中总会遇到一些挫折，遇到一些困难，但是只要我们鼓起勇气，直面困难，就一定能克服它，甚至有可能在鼓足勇气的时候收获更多的技能呢！当我们遇到困难的时候，可以向家人、老师、警察叔叔等求助，而且当别人遇到困难时，我们也要积极地伸出援助之手，帮助他们渡过难关。

**（五）情景表演**

师：老师这里有几张图片，上面画着小朋友在日常生活中可能遇到的一些困难，请小朋友看一看、想一想并演一演，当你遇到这种情况时，你会如何做呢？

延伸部分：开展活动"勇敢的我"。请小朋友互相分享自己的"勇敢瞬间"，并将这些"瞬间"用绘画的方式表达出来，帮助幼儿树立勇于克服困难的自信心。

**四、相关影片推荐**

**影片名称**：《海底总动员2：多莉去哪儿》。

**导演**：安德鲁·斯坦顿、安格斯·麦克莱恩。

**片长**：97分钟。

**上映时间**：2016年。

**上映地点**：美国。

● **影片简介**

总失忆的蓝藻鱼多莉跟小丑鱼父子成了邻居，生活上互相关照、相处融洽。忘记自己身世的多莉决定去寻找自己的父母查理和安妮。在小丑鱼尼莫和它的父亲马林的帮助下，多莉从澳大利亚大堡礁来到了美国加州海岸，经过重重的困难和艰险后终于和亲人团聚了。

推荐理由：该影片讲述了小丑鱼尼莫和父亲马林协助蓝藻鱼多莉找寻父母的历险故事。它们勇往直前，在经历种种困难之后，最终获得成功。好朋友间互帮互助、不畏困难和艰险的品质值得我们学习。

### 五、相关绘本推荐

绘本名称：《勇气》。

作者：伯纳德·韦伯。

● 绘本简介

勇气有很多种，有的令人敬畏，有的平平无奇，但不论是哪种勇气，勇气就是勇气。作者罗列了许许多多日常生活中需要勇气的片段。在我们的生活中，在成长的过程中，勇气就体现在我们日常的点点滴滴中，每一个因为勇气而做出的举动都值得被敬重。

推荐理由：这本绘本就像一首散文诗，作者采撷生活中小小的片段，用优美的语言和活泼的画面教孩子用源源不断的勇气面对未知的下一刻：勇气是骑自行车不装辅助轮，是留下一根棒棒糖明天享用，是向陌生人问好……这本书有很强的实际教育意义，教孩子勇敢面对各种情况。

授课教师：郝丽萍

# 人与他人

### 一、影片介绍

影片名称：《司马光砸缸》。

片长：8分钟。

上映时间：2015年。

上映地点：中国。

内容简介：《司马光砸缸》取材于家喻户晓的真实历史故事，用水墨画的艺术形式讲述了宋朝名臣司马光7岁时用大石砸缸救人的故事。水墨动画是中国动画的重要组成部分。影片用水墨画的形式将角色特点和场景展现得淋漓尽致。年幼的司马光和小伙伴在花园里玩耍，院子里有一口大水缸，有个小孩爬到假山上，一不小心掉进了大水缸里。别的小孩一见出了事，吓得边哭边喊，跑到外面向大人求救。司马光却急中生智，从地上捡起一块大石头，使劲向水缸砸去，水缸破了个窟窿，缸里的水流了出来，水里的小孩得救了。司马光机智救人的故事让幼儿懂得在生活中遇到困难要冷静思考，不要退缩，果断、勇敢地想办法解决问题。

## 二、教育价值

感受水墨动画电影带来的美感，鲜艳的水墨色彩装饰生动地表现了人物角色的形态，激发了幼儿的视觉感受。角色的动作和表情在水墨画的渲染下，展现了司马光沉着冷静砸缸救人的精神品质，让幼儿懂得在遇到困难时要像司马光一样冷静、果断、勇敢地想办法解决困难。

## 三、活动设计

### （一）导入部分

师：小朋友，你们在生活中遇到过紧急情况吗？你是怎么做的？

生1：我遇到困难时，有时候会自己解决，有时候会找大人帮忙。

生2：我遇到困难的时候会请爸爸妈妈一起帮我解决。

师：司马光很聪明，遇到事情总能想到解决的办法，让我们来看看他是怎么做的吧！

### （二）完整欣赏影片

师：影片中，司马光沉着机智地救出了小伙伴，哪个故事情节给你留下了深刻的印象？

生1：影片中花园里有树、有花，小朋友在玩游戏。

生2：令我印象最深的是司马光非常勇敢地把缸砸坏，把小伙伴救了出来。

生3：令我印象最深的是小男孩掉进水里，有的小朋友都吓哭了。

### （三）分段欣赏并讨论影片内容

1. 片段一：小男孩玩耍时，一不小心掉进了大水缸里。

师：故事里的主人公是谁？发生了一件怎样的事情？小朋友是怎么掉进水缸里的？

生1：司马光和小伙伴在花园里玩耍。

生2：小男孩爬到假山上玩，一不小心掉进了水缸里。

师：故事中，小男孩爬到了山上，结果掉进了水缸里，你在生活中有没有做过危险的事情？你是怎么做的？

生2：有一次我在公园里玩耍，离水池太近了，妈妈告诉我这样很危险，很容易掉进水池里。我知道了这样做的危险性，再也不会这样做了。

○ 小结：小男孩跑到假山上玩耍，一不小心掉进了大水缸里。跑到假山上玩耍是个危险的行为，小朋友要保护好自己，危险的事情不能做。

2. 片段二：在小伙伴遇到危险后，大家惊慌失措。

师：看到同伴掉进水缸后，其他小朋友怎么想？怎么做的？

生1：有的小朋友在喊救命。

生2：有的小朋友吓得哭了起来。

师：如果你的同伴发生同样的事情，你会怎么做？

生3：我会跑去叫大人来或者赶紧想办法把同伴救出来。

○ 小结：小朋友发现有人掉进了水缸，惊慌失措，有的甚至都吓哭了。当小朋友遇到紧急情况或许会被吓哭，这是应激反应，是正常现象，不要因为这样而笑话别人。

3. 片段三：司马光临危不乱，机智救人。

师：司马光用什么方法救了他？你喜欢司马光吗？为什么？

生1：用石头把水缸砸坏，水就会流出来，掉在水缸里的小朋友就得救了。

生2：喜欢，因为司马光很聪明，他还喜欢帮助别人。

○ 小结：当同伴遇到危险时，司马光临危不乱，冷静地思考解决办法，小男孩也及时地被救了出来。我们遇到困难和危险时也不要害怕，一定要沉着、冷静，想办法解决。

**（四）分享总结**

师：如果我们在生活中遇到困难或者危险怎么办？

生1：想办法解决。

生2：面对解决不了的事情，我就会请爸爸妈妈或老师帮忙。

师：司马光身上有哪些值得你学习的地方？

生3：司马光非常聪明，遇到事情不慌张，而是想办法解决，我们要向他学习。

○ 教师总结：司马光聪明，有智慧。他年纪虽小，却能在危急时刻想出办法，把同伴从危险中解救出来。我们要向司马光学习，遇到问题冷静思考，不慌乱，努力想办法解决问题。

**（五）演一演**

师：当同伴遇到危险时，司马光临危不乱，冷静地思考解决办法，最后把小男孩及时救了出来。请你跟你的好朋友分角色试着表演"司马光砸缸"吧！

延伸部分：可以与爸爸妈妈分享影片内容，根据影片角色和情节进行绘本连环画制作。

## 四、相关影片推荐

影片名称：《冰河时代》。

导演：卡洛斯·沙尔丹哈、克里斯·韦奇。

片长：81分钟。

上映时间：2002年。

上映地点：美国。

○ **影片简介**

冰河时期降至，动物们都急着迁徙到温暖的地方。长毛象曼弗瑞德、树懒希德、剑齿虎迪亚戈为了帮助一个人类的婴儿回到父母身边，也加入了动物迁徙的队伍。三只性格迥异的动物，决定集合力量帮助婴儿。一路上，善良的曼弗瑞德总觉得迪亚戈心怀鬼胎，想吃掉婴儿。于是，它们互相猜疑，但一起经历了无数艰难险阻后，它们终于真诚相对……

> 推荐理由：《冰河世纪》围绕着三只冰河时期的史前动物展开故事。它们勇敢地面对沸腾的熔岩坑、暗藏的冰穴、严寒的天气、惊天的秘密，甚至是邪恶的阴谋。后来，它们之间建立的友情可以超越生死，感人至深。在这部电影里，展示的更多的是大家庭里团结、勇敢和爱的力量。在危险时刻，鼹鼠路易斯为了自己的好伙伴，冒着生命危险解救猛犸象桃子，这就是友谊的力量。桃子在看到妈妈被海盗抓起来的那一刻，用它的机智勇敢击败了嘟嘟船长。我又看到了亲情的魔力。猛犸象曼尼用爱的力量拯救了它们的大家庭。

## 五、相关绘本推荐

绘本名称：《一堆好朋友》。

作者：凯瑟提恩·舍尼。

● 绘本简介

小企鹅为什么总是那么忧伤？因为它不会飞。它做过各种努力和尝试，但还是飞不起来。看来，靠它自己是飞不起来的。幸运的是，小企鹅在动物园里有一堆好朋友。朋友们当然要帮忙了。小朋友，你也想帮助它吗？那你就旋转一下这本书吧！瞧，见证奇迹的时刻到了——有好朋友在，什么奇迹都会发生！

> 推荐理由：这是一个爱意满满的故事，这是一个追求梦想的故事。小企鹅即使再努力也不会飞，但它的好朋友不计较这些，仍然充满热忱地帮助它。通过绘本让幼儿知道这种真正的、朋友间的友谊可以让大家的力量凝结在一起，团结就是力量。

授课教师：庄向荣

# 人与社会

## 影片案例赏析一

### 一、影片介绍

影片名称：《咕咚来了》。
导演：胡雄华、沈祖慰。
片长：20分钟。
上映时间：1981年。
上映地点：中国。

> 内容简介：本影片是以寓言故事《咕咚来了》为蓝本创作的动画短片，赋予传统的寓言故事生动、活泼的元素，通俗易懂。清晨，森林里的小动物因为一声"咕咚"落荒而逃，而青蛙带领大家揭开了"咕咚"的真面目，原来是虚惊一场。这是一个教育故事，它告诉我们：以后遇到事情一定要调查清楚再行动，不要盲目地追寻别人，别人的做法不一定是对的；在学习和生活中遇到事情要学会多动脑筋，要提高自己的分析能力，培养独立判断的能力。

### 二、教育价值

寓言是智慧的花朵，它的花瓣是美丽的故事，它的花蜜是蕴含在故事中的道理。《咕咚来了》将寓言故事与影片相结合，用生动的形象和通俗易懂的对白，告诉幼儿一个道理：对于任何事情都要有自己的判断，不能人云亦云。《3～6岁儿童学习与发展指南》要求幼儿在与同伴交往的过程中，不仅要学习如何与人友好相处，还要学习如何看待自己、对待他人。影片中小动物寻找咕咚的经历就是幼儿不断发展适应社会生活能力的过程。

### 三、活动设计

**（一）导入部分**

师：小朋友，你们知道森林里都有哪些小动物吗？森林里有一个咕咚，你们猜猜咕咚是什么？

生1：森林里有大象、老虎、狮子、小兔子、袋鼠……

生2：咕咚是小动物的名字。

师：森林里的小动物都害怕它，让我们一起去看看咕咚是谁吧！

**（二）完整欣赏影片**

师：小朋友，影片我们看完了，你们知道咕咚是什么吗？小动物听到咕咚来了是什么反应？它们在喊什么？你能模仿出来吗？

生1：咕咚就是木瓜掉进水里的声音，小兔子胆子太小了，听到声音就吓得赶紧跑走了，其他小动物听到小兔子喊"咕咚来了"也跟着逃跑了。

**（三）分段欣赏并讨论影片内容**

1.片段一：小兔子被咕咚吓到了，赶紧逃跑。

师：早晨寂静的湖边发生了什么事情？小兔子们在干什么？它们听到咕咚的声音，是怎么做的？

生1：三只小兔子在湖边开心地玩耍，一个木瓜掉进了湖里，"咕咚"一声吓坏了小兔子。

生2：它们以为咕咚是一个大怪物，于是就赶紧逃跑了，一边跑一边喊："咕咚来了，咕咚来了。"

师：你能模仿一下小兔子被吓到之后是怎么做的吗？

生3：小兔子吓得赶紧跑，一边跑一边喊："咕咚来了！咕咚来了！"

● 小结：小兔子是第一个发现咕咚的，它没有确定发生了什么事情，以为咕咚是一个大怪物，就匆忙地告诉大家赶紧逃跑。

2.片段二：森林里的小动物听到消息都吓坏了，于是都跟着逃跑了。

师：森林里哪些小动物听说咕咚来了赶紧逃跑了？

生1：小狐狸在高兴地跳舞，小兔子对小狐狸说："快跑啊，快跑啊，咕咚来了。"小狐狸听到第三只小兔子说"咕咚是个大怪物"，就赶紧跟着兔子一起逃跑。

生2：小熊在呼呼睡大觉，小猴子在树上玩耍，一开始小猴子不相信，它又拉住小狐狸问发生什么事情了，小狐狸告诉它咕咚可怕的模样，它也害怕了，就拉上小熊一起逃跑了。

生3：大象在休息，听到小动物喊："快跑啊，咕咚来了，快跑啊，咕咚来了。"但是，它也不知道发生了什么事。

生4：小猴子告诉河马："咕咚来了，快跑啊！"河马也跟着逃跑了，它还大声呼唤其他小动物一起逃跑。

师：森林里有小熊、大象等这么多勇敢的小动物，但是为什么它们一听到其他小动物说"咕咚来了"就赶紧逃跑呢？如果你遇到这种情况，应该怎么做呢？

生5：因为它们都不知道咕咚到底是什么，所以特别害怕。

生6：如果我遇到这种情况，我会变身成为铠甲勇士，带领小动物一起找到咕咚，打败它。

● 小结：这么多小动物都没有弄清咕咚是什么就跟着一起逃跑，没有一个小动物想到去确认一下咕咚到底是什么。对这种自己没有遇到过的事情，我们都会有些担心，但是我们要相信人多力量大，遇到事情大家要一起想办法，不能总想着躲开。

3.片段三：最终谜底揭开，原来是虚惊一场。

师：最后是谁带领小动物找到了咕咚，它是怎么做的？

生1：小青蛙问其他小动物为什么要跑，它们都说咕咚来了，要赶紧跑，小青蛙大着胆子说，要一起看看咕咚是什么样子。

生2：它们有的说咕咚有三个脑袋六条腿，有的说有六个脑袋三条腿，谁都说不清咕咚是什么样子的。

生3：小青蛙带着小动物去河边找咕咚，当它们看到木瓜掉进水里发出"咕咚"一声时，明白了咕咚原来就是木瓜掉进水里的声音。

师：你喜欢影片中的哪个小动物？为什么？

生4：我喜欢小青蛙，因为它聪明，能找到咕咚是什么。

生5：我也喜欢小青蛙，因为小青蛙勇敢，它不怕咕咚。

● 小结：最后，小青蛙带着小动物寻找咕咚，得知咕咚原来就是一个木瓜掉进水里发出的声音。这个影片告诉我们遇到事情先要自己确认，再决定怎么做。

4. 片段四：游戏《悄悄话》。

游戏规则：十名小朋友站成一排，老师告诉第一名小朋友一句悄悄话，剩下的小朋友依次传递下去，最后一名小朋友需要将整句话完整复述出来。

师：小朋友，最后一名小朋友为什么没有传达准确呢？

生1：我听到了就传给下一个小朋友，我觉得我说的对啊！

生2：前面的小朋友告诉我们之后，我们应该再和他确认一下是不是对的，不应该着急传给下一个小朋友。

● 小结：幼儿通过亲身体验了解到同伴之间口耳相传的语言若不加以确认就传递下去肯定会不同，只有经过自己准确确认后才能传达正确。

（四）分享总结

师：看完今天的影片，小朋友知道了如果遇到不清楚的事情，我们可以直接告诉别人吗？我们应该怎么做？

生1：我们要确认清楚事情的经过后才能告诉别人，不然就有可能出错。

● 教师总结：这个影片告诉我们遇到事情要好好想一想，在没有弄清楚事情真相之前不要轻易下结论，要弄清楚事情真相之后再告诉别人。

（五）小剧场开演

师：一灰一白一黄三只小兔在湖边捉蝴蝶，忽然一只木瓜掉进湖里，发出一声"咕咚"。三只小兔子吓了一跳，急忙好奇地上前看个究竟。这时，又一声"咕咚"传来，它们被吓坏了，边跑边喊："咕咚来了，快逃呀！"一路上，它们遇上正在同小鸟跳舞的狐狸、睡觉的小熊和玩耍的猴子，大伙听到"咕咚来了"之后，都不问青红皂白跟着跑了起来，并逐渐把咕咚描述成为一种"三个脑袋、六条腿的怪物"。于是，越来越多的动物加入它们的逃跑队伍中。直到遇上青蛙，大伙才明白咕咚为何物。请小朋友们分组表演"咕咚来了"。

● 延伸活动：走进胆小国，每个人都有过胆怯的经历，尤其小朋友的胆子都不是很大，请小朋友和同伴们分享自己胆小的经历，以及克服心理障碍的方法。

四、相关影片推荐

影片名称：《曹冲称象》。

导演：刘蕙仪。

片长：16 分钟。

上映时间：1982 年。

上映地点：中国。

- 影片简介

印度国使者为曹操送来一头大象，正在花园独自玩的曹冲被家仆喊去看大象。众人被大象的憨态逗得哈哈大笑时，曹操问使者大象重量。使者想起礼单上有记载，但一时忘记将它放在了何处。曹操手下将士许褚等自告奋勇要称大象，均因不得法闹了大笑话。这时，曹冲说他有办法称大象，众人把疑惑的目光投向了他。

> 推荐理由：我们在学习生活中需要学习曹冲称象的这种创新精神。我们要学会突破思维定式，大胆质疑；要敢于提出问题，开动脑筋，进行独立思考；对同一问题要学会从不同角度思考，要崇尚科学，挑战未来。

### 五、相关绘本推荐

绘本名称：《花格子大象艾玛》。

作者：大卫·麦基。

- 绘本简介

世界上有没有花格子颜色的大象呢？艾玛和其他大象灰灰的颜色不一样，它是一只花格子颜色的大象。它喜欢讲笑话，有它在绝不冷场，它是大家的开心果。可是，它有一点小小的烦恼："为什么自己不是一般的大象？"有一天，它想了一个办法，让自己身上的颜色变得跟别人一模一样。可是，当它和别人一样时，结果会怎样呢？

> 推荐理由：故事的主角艾玛善于将自己的与众不同转换为它独特的幽默感，带给大家欢乐。在艾玛的身上，我们可以看见人性中的美丽与单纯，也能因此发觉自己潜在的真性情，从而获得支持！

授课教师：谷冉冉

## 影视案例赏析二

### 一、影片介绍

影片名称：《卖火柴的小女孩》。

导演：罗杰·阿勒斯。

片长：7 分。

上映时间：2006 年。

上映地点：美国。

> 内容简介：《卖火柴的小女孩》改编自丹麦作家安徒生的一篇著名的童话故事。影片中卖火柴的小女孩在富人合家欢乐、举杯共庆的大年夜冻死街头。小女孩临死前，嘴角带着微笑，擦燃火柴后看到的美好幻想与她饥寒交迫的现实生活形成了鲜明的对比。安徒生通过这个童话故事表达了对穷苦人民悲惨遭遇的深刻同情和对当时社会的不满，无情地揭示了资本主义社会的黑暗和罪恶。

### 二、教育价值

幼儿阶段是人的社会性发展的关键时期。影片中的小女孩生活非常艰苦，而现代的孩子们生活幸福快乐。通过影片可以让现在的孩子们感受小女孩的悲惨命运以及她对美好生活的向往和追求，激发孩子们的同情之心和怜悯之心。

### 三、活动设计

**（一）导入部分**

师：小朋友，你们有卖东西的经验吗？用什么方法卖出去的？

生1：我在幼儿园组织的跳蚤市场卖过玩具，小朋友都很喜欢我的玩具。

生2：我帮妈妈卖过水果，我会大声吆喝："快来买水果！"但买的人不多，我和妈妈都很伤心。

师：有一个小女孩家里特别穷，她帮妈妈卖火柴挣钱，但是有人买她的火柴吗？咱们一起去看看吧！

**（二）完整欣赏影片**

师：看完这部影片后，你有什么感受？小女孩擦燃火柴看到了什么？

生1：我觉得这个小女孩很可怜，没有新衣服，还得饿肚子。

生2：小女孩擦燃火柴看到了好吃的、暖炉，还有她最喜欢的奶奶，但是那些都是她想出来的，不是真的。

**（三）分段欣赏并讨论影片内容**

1. 片段一：小女孩卖火柴的场景让我们感受到她生活的贫苦。

师：这部影片讲述的是什么时候的事情？你是怎么看出来的？影片中的小女孩要去干什么？

生1：这是一个寒冷的冬天，天上还飘着雪花。小女孩穿着很单薄的衣服，她家里很穷，所以这么冷的天她还要去卖火柴赚钱养家。

生2：大街上的人们都着急回家过节，没有人买她的火柴，还对她很凶。小女孩真可怜。

师：小女孩的火柴一根也卖不出去，真着急啊！小朋友能帮她想想办法吗？

生3：我可以用我的零花钱买小女孩的火柴，让她可以回家和妈妈一起过节。

生4：我觉得小女孩可以用火柴和别人交换食物……

◆ 小结：虽然是寒冷的冬天，虽然是圣诞夜，但是小女孩因为家庭贫穷，只好去卖火柴赚钱。我们现在的生活很幸福，不用担心吃饭、穿衣。小朋友都很有爱心，帮助小女孩卖火柴。在我们身边也有需要帮助的人，我们要尽自己所能去帮助他人，做一个助人为乐的好孩子。

2. 片段二：小女孩在圣诞之夜悲惨地死去，没有人知道她在生前最后一刻看到的美好情景，她的内心充满了光明。

师：小女孩实在太冷了，所以擦燃了一根火柴，她看到了什么？心里在想什么？

生1：小女孩擦燃第一根火柴，看到了一个暖炉。她想，现在有个暖炉就好了，当她把手靠近取暖时，火柴却灭了，原来这只是幻想。

师：擦燃第二根火柴后，小女孩看到了什么？她想怎么做？

生2：她擦燃第二根火柴时，看到了许多好吃的食物。她太饿了，想要伸手取食物，但是火柴灭了，好吃的食物也没有了，小女孩很伤心。

师：小女孩擦燃了第三根火柴，发生了什么？

生3：当她擦燃第三根火柴时，她看到了慈祥的奶奶。她很想到奶奶的怀抱里，但是一伸出手，奶奶也消失了。

师：小女孩为什么要擦燃一把火柴？这次她看到了什么？

生4：小女孩害怕看不到奶奶，以为擦燃一把火柴，爱她的奶奶就会留下。

生5：她看到了奶奶，奶奶朝她伸出手，想要带她走。

师：如果你的身边有这样一位小女孩，你会怎样帮助她？

生6：买她的火柴，把自己好吃的、好玩的分享给她……

● 小结：小女孩虽然死了，但是她的嘴角带着微笑。她四次擦燃火柴后看到的美好幻想与饥寒交迫的现实生活形成了鲜明的对比。小女孩一直保持着一颗善良、纯洁的内心，没有因为残酷的现实而失去对美好生活的向往。

**（四）分享总结**

师：我们生活在一个幸福的时代，但是在我们身边也有需要关心和帮助的人，如山区的小朋友、老年人等，你会怎样帮助他们呢？

生1：我想用自己的压岁钱给山区的小朋友买好看的图书，让他们和我一样有书看。

生2：我把妈妈给我买的好吃的分享给山区的小朋友。

生3：我经常帮对门的爷爷拎水果，爷爷还夸我是好孩子呢！

● 教师总结：在我们身边有许多需要帮助的人，我们要尽自己所能帮助他们。也许我们一个小小的举动会帮他们解决一个大大的困难。在日常生活中，我们也要帮助自己的家人做一些事情，如帮妈妈择菜、帮爸爸擦地等。

**（五）创编结局**

师：影片中的小女孩太可怜了，如果小女孩生活在当今社会，我相信一定会有人买她的火柴，也会有好心人帮助她，小女孩一定会过上快乐幸福的生活。小朋友，开动你们聪明的小脑袋，给小女孩创编一个不一样的结局吧！

延伸活动：和爸爸妈妈参加一次爱心募捐活动，或给山区的小朋友送温暖，感受帮助他人的快乐，也可帮助爸爸妈妈做一些力所能及的事情。

**四、相关影片推荐**

影片名称：《丑小鸭》。

导演：David Elvin、Martin Gates。

片长：81分钟。

上映时间：1997年。

上映地点：英国。

● 影片简介

《丑小鸭》这部影片改编自丹麦作家安徒生创作的同名童话。一枚天鹅蛋被母鸭孵出后，因为长相与众不同而被大家当成丑小鸭。它从蛋壳里爬出来后便到处挨打，被排挤，被讥笑。过了一个冬天，当它看到美丽的天鹅展翅从寒冷的地带飞向不结冰的湖面时，丑小鸭不禁感到有一种说不出的兴奋。

推荐理由：该影片说明只要有理想，有追求，并为自己的目标而努力奋斗，即使身处逆境也不要紧，"是金子总会发光的"。人生中的挫折和痛苦是不可避免的，只能坚强地面对。同时，"丑小鸭"也比喻不被关注的小孩子或年轻人，有时也指刚刚出现、不为人注意的事物。

### 五、相关绘本推荐

绘本名称：《小企鹅的帽子》。

作者：本下泉美。

● 绘本简介

一只爱美的小企鹅对着镜子戴上心爱的帽子出门，正开心地走着，突然吹来一阵风，把帽子吹走了，小企鹅赶紧追赶。旁边的小兔子正在啃胡萝卜，看到后赶紧把胡萝卜扔了，帮忙去追赶帽子。帽子被风吹到树上了，这时旁边玩耍的松鼠看到后，不假思索地"嗖嗖"爬上树去拿帽子。没想到帽子又滑落到河里了，正在河里聊天的鸭子赶紧划水去追帽子。在大家的加油声中鸭子追上了帽子，叼在嘴里，"呼哧呼哧"地游上岸，交还给小企鹅。小企鹅又可以戴上漂亮的帽子啦，急忙给大伙道谢。

推荐理由：看似一个平常的小故事，却可以温暖心底，给人满满的正能量。小企鹅遇到困难，还没有来得及开口，看到的小动物们都毫不犹豫地伸出援助之手，用自己小小的力量帮助小企鹅。小企鹅收获了大家的关爱和帮助，心里一定又幸福又感动。《小企鹅的帽子》不同于《卖火柴的小女孩》，让我们感受到的是赠人玫瑰手留余香的幸福感。成长其实就是不断收获这种为他人而行动的力量以及不计回报快乐助人的信念。

授课教师：谷冉冉

## 影视案例赏析三

### 一、影片介绍

影片名称：《抬驴》。

导演：王柏荣。

片长：17分钟。

上映时间：1981年。

上映地点：中国。

内容简介：该动画片为纸偶动画片，故事改编自一则寓言。影片中的老汉和孙子牵着一头驴去赶集，一路上就骑驴与否、怎样骑等问题产生了诸多困惑，也闹了不少笑话。剪纸动画片是在借鉴剪纸和皮影戏等传统艺术的基础上发展起来的一种动画形式，它吸收了皮影戏的线条、图案、色彩，又充分发挥了剪纸的镂刻技巧，使人物形象具备了新颖的立体透视感。

## 二、教育价值

每个人看问题的角度不同,所认为的对错也会有所不同,所以我们在看待问题时要学会综合考虑,对自己认为对的事情要坚持己见。影片采用了河北蔚县剪纸艺术风格,色彩饱满,冷暖对比强烈,给人极强的视觉冲击,让幼儿直观地感受到中国传统剪纸艺术的博大精深。

## 三、活动设计

### (一)导入部分

师:小朋友,还记得《小毛驴》这首歌曲吗?

生1:我有一只小毛驴,我从来也不骑……

师:今天这只可爱的小毛驴要陪一位爷爷和他的孙子去赶集,两人一驴会发生什么事情呢?让我们一起去看看吧!

### (二)完整欣赏影片

师:看完这部影片后,你知道爷爷、孙子和驴子碰到了谁吗?他们说了什么?爷爷、孙子、驴子是怎样做的?如果是你,你会怎么做?

生1:他们两个在赶集的路上遇到了骑驴人、读书人、老奶奶等,这些人都提出了自己的意见。爷爷和孙子没有自己的主见,总是听从别人的意见。

### (三)分段欣赏并讨论影片内容

1. 片段一:爷爷和孙子去赶集的路上,因骑驴的方式被旁人指责,便丢失了自己的主见。

师:影片中,爷爷、孙子和驴要去哪里?他们遇见了谁?别人是怎么说的?爷爷是怎么做的?

生1:他们想去赶集,爷爷、孙子和驴一起走着去。

生2:一个骑驴的人笑话他们说,有驴不骑真傻。爷爷觉得他说得有道理,就让孙子骑驴。

生3:骑驴的人说完之后,爷爷让孙子骑驴,自己在后面跟着走,累得爷爷气喘吁吁。

生4:他们遇见了一个读书人。读书人说,驴子应该让爷爷骑!爷爷让孙子在后面跟着,自己骑着驴子在前面走。

生5:有一位老奶奶说要爱护幼小,所以爷孙俩一起骑驴走,他们觉得这样做是正确的。

师:小朋友,仔细观察一下驴子的动作和表情,说一说驴子是怎么想的?

生6:小毛驴不喜欢被人骑,也不想跟着去赶集。

生7:小毛驴很调皮,和爷爷、孙子做游戏,他们追上自己才让骑。

○ 小结:一路上爷孙俩没有自己的主见,总是被旁人的意见左右。我们遇到事情时要自己拿主意,但对于旁人的意见也要加以考虑。

2. 片段二:快到集市的时候,爷孙俩抬着驴子走,引来旁人的嘲笑。

师:这次爷孙俩又遇见了谁?他是怎么说的?爷孙俩是怎么做的?当爷孙俩抬着驴到了集市,集市上的人又说了什么?

生1:他们遇到了庄稼人。庄稼人心疼驴子,不让他们骑驴。爷爷和孙子就抬着驴子走。

生2:集市上的人说他俩有驴不骑有点傻,爷爷和孙子也不知道该怎么办了。

师:如果你是爷爷,你会怎么做?

生3:如果我是爷爷,我会坚持自己的做法。

○ 小结:我们遇到事情要先想清楚再去做,不要人云亦云,让别人的思想左右自己的行为。

3. 片段三:和幼儿一起分析剪纸艺术的特点,感受剪纸艺术和民俗文化。

师:影片采用了中国传统的剪纸艺术,你们还知道哪些剪纸呢?小朋友知道怎么剪纸吗?

生1：过年的时候，妈妈往窗户上贴的窗花也是剪纸。
生2：我会剪雪花和跳舞的小女孩。
生3：我剪雪花的时候会把纸先折一下，然后画上一半雪花的图案，最后用剪刀把它剪下来，就可以了。

● 小结：中国传统剪纸艺术博大精深，是一种通过剪、抠、刻等镂刻技巧展示的艺术形式。影片将剪纸艺术和皮影相融合，让我们更直观地感受到了影片所带来的视觉美感。

**（四）分享总结**

师：如果你是影片中的爷爷，你会听了他人的意见和建议就按照他们的说法去做吗？在日常生活中会因为其他人的意见就改变自己的想法吗？

生1：我会坚持自己的意见，别人的意见我会想一想。如果他们说的有道理我会听，如果他们说的没有道理，我会坚持自己的想法。

● 教师总结：《抬驴》这个影片我们欣赏完了，影片中的爷孙俩从一开始和驴一起走到最后抬着驴走，这些改变都是因为听了别人的意见。小朋友要坚定自己的想法和做法，不能像影片中的爷孙俩一样，别人说什么，也不仔细想，就改变了自己的做法。

**（五）小手动起来**

师：河北蔚县剪纸艺术完美地诠释了影片中的角色特点，让我们也做一个小小剪纸艺术家吧，拿起你的小剪刀"咔嚓咔嚓"剪出你的小世界吧！

延伸活动：和爸爸妈妈一起玩剪纸游戏，并用剪好的纸偶表演影片内容，相信小朋友一定表演得很好哦！

**四、相关影片推荐**

影片名称：《学走路》。

导演：波里维·多尼科维奇·波尔多。

片长：8分6秒。

上映时间：1978年。

上映地点：南斯拉夫。

● 影片简介

《学走路》是1978年萨格勒布学派创始人之一德夫尼科维奇·波尔多导演的动画短片，短片采用有限动画的方法，讲述了一个小孩在路上行走过程中，四个路人都强制他学习自己的走路方式，但是他最终仍旧坚持自我的故事。

> 推荐理由：每个人都有自己的学习和生活方式，我们不能要求别人按照我们的意思生活和学习。同样，我们也不用按照别人的意思生活和学习。我们心底要有一份自己坚持的东西。

**五、相关绘本推荐**

绘本名称：《大个子叔叔的野兽岛》。

作者：白冰。

● 绘本简介

大个子叔叔有一个美丽的梦想,他买了一座美丽的小岛,想在岛上种植许多美丽的东西。为了尽快除掉荒草,他把兔子引到了岛上。可是,事与愿违,兔子并没有给他带来好运,他又不得不依次引进了黄鼠狼、大灰狼、大老虎。结果,问题越解决越多。

> **推荐理由**:这是一个将儿童心理与科学性、哲理性主题结合的天衣无缝的故事。大个子叔叔个子大、力气大,可是凡事总爱听别人的主意,让别人替自己做主,以为这样可以省心省力地做成事情,结果适得其反。他梦想中的花岛、果岛、米岛变成了野兽岛,他所信任和依赖的野兽把他逼上了绝路。这里蕴含了深刻的生活哲理和生存智慧。

授课教师:谷冉冉

## 影视案例赏析四

### 一、影片介绍

影片名称:《我奇怪的爷爷》。
导演:Dina Velikovskaya。
片长:9分钟。
上映时间:2011年。
上映地点:俄罗斯。

> **内容简介**:这是一部温情满满的定格动画短片,由俄罗斯动画大师Dina Velikovskaya编剧执导。影片中的爷爷为了给孙女一个特殊的礼物,收集着"垃圾",却被孙女误会。影片中的飓风能毁掉机器,却毁不掉音乐和亲情。垃圾海滩相依为命的爷孙俩,用爱相依为伴。

### 二、教育价值

《3~6岁儿童学习与发展指南》指出:"让幼儿在积极健康的人际关系中建立安全感和信任感,发展自信和自尊,在良好的社会环境及文化的熏陶中学会遵守规则。"其实,人与人之间最可贵的是真情,这部影片展现的是爷爷对孙女浓浓的亲情。孩子的世界是简单的,是天真无邪的,只有自己亲身经历后才能有所感触。我们要引导孩子感受亲情,学会感恩!

### 三、活动设计

(一)导入部分

师:小朋友,你们的爷爷是做什么工作的?你喜欢他吗?
生1:我爷爷是医生,我特别喜欢我的爷爷,因为他会给我买许多许多好吃的、好玩的。
生2:我的爷爷是老师,我很爱我的爷爷,他每天给我讲故事,陪我做游戏。
师:你们的爷爷可真爱你们啊!影片中的小女孩也有一位爱她的爷爷,他还是一个超级棒的魔术师。咱们一起去看看这个爷爷是怎样变魔术的吧!

**(二)完整欣赏影片**

师:小朋友,你喜欢这位爷爷吗?你觉得他捡垃圾丢人吗?哪位小朋友可以给大家讲一讲自己爷爷的故事?

生1:我喜欢影片中的爷爷,我觉得他特别厉害,会制作好玩的玩具。我的爷爷也很棒,他会做糖人,每次我去爷爷家的时候都能吃到各种造型的糖人,有大公鸡的、小老鼠的、大老虎的。

**(三)分段欣赏并讨论影片内容**

1. 片段一:影片中小女孩在和同伴玩耍,却看到爷爷在垃圾堆里寻找着什么,小伙伴都嘲笑小女孩,小女孩既生气又伤心。

师:影片中的爷爷在干什么?他为什么这么做?其他小朋友是怎样看待这位爷爷的?小女孩又是怎么想的?

生1:小女孩和小伙伴在沙滩踢球,一不小心把球踢到了垃圾堆里,正好看到爷爷在垃圾堆里找着什么,小伙伴看到了嘲笑她,小女孩看到后很生气。可是她不知道爷爷想找东西给她制作礼物。

生2:小伙伴都觉得爷爷捡垃圾很丢人,而且笑话他,小女孩觉得爷爷很丢人,她很伤心。但是,我觉得爷爷是爱她的。

师:如果你是爷爷,你会因为小孙女的误解而生气了吗?

生3:如果我是爷爷,我不会生气,因为我很爱小女孩。

生4:如果我是爷爷,我会和小女孩解释清楚为什么要这么做,我不会因为她误解我而生气的。

● 小结:爷爷很爱他的孙女,总想亲手为她制作一个礼物,可是小女孩觉得爷爷在垃圾堆里找东西很丢人,不理解爷爷为什么这么做。爷爷并没有因为孙女的误解而生气,而是继续准备着礼物。

2. 片段二:爷爷用废旧物品给孙女制作了一个音乐制造机,祖孙俩的误会解除。

师:爷爷在垃圾堆里寻找什么?他用捡来的垃圾制作了什么?小女孩喜欢这个礼物吗?她是怎么想的?

生1:爷爷用这些东西偷偷地制作了一个会随着音乐跳舞的机器人,想给小女孩一个惊喜。

生2:小女孩十分喜欢这个礼物,她觉得自己以前错怪爷爷了,想和爷爷道歉。

师:这部影片中没有对话,你能用动作代替小女孩表达对爷爷的爱吗?

生3:我想抱抱爷爷,让爷爷知道我爱他。

生4:我想给爷爷比个小爱心,让他知道我心里有他。

生5:我想亲亲爷爷,告诉他我爱他……

● 小结:小女孩收到爷爷送的礼物时,明白了爷爷的良苦用心,虽然她没有对爷爷说:"对不起,我爱你",但是爷爷看到小女孩脸上的笑容时很高兴。有的时候我们不需要用语言表达自己的情感,一个笑容、一个动作、一个眼神……都可以表现出来。

3. 片段三:暴风雨过后,音乐制造机没有了,但是祖孙俩收获了甜蜜的亲情。

师:暴风雨过后,海边的沙滩上有什么变化?爷爷在干什么,小孙女在干什么?他们是什么样的心情?爷爷和小女孩坐在海边,吹着海风,他们在想什么?在说什么?

生1:暴风雨过后,沙滩上到处都是音乐制造机的零件,还有垃圾,小女孩的音乐制造机没有了,她很难过。

生2:爷爷在沙滩上走着,想要找回丢失的零件,小孙女也来帮忙,他们很伤心。

生3:我觉得小女孩会对爷爷说:"谢谢爷爷,我爱你!"我也爱我的爷爷。

师:你的爷爷是一个什么样的人呢?

生4：我的爷爷是一个善良的人，他每天都会给小区里的流浪猫喂东西吃。

○ 小结：暴风雨过后，虽然礼物没了，小女孩和爷爷很伤心，但是他们把瓶子和风车插在海边的沙子里，风吹过的时候就会有美妙的音乐响起。小女孩和爷爷一起坐在沙滩上听着美妙的音乐，收获了温暖的亲情。

### （四）分享总结

师：影片中没有一句对白，但是从主人公的表情、动作、行为中感受到了浓浓的亲情，我们要将爱大声说出来，从现在开始我们应该怎样做呢？

生1：我的爷爷特别爱我，我也爱他，我回家要给爷爷一个大大的拥抱……

生2：我要给爷爷写一封信，告诉他我非常非常爱他……

生3：我要给我的爷爷洗洗脚、捶捶背，给他一个甜蜜的吻……

○ 教师总结：这部温情满满的定格动画短片向我们展示了爷爷对孙女的爱。尽管小孙女一开始对爷爷有误会，她觉得爷爷很丢人，不喜欢爷爷，但是她看到爷爷辛辛苦苦给她制作的礼物时明白了爷爷对她的爱。暖暖的亲情是我们每个人所需要的，但是理解和支持是爱的前提。

### （五）画一画

师：在你的心中，你的爷爷是一个怎样的人呢？拿起你的小画笔给爷爷画一张画像吧，并对爷爷说一句心里话，表达对爷爷的爱！

延伸活动：回家以后对自己的爷爷说一句暖心的话，抱一抱自己的爷爷，请爷爷讲讲他小时候的故事。

## 四、相关影片推荐

**影片名称**：《海蒂和爷爷》。

**导演**：阿兰·葛斯彭纳。

**片长**：111分钟。

**上映时间**：2015年。

**上映地点**：德国。

● 影片简介

作为儿童题材类影片，它纯粹提供真善美，影片中没有一个所谓的坏人，所有人都带有一颗善意的心。它歌颂思想自由，鼓励孩子贴近大自然，并告诉他们只要有一颗热忱的心，就没有创造不了的奇迹。海蒂很小就失去了父母，无依无靠，所幸得到了姨妈的收留。然而，这份照顾并不持久。最终，海蒂来到了阿尔卑斯山，投奔住在那里的爷爷，一老一少两人相依为命。

> 推荐理由：祖孙挚爱是天性使然，影片故事完整，细节充实，人物感情真挚，人物关系转变合情合理，在细节的推动下，故事进展合理。观影者把自己的感情深切地投入影片中，从那些最简朴的细节中体会被遗忘、被忽视的纯朴与真情。

## 五、相关绘本推荐

**绘本名称**：《爷爷一定有办法》。

**作者**：菲比·吉尔曼。

● 绘本简介

《爷爷一定有办法》描述了一个充满智慧、爱孙子的老爷爷，用巧思把孙子心爱的破毯子变成外套、背心、领带、手帕、纽扣的故事。它原本是一个流传已久的民间故事，作者用重复而富有节奏的文字重述，既温馨又朗朗上口。图画则细腻地描绘出充满浓厚人情味的小镇和约瑟的家庭，其中人们丰富的表情、家具、物品都非常生动、传神。画面下方的老鼠家庭更带来额外的阅读乐趣。

> 推荐理由：这个图文并茂的故事适于童年期的孩子们阅读，也适于已成年的大人阅读。阅读这个故事，自己仿佛置身于那个久远的小镇，孩子们从小约瑟身上看到了调皮可爱的自己，大人则从中感受到童年的乐趣与遥远的回忆。如果一家人在晚饭后，坐在灯下，一起捧这本书来一个亲子阅读，那一定是一件幸福无比的事！

授课教师：谷冉冉

# 人与自然

## 影视案例赏析一

### 一、影片介绍

影片名称：《雪孩子》。
导演：林文肖。
片长：20分钟。
上映时间：1980年。
上映地点：中国。

> 内容简介：《雪孩子》是由上海美术电影制片厂导演林文肖在1980年执导的一部国产动画，篇幅不长，画风可爱，音乐也非常优美动听，剧情又温暖又感人。该片获得了文化部优秀影片奖，成了一部国产经典动画。在影片中，冬天的白兔妈妈准备出门找萝卜，小白兔也要跟着去，兔妈妈堆了一个雪孩子陪它玩。当小白兔睡觉时，火烧着了小白兔的房子，雪孩子为救小白兔，奋不顾身地冲进了房子抢救小白兔。这部作品充满了幻想与梦幻，讲述了友情与勇气以及舍身救人的故事，歌颂了勇敢的精神，让人不由从心里去接受和赞美无私的大义与纯洁。

### 二、教育价值

良好的人际关系和社会适应能力对幼儿身心健康发展以及知识与能力的获得具有重要影响。影片中雪孩子舍己救人的行为让幼儿明白同伴之间要互帮互助，培养幼儿乐于关爱他人、帮助他人的美好情感。结合自然现象说明了雪遇热融化蒸发形成云这一科学道理，在趣味性活动中使幼儿获得真实的情感体验。

三、活动设计
（一）导入部分
师：冬天到了，下雪了，我们可以玩什么游戏呢？
生1：我们在雪地里可以打雪仗、滑雪。
生2：我以前和妈妈一起堆过雪人，用胡萝卜做鼻子、水桶做帽子、辣椒做嘴巴。

● 小结：今天给大家带来一个雪孩子的故事，影片中雪孩子和妈妈一起堆雪人，我们一起看看发生了什么事情吧！

（二）完整欣赏影片
师：影片故事中都有谁？影片讲述了什么故事？
生1：故事中有小兔子、兔妈妈和雪人。
生2：影片主要讲述了雪孩子奋不顾身从火中救出小白兔，自己却融化成水，经过太阳一晒，又变成天上一朵朵美丽的白云，最后雪孩子变成了水。
师：当发生火灾时，雪孩子是怎么做的？假如你是雪孩子，你有其他更好的办法救小白兔吗？
生3：雪孩子发现火的时候立刻去救小白兔，把它抱了起来。
生4：如果我是雪孩子，可以寻找身边的人帮忙。
生5：如果我是雪孩子，我想把自己变成水，把火浇灭。

（三）分段欣赏并讨论影片内容
1. 片段一：兔妈妈和兔宝宝一起堆雪人，感受小白兔对雪孩子的喜爱之情。
师：兔妈妈为了不使小白兔感到孤独想了一个什么好办法？想象一下，兔宝宝会跟雪人说些什么呢？
生1：兔妈妈想到了要给兔宝宝堆一个雪人，就像好朋友一样可以陪着它玩，这样它就不会孤单了。
生2：一会儿妈妈就要走了，只剩咱们俩了，我好想跟妈妈一起去啊。
生3：要不这样吧！我给你打扮一下，穿上漂亮的衣服，戴上可爱的帽子。

● 小结：通过兔宝宝跟雪人的对话可以发现兔宝宝非常想让妈妈留下来陪它。不过，有了雪孩子的陪伴，它就不会孤单了。

2. 片段二：雪孩子不顾危险，冲进房子营救小白兔。
师：天气很冷，兔宝宝就生起了火。后来，发生了一件什么事情呢？你认为这时雪孩子的心情会怎样？
生1：在兔宝宝睡觉时，火烧着了房子，雪孩子为了救小白兔，奋不顾身地冲进了房子快速地把小白兔救了出来。
生2：在外面的雪孩子肯定非常着急，迫不及待地冲进去救小白兔。

● 小结：当火烧着了房子的时候，雪孩子想到了在屋子里的小白兔正在睡觉，它非常着急想要救出小白兔。从中感知故事中的雪孩子可爱、善良、勇敢、乐于助人、舍己救人的精神。

3. 片段三：小兔获救了，雪孩子却变成水消失了。
师：最后雪孩子怎样了？你知道雪是怎样变成云的吗？
生1：雪孩子融化成水，最后变成了一朵白云。
生2：雪慢慢融化了，就会变成水，水蒸发到天空中变成了白云。
生3：地面上的水跑到了天上，形成了云。
师：我们观察一下冰块，用手摸摸有什么感觉？一段时间以后，观察冰块有没有融化？
生3：摸上去凉凉的、冰冰的。

生4：冰块慢慢地融化成了水，水蒸发形成白云。

● 小结：冰块是在温度低的情况下形成的。把冰块放在温度高的环境下，冰块就会慢慢融化变成水。故事中的雪从天空降落到地面上，温度变高后就会变成水。

（四）分享总结

师：如果你是雪孩子，你会怎么做？当雪孩子发生危险时，小白兔会去救它吗？为什么？

生1：我会像雪孩子一样去救小白兔。

生2：我觉得小白兔肯定会去救雪孩子，因为它们是好朋友。

● 教师总结：好朋友应在有困难的时候相互帮助。在生活中，我们要学习雪孩子舍身救人的品质。

（五）续编故事

师：小白兔被雪孩子救了，最后雪孩子化为了水，小白兔会为雪孩子做些什么，说些什么呢？让我们一起来续编故事吧！

生1：小白兔非常伤心，雪孩子不见了。为了把回忆记录下来，小白兔把自己的真实感受写在了笔记本上，每当翻开的时候总会忍不住流泪。

生2：把雪孩子的水收集起来，保存好。为了纪念它，每天都会跑到它那里说一说自己的心里话。

延伸部分：在科学区投放多种材料，引导幼儿探索冰融化成水的科学实验，进一步理解雪遇热融化，蒸发形成白云的科学原理。

## 四、相关影片推荐

**影片名称**：《拔萝卜》。

导演：钱家骏。

片长：10分钟。

上映时间：1957年。

上映地点：中国。

● 影片简介

小白兔在地里找到一个大萝卜，用尽全身力气也拔不出来。这时，小猴来了，小白兔请它一起帮助拔，可还是拔不动。小猴又从草丛里把正在睡懒觉的小猪喊醒，叫它一起拔。小猪没有睡醒，拔着拔着又睡着了。它们正在发愁时，走来一只身材魁梧的小熊。它高傲自大，自以为力气大，把小兔、小猴、小猪一起赶开，独自去拔萝卜，想炫耀一番。结果萝卜没有拔出，自己却摔得瘫在地上，幸亏小猴帮它，才喘过气来。小熊接受了教训，和大家一起齐心合力拔萝卜。最后，连小小的蜗牛也赶来参与拔萝卜。它们终于把大萝卜拔了出来。

> 推荐理由：这个故事告诉我们好朋友之间应互帮互助以及人多力量大的道理，这些正是小朋友们需要学习的品质。

## 五、相关绘本推荐

绘本名称：《百鸟朝凤》。

作者：萧袤。

● 绘本简介

一天，一只只鸟儿陆续向南飞去。它们要去干什么呀？它们要去看凤凰。凤凰住在高高的梧桐树上，梧桐树长在高高的山岗上。去那山岗需要越过九十九座山，可是鸟儿们毫不畏惧，一个接一个，衔着自己最美丽的那根羽毛，一路向南……它们为什么要这样做呀？原来，善良的凤凰不但在灾荒之年拿出自己多年积攒的食物和同伴共渡难关，还冲入大火救助受困的鸟儿。被感动的鸟儿们从四面八方赶来，它们要为在大火中失去羽毛的凤凰做一件最美的羽衣。

推荐理由：《百鸟朝凤》这套绘本中的每一处情节都能潜移默化地将优秀的传统美德汩汩输入孩子的心田，相信在将来的某一天、某一个时刻，孩子会因其而受益！

授课教师：郭欣

## 影视案例赏析二

### 一、影片介绍

影片名称：《老鼠嫁女》

导演：王柏荣。

片长：10 分钟。

上映时间：1983 年。

上映地点：中国。

内容简介：《老鼠嫁女》是一部剪纸电影。剪纸艺术将表现对象进行夸张与抽象概括，在角色造型上起了非常重要的作用。故事中的主要角色是老鼠一家：鼠爸爸、鼠妈妈、鼠女儿。由于性别、年龄等特征的区别，影片在刻画它们时通过身上不同的装饰图案与色彩加以区别。很久以前，有一对老鼠夫妻，它们的年纪都已经很大了，而它们的女儿也到了谈婚论嫁的年龄。鼠爸爸和鼠妈妈急着要为女儿找一位世界上最强壮的丈夫。于是，鼠爸爸便走出家门，开始为女儿寻找如意郎君，去找"最伟大的人"。它先后找过了太阳、云、风、墙……通过老鼠爸爸为女儿寻找丈夫的过程，幼儿懂得了每个人都有优点和缺点，懂得了正确认识自己的长处与不足，取人之长补已之短。

### 二、教育价值

影片中的老鼠爸爸要把女儿嫁给世界上最强壮的新郎，依次找了太阳、乌云、大风、围墙和猫。最后它认为猫最神气，就把女儿嫁给了猫，结果猫把老鼠的女儿吃掉了。这个影片让幼儿懂得了每个人都有优点和缺点，要正确认识自己的长处与不足，取人之长补己之短。

### 三、活动设计

**（一）导入部分**

师：今天老师给小朋友带来一个谜语：尖嘴尖牙齿，留着小胡子，白天洞里躲，夜晚出来忙。猜一猜这是什么？

生1：是老鼠。

师：这只老鼠有一个愿望，让我们一起来看看它的愿望能不能实现吧！

**（二）完整欣赏影片**

师：剪纸动画电影和我们平时看到的电影有什么区别？影片中哪个故事情节给你的印象最深刻？

生1：这部电影用的都是剪纸，感觉很漂亮，特别有趣。

生2：当大花猫要吃掉老鼠的时候，我听到音乐变得快了，感觉很紧张很害怕。

师：《老鼠嫁女》将剪纸艺术与民间音乐和谐地融合在一起，影片中的角色都是用剪纸的方式呈现的，剪纸艺术使影片中的主人公形象更加夸张。影片中有音乐的渲染，让我们伴随着音乐的起伏和情节的展开渐渐进入动画故事。在老鼠被大花猫吃掉的情节里，紧张的音乐节奏使我们身临其境，好像就发生在我们身边。

**（三）分段欣赏并讨论影片内容**

1. 片段一：老鼠爸爸要嫁女儿。

师：故事里的主人公是谁？发生了什么样的事情？

生1：鼠爸爸要嫁女儿了，想给鼠女儿找一个世界上最强的新郎。

师：影片中的画面和我们平时看到的动画画面有什么不一样？

生2：影片中的插图都是用剪纸剪出来的。

○ 小结：老鼠要嫁女儿，谁最强壮就把女儿嫁给谁。这说明鼠爸爸十分疼爱女儿，像小朋友的爸爸妈妈一样什么事情都要为我们考虑好。影片用剪纸的形式呈现使故事情节更加生动有趣。

2. 片段二：鼠爸爸想把女儿嫁给太阳。

师：为什么老鼠爸爸最想让女儿嫁给太阳？太阳在我们生活中有什么厉害的本领？

生1：有太阳的照射，植物会长高。

生2：太阳散发光芒，把湿的衣服晒干。

○ 小结：太阳照到哪里，哪里就有光明和温暖，这是太阳的本领。

3. 片段三：老鼠爸爸想把女儿嫁给乌云。

师：为什么老鼠爸爸没有把女儿嫁给太阳？后来找了谁？它有什么本领？

生1：乌云能把太阳遮住，没有太阳，我们就看不到光明。

生2：乌云一出来就会有雷电，会下雨。

○ 小结：乌云能遮住太阳的光芒，老鼠想把女儿嫁给乌云。在乌云面前，太阳就显得不那么厉害了。

4. 片段四：老鼠爸爸想把女儿嫁给风。

师：为什么老鼠爸爸没有把女儿嫁给乌云？后来找了谁？它有什么本领？

生1：风一吹，乌云被吹走了。

生2：大风的力量很大，能把好多东西吹跑。

师：对于你来说，你觉得谁最厉害？为什么？

生2：我觉得医院的医生和护士最厉害，他们能帮助我们打败病毒，使我们健康生活。

○ 小结：风能把乌云吹散，老鼠想把女儿嫁给风。在风面前，乌云就显得不那么厉害了。

5. 片段五：老鼠爸爸想把女儿嫁给围墙。

师：为什么老鼠爸爸没有把女儿嫁给风？

生1：围墙能把风堵住。

● 小结：围墙能堵住风，老鼠想把女儿嫁给围墙。在围墙面前，风就显得不那么厉害了。

6. 片段六：老鼠比围墙厉害。

师：老鼠爸爸把女儿嫁给围墙了没有？为什么？

生1：老鼠爸爸想把女儿嫁给老鼠。

生2：老鼠会在围墙上打洞。

● 小结：老鼠能在围墙上打洞，老鼠想把女儿嫁给老鼠。在老鼠面前，围墙就不那么厉害了。

7. 片段七：老鼠嫁女，最后却被大花猫吃掉了。

师：鼠女儿找到世界上最强的新郎了吗？

生1：鼠爸爸认为猫是最强的新郎，就把鼠女儿嫁给了猫。

生2：猫把老鼠给吃掉了。

● 小结：意想不到的事情发生了，猫一口把老鼠吃进了肚子，老鼠爸爸后悔也没有用了。老鼠爸爸一直寻找最厉害的新郎，最后老鼠女儿却被大花猫吃掉了，老鼠爸爸只能自己承受这个严重的后果。

**（四）分享总结**

师：影片里老鼠在为女儿寻找丈夫的过程中总认为没有找到最强的，最后女儿却被大花猫吃掉了。看完影片后，你有什么感受呢？

生1：我觉得自己是最棒的。

生2：我有我的优点，我会画画，会弹琴。

● 教师总结：老鼠爸爸要把女儿嫁给世界上最强壮的新郎，有太阳、乌云、大风、围墙、老鼠和猫，最后它认为猫最神气，就把女儿嫁给了猫，结果女儿被吃掉了。每个人都有优点和缺点，我们要正确认识自己的长处与不足，取人之长补己之短，做事情要对自己负责，并考虑好后果。

**（五）创编故事结局，充分感受故事价值**

师：老鼠爸爸一直为老鼠女儿寻找最强壮的丈夫，最后老鼠女儿却被大花猫吃掉了，老鼠爸爸后悔也没有用了。如果鼠爸爸不把鼠女儿嫁给大花猫，鼠女儿嫁给谁最合适呢？故事又会发生什么样的改变呢？请你用绘画的形式展现出来并与同伴分享。

延伸部分：在美工区投放与影视相关的手工材料，鼓励幼儿动手操作，尝试制作剪纸作品《鼠》。

## 四、相关影片推荐

影片名称：《玩具总动员》。

导演：约翰·拉塞特。

片长：81分钟。

上映时间：1995年。

上映地点：美国。

● 影片简介

小主人家境富裕，拥有一屋的玩具。其中，他最爱的是牛仔玩偶胡迪，胡迪因此成为众玩具的"老大"。当小主人出门在外时，一屋的玩具自成世界，过着自己的生活。一天，小主人带回来一个新的玩意儿：太空战警巴斯光年。巴斯光年长相新奇，功能先进，令小主人爱不释手，威胁到了胡迪的地位。胡迪千方百计要赶走巴斯，一不小心两人一起掉到了窗外，邻居的恶狗在狂吠，邻居的小孩更是一个玩具虐待狂，胡迪与巴斯能不能化敌为友，消灾解难？

推荐理由：很佩服皮克斯动画工作室中的天才们，他们在塑造人物、表达观点的同时，总能讲述一个惊心动魄的故事。通过观看影片，幼儿知道玩具是我们的好朋友，我们要爱护它们，并让幼儿懂得，不管在什么时候，只要互相帮助，就能战胜困难。

## 五、相关绘本推荐

绘本名称：《失落的一角》。

作者：谢尔·希尔弗斯坦。

● 绘本简介

它缺了一角。它一边滚动一边唱歌，寻找它失落的一角。风吹日晒，跨过高山，越过海洋，穿过沼泽丛林，翻越大山，历尽千辛万苦。

它怎么都找不到它的那一角，不是人家不愿意，就是太大、太小、太方、太尖……

终于，它找到了与自己合适的角，它完整了，可是它却不能唱歌了。

于是，它和自己合适的角告别，继续寻找。

推荐理由：通过这个故事，可以让幼儿懂得每个人都不是完美无缺的，只要有希望、有追求，我们的生活就是快乐的。

授课教师：王丽卿

# 影视案例赏析三

## 一、影片介绍

影片名称：《神奇飞书》。

导演：威廉·乔伊斯。

片长：15分钟。

上映时间：2011年。

上映地点：美国。

内容简介：《神奇飞书》是由威廉·乔西执导的动画短片，曾在2012年获得第84届奥斯卡最佳动画短片奖。风和日丽的一天，莫里斯坐在阳台上阅读。突然，狂风大作把整个小镇"吹翻"了。他书中的字也被吹跑了，书变成了一本白纸，困惑的莫里斯开始寻找答案。这时，一位女孩牵着会飞的书出现了。在书的带领下，莫里斯发现了一个大房子，里面收藏着数不清的有"生命"的书。他成了大房子的"管理员"，在照顾书籍的同时，自己获得了"成长"。影片以拟人的方式表达了生命与书籍密不可分的关系。它告诉我们的道理很深刻，也很简单。

## 二、教育价值

阅读是一种传承，在没有书籍的世界里，即使物质再丰富，生活也会失去色彩。通过观看影片，让幼儿感知影片色彩的变化往往与人物的情绪有关，明白读书能让生活五彩斑斓。书是我们永远的好朋友，也是将知识和快乐传递给他人的一种方法。

### 三、活动设计

**（一）导入部分**

师：小朋友，你们喜欢看书吗？觉得哪本书最神奇呢？

生1：我喜欢看书，我看过最神奇的书是《恐龙时代》，里面有许多关于恐龙的知识。

生2：我也喜欢看书，我每天都看《乐高拼搭》，里面的图能让我学习搭建会动的车和飞机，我觉得很神奇。

师：那会飞的书大家见过吗？莫里斯先生就遇到了一本神奇飞书，会发生什么有趣的事呢？我们一起来看看吧！

**（二）完整欣赏影片**

师：刚才我们欣赏的影片名称是什么？影片中发生了什么事情？

生1：《神奇飞书》。

生2：一个小镇突然刮大风，莫里斯被吹到了另一个世界。他被一本书带到了图书馆，和书生活在一起。

生3：莫里斯变老后要离开图书馆，那些书都很难过。这时又有一个小女孩出现了，和书成了朋友。

**（三）分段欣赏并讨论影片内容**

1. 片段一：欣赏飓风前后影片色彩的变化，感受主人公情绪的波动。

师：平静的小镇发生了什么事？飓风前后，影片的色彩有什么变化？

生1：这个小镇突然刮起了大风，房屋都被吹倒了，莫里斯正在追他的书。

生2：刮大风之前，画面是彩色的。刮完风后，画面变成黑白了。

师：飓风前的黄色调和飓风后的黑白色调给你带来了什么感受？

生3：黄色调让我觉得很温暖，黑白色调让我觉得有点难过。

生4：黄色调让我想起妈妈给我讲故事的画面，黑白色调给我的感受是莫里斯的家被大风刮跑了，让我很想哭。

○ 小结：莫里斯先生坐在阳台看书，安静地享受美好生活，这时黄色调让一切都显得温馨平和。飓风过后，本来多彩的世界变得灰暗，单调的色彩带来迷茫和沉闷的感觉，让观众深刻地体会到了灾难带来的创伤。

2. 片段二：对比图书馆前后的色彩变化，莫里斯先生通过阅读又找回了曾经色彩斑斓的世界。

师：莫里斯来到图书馆之前和之后周围环境有什么变化？为什么会发生这种变化？

生1：当会飞的小女孩出现时，周围环境从黑白重新变成了彩色，先是天空，然后是莫里斯身后的环境，最后是身体。

生2：因为莫里斯来到了图书馆，和书成了好朋友，他就不再孤单了。

师：影片中导演用色彩表示主人公的心情，你用什么方式表示自己的情绪呢？

生3：我难过的时候会哭出来，遇到开心的事会跳舞和唱歌。

生4：我会大声地喊，表示非常生气。

○ 小结：在来到图书馆之前，处于迷茫状态下的莫里斯的情绪很低落，所以用单调的黑白表示。周围色彩的变化预示着在书的陪伴下，莫里斯的生活又将出现新的希望。这说明电影中色彩的变化往往与人物的情绪有关。

3. 片段三：莫里斯在图书馆与书相伴。

师：莫里斯在图书馆都做了些什么？借到书的居民与之前相比有什么不同？

生1：他照顾图书，给图书做饭、穿好看的衣服，把书借给小镇的居民看。他还经常坐在大树下看书、写书。

生2：老婆婆的身体变成了彩色，她和书手牵手走回家，互相陪伴。

生3：小男孩在打开书后笑了起来，身体也变成五颜六色的。

师：莫里斯为了救活老书，先后用了哪些方法？最终哪种方法成功了？

生4：他给书呼吸氧气，并且用胶带把书粘住。最后他认真看书，把书救活了。

师：你还有更好的方法救活老书吗？

生5：我还可以抱抱图书，用我的拥抱温暖它。

● 小结：影片中，很多地方都是黑白色调的，只有跟书相关的人和事物才会出现绚丽的色彩。当居民拿到图书后变成彩色，仿佛灾难带来的悲伤已经过去，美好生活要重新开始。通过这个简单的色彩对比，我们便可以看出书的神奇之处。最后莫里斯认真读书，让旧书充满生机。原来，书籍不在于被保存得多完整，而是让阅读者从它身上汲取知识，那么它的生命会变得更加轻盈生动。

4. 片段四：莫里斯在离开时遇到一位小姑娘。

师：最后进入这个神奇世界的小女孩是谁？

生1：这个小女孩可能是来参观图书馆的，她来借书。

生2：她还可能是图书馆的新管理员。

师：她会怎么做呢？

生3：她也会像莫里斯那样精心照顾这些书，并把书分享给更多的人。

生4：她还有可能建立更多新的图书馆。

● 小结：莫里斯渐渐老了，在他要离开图书馆时，图书无比悲伤。这时，一个小姑娘在飞书的引领下走进了图书馆，她可能是图书馆的新主人。我们相信她也会悉心照顾书籍，让它们的生命延续下去。

**（四）分享总结**

师：看完今天的影片，你觉得神奇飞书到底神奇在哪里？

生1：我觉得神奇在它不仅能飞起来，还能让我们学到很多有趣的知识。

生2：神奇飞书能让我们的生活更精彩。

师：如果你是最后出现的小女孩，你会对莫里斯说什么？

生3：莫里斯先生，请你放心，我会帮你继续照顾这些书。

生4：莫里斯先生，我会和这些书成为好朋友，好好保护它们，也会让更多的小朋友加入进来，一起阅读。

● 教师总结：没有书与知识的生活是乏味无趣的，而有书的生活是充满爱与光彩的，这就是书的神奇力量。这个影片告诉我们，每一本书里都有一个小生命，每次读书都是结交一个新的伙伴，它可以教给你很多知识。从现在开始，我们要认真读书，爱护图书，并且坚持下去。

**（五）画笔描绘心情**

影片中色彩的变化让人记忆深刻，让我们更能身临其境地感受主人公的情绪起伏。现在请小朋友动动小手，用不同的色彩画出你此刻的心情吧！

延伸部分：开展社会活动"我和图书做朋友"，让幼儿进一步感受读书的美好。并在图书区设置图书医院，放置修补图书的材料，如安全剪刀、胶带、双面胶、胶水、标签等，让幼儿自己动手保护书籍。

### 四、相关影片推荐

影片名称：《风雨哈佛路》。

导演：彼得·勒文。

片长：104分钟。

上映时间：2003年。

上映地点：比利时。

● 影片简介

主人公利兹出生在纽约的贫民窟，她在疾病、饥饿充斥的环境中度过童年。利兹流落街头时，母亲因感染疾病而死。长大后，她懂得只有读书才能改变命运。无处安身的利兹常在地铁站、走廊里学习、睡觉，她用2年的时间完成了4年的课程，并获得《纽约时报》一等奖学金，以优异的成绩进入哈佛大学。

> 推荐理由：本片通过讲述利兹的经历告诉我们读书不仅能让人进步、成长，还可以改变命运。利兹的命运虽然坎坷，但是她拥有坚强的意志，不论周围的环境有多恶劣，依然坚持与书为伴。这部电影有很好的教育作用，让孩子们懂得珍惜现在美好的环境，明白知识就是力量，在未来的日子里勤奋读书、热爱读书。

### 五、相关绘本推荐

绘本名称：《和爸爸一起读书》。

作者：查理德·乔根森。

● 绘本简介

小时候，每天晚上睡觉前，我和爸爸都会读一本书。有时候，我们和书里那只戴高帽的猫一起窝在软软的沙发里，有时候就只有我和爸爸两个人，我们会来到幽静的星空下读书。随着年纪渐长，阅读的主题在变化，我和爸爸的距离也越来越远。可是，那个软软的沙发一直陪伴着我们，我和爸爸的阅读也从未停止。后来，我成了母亲，也和孩子们挤在那个软软的老沙发里，重温那些陪我走过童年的书。

> 推荐理由：《和爸爸一起读书》是一个非常温暖感人的故事。从爸爸怀里的小女孩一路成长为两个孩子的母亲，即使经历了那么多变化，人生从未改变的快乐是"和爸爸一起读书"。通过这个故事可以让孩子明白：阅读的好习惯可以让我们终身受益，也会让孩子和爸爸有更多的沟通，感受父爱的伟大。陪伴与阅读将是孩子一生的快乐源泉。

授课教师：姚倩男

# 第九章 大班影视赏析活动案例

## 人与自我

### 影视案例赏析一

**一、影片介绍**

影片名称：《墙上的画》。
导演：万籁鸣、李克弱。
片长：15分钟。
上映时间：1958年。
上映地点：中国。

> 内容简介：《墙上的画》是1958年上映的国产动画片，由万籁鸣、李克弱导演。在影片中，小朋友常趁人不注意将儿童图书馆藏书上好看的插图撕掉。一天，他把一张刚撕的插图贴在墙上时，和插图中的小动物发生了争吵，小动物纷纷要求回到图书馆，他偏不让。后来，小朋友走进了图画中的世界，每本书里都有好看的插图。他正欣赏时，图书全都合上跑到了一块，原来它们都怕他那只管不住的手。小朋友终于明白偷撕藏书是一种十分不光彩的行为。

**二、教育价值**

3～6岁幼儿的道德认知发展水平正处于他律阶段，这个年龄阶段的幼儿不能真正理解规则的意义，没有内在评判是非的标准。他们不知道什么东西是自己的，什么是别人的。本影片能让幼儿建立正确的道德认知，进一步增强规则意识，培养良好的行为习惯，同时初步了解中国传统元素中的人物造型、图案。

**三、活动设计**

（一）导入部分

师：小朋友，你们去过图书馆吗？在图书馆应该怎样看书呢？
生1：我去过，在图书馆看书时，应该保持安静，不能打扰别人。
生2：应该保护好图书，不能破坏它，看完后要放回原位。
师：有一位小男孩正在图书馆看书，让我们一起看看会发生什么事情吧。

（二）完整欣赏影片

师：影片的名称是什么？影片讲述了一个怎样的故事？

生1：影片叫《墙上的画》。

生2：有一个小男孩，他在图书馆看书的时候，看到喜欢的图画就偷偷撕下来，带回家，贴到墙上。

生3：小男孩这么自私，贴在墙上的小动物都不喜欢他。当他来到图画世界后，那些书都不愿意让小男孩看。他知道自己做错了，并让小动物都回到了图书馆。

**（三）分段欣赏并讨论影片内容**

1. 片段一：小男孩缺乏公共道德意识，随意撕毁图书并带走。

师：动画短片里的小男孩做了一件什么事？他为什么要这么做？

生1：这个小男孩把图书馆里的书撕下来了，因为他很喜欢书里面的插图。

师：如果你是影片中的主人公，你会怎样做？

生2：他这样做是不对的，如果是我，我不会撕下来。

生3：看书的时候，不随便撕书。如果我看到有人破坏书，我会阻止他。

○ 小结：图书馆是公共场合，未经允许不能随便拿走图书，小男孩随意撕毁图书更是不正确的行为。图书是我们的好朋友，我们要爱护书，不让它受伤。

2. 片段二：图画中的小动物集体抗议，要求回到图书馆。

师：小动物为什么不喜欢小男孩？它们都想回到图书馆，小男孩同意吗？为什么？

生1：小动物的家在图书馆，小男孩却把它们带走了。

生2：小男孩不同意，因为他只想让这些画属于自己。

○ 小结：小男孩把公共物品占为己有是不正确的行为。他不仅破坏了书，还让其他小朋友无法再欣赏到美丽的图片。

3. 片段三：欣赏图画世界中的具有中国传统特色的人物造型、祥云图案，感受古典文化的意境美。

师：图画世界里都有什么？你看到后有怎样的感受？

生1：图画世界里有孙悟空和猪八戒、武松和老虎。

生2：还有拿着扇子跳舞的人和飞舞的仙鹤。

生3：我感觉这个影片里的人和物跟现在动画片里的人和物不一样，好像回到了很久以前。

师：你还在哪里见过这样的图案？

生4：我在妈妈穿的旗袍上见过祥云图案。

生5：茶叶店里的花瓶和茶杯上也有。

○ 小结：影片中的图画世界在场景、造型设计上融入了中国的传统特色，如孙悟空的形象参考了京剧中武生的造型，图书封面、云朵的设计也借鉴了传统图腾和祥云纹样，让观众感受到了古典文化的意境美。

4. 片段四：小男孩认识到自己的错误，并及时改正。

师：小男孩看到图画世界的书都合上了，他的心情是怎样的？

生1：图画世界的书都合上了，它们怕被小男孩撕掉。他现在可能会难过、后悔。

师：当小男孩再次回到家中，他的态度有什么变化？为什么会发生这样的改变？你觉得小男孩以后还会撕书吗？

生2：他让小动物回家了，因为他还想看书里美丽的图片，他知道自己做错了。

生3：我觉得小男孩不会再撕书了，他会和书成为好朋友。

○ 小结：这些书都怕小男孩管不住自己的手，都不愿意和他交朋友。这时小男孩才明白，偷偷把图书馆的书撕下来是不正确的行为。在经历了图画世界后，他真正认识到了自己的错误，并及时改正，所以小动物都原谅了他。

**（四）分享总结**

师：欣赏完影片后，令你印象最深刻的是哪个情节？

生1：小男孩一下子进入了图画世界的情节很吸引我。我也想像他一样，可以看到书里真实的画面。

生2：令我印象最深刻的是小男孩最后把图画都还给了图书馆，他知道自己做错了并及时改正。

师：请小朋友想一想，如果遇到自己特别喜欢的物品，该怎么办呢？

生3：遇到自己喜欢的东西，不能随便拿走。如果真的想要，要去问问它的主人，经过允许才能拿走。

生4：如果在图书馆看到喜欢的书，可以办一张借书卡，借回家看，但是不能随便毁坏图书。

○ 教师总结：没有经过允许把不属于自己的物品拿走是不对的，会给别人带来麻烦。对于自己喜欢的东西，应该用正确的方法和途径获取。大家都喜欢做事诚实、知错就改的小朋友。

**（五）演一演**

师：在经历了图画世界后，小男孩认识到了自己的错误。有一天，他又来到了图书馆。在看书时，他发现有一个小朋友在一本书上乱涂乱画。如果你是小男孩，当你看到这一幕，你会怎么做，怎么说呢？请在班级内以小组为单位，合作排演一部小短剧。

延伸部分：引导幼儿把动画片的内容以连环画的形式进行再创作，制作好后放到图书区，请大家一起欣赏。这样既可以培养幼儿的绘画及动手操作能力，又能提升幼儿之间相互合作的意识。

**四、相关影片推荐**

影片名称：《借东西的小人》。

导演：汤姆·哈伯。

片长：90分钟。

上映时间：2011年。

上映地点：英国。

● 影片简介

一个患病的英国小男孩被送往乡间姑婆的老宅中休养。寂静中他发现了古宅里的一个秘密：借东西的小人。他们把家安在房子的地板下，靠从楼上的"巨人"那里"借"东西为生。好心的小男孩帮助这一家小人借东西，还充当信使。但好景不长，管家也发现了小人一家。他不仅关住小男孩，还找来警察、猫和捕鼠专家对付小人。万分危急之际，小人一家是如何成功逃脱人类的追捕的呢？他们在后来的颠沛流离的野外生活中又遇到了哪些惊险和奇遇呢？

推荐理由：本片通过讲述阿莉埃蒂一家"借东西"的故事让孩子们树立了正确的价值观，有利于良好的行为习惯的养成。这部电影让孩子们很好地理解了"借"的含义，懂得如果形成了不良的生活习惯，那么在今后的生活中将很难被他人接受。

### 五、相关绘本推荐

绘本名称：《这不是我的帽子》。

作者：乔恩·克拉森。

● **绘本简介**

一条小鱼戴着一顶圆圆的蓝色帽子游进我们的视野，它一边往前游，一边自言自语："这不是我的帽子，是我偷来的。帽子的主人可能不会发现，因为它睡着了。就算发现了，也不会知道是我偷的；就算知道是我偷的，它也不会找到我……"它戴着帽子一路潜逃，可是就在它浑然不觉的时候，帽子的主人，一条很大很大的大鱼已经睁开了眼睛，悄悄地尾随其后……

> 推荐理由：为什么小鱼要偷帽子呢？因为它太喜欢那个帽子了，但那不是它的，它不应该拿。作者从一开始就在引导我们进行道德观念的讨论和教育，只不过他运用了一种反常规的叙述手法，将小鱼的偷窃行为原原本本地展现在孩子们眼前，让他们看到小鱼所有的思绪和行动，最后又以开放的结局让孩子去观察、思考、理解、判断。通过绘本故事让孩子们明白不属于自己的东西不能拿，就算再合适，拿了也是违法的行为，想要的东西必须通过正确的途径获得。

授课教师：何国伟

## 影视案例赏析二

### 一、影片介绍

影片名称：《请安静》。

导演：约瑟夫·巴伯拉、威廉·汉纳。

片长：7分钟。

上映时间：1945年。

上映地点：美国。

> 内容简介：本片荣获1946年奥斯卡最佳动画短片奖，并且这个系列连续三年获得该奖项。一如既往，家庭大战再次爆发，老猫汤姆和老鼠杰瑞的追逐战将家里闹得天翻地覆。唯一不同的是，今天老狗在家睡觉，猫鼠大战搅扰了它的美梦。不堪其扰的老狗警告汤姆不准制造噪声，否则要它好看。胆小的汤姆点头应允，随后继续追逐。而此时战争发生了变化，汤姆追逐杰瑞的同时想尽办法不弄出声响，杰瑞则故意制造噪声，打算吵醒老狗，让汤姆好看。老狗的介入让它们的追逐战变得紧张刺激而又妙趣横生……本片充满想象，天马行空，而且恰如其分的交响乐更是对儿童音乐欣赏的启蒙。

### 二、教育价值

影片中夸张的动作、生动的形象、曲折的情节给幼儿的视觉和心理带来了跌宕起伏的体验。幼儿在日常生活中也会与同伴发生冲突和矛盾，《3～6岁儿童学习与发展指南》指出："与同伴发生冲突时能自己协商解决。"因此，我们应结合具体情境，引导幼儿学习灵活解决问题的办法，以及与人交往的基本规则和技能。

### 三、活动设计

**（一）导入部分**

教师出示猫和老鼠的图片，以谈话导入活动。

师：今天班里来了两个小客人，大家看看它们是谁？

生1：老鼠和小猫。

师：大家都看过《猫和老鼠》吗？你们最喜欢哪个角色呢？为什么？

生2：我喜欢小老鼠杰瑞，因为它特别聪明，每次都能逃过汤姆猫的追踪。

生3：我喜欢那只老狗，因为它每次都可以保护小老鼠杰瑞不受汤姆猫的伤害。

师：今天，在杰瑞和汤姆两个人身上又发生了一件特别好玩的事情，我们一起看看吧。

**（二）完整欣赏影片**

师：《猫和老鼠》这部动画片采用了哑剧形式，《请安静》是其中一集，这一集发生了哪些有趣的事情？它和你平时看到的影片有什么不同？

生1：这部影片从头到尾没有一句话，平时电影里的人物都要说很多话。

生2：我觉得汤姆和杰瑞一直在追逐吵闹，打扰老狗，使它睡不了觉，最后汤姆被老狗揍了一顿，终于安静了。

师：你对哪个片段印象最深？为什么？

生3：最后的结局让我印象很深刻，因为老狗终于制服了调皮的汤姆，我觉得老狗和杰瑞是一对好朋友。

**（三）分段欣赏并讨论影片内容**

1. 片段一：猫鼠展开追逐战，老狗被打扰，无法午睡，讨论公共场所的文明行为。

师：影片中小老鼠杰瑞和汤姆猫在做什么？地点是哪里？它们为什么要追逐？你认为它们这么做影响到了谁？你是怎么看待这种行为的？

生1：杰瑞和汤姆在客厅里追逐打闹，我猜是汤姆要吃掉杰瑞。

生2：老狗在客厅睡觉呢，汤姆和杰瑞这样来回追逐打闹会吵到老狗，使它不能安静睡觉。最后老狗生气地抓起汤姆对它说："我要睡觉，不要吵醒我，请安静。"

生3：我觉得汤姆和杰瑞在客厅追逐严重影响了老狗的休息。

◆ 小结：老狗正在客厅安静地睡觉，杰瑞和汤姆却在周围追逐打闹，完全不考虑别人的感受，这样做是不对的。

2. 片段二：在猫鼠追逐战的二次爆发中，随着故事情节的跌宕起伏引导幼儿感受音乐节奏的变化。

师：汤姆被老狗教训后，杰瑞与汤姆又做了什么？在第二次追逐战中，背景音乐发生了什么变化？

生1：杰瑞开始挑衅汤姆，想尽办法搞破坏惊醒老狗，想让老狗教训汤姆。

生2：汤姆害怕老狗再次被吵醒，所以它要不断地阻止杰瑞制造声响。

生3：汤姆最后给老狗灌了一瓶安眠药，这样再大的声响，老狗也听不到了。

生4：我觉得这一次的音乐比第一次追逐战更激烈，更紧张了。

生5：我听到有打枪声、扔东西的声音、跑的声音，还有汤姆哄老狗睡觉的音乐。

师：猫和老鼠的追逐战在背景音乐的衬托下显得既刺激又有趣，谁想模仿或者创编它们追逐时的场景呢？

鼓励幼儿与同伴合作模仿并创编猫鼠追逐的动作与神情，在音乐的配合中完成创意表演。

- 小结：影片中的背景音乐采用了交响乐。在两次猫鼠追逐战中，背景音乐跟随人物的动作及画面的切换变得时快时慢，音乐中的各种声响烘托了追逐战的爆发与激烈状态，幽默的情节让人感到既紧张又有趣。

3. 片段三：追逐战随着老狗的醒来而结束，在老狗的庇护下，老鼠取得胜利。

师：老狗再次被吵醒后做了什么？故事最后的结果是怎样的？你认为它们两个这样做对吗？说说你的理由。

生1：最后老狗还是被剧烈的打闹声吵醒了，而且狠狠地揍了汤姆一顿。

生2：最后，杰瑞在老狗的保护下胜利了，它和老狗快活地躺在一起安静地进入午睡，而汤姆只能在一旁帮忙扇扇子。

生3：我觉得它们两个这样做不对，因为客厅是公共场所，我们应该保持安静，而不是大声打闹影响别人。

- 小结：老狗再次被吵醒后，非常愤怒地揍了汤姆，汤姆终于安静了下来。这告诉我们，在玩耍时一定要想一想，如果自己的行为对别人造成了影响或者伤害，就一定不能做，否则就要承受后果。

### （四）分享总结

师：请你想一想，当你和同伴发生矛盾时该怎样更好地解决呢？在不同的场所，我们怎样做最合适？比如，图书馆、商场、教室等。

生1：如果我在玩游戏的时候不小心碰到小朋友了，我一定会赶紧道歉，这样我们才能继续好好玩耍。如果遇到解决不了的问题，我会找老师帮忙。

生2：我去过图书馆，那里特别安静。如果在图书馆里随便大喊大叫就会影响大家看书和学习，所以我们必须保持安静。

生3：我觉得在教室里小朋友不可以乱跑，因为教室里有很多柜子。乱跑不仅会碰伤，还会影响其他小朋友的正常活动。老师在讲课的时候也要安静，不然就听不到老师讲的精彩故事了。

- 教师总结：在公共场合保持文明的行为和使用文明语言是最基本的礼貌。如果你在安静休息的时候受到噪音的影响也会很不高兴。所以，我们要学会换位思考，理解别人的想法和感受，发生矛盾时也要懂得用语言文明解决，而不是使用暴力。

### （五）续编故事

师：经过激烈而又紧张的追逐战，汤姆和杰瑞意识到自己的吵闹影响到了其他人，最后终于安静了下来。如果你是汤姆或者杰瑞，你会与邻居怎样相处呢？请你试着续编故事，并讲给同伴听。

延伸部分：在午睡前，请小朋友轮流为大家讲睡前故事。培养幼儿倾听能力的同时，使其养成良好的午睡习惯。

## 四、相关影片推荐

影片名称：《小飞侠彼得·潘》。

导演：P. J. 霍根。

片长：113分钟。

上映时间：2003年。

上映地点：英国。

- 影片简介

达林先生家里的三个小孩经受不住由空中飞来的神秘野孩子彼得·潘的诱惑，很快也学会了飞行，并趁父母不在,飞向了奇异的"梦幻岛"。岛上既有凶猛的野兽,又有原始部落中的"红人",当然还有仙女和美人鱼……总之,经常出现在梦中和幻想中的一切,这里都有。孩子们在彼得·潘的率领下,自己处理一切事务,尽情玩耍,历经了各种危险……

> **推荐理由**:在他们看来,没有妈妈照样也可以过得很愉快。只有当妈妈的才认为,孩子离开了妈妈便不能生活。本片教会幼儿独立勇敢,遇到困难应果断机智处理。值得一看。

### 五、相关绘本推荐

绘本名称:《当我安静下来》。

作者:双纽线工作室。

● **绘本简介**

绘本用美丽的图画和温柔的文字,鼓励孩子停下来,用心倾听,思考自己的生活和周围的世界;启发孩子用观察和冥想发现那些在日常喧嚣的环境中被忽视的东西;鼓励孩子把注意力集中在当下,倾听各种声音,增强自我意识,对自己的思维和感受更加自信,并由此增强自己的想象力和好奇心。

> **推荐理由**:当孩子有强烈情绪时,要给他们时间平复,同时教给他们平静下来的方法。我们只有安静下来,才能更好地应对当下的情境,所以要让孩子从小学会这种方法。

授课教师:温路曼

## 影视案例赏析三

### 一、影片介绍

影片名称:《乌鸦为什么是黑的》。

导演:钱家骏、李克弱。

片长:8分钟。

上映时间:1955年。

上映地点:中国。

> **内容简介**:该动画片是中国第一部彩色动画片,也是第一部在国际上获奖(1956年获第七届威尼斯国际儿童电影节奖、1958年获意大利国际纪录片和短片展览会荣誉奖)的中国动画片。影片中的乌鸦不是现在这副模样,而是生有一身漂亮羽毛和一副美妙歌喉的"美丽鸟",也正是因为这样,它自认高别的鸟一等,它在大伙面前傲慢地唱跳,什么事都不肯做。因为它的得意忘形,最终羽毛被火烧着,"美丽鸟"变成了"黑乌鸦"。这部动画片中的动物形象和背景既比较写实,又注意适当夸张。故事并不复杂,但其立意深远,告诫人们不要骄傲自满和懒惰。

## 二、教育价值

影片以一个寓教于乐的故事传递出一个朴素的道理，片中的动物形象和背景既比较写实，又注意适当夸张，民族风格的动画形式突出了影片人物对待事物的不同心理状态。在儿童这个群体中，偶尔会出现个别幼儿"不合群"的现象，这样总会凸显他的另类。我们应引导幼儿使其在与同伴相处的过程中，不仅要学习如何与人友好相处，还要学会如何看待自己、对待他人，不要像乌鸦一样骄傲自大，要虚心听从别人的忠告，从而不断发展其适应社会生活的能力。

## 三、活动设计

### （一）导入部分

出示乌鸦图片让幼儿观察并引出活动。

师：小朋友看下这是什么鸟？你知道它为什么是黑色的吗？

生1：这是乌鸦，因为它天生就是黑色的。

师：在很久很久以前，乌鸦不是现在这副模样，而是拥有一身漂亮羽毛和一副美妙歌喉的"美丽鸟"……今天我们就来看看在乌鸦身上究竟发生了什么事情吧。

### （二）完整欣赏影片

师：看完影片后，你认为乌鸦变丑的原因是什么？哪个片段给你留下了深刻的印象？

生1：令我印象最深刻的是乌鸦变成黑色的片段，乌鸦的得意忘形使自己丑得让别人都认不出来了。

生2：乌鸦因为懒惰和傲慢才让自己变得特别丑，丑到别人都认不出来了。我们不能像乌鸦那样。

### （三）分段欣赏并讨论影片内容

1. 片段一：乌鸦骄傲自满，懒于储粮筑窝。

师：乌鸦刚开始是什么模样的，对其他同伴是什么态度？冬天来临之前，乌鸦和同伴都在做什么？

生1：乌鸦刚开始的时候很漂亮，其他小鸟都夸赞乌鸦长得美丽。

生2：乌鸦不仅长得漂亮，还能唱出好听的歌曲，跳美妙的舞蹈。它认为自己是最优秀的，所以看不起其他同伴。

师：你觉得乌鸦这样做对吗？如果我们也像乌鸦一样对待同伴可以吗？为什么？

生3：我觉得乌鸦这样做是不对的，它太骄傲了，所以其他同伴越来越不喜欢它。

生4：我不会像乌鸦一样，因为妈妈说过当别人夸你时不能骄傲，要虚心。

生5：小鸟们都在忙着筑巢，储存食物准备过冬，乌鸦却嫌脏嫌累不愿意筑巢。

生6：乌鸦不听别人的劝告，所以它最后什么也没准备。

● 小结：乌鸦因为自己天生一副动人的嗓音和美丽的外貌而骄傲自满，看不起同伴，听不得别人的好心建议，导致同伴远离它。小朋友跟同伴在一起要懂得团结互爱。

2. 片段二：乌鸦没有筑窝，在寒冷的冬天里无处可去。

师：没过多久，冬天真的来了，刺骨的寒风刮着，大家都在温暖的巢里过冬。面对寒冷的冬天，乌鸦是怎么做的？它这样做的后果是什么？

生1：天上下着大雪，刮着冷风，乌鸦冷得到处乱飞。

生2：它飞到啄木鸟的窝里，却说了一句"别以为我是来求你的"就飞走了。

生3：乌鸦不愿意求别人帮助它，只能在外面挨冻。

师：哪位小朋友可以和你的伙伴表演一下乌鸦在寒风里没人肯帮助它的情景？并说一说你的感受。

生4：我觉得和同伴在一起要互帮互助，不应该看不起人，因为我们都有需要被人帮助的时候。

○ 小结：乌鸦因为懒惰不愿意做窝，不储备过冬食物，寒风刺骨的冬天来了以后，它没有温暖的窝，也不愿低头求得别人的帮助，所以它只能忍受饥寒交迫的冬天。我们应该学会接受别人的劝告和帮助，要懂得互帮互助。

3. 片段三：乌鸦变得丑陋不堪，后悔不已。

师：当乌鸦来回躲避风雪时，它发现了一个山洞，里面还生着一团火。之后发生了什么事？乌鸦最后变成什么样了？它的后悔得到同伴原谅了吗？

生1：乌鸦边烤火边高兴地说："就算没有你们，我自己照样可以取暖。"

生2：乌鸦一不小心被火烧到了，身上的羽毛被烧成了黑色，动听的嗓音也变难听了，其他同伴已经认不出乌鸦了。

生3：乌鸦变丑以后特别难过，但是它不敢说出自己就是原来那只漂亮的鸟，我觉得它需要勇气面对自己的错误。

○ 小结：乌鸦找到山洞后，因为得意忘形变成了大家认不出来的丑乌鸦。它的骄傲自大让它再也回不去原来的模样了，面对巨大的变化，乌鸦后悔已经来不及了。

（四）分享总结

师：今天欣赏的这部影片叫《乌鸦为什么是黑的》，当看到乌鸦最后的结局，你有什么感受？你被夸赞时会选择虚心接受还是骄傲自满？为什么？

生1：我觉得乌鸦一开始应该虚心听取同伴的意见，和大家一起为过冬做准备，这样它就不会变丑了。

生2：我认为虚心比骄傲好，因为老师说过骄傲的人最后都会失败，想要成功就要虚心。

○ 教师总结：我们每个人都会遇到被别人夸奖的时候，当获得他人的夸奖时，我们一定不可以骄傲自满，要学会虚心接受。只有这样，才能让自己越来越好，才能获得更多的夸赞。要知道"骄傲使人退步，虚心让人进步"，所以我们时时刻刻都要虚心向别人学习。

（五）以绘画的方式，创编故事结局

师：乌鸦原来是那么美丽，声音如此动听，却因为自己的骄傲自大变成了现在又黑又丑的模样，后悔也来不及了。如果乌鸦当初虚心听取建议，故事会发生怎样的改变呢？请你试着改变故事结局并将它画出来，与同伴分享吧。

延伸部分：请幼儿给家人讲述《乌鸦为什么是黑的》故事，并将故事的道理告诉大家。鼓励幼儿对故事进行延伸创作，以此发展幼儿的语言表达能力、想象创作能力及动手能力。

四、相关影片推荐

影片名称：《布谷鸟叫迟了》。

导演：钱家骏。

片长：10分钟。

上映时间：1959年。

上映地点：中国。

● 影片简介

春天来了，布谷鸟带着孩子们像往年一样飞来山村，"布谷""布谷"地叫起来，想提醒人们快快播种。它的叫声引来很多动物和飞禽的嘲笑，它们都说今年它叫晚了，人们早把谷种播下去了，现在秧苗已经长出来了。布谷鸟飞到农田一看,果然地上一片翠绿。原来人们采取了科学种田法,现在可以早种早收。感到自己再也没有用处的布谷鸟在稻草人的建议下,教孩子们叫起"早种早收"来,然而,它总觉得叫法别扭。于是,它决定明年早点来,赶在人们播种前,这样就可以继续"布谷""布谷"地叫了。

> 推荐理由:布谷鸟在稻草人的建议下,教孩子们叫起"早种早收"来,然而,它总觉得如此的叫法实在太别扭。于是,它决定明年早点来,赶在人们播种前,就可以"布谷""布谷"地叫了。小朋友可以向布谷鸟学习它学着接受新事物、适应新事物的精神品质。

### 五、相关绘本推荐

绘本名称:《长颈鹿不会跳舞》。

作者:吉尔斯·安德烈。

- 绘本简介

一切都发生在非洲炽热的大草原上,动物要开舞会了。主人公长颈鹿一直觉得自己不会跳舞,其实它并非不会跳舞,只是因为还没有找到内心需要的舞曲。长颈鹿是幸运的,最终它遇到了属于自己的那支不一样的曲子。

> 推荐理由:这是一个非常适合用来鼓励孩子的故事,有时候我们要想超越自己,"只需一支不一样的曲子就够"。"这支曲子"便是一种最适合孩子的方法。爸爸妈妈要告诉孩子他失败了是因为没有找到最适合他的方法,只要找到了最适合的方式就一定能成功。

授课教师:温路曼

## 影视案例赏析四

### 一、影片介绍

影片名称:《小马虎》。

导演:刘蕙仪。

片长:20分钟。

上映时间:1980年。

上映地点:中国。

> 内容简介:《小马虎》是由上海美术电影制片厂于1980年摄制的一部国产木偶动画片。本片讲述的是一个小孩子名字叫马小虎,由于做什么都很马虎所以大家就叫他小马虎。他在小猴的带领下,漫游马虎国。最经典的一段就是小马虎计算自己的身高时,一个小数点让他的身高一会儿是13米,一会儿是0.13米。本片用夸张诙谐的情节让大家在欢笑的同时达到润物细无声的效果。影片中使用旁白对话的解读方式与夸张幽默的人物形象,向幼儿清楚地呈现了影片所要表达的含义。

## 二、教育价值

生活中的很多事情，家长都在代替幼儿包办，幼儿的自我服务意识、独立能力相对较差，导致幼儿出现马虎做事、丢三落四的习惯，给他们的生活和学习带来很大的影响。《3～6岁儿童学习与发展指南》指出："自己的事情自己做，不会的愿意学。"我们应给幼儿提供更多的机会，鼓励他们独立做事，并让其感受经过努力获得的成就感，引导幼儿养成做事认真、细心的习惯。

## 三、活动设计

### （一）导入部分

师：老师认识一个小朋友，他叫马小虎。在他身上经常会发生一些有趣的事情，如上学忘带书包、出门忘穿外套等。你们猜猜他为什么总会出现这样的错误呢？

生1：马小虎出门忘记穿外套，上学忘带书包肯定是因为粗心大意。

师：这次，请小朋友来看一看马小虎又做了哪些有趣的事情吧。

### （二）完整欣赏影片

师：影片中的人物造型有什么特点？

生1：我觉得影片里的人物都是用布偶做成的，特别像我的小玩偶。

师：这部影片叫《小马虎》，它是一部木偶影视作品。在老师小时候，这是一种十分流行的影视风格哦。使用旁白对话的形式来解读画面可以让观众更容易理解故事内容，滑稽、幽默的人物造型也给人带来不一样的视觉体验。

师：你认为马小虎是一个什么样的人？造成这些后果的原因是什么？

生2：马小虎就是一个做事粗心马虎的小孩，所以大家都叫他小马虎。

生3：小马虎把衣服和鞋子乱扔，穿的时候就找不到，他还因为粗心把画笔东一支西一支地乱放，弄得衣服上都是颜料。

### （三）分段欣赏并讨论影片内容

1. 片段一：由于马小虎的粗心，家里一团乱。

师：马小虎为什么被叫成小马虎？他都做了哪些马虎的事情？造成了什么样的后果？你在家里是否也像小马虎一样呢？

生1：因为马小虎做什么事都特别粗心马虎，所以大家都叫他小马虎。

生2：他画完画没把颜料盖好，弄得满身都是。他的衣服、鞋子到处乱扔，找都找不到。

生3：有时候玩完玩具后我也会忘记把玩具放回柜子里，妈妈总说我粗心大意。

◎ 小结：马小虎在画画时因为粗心没盖好盖子，把颜料弄得满身都是，平时衣服、鞋子乱扔都找不到，这就是大家叫他小马虎的原因。

2. 片段二：马虎国漫游记。

师：马小虎来到马虎国以后看到了什么？经历了哪些事情？马虎国的公民做事情的原则是什么？

生1：马虎国所有的东西被做得马马虎虎，壁画是倒的，椅子只有三条腿……

生2：马虎国的国王和公民做任何事情都是马马虎虎的。

师：如果你也像小马虎一样做事粗心没头脑，你的生活会变成什么样子？

生3：如果我做事情也是没头没脑的话，那肯定不行，比如说我出门把衣服或者鞋子穿反了，大家肯定会笑话我的。

生4：我爸爸做事情经常会说"就这样吧"，结果每次都会让妈妈生气。妈妈说爸爸做什么事都凑合是不对的，不管做什么必须要用心做好它。

● 小结：马虎国的公民做事情越马虎就越优秀，而马小虎正符合马虎国的律法，国王还授予了马小虎马虎勋章，并让他当上了老师。在我们的现实生活中，像马小虎一样做事粗心的人是当不了老师的。

3. 片段三：马小虎认识到做事粗心带来的严重后果，并决心改正。

师：马小虎被授予老师资格后，他做了哪些粗心的事情？又是如何解决的？恢复正常后，马小虎是怎样想的呢？

生1：他在教算术的时候，没有加小数点，自己就变得很高，不过他帮助小朋友摘下了风筝。

生2：后来他把小数点放错了位置，自己又变得很小。然后，在小猴子的帮助下，终于算对了得数，自己又恢复了正常身高。

生3：他知道做事马虎是一个非常不好的习惯，下定决心要改掉这个坏习惯。

生4：马小虎拒绝了国王授予他马虎勋章的奖励，把自己画的汽车添上了轮子，一幅完整的汽车画完成了。最后他和小猴子开着汽车高兴地回家去了。

● 小结：在经历了一系列马虎事件后，马小虎终于明白做事情马虎会带来严重的后果，他决定改掉这个坏毛病，于是他拒绝了国王的勋章奖励，回到家做一个做事细心的好孩子。

**（四）分享总结**

师：你认为做事马虎会对自己的生活造成什么影响呢？小朋友应该怎样克服这个坏习惯？

生1：如果我们每个人做事情都粗心大意，那我们就不能正常生活和学习了。

生2：姐姐学习经常粗心马虎，考试总考不好，妈妈经常跟她说做作业一定要细心认真。

生3：不管做什么我们一定要细心认真，自己的事情自己做，东西用完物归原位，养成好习惯。

● 教师总结：小朋友以后做每件事都要认真对待哦，衣服鞋袜要叠好放在固定位置，书包要自己整理好，还要学着帮妈妈做一些力所能及的事情。千万不要像马小虎一样，样样事情都粗心马虎。不管生活上还是游戏中，只有认真对待一切，你就能获得真正的成功和快乐。

**（五）开展"生活小能手"技能比赛，增强幼儿自我服务意识。**

师：小马虎粗心大意的习惯严重影响了学习和生活，不过最后他终于认识到自己的错误并决心改过。小朋友在生活中也会出现做事粗心的时候，如叠被褥时把袜子卷在里面。为了考验大家，我们来一场"生活小能手"大比拼吧，看看谁做事情最细心。

延伸部分：在班级内设置值日生制度，通过轮流值日进一步增强幼儿的自我服务与服务他人的意识，以及做事情的责任心。

**四、相关影片推荐**

影片名称：《小猪宝贝》。

导演：克里斯·努安。

片长：89分钟。

上映时间：1995年。

上映地点：澳大利亚。

● 影片简介

小猪发现自己会被杀掉做成食物的结局后，努力改变自己的命运，它认真向牧羊犬大妈学习牧羊本领，不仅成了一名出色的"牧羊小猪"，还获得了牧羊大赛的胜利。小猪宝贝不仅保住了自己的性命，还成功俘虏了所有人的心。

> 推荐理由:《小猪宝贝》是一部适合全家一起观看的温情片,每个人都能从影片中得到乐趣。虽然故事情节相当简单,但是影片中可爱的小猪宝贝着实招人喜爱,它不畏困难、迎面挑战的勇气也着实让人为之感动。这只善良、执着、可爱的小猪将会给孩子们带来无限的乐趣。

**五、相关绘本推荐**

绘本名称:《拖拉机闯祸了》。

作者:加比·戈尔德萨克。

● 绘本简介

这本书讲述的是农场里有一大堆活儿正等着农场主人弗瑞德去干,弗瑞德太太珍妮有点担心活儿太多,可弗瑞德说有拖拉机帮忙,完全不用担心。他为了能快点把活儿干完,把拖拉机开得飞快,泥土溅得老高,把老马哈利溅了一身,可是弗瑞德完全没有停下来的意思,继续飞快地开着他的拖拉机,结果把干草掉出了拖拉机,而奶牛康妮为了躲避掉落的干草,掉进了小溪里。"别担心,我有办法!"

> 推荐理由:这本书会让孩子不厌其烦地看,不厌其烦地听,还不厌其烦地问,所以家长要做好不厌其烦地讲的准备哦。我们还可以结合故事内容,帮助孩子把握做事的速度,并注意效率,不拖拉,也不丢三落四。

授课教师:庄向荣

# 人与他人

## 影视案例赏析一

**一、影片介绍**

影片名称:《一幅僮锦》。

导演:钱家骏。

片长:48 分钟。

上映时间:1959 年。

上映地点:中国。

> 内容简介：《一幅僮锦》是一则在壮族地区广泛流传的民间故事，是上海美术电影制片厂的第一部动画片，于1960年获第十二届卡罗维发利国际电影节荣誉奖。影片讲述了在很久以前，住在山麓中的壮族妈妈妲布和三个儿子靠织锦、砍柴为生的故事。妲布从集市上买回一幅美丽的田园画，她花了三年的时间照样织成僮锦，却被一阵狂风卷去。老三决心找回僮锦，于是辞别母亲来到深山密林，他置生死于度外，跨上石虎，穿越岩洞，制伏火龙，三儿子的孝顺、勇敢最终使他拥有了美好的结局。故事并不复杂，故事里的人也不复杂。正是因为故事中纯粹的追求，才使故事变得美好。

## 二、教育价值

这部影片是中国民间文学的瑰宝，它散发着民族艺术的魅力，让我们了解了古人的勤劳与智慧。当生活中遇到问题时采取不同的态度就会产生不同的结果，积极勇敢地去面对、用智慧解决问题就会取得成功，而遇到一点困难就放弃，结果只能是失败。三儿子不顾危险为妲布寻找僮锦的做法让幼儿感受到中华传统美德中的孝道，并懂得做事情的时候要认真、勇敢，怀有一颗爱心。

## 三、活动设计

### （一）导入部分

师：很久以前有一个女主人叫妲布，她和三个儿子住在一起。妲布花了三年时间纺了一幅美丽的田园僮锦，有一天一阵狂风把僮锦吹走了，如果你是妲布的儿子，你会怎样做呢？

生1：我会出门帮妲布把僮锦找回来。

师：妲布的儿子是怎样做的呢？我们一起走进影片看看吧。

### （二）完整欣赏影片

师：这部影片里面的人物造型有什么特点？妲布一共有几个儿子？你印象最深的是哪个儿子？如果你妈妈的东西找不到了，你会怎样做？

生1：他们好像和我们穿的衣服不一样，头饰也不一样。

生2：妲布一共有三个儿子，令我印象最深的是三儿子，他一心坚持帮助妲布寻找僮锦，遇到危险也没有放弃。如果我妈妈的东西找不到了，我也会像三儿子一样勇敢地、坚持着帮助妈妈寻找。

生3：令我印象最深的是大儿子和二儿子，他们因为懒惰和害怕危险，最终失去了所有，变成了乞丐，我们不要像他们这样，要学习做事坚持并勇敢的三儿子。

师：这是一部典型的壮族文化动画片，其中壮族服饰、壮锦、铜鼓都是典型的视觉元素，散发着少数民族的艺术魅力。

### （三）分段欣赏并讨论影片内容

1. 片段一：妲布的僮锦丢了，大儿子和二儿子因为路途艰险不敢继续帮助妲布寻找僮锦。

师：妲布的僮锦丢了，大儿子和二儿子是怎么做的？你觉得这样做正确吗？

生1：大儿子和二儿子来到山口，听说僮锦藏在仙宫里，一路非常危险，凡人很难活着出来，两人听到非常害怕，不敢进去就回家了。我觉得这样做是不对的，他们很害怕困难。

● 小结：大儿子和二儿子因为寻找僮锦的路途艰险，很害怕，没有继续帮助妲布寻找僮锦。他们这样做是不对的，还没有努力就放弃了。

2. 片段二：勇敢的三儿子克服了艰难险阻，帮妲布寻找僮锦。

师：这幅僮锦最后是谁找回来的？他是怎么把僮锦找回来的？路上遇到了什么困难？他是怎样解决的？

生1：僮锦是三儿子找回来的。三儿子一路遇到许多危险，可是他不害怕，不放弃，最终帮妲布找回了僮锦。

生2：三儿子不顾危险，跨上了石虎，穿越了岩洞，最后制伏了火龙，终于来到仙宫并找回僮锦。

师：妲布的三个儿子，你们最喜欢哪一个？为什么？

生3：我最喜欢三儿子，他非常勇敢，有担当。

生4：我也喜欢三儿子，他是三个儿子里面最孝顺的，遇到困难也没有放弃。

● 小结：妲布的三儿子是一个非常勇敢的人，虽然找寻僮锦的路途上有很多危险，但是他不退缩，跨上石虎，穿越岩洞，制伏火龙，最终来到太阳宫，受到七仙女的款待并得到僮锦。这种坚持不放弃的精神值得我们学习。

3. 片段三：三儿子寻到僮锦回家后过上了幸福生活，大儿子和二儿子变成了乞丐。

师：僮锦被找到带回家后发生了什么事情？大儿子、二儿子最后的结局是怎么样的？为什么呢？

生1：妲布打开僮锦，里面闪着金光，上面的花草树木、鸡鸭牛羊全都变活了，画中的七仙女也向三儿子走来，最终他们过上了幸福的生活。

生2：大儿子和二儿子回到家把妲布的钱花光了，他们懒惰，不劳动也不干活，最后变成了乞丐。

● 小结：僮锦被拿回家后，妲布和三儿子受到仙女的照顾过上了非常幸福的生活，而大儿子和二儿子遇到困难就退缩，最终花光家里的钱变成了乞丐。我们应该向三儿子学习，学习他的勇敢和遇到困难时的坚定信念。

**（四）分享总结**

师：看完今天的影片，你觉得三儿子最后为什么能过上幸福的生活，而大儿子和二儿子最后变成了乞丐。

生1：三儿子不怕苦难，遇到事情不退缩，他非常勇敢；大儿子和二儿子非常胆小，一点困难都不愿意克服，最终花光家里的钱变成了乞丐。

● 教师总结：大儿子和二儿子因为胆小懦弱、遇到困难就退缩，最终变成了乞丐。只有三儿子不畏艰辛找到了僮锦，最后和仙女、妲布过上了幸福的生活。我们要向三儿子学习，遇到困难时一丝不苟、执着不放弃，做一个勇敢的孝顺父母的好孩子。

**（五）改编故事结尾**

师：如果让你设计三个儿子最后的结局，你要怎么设计呢？请小朋友在小组内展开讨论和想象，创编不同的故事结尾。

延伸部分：组织幼儿开展童话剧表演《一幅僮锦》，征集小演员，根据影片总结自己的台词，感受不同角色的心理，表现每个角色的性格特点。

**四、相关影片推荐**

影片名称：《狮子王》。

导演：乔恩·费儒。

片长：118分钟。

上映时间：2019年。

上映地点：美国。

● **影片简介**

辛巴是狮子王国的小王子，它的父亲穆法沙是一个威严的国王。然而，叔叔刀疤对穆法沙的王位觊觎已久。在反复的算计下，穆法沙惨死在刀疤手下。刀疤别有用心地劝辛巴离开，甚至要将他赶尽杀绝。辛巴在逃亡中遇到了机智的丁满和善良的彭彭，他们抚养辛巴长成雄壮的大狮子，鼓励他回森林复国。在接下来的一场复国救民的斗争中，辛巴真正成长为一个坚强的男子汉，领会到责任的真谛。

> 推荐理由：在成长的过程中，孩子们总是不断探究着新的人生课题，如什么是爱、什么是责任，这些是人类终生要面对和思索的话题。《狮子王》这部影片讲述了小狮子王辛巴在经历失去、挫败之后，战胜恐惧、重拾勇气的成长故事。通过这部影片，我们可以教会孩子敢于面对困难，勇于承担自己应该承担的责任。

**五、相关绘本推荐**

绘本名称：《小骑士与巨龙》。

作者：艾绒·迪克斯特拉。

● 绘本简介

骑士尼克渴望与真的龙决斗，他的愿望一直没有实现。小男孩在自己的书桌上看着地图，准备寻找巨龙。他到达了一个小村庄，人们说那个山顶上就有巨龙。这个山顶上常年积雪，人们从来都不敢上去，但是勇敢的尼克一个人爬上了山顶。当他爬到山顶上遇到巨龙时，巨龙说出了自己的心里话，它不喜欢决斗。尼克好像知道了什么，他把自己的国际象棋拿来了，那天晚上尼克打败了巨龙不止三次……

> 推荐理由：小骑士与龙的故事是一个非常有爱并且勇敢的故事，没想到小骑士最终并不是靠武力与巨龙搏斗，而是换了另外一种方式与巨龙交战——下棋。但这丝毫不影响小骑士的勇敢形象，这也让小骑士变得温暖起来，他抛开了武力，用陪伴去温暖寂寞的巨龙。巨龙缺少朋友，很少与人交流，它也不想伤害弱小的小骑士，它只想有人多多陪伴他，多和它说话或者游戏。故事看到最后感觉很暖心，虽然小骑士和巨龙并没有用武力决斗，但是你能说他不是勇敢的吗？

授课教师：张文欣

## 影视案例赏析二

**一、影片介绍**

影片名称：《老虎学艺》。

导演：矫野松。

片长：18分钟。

上映时间：1982年。

上映地点：中国。

内容简介：《老虎学艺》是一部根据民间故事"老虎拜师"改编的经典影片。在影片中，骄傲的老虎感觉自己比猫咪的个子大，一定要和猫咪比武，两次比赛都输了。于是，老虎拜猫咪为师，学习本领。学到本领的老虎开始骄傲自满、自以为是，并欺负其他小动物。猫咪师傅来教训它，它恩将仇报追打猫师傅。幸亏猫咪师傅留了一手逃上树，老虎还拼命追扑，结果掉在水中。老虎从此成了忘恩负义的孤家寡人。

## 二、教育价值

老虎狂妄自大，以为自己强大到无人能及，却忘记了还有比自己更厉害的对手，由此告诫幼儿做人要低调，不能瞧不起任何一个比自己弱小的人。老虎忘恩负义、恩将仇报，由此告诫幼儿尊师重道、知恩图报，做一个谦虚有礼、安守本分的人。学习新本领时要虚心，更要有耐心，切不可骄傲自满，忘恩负义。该动画线条流畅，场面逼真，让孩子们在快乐的同时学到了做人的道理。

## 三、活动设计

### （一）导入部分

师：小朋友，你认为猫咪和老虎谁的本领大呢？为什么？如果老虎和猫咪比武，你认为谁会赢呢？

生1：大老虎本领大，因为它个子很大，而且很凶。

生2：肯定是老虎，老虎那么凶猛，猫咪那么小。

师：老虎和猫咪到底谁的本领更大，如果比武到底谁能赢呢？我们一起去看一看吧！

### （二）完整欣赏影片

师：老虎和猫咪谁的本领更大？为什么？令你印象最深刻的是影片中的哪个片段？

生1：猫咪的本领更大，因为它们比赛的时候，老虎总是输。

生2：猫咪是老虎的老师，教了它很多本领。

生3：老虎拜猫咪为师，跟猫咪师傅学本领。学了几项本领以后，老虎又开始骄傲不学了，还欺负小动物。猫咪师傅知道了，来阻止老虎的行为。可是老虎不但不听还想杀了猫咪师傅。最后，猫咪师傅爬上树才躲过一劫。老虎因为不会爬树，掉到了旁边的河里。

### （三）分段欣赏并讨论影片内容

1. 片段一：骄傲自大的老虎与猫咪比本领，却输给了猫咪。

师：老虎为什么要跟猫咪比本领？它们都比了哪些本领？最后谁赢得了比赛？为什么？

生1：因为猫咪说比老虎大，老虎不服气。

生2：它们先比谁先拿到桃子，后来又比武，都是猫咪赢了。

师：请试着用你的动作表情表现老虎是如何骄傲自大的？

生3：两手叉腰，抬头恶狠狠地说自己有多厉害。

◎ 小结：当猫咪伤心哭泣时，所有小动物都在安慰它，只有老虎在嘲笑它。老虎觉得自己是最厉害的，不把猫咪放在眼里。但比赛的结果让老虎大吃一惊，于是决定要和猫咪学本领。

2. 片段二：老虎跟猫咪学习了很多本领。

师：老虎跟猫咪师傅都学了哪些本领？后来，猫咪师傅教老虎学什么本领的时候老虎不学了？为什么不学了？

生1：猫咪教老虎用尾巴打果子。

生2：还教会老虎如何跳跃，老虎学会后特别开心，跳来跳去。

生3：猫咪教老虎学爬树的时候老虎不学了，它觉得自己都学会了，就说肚子疼不学了。

师：你在学习一项新本领的时候也像老虎一样骄傲自大吗？我们应该怎么做？

生4：我学会一项新本领会很高兴，但不会像老虎那样骄傲自大。我们应该做一个谦虚有礼的人。

● 小结：花猫非常认真，对老虎严格要求。在花猫的精心教导下，老虎进步飞快。剪、跳、扑、纵学得有模有样，但是学习的难度增大，到了学习爬树技巧时，老虎有点受不了了，找借口不愿意再学了。我们不能像老虎一样，我们学习时要认真、刻苦、不怕困难，一定要坚持下去。

3.片段三：老虎用学到的本领欺负小动物。

师：当老虎学会本领后，狐狸对老虎说了什么？它们一起做了哪些事情？

生1：狐狸对老虎说："你现在已经很厉害了，已经超过师傅了，不用再学了。"

生2：它们一起欺负小乌龟、小刺猬和小乌鸦。

师：你们认为它们这样做对吗？为什么？如果你遇到这样的小朋友，你会怎样解决？

生3：它们这样做不对，应该用新本领帮助别人，而不是欺负别人。

生4：我会告诉他这样做是不对的，我们要做一个谦虚有礼的小朋友，用学到的本领帮助需要帮助的人。

● 小结：老虎学会很多本领以后，却开始和狐狸用新本领横行霸道，并欺负小动物。学习新本领是为了让自己更加强大，帮助和保护更多的人。

4.片段四：老虎恩将仇报。

师：猫咪师傅知道老虎欺负小动物以后怎么做的？这时，狐狸又对老虎说了什么？听完狐狸的话，老虎又是怎么做的？最后，猫咪师傅和老虎的结局又是什么样的呢？

生1：猫咪师傅教训老虎不许欺负小动物。狐狸对老虎说："大个怕小个的。"

生2：老虎听到狐狸的话后，被激怒了，于是开始欺负师傅。

生3：最后猫咪师傅爬到树上躲过了老虎的追杀，老虎因为不会上树，在爬树的时候掉到了河里。

师：从这个故事里，我们学到了什么？

生4：我们不能像老虎一样骄傲自大、恩将仇报，要做一个谦虚有礼的人。

● 小结：老虎的恩将仇报最终得到了应有的惩罚，我们要有自己的想法，不能轻易听信别人的话，别人说的话不一定都是正确的。

**（四）分享总结**

师：看完今天的影片，你们在老虎身上学到了什么呢？从现在开始我们应该怎样做呢？

生1：不能像老虎那样轻易听信别人的话，要有自己的想法。

生2：要虚心学习，耐心做好每一件事，和好朋友和平相处。

● 教师总结：做错了事并不可怕，可怕的是做错了还不知道悔改。老虎学艺的故事告诉我们做事要有耐心，要虚心学习，不可骄傲自满，更不能恩将仇报。

**（五）画一画"老虎落水"**

师：请小朋友用你手中的画笔，画出老虎落水的精彩瞬间吧！

延伸部分：在语言表演区投放老虎、猫咪、狐狸头饰等表演材料，进行分角色表演，进一步感知故事内容。

**四、相关影片推荐**

影片名称：《功夫熊猫》。

导演：马克·奥斯本、约翰·斯蒂文森。

片长：95分钟。

上映时间：2008年。

上映地点：中国。

● 影片简介

《功夫熊猫》是一部以中国功夫为主题的美国动作喜剧电影，影片以中国古代为背景，其景观、布景、服装甚至食物均充满中国元素。故事讲述了一只笨拙的熊猫立志成为武林高手的故事。

> 推荐理由：阿宝最初什么都不会，被各种嫌弃，所有动物都不认为他会成为武林高手。阿宝中间有过放弃，认为自己不行，后来经过各种事情的磨炼，更加有信心，最后醒悟，自己变得更加强大。

### 五、相关绘本推荐

绘本名称：《大灰狼学艺》。

作者：李宏声。

● 绘本简介

大灰狼哈克想成为一条多才多艺的狼，所以拜了好多老师学艺。它先拜了啊乌猫咪学习钓鱼，因为没有耐心放弃了。它又拜了哼哼猪学习书法，因为没有耐心又放弃了。它又拜了瘸鸭达克学习跳舞，还是因为没有耐心放弃了。就这样，大灰狼哈克到最后一事无成，却还在想怎样成为一条多才多艺的狼。

> 推荐理由：在成长的道路上，我们有很多东西要学习。学习任何东西，我们都不能三天打鱼、两天晒网，要不然什么事情都做不成。做事就要专心、专注地做自己喜欢的事情，不能今天想着做这个，明天想着做那个，这样什么事情都做不成。只要坚持什么事情都能做成，这也是水滴石穿的道理。

授课教师：焦艳红

## 影视案例赏析三

### 一、影片介绍

影片名称：《山水情》。

导演：特伟。

片长：19分钟。

上映时间：1988年。

上映地点：中国。

> 内容简介：《山水情》是由上海美术电影制片厂于1988年出品的水墨动画电影。本片既具有民族风格，又富有现代艺术气息，它的成功是水墨动画艺术探索上又一丰硕成果，因而成为动画电影中一部别开生面的作品。该片以写意为主，以水墨画表现了我国深厚的文化底蕴，同时表现了老师诲人不倦、弟子潜心于学、师生情深似海、尊师重教的中国优秀传统文化。该影片主要讲述了老琴师在归途中病倒，并在荒村野渡遇到渔家少年，渔家少年帮助老琴师康复，老琴师向渔家少年传授琴技，并把古琴赠予少年，老琴师离开时，少年抚琴相送，两人叙写纯洁师生之情的故事。

## 二、教育价值

动画片是孩子们最喜欢看的，现在的动画片都是颜色鲜艳的，而这部动画电影以黑白两种颜色为主，但它利用水墨的搭配充分表现了水墨画的意境美，让幼儿初步感知水墨动画的博大精深。整部影片没有一个对话，需要幼儿仔细认真观察人物表情的变换，感知故事发展的情节，锻炼幼儿细致的观察能力。通过观看影片让幼儿知道帮助需要帮助的人，学习刻苦才能不断进步，从小养成自强自立、做事不依赖别人的好习惯。

## 三、活动设计

### （一）导入部分

师：小朋友，你们都喜欢看什么动画片呢？

生1：我最喜欢看《超级飞侠》，它们都可厉害了，特别爱帮助别人。

生2：我喜欢看《小公主苏菲亚》。

师：今天，老师带领你们观看一部只有黑白两种颜色，而且没有一句对话的水墨动画电影，让我们一起欣赏吧！

### （二）完整欣赏影片

师：这部影片和你平时看的动画片有什么不一样？看完后让你印象最深刻的是什么？

生1：这个没有颜色，是黑白的。

生2：有一天，一位少年帮助一位老爷爷过河，可是老爷爷一上岸就晕倒了，少年赶紧把老爷爷带回家养病。后来，少年跟老爷爷学琴，最后老爷爷走了，留下了少年一个人每天刻苦地练琴。

### （三）分段欣赏并讨论影片内容

1. 片段一：少年救助晕倒的老人，体现做人要有一颗善良的心。

师：当少年遇到晕倒的老人时，他是怎么做的？如果你是影片中的主人公，你会怎样做？当我们遇到需要帮助的人时，应该怎样做呢？请你说一说，你都帮助过哪些人？

生1：当看到老爷爷晕倒的时候，这个少年把他扶起来并带回家中照顾他。

生2：少年主动帮助遇到困难的老爷爷，我觉得他做得特别好。

生3：如果我是少年，我也会像他一样，帮助老爷爷。

生4：我在广场玩的时候，有一个小朋友摔倒了，我把她扶起来了，还安慰她不要哭要坚强。

◉ 小结：少年是一个非常善良有爱心的人，我们也要做一个善良、有爱心的人。遇到需要帮助的人，我们一定要伸出自己的手帮助他。

2. 片段二：少年被美妙的琴声吸引后，他坚持练琴的态度启示我们做事一定要坚持下去。

师：你听到影片中老爷爷弹奏的琴声时有什么感觉？少年听到美妙的琴声后做了什么？你听到这样的琴声后有什么想法呢？少年是如何学习弹琴的？当我们做一件事情的时候，你能坚持下去吗？如果遇到困难了，应该如何去做？

生1：我感觉特别好听，特别美。

生2：他感觉老人弹琴非常好听，听完后就想学习弹琴。

生3：我也觉得琴声特别好听，想穿着我的裙子跳舞。

生4：他每天很刻苦地练琴，我也学着钢琴呢，我每天也会练习弹钢琴。

生5：要不怕困难，一直坚持下去。

○ 小结：少年在学琴的过程中加倍努力，一直坚持。小朋友在做事情的时候也要持续性地学习，不能半途而废，遇到困难也要迎难而上，这样才能成功。

3. 片段三：观看雄鹰弃子的场景，了解长大了就不能再依靠父母了，要学会独立。

师：母鹰为什么要离开自己的孩子？母鹰离开后，雏鹰哀鸣的声音像是在说什么？雏鹰离开母鹰独自展翅翱翔的情景给了老人什么启发？老人走后，少年是怎么做的？他放弃练琴了吗？当最后听到少年弹奏的曲子时，你有什么感受呢？

生1：母鹰妈妈想让它的宝宝独立飞翔，长大了自己的事情就应该自己做，就像我们一样。

生2：好像在说："妈妈，你在哪？妈妈，你快回来，我好想你啊！"

生3：他也像母鹰一样离开了他的徒弟。

生4：老爷爷走了以后，他仍一直刻苦地练习。

生5：他弹得曲子非常好听，有快有慢，就像唱歌一样。

○ 小结：母鹰离开自己的孩子并不是不要它的孩子了，而是孩子长大了，母鹰就要离开孩子，让它自己去闯荡，去克服困难，去成长。虽然妈妈的怀抱很温暖，但是我们不能总藏在妈妈的臂膀下，我们要成长，就必须靠自己。

**（四）分享总结**

师：你喜欢这种只有黑色和白色的动画电影吗？你有没有坚持去做一件事情？你是如何做的？

生1：我很喜欢，就像看国画一样，和平时我看的不一样，感觉很有意思。

生2：我现在一直在坚持学习钢琴，每天放学回家我都会练琴。

○ 教师总结：虽然整部影片中没有一句话，但是我们可以从音乐、动作、表情、山水画中感受他们的心情和剧情的变化。如果想要成功，我们就一定要努力，遇到困难要迎难而上，做事有始有终，不能半途而废，要做一个虚心、爱学的孩子。

**（五）续编故事情节**

师：老爷爷走后，少年还会发生什么事？长大以后的少年会变成什么样子？请开动脑筋想一想，并动手画下来分享给小朋友吧！

延伸部分：开展区域活动"水墨画"，初步感受中国的水墨文化，知道水墨画是我国的国画。尝试用水、墨、宣纸进行拓印，并根据拓印的图案大胆想象。创作结束后，可将作品悬挂起来。

**四、相关影片推荐**

影片名称：《小蝌蚪找妈妈》。

导演：特伟、钱家骏、唐澄。

片长：15分钟。

上映时间：1960年。

上映地点：中国。

● 影片简介

青蛙妈妈产下的宝宝慢慢长出尾巴变成了一群小蝌蚪。小鸡和妈妈的亲密让小蝌蚪羡慕不已，它们决定去找自己的妈妈。可是找起来，还真不是一件简单的事。它们经过误认金鱼、螃蟹、小乌龟、鲶鱼为自己妈妈的一个又一个波折后，终于找到了自己的妈妈。过了不久，它们也终于长成了妈妈的样子。

推荐理由：这是一部富有童趣的影片。一群天真活泼的小蝌蚪在寻找妈妈的过程中不知不觉变成了小青蛙。影片以童话故事的形式呈现了青蛙生长过程的科学知识，蕴含了从小就要锻炼独立生活的能力和遇事主动探索的道理。

### 五、相关绘本推荐

绘本名称：《左左和右右》。

作者：施欢华。

● 绘本简介

一对孪生小姐妹左左和右右，她们性格不同、生活习惯不同，但有着完全一模一样的喜好。刚开始，她们经常争吵。直到有一天，右右生病了，于是左左不再慢吞吞，也不哭鼻子了，还给右右带回了甜甜圈，她们一起看图画书，别提多高兴了！她们的妈妈也特别欣慰，因为姐妹俩学会了分享，也得到了更多的快乐。

推荐理由：这是一本让孩子的心灵充满阳光的绘本，通过一个个温馨、甜蜜、感人、奇妙、有趣的故事引导孩子感受生活中的真善美，感受爱并学习表达爱，积极乐观，给孩子正能量，培养孩子的好性格，促进孩子健康、快乐地成长！

授课教师：陈雪芹

# 人与社会

## 影视案例赏析一

### 一、影片介绍

影片名称：《彼得与狼》。

导演：苏西·邓普顿。

片长：32分钟。

上映时间：2006年。

上映地点：英国、波兰、挪威、墨西哥。

> 内容简介：《彼得与狼》是俄罗斯作曲家普罗柯菲耶夫在1936年为儿童写的一部交响乐童话。这是一部无声动画片，是一部表现少年彼得机智勇敢地与小伙伴一起战胜大灰狼的交互动画。该影片讲述了彼得和爷爷生活在乡下，年少且充满好奇心的彼得趁着爷爷熟睡之机，偷偷地跑到了外面结了冰的湖面上玩。不料，一匹恶狼路过。凭着机智和勇敢，彼得活捉了这只恶狼。但当他和爷爷把狼带到镇上时，发现人们对狼非常残暴，最终彼得决定把这只狼重新放回大自然。故事寓意深刻，表现了少年彼得的勇敢和机智。

## 二、教育价值

大班幼儿有了一定的生活经验，并对狼有了自己的认知。大部分幼儿觉得狼是相对凶猛的动物，对狼产生了一定的恐惧心理。人的成长过程就是一个不断学习和挑战的过程，可能会遇到各式各样的问题与困难，甚至恐惧害怕的事情，而最重要的是如何战胜这些困难。通过人物的表情及心理变化感受故事情节的跌宕起伏，可以让幼儿明白最难的并不是问题本身，而是如何战胜自己，只要勇敢、多动脑筋，一定可以战胜困难。

## 三、活动设计

### （一）导入部分

师：小朋友，你认为狼是一种什么样的动物？假如你在户外忽然遇到一只狼，你怎么表现？做一做突然遇到狼时的表情吧！

生1：我在动物园里见过狼，狼是食肉动物，它特别凶，特别厉害，很多小动物都怕它。

生2：我肯定特别害怕，我一定会找地方藏起来。

师：有个小男孩他叫彼得，有一天他真的遇到了一只狼，让我们一起看看小男孩和狼之间会发生什么故事吧。

### （二）完整欣赏影片

师：影片中都出现了哪些动物？这部影片中没有一句对话，谁能讲一讲影片中的故事情节呢？

生1：影片中出现的动物有小鸟、鸭子、猫、狼。

生2：彼得的好朋友被狼吃掉了，他很伤心。最后，爷爷和他一起将狼抓住了，但彼得将狼放走了，让它回到了大自然里。

### （三）分段欣赏并讨论影片内容

1. 片段一：彼得发现了房屋后面的"游乐场"，开启了探索之旅。

师：爷爷为什么不让彼得出去玩呢？彼得有朋友吗？他最好的朋友是谁？为什么？当彼得走出去后，他的心情是什么样的？你是从哪看出来的？

生1：我觉得爷爷怕外面的世界太危险，怕有人伤害他。

生2：他的好朋友只有鸭子和小鸟。他胆小，不敢说话，其他小朋友都欺负他，不愿意跟他做好朋友。

生3：特别开心，他和他的好朋友在冰上一起玩。

生4：彼得出去后脸上有笑容，之前他总是绷着脸，而且当他出去后影片中的音乐变得欢快了。

师：在生活中，你的好朋友是谁？有没有动物朋友呢？请试着用你的动作表现鸭子和小鸟是怎样在外边玩的？

生5：我的好朋友是馨馨，我们俩经常在一起玩。我家养着一只小猫咪，我跟它也是好朋友，每天我一回家它就会跑到我身边。

- 小结：小彼得胆子小，没人愿意跟他玩，总是欺负他，他的好朋友只有鸭子和小鸟，但彼得对待他的朋友非常真诚。我们在和自己的好朋友相处时，一定要互相帮助，团结友爱。

2. 片段二：彼得最好的朋友鸭子被狼吃掉了。

师：当鸭子被狼吃掉了，彼得的心情是什么样的呢？是什么原因让彼得变得坚强，敢与狼对峙？你认为彼得害怕狼吗？

生1：彼得一定非常伤心，就像我失去我喜欢的玩具一样。

生2：他失去了自己最好的朋友，想替自己的好朋友报仇。

生3：刚开始害怕，后来就不害怕了，自己想办法打败狼。

师：当遇到困难和害怕的事情时，你会怎么办？

生4：我会告诉自己，让自己不要害怕，积极想办法解决问题。

- 小结：彼得最好的朋友鸭子被狼吃掉了，他非常伤心，于是决定要将狼打败。这时的彼得变得坚强、勇敢。我们在面对困难时，一定要勇敢面对，积极动脑筋，这样才能成功。

3. 片段三：彼得和爷爷一起抓住狼后，没有将狼送去动物园，而是将狼放走了。

师：抓住狼以后，彼得和爷爷商量后决定把狼送去动物园，但是动物园因狼生性过于凶残而决定处死它。最后彼得如何处置狼？为什么要把狼放走？你同意彼得的这种做法吗？为什么？当狼回头看向彼得的时候，你认为这时狼的内心是怎样的？

生1：彼得把狼放走了，他不想伤害小动物。

生2：我同意彼得这样做，因为狼也是国家保护动物，不能伤害它。

生3：狼肯定是在感谢彼得的救命之恩。

师：你喜欢这样的结局吗？在生活中，当你得到别人帮助后，你会怎样做呢？

生4：我喜欢这样的结局，我不想狼被关到动物园里，那样它就不快乐。

生5：当有人帮助我以后，我会对他说："谢谢。"

- 小结：彼得是一个善良的孩子，他明白所有的人和动物都需要自由，所以就将狼放走了，让它回归大自然。

（四）分享总结

师：看完今天的影片，你现在还认为彼得是一个胆小的人吗？彼得最后将狼放回了森林，如果你是彼得，你会怎样做呢？为什么？

生1：我认为彼得是一个特别勇敢的男子汉，他为了救助自己的好朋友，努力想办法，最后终于成功了。

生2：如果我是彼得，我也会像他一样，将狼送回森林。因为狼的家就是森林，如果把狼送到动物园，狼会伤心的，就再也不能回到森林里，自由自在地生活了。

- 教师总结：自由对于任何一个生命来说都是宝贵的，无论是人还是动物。彼得本可以让爷爷一枪打死狼，为好友报仇，或者把狼交给动物园或者屠夫，以此换取自己英勇捉狼的荣誉和赞美。但是，他选择既往不咎，毅然放走了狼，让狼重获自由。我们要像彼得一样，做一个正直、勇敢、有爱心的人。

（五）续编故事内容

师：当狼回归到大自然后，它今后的生活会怎样呢？请你试着创编一下狼回归大自然后的生活！

延伸部分：开展音乐赏析活动"彼得与狼"，初步了解几种乐器的音色特点，感受不同乐器表现的不同音乐形象，感受音乐旋律的变化和音乐中表达的情感。

### 四、相关影片推荐

影片名称：《我是狼》。

导演：于胜军。

片长：95分钟。

上映时间：2014年。

上映地点：中国。

● 影片简介

在一个与世隔绝的天坑里住着一群无忧无虑的红色的兔子，与这群红兔子不相宜的是白狼，但没有人知道这只白狼是只狼。小白狼和红兔耳朵一起长大，亲如兄弟。在和它的兔子兄弟踏上一条关系兔群命运的冒险之旅时，小白狼终于发现了自己的真实身份，并开始遭到兔子兄弟的质疑与疏离，这对好兄弟是否还能像以前一样亲密呢？

> 推荐理由：狼与兔子到底是兄弟，还是天敌？该绘本可以教会我们怎样才能让友谊长存，也许只有互相信任、互相包容、互相理解，才能真正使友谊万岁。只有信任，你才能真正得到兄弟。

### 五、相关绘本推荐

绘本名称：《别想欺负我》。

作者：伊丽莎白·崔勒。

● 绘本简介

吉姆已经上幼儿园大班了。今天，吉姆迫不及待想赶到幼儿园，简直一分钟都等不及了。因为她今天背上了新书包，一定要让所有人都看看她的新书包！走着走着，突然，两个人挡住了吉姆的去路……

> 推荐理由：书中塑造了吉姆这个典型的人物形象，以孩子的视角模拟了真实的生活场景，绘声绘色地描述了吉姆在单独面对比自己强大的人物和不公平的事件时，是如何采取正确的自我保护方法，是如何变得更加勇敢、更加自信、更加积极的。

授课教师：田玲

## 影片案例赏析二

### 一、影片介绍

影片名称：《除夕的故事》。

导演：钱家骅。

片长：18分钟。

上映时间：1984年。

上映地点：中国。

> 内容简介：这是一部介绍除夕由来的动画片，是中国学派动画的典型代表。影片贴合主题使用了民间年画的形式，中国风韵浓郁，场景设置注重留白，颇有意境。中国民俗传说中有一个叫"夕"的怪兽，每年腊月三十过来祸害百姓。百姓只好请灶王爷派天兵赶走它。经过一场激烈的搏斗，"年"终于除掉"夕"，为了纪念，人们把腊月三十这天称为"除夕"，把正月初一叫作"年"。

## 二、教育价值

中国有很多传统节日，也有很多神话传说。在除夕这一天我们有很多习俗，如贴对联、包饺子、放鞭炮等。现在过年时的气氛比以前平淡了许多，我们应该让幼儿更多地感受传统习俗文化的博大精深，了解除夕与年的来历。现在的孩子都是温室的花朵，做事情缺乏独立性，通过观看"年"战胜"夕"的过程，让幼儿懂得有勇气、肯动脑筋才能取得成功。

## 三、活动设计

### （一）导入部分

师：小朋友，你们喜欢过年吗？为什么？你过年的时候都能做些什么事情呢？

生1：我特别喜欢，过年的时候有好多好吃的，还可以跟我哥哥姐姐一起玩。

生2：我也喜欢，过年的时候我可以跟爸爸妈妈一起回奶奶家，可以放鞭炮。

师：除夕还有一个神话传说呢。在很久以前，有个叫"夕"的怪物每年腊月三十都会过来祸害百姓。今天让我们一起来看一看在那天晚上都发生了什么事情吧！

### （二）完整欣赏影片

师：看完这部影片后，令你印象最深刻的是什么？哪位小朋友可以复述一下影片内容呢？世界上真的有"夕"这个怪兽吗？

生1：以前在过年的时候，总有一个怪兽来村子里捣乱。村民都特别怕它，这个怪兽很厉害，最后这个怪兽被"年"打败了。它害怕红色和鞭炮，所以后来过年家家户户都贴春联、放鞭炮，这个怪兽就不会再来了。

生2：世界上根本就没有怪兽，这些都是传说。

### （三）分段欣赏并讨论影片内容

1. 片段一："夕"的到来，让村民感到非常害怕。

师：村民为什么害怕腊月三十的到来？从哪些画面可以看出村民特别害怕"夕"的到来？村民从什么地方找到灶王爷寻求帮助的？

生1：有一个叫"夕"的怪兽，它想要吃掉村民。

生2："夕"来的时候，好像龙卷风一样，村民害怕，都跑回了家，把门和窗户都关上了。

生3：灶王爷是从画里面出来的。

师：小朋友看，这就是灶王爷的年画。他负责管理各家的灶火，因而受到村民的崇拜。在现实生活中，你都在哪里见到过这样的年画？灶王爷为什么也害怕"夕"？但他为什么不让"年"打"夕"呢？

生4：我在奶奶家厨房的墙上见过，奶奶还给它上香呢。

生5：灶王爷刚开始以为自己很厉害，但是最后被"夕"一口气吹上了天，掉在了草堆里。

生6：因为"年"是一个小孩子，灶王爷觉得"夕"很厉害，"年"打不败它。

◉ 小结："夕"的到来让村民感到害怕，村民最崇拜的灶王爷对"夕"也束手无策，"年"却勇于承担了打败"夕"的重任。

2. 片段二:"年"打败了"夕",说明只要努力就一定可以成功。

师:"年"来到村子里,但是"年"是一个小孩,你觉得他能打败"夕"吗?为什么?最后"年"是用什么方法打败"夕"的?当"夕"被打败时,影片中的背景音乐有什么变化?

生1:我认为"年"肯定能打败"夕",因为他很勇敢,他不害怕怪兽。

生2:我觉得"夕"害怕红色和鞭炮,它一见到红色或听见鞭炮声就会躲起来。

生3:最后"年"和村民一起用鞭炮和红色打败了"夕"。

生4:音乐特别欢快,就像在庆祝胜利一样。

师:每个人都有失败的经历,我们应该如何面对失败?

生5:妈妈对我说过:"失败了不要怕,重新再来,一定会成功的。"

○ 小结:做事情失败后,不要害怕、退缩,一定要努力想办法,开动脑筋,解决问题,就像"年"一样,一次次的尝试最终取得了胜利。

3. 片段三:"夕"被打败后,村民采用过年的时候放鞭炮、贴对联的方式纪念"年"。

师:"夕"终于被打败了,村民用什么方法纪念"年"?除了这些方式,我们还可以用什么方式纪念"年"?

生1:在每年过年的时候都会放鞭炮、贴对联。

生2:可以穿红色的衣服。

生3:贴红色的窗花。

○ 小结:"年"打败了"夕",村民怀有感恩的心,用自己的方式纪念"年"。小朋友在得到别人的帮助后,一定要怀有一颗感恩的心。

**(四)分享总结**

师:看完今天的影片,小朋友知道我们过年的习俗有哪些吗?我们如何纪念"年"呢?如果你是"年",你会像他一样勇敢吗?

生1:我们过年的时候放鞭炮、贴对联、收红包,什么都是红色的,因为"夕"害怕红色,过年还要高高兴兴的。

生2:我一定比"年"更勇敢,我什么都不怕。

○ 教师总结:"年"是一个很勇敢的孩子,用自己的智慧打败了"夕"。为了纪念,人们把腊月三十这天称为"除夕",把正月初一叫作"年"。初一,人们总会欢欢喜喜"迎新年"。而"年"用的那两件降服怪物的宝贝——万彩红绫和霹雳竹筒就变成了我们现在的对联和爆竹。除了这些,过年的习俗还有很多,如扫尘、包饺子、拜年、放烟花、赏花灯等。

**(五)分角色表演**

师:娇小的"年"面对庞大的"夕",并没有退缩。经过激烈的斗争,"年"终于将"夕"打败了。现在请小朋友分角色进行表演,将故事情节用自己的动作表现出来吧!

延伸活动:开展美术延伸活动"过新年",让幼儿回忆自己过年的场景,并大胆地用绘画形式表现过年热闹的情景,并将作品展出,供所有幼儿欣赏。

**四、相关影片推荐**

影片名称:《元日》。

导演:彭擎政。

片长:5分钟。

上映时间：2015 年。

上映地点：中国。

● 影片简介

动画短片《元日》以古诗为背景，用一个孩子的眼睛去看四百年前明代嘉定春节的传统与习俗。贴春联，挂灯笼；供神佛，祭祖先。好奇又馋嘴的小孩被抓了个正着。父亲走来，一句"没规矩"，一个怀抱，一句"物非义不取"，一句"知错能改，善莫大焉"，一人一颗"长生果"，事情就这么安然解决。爆竹声里小孩们结伴嬉戏，父辈搭着木梯贴春联、挂灯笼，母亲在厨房忙碌着丰盛的年饭……

> 推荐理由：影片直观展示了过年的景象，让孩子们更直观地了解了民间习俗。整部动画画风唯美，故事短小却又年味十足，如此春节，虽然讲的是古人，但其中的趣味和我们童年记忆里的春节一模一样！

### 五、相关绘本推荐

绘本名称：《好忙的除夕》。

作者：翁艺珊。

● 绘本简介

我们全家好忙、好忙。忙着煮年夜饭、蒸糕、大扫除、买年货、贴春联……大人忙进忙出，我和弟弟也忙着整天玩！代代相传，你我熟悉的除夕，大人忙碌准备，孩子热情参与，一家人温暖团圆，有情有味地过新年喽！

> 推荐理由：在年味渐淡的现在，这本《好忙的除夕》透过三代同堂家庭忙碌准备过年的点滴带我们寻回代代相传、你我熟悉的除夕日常记忆。以孩子的亲身感受搭配时而押韵的文字，生活化且有情有味地叙述过年习俗，书中每一个画面都像是你我家中的过年片段，令人备感亲切。

授课教师：马红霞

## 影视案例赏析三

### 一、影片介绍

影片名称：《借一只爪》。

导演：克莱德·杰洛尼米。

片长：8 分钟。

上映时间：1941 年。

上映地点：美国。

内容简介：《借一只爪》是一部非常有趣的经典动画片。该片讲述了一只叫普鲁托的狗在白雪覆盖的郊外寻找食物时，救助了一只小猫，小猫跟普鲁托回家后，因米老鼠主人对小猫疼爱有加，引起普鲁托的嫉妒之心而发生的种种有趣的故事。每当普鲁托嫉妒之火燃起时，就会出现一个善良的小天使普鲁托和邪恶的小恶魔普鲁托做思想斗争，最终善良的小天使打败了小恶魔。最后，普鲁托和小猫都得到了主人的疼爱，它们成了好朋友。这个故事告诉我们要用一颗善良友好的心对待别人，这样会收获满满的爱。

## 二、教育价值

在成长过程中，幼儿遇到比自己优秀的同龄人难免会产生嫉妒心。孩子的嫉妒是直观的、真实的甚至是自然的。帮助幼儿正确分析与别人产生差距的原因，让他们懂得每个人都有自己的优点，让他们在生活和学习中学会正视并欣赏别人身上的优点，弥补自己的不足，取长补短，让自己变得更优秀。

## 三、活动设计

### （一）导入部分

师：小朋友，你们认为小狗和小猫能成为好朋友吗？为什么？

生1：不能成为好朋友，因为小狗会咬小猫。

生2：我爷爷家的小狗和小猫就是好朋友，它们每天都在一起玩耍。

师：你觉得如果小猫遇到困难，小狗会帮助它吗？

生3：我觉得不会，因为小狗喜欢欺负小猫。

师：有一只叫普鲁托的小狗救了一只可爱的小猫。让我们一起看看它们之间是怎样相处的吧！

### （二）完整欣赏影片

师：普鲁托和小猫之间发生了什么？令你印象最深刻的是什么？

生1：普鲁托救了小猫，但是它并不喜欢小猫。

生2：令我印象最深刻的是，虽然普鲁托不喜欢小猫，但在小猫遇到危险的时候，它还是毫不犹豫地救了小猫。

### （三）分段欣赏并讨论影片内容

1. 片段一：普鲁托出于本能施救小猫。

师：普鲁托是怎样营救河里的布袋的？当普鲁托知道自己救的是一只小猫，有什么反应？虽然普鲁托很厌恶小猫，但是小猫是如何对待它的呢？

生1：普鲁托跳到冰块上营救了布袋。

生2：普鲁托发现救的是一只小猫时，露出厌恶的表情，把小猫赶走了。

生3：小猫很喜欢普鲁托，总是对它喵喵叫，悄悄地跟着普鲁托回家了。

师：在你身边有没有像普鲁托一样喜欢帮助他人的小朋友？请与我们分享一下。

生4：朵朵喜欢帮助别人，有一次我的水杯盖拧不开了，就是朵朵帮我拧开的。还有一次豆豆忘了拿口罩，朵朵给了豆豆一个新口罩。

○ 小结：普鲁托乐于助人，在别人需要帮助的时候，伸出了援助之手。我们要向普鲁托学习，当同伴遇到困难时，我们要及时帮助他。

2. 片段二：小猫回家的遭遇。

师：米老鼠主人是怎样对待小猫的？在家时，普鲁托和小猫是如何相处的？

生1：主人很喜欢小猫，把小猫抱在怀里。

生2：普鲁托很生气，很讨厌小猫动它的东西，每次小恶魔普鲁托都会占上风，想办法赶小猫走。

生3：虽然普鲁托总是欺负小猫，但是小猫还是很喜欢跟它在一起。

师：普鲁托不喜欢小猫，想尽办法想把它赶走，你能帮小猫想想办法吗？

生4：让小猫尝试跟普鲁托交朋友，让普鲁托感受到与他人友好相处的快乐。

○ 小结：主人很喜欢小猫，普鲁托产生了嫉妒之心。当我们身边出现比自己更优秀的小朋友时，我们应该学习他的优点，让自己变得更优秀。

3. 片段三：当小猫遇到危险时，普鲁托再次救了小猫。

师：小猫后来又遇到了什么危险？普鲁托是怎样做的？普鲁托又发生了什么事？当普鲁托被主人救起后，它和小猫的关系有什么变化？

生1：小猫掉到井里了，这时小天使普鲁托占了上风，再次救了小猫。

生2：普鲁托为了救小猫，自己却掉到井里，主人救了普鲁托。

生3：当小猫舔普鲁托的时候，普鲁托露出了开心的笑容，它们成了好朋友。

师：你身边有"坏脾气"的小朋友吗？如果遇到这样的小朋友，你怎么做？

生4：我会友好地跟他相处，在他需要帮助的时候，及时帮助他。

○ 小结：普鲁托再次救了小猫，也再次得到了主人的爱。主人的爱化解了普鲁托的嫉妒之心，普鲁托和小猫成了好朋友。我们只要时刻怀有一颗善良的心对待别人，就会得到意想不到的收获。

（四）分享总结

师：看完今天的影片，小朋友如何与身边的人相处呢？你觉得我们应该向普鲁托学习什么呢？

生1：我们要怀有一颗善良的心。当其他小朋友遇到困难时，要给予力所能及的帮助。

生2：我们要像普鲁托那样在别人需要帮助的时候，及时给予帮助。与他人相处时要怀有一颗友好善良的心，这样我们也会从中获得快乐。

○ 教师总结：生活中我们常常会遇到一些问题需要别人的帮助，当别人给予我们帮助时，我们应该怀有一颗感恩的心。我们也会遇到很多比自己优秀的人，我们要学习他人的优点和长处，成为更优秀的自己。

（五）画一画

师：小朋友请开动你的小脑筋，动动你的小手指，试着把普鲁托和小猫成为好朋友的温馨画面画下来吧！

延伸部分：开展社会活动"好朋友的优点"，引导幼儿懂得欣赏他人优点，并互相学习对方身上的一个长处，从而养成互帮互助、取长补短的好习惯。

四、相关影片推荐

影片名称：《白雪公主和七个小矮人》。

导演：戴维·汉德等。

片长：83分钟。

上映时间：1937年。

上映地点：美国。

● 影片简介

影片主要讲述了白雪公主因为美丽漂亮而被其后母妒忌，后母发誓要把她置于死地，但白雪公主先后得到武士、森林鸟兽及七个小矮人的帮助,逃过了一劫又一劫,后母则自食其果死于山崖下的故事。

> **推荐理由**:白雪公主因为美丽而遭到她心狠手辣的后母嫉妒,后母想尽各种办法想置她于死地,最后白雪公主遇到了拯救她的王子,后母也因为嫉妒别人得到了相应的惩罚。人真正的美丽来自善良,不应该心怀嫉妒之心,应该带着欣赏的态度对待身边的人。

### 五、相关绘本推荐

绘本名称:《我好嫉妒》。

作者:康娜莉娅·莫得·斯贝蔓。

● 绘本简介

这本书描写了一件件让熊宝宝感到嫉妒的事情:妈妈疼爱妹妹、自己的好朋友跟别人玩、别人得到好东西、同学表现比它好……在大人的帮助下,熊宝宝发现嫉妒人人都有,于是它开始寻找让自己不再嫉妒的方法。

> **推荐理由**:孩子在成长过程中会有各种情感的迸发,当嫉妒之心开始蔓延时,我们要正确引导孩子排解心中的嫉妒。嫉妒之心人人都有,如何寻找让自己不再嫉妒的方法?可以试着说出自己的需要,换个想法和做法,心情就不一样了,随之嫉妒的感觉也会没有了。

授课教师:焦艳红

## 影视案例赏析四

### 一、影片介绍

影片名称:《九色鹿》。

导演:钱家骏、戴铁郎。

片长:25分钟。

上映时间:1981年。

上映地点:中国。

> **内容简介**:《九色鹿》是一部根据敦煌莫高窟壁画改编的经典动画片。该片讲述的是九色鹿在人们和小动物遇到困难时,总是不计回报地施以援手,帮助大家脱离困境。王后听说九色鹿的存在后,想用九色鹿的皮做衣服,于是重金悬赏能找到九色鹿的人。被九色鹿救过的捕蛇人见利忘义,帮助国王设计杀害九色鹿。九色鹿向国王揭露捕蛇人忘恩负义的丑恶行为,国王深为不安,不再追杀九色鹿。捕蛇人吓得胆战心惊,连连后退,跌进深潭淹死,自食恶果。我们一定要做一个言而有信、知恩图报的人。

## 二、教育价值

影片完全采用敦煌壁画的风格，色彩艳丽，具有极强的艺术效果。九色鹿形象柔和，给人温暖亲和的感觉，每当有人遇到困难时便会第一时间跑出来帮助他们。这让幼儿感受到了无私助人的传统美德。孩子在成长过程中经常会遇到各种困难和问题。当得到别人的帮助时，要怀有一颗感恩的心。当身边的人遇到困难时，应及时给予帮助。我们要学习九色鹿善良的品质，更要做一个言而有信的人。

## 三、活动设计

### （一）导入部分

师：小朋友，你们都见过什么样子的小鹿呢？

生1：我在动物园见过梅花鹿，它有长长的鹿角，它的毛是黄色的，还有白色的斑点。

师：除了梅花鹿，你们还见过其他样子的小鹿吗？

生2：我在电视上见过麋鹿，它的身体是黄色的，肚皮是白色的。有大大的鹿角，像树枝一样。

师：有一只神奇的鹿，它叫九色鹿。让我们一起看一看在它身上发生了哪些神奇的事吧！

### （二）完整欣赏影片

师：影片中讲了什么故事？九色鹿与你见过的鹿有什么区别？

生1：九色鹿救了商人和捕蛇人后，不让他们告诉别人见过九色鹿，但是捕蛇人告诉了国王。国王要杀死九色鹿，用它的皮给王后做衣服。最后，九色鹿用自己的光环救了自己。

生2：九色鹿身上有像月亮一样的图案，而且头顶上还有亮光，它特别好看。

### （三）分段欣赏并讨论影片内容

1. 片段一：当有人遇到困难时，九色鹿就会及时出现救助他们。

师：九色鹿都救了谁？九色鹿分别用什么方法救助他们？九色鹿对捕蛇人说了什么？为什么这样说？

生1：九色鹿先救了沙漠里的波斯商人，后来又救了很多小动物，最后救了一个落水的捕蛇人。

生2：九色鹿指引迷路的商人走出沙漠，用自己的身体帮小动物取暖，还在水中开辟了一条路，将捕蛇人救了出来。

生3：它对捕蛇人说不需要回报，只是不要把见到它的事情告诉别人，因为不想让更多的人知道它。

师：你喜欢九色鹿吗？为什么？

生4：非常喜欢。因为它不仅漂亮还很善良，总是在他人遇到困难的时候，及时帮助他们脱离困境。我们要学习它乐于助人、不求回报的品质。

● 小结：九色鹿救了很多遇到危险的人和小动物。当身边的人遇到困难时，我们要伸出援助之手，帮他解决困难。

2. 片段二：国王为了满足王后的需求，决定猎杀九色鹿。

师：国王是怎么知道九色鹿的事的？王后知道后想要捉九色鹿做什么？捕蛇人为什么不守承诺出卖九色鹿？

生1：波斯商人跟国王说了九色鹿帮助他们指路的事。

生2：王后想用九色鹿的皮做衣服。

生3：捕蛇人看到国王发布的悬赏公告后想发财，所以带着国王去找九色鹿了。

师：在你身边有不守承诺的小朋友吗？你是怎样解决的？

生4：有一次我姐姐说好了要帮我保守秘密，但是她没有做到。我很生气，再也不想理她了。后来，她很真诚地向我道歉，我就原谅她了，并告诉她如果还不守承诺，以后就再也不理她了。

● **小结**：贪婪的王后想要九色鹿的皮做衣服，而捕蛇人不守承诺出卖了九色鹿。这样做是不对的，我们应该做个言而有信的人。

3. 片段三：九色鹿被找到后，告诫所有人要做个言而有信、知恩图报的人。

师：捕蛇人是怎样找到九色鹿的？九色鹿被捕后为什么没有被杀害？捕蛇人最后的结局是什么？

生1：捕蛇人假装掉到水里，让九色鹿救他。国王让士兵向九色鹿放箭，但是九色鹿并没有被杀死。

生2：九色鹿是神鹿，它对国王说出救助捕蛇人的事情，同时控诉捕蛇人不守信用。国王深为不安，放了九色鹿。

生3：捕蛇人吓得胆战心惊，连连后退，跌进深潭淹死了。

师：你身边有没有像九色鹿一样温暖善良、乐于助人的小朋友？

生4：我们班的丹丹就像九色鹿一样非常喜欢帮助别人，每次大家有困难了也喜欢跟她说，她总能帮我们解决问题。大家都很喜欢她。

● **小结**：国王被九色鹿的善良感动了，捕蛇人也为自己的贪婪付出了代价。

**（四）分享总结**

师：看完《九色鹿》的故事，小朋友学习到了什么？如果再有需要帮助的人，九色鹿还会救他们吗？为什么？

生1：我们要帮助身边需要帮助的人，更要做一个言而有信、知恩图报的人。

生2：肯定会的，因为九色鹿在别人遇到危险时就会出现，帮助别人。

● **教师总结**：九色鹿乐于助人、不求回报的高尚品质，值得小朋友学习。捕蛇人言而无信、恩将仇报，最终得到了应有的教训和惩罚。小朋友一定要做一个知恩图报、言而有信的人，并且要对身边遇到困难的人及时给予帮助。希望每一位小朋友都能像漂亮的九色鹿一样乐于助人、不求回报。

**（五）演一演九色鹿助人为乐的场景**

师：九色鹿温暖善良的品质温暖着它身边的人和动物，让我们一起重温一下九色鹿乐于助人的片段。请在班级内以小组为单位，合作排演九色鹿助人为乐的精彩片段。

延伸部分：小朋友和家长一起观看一些有困难的人的照片，帮助有困难的人解决问题，享受帮助他人的快乐。

**四、相关影片推荐**

影片名称：《东郭先生》。

导演：虞哲光、许秉铎。

片长：10分钟。

上映时间：1955年。

上映地点：中国。

● 影片简介

东郭先生在路上遇到一只受伤的狼向他求救。东郭先生心生怜悯，让狼藏进口袋里。猎人追来问狼的情况，他推说不知。狼一出口袋，说自己早已饥肠辘辘，要吃掉东郭先生。东郭先生吓得不知所措。这时，农夫赶了过来，想出妙计拿下狼。通过此事，东郭先生知晓了仁慈也要分场合。

> 推荐理由：东郭先生和狼的故事告诉人们生活中善良的人很多，但是也要学会保护自己。遇到坏人和危险的时候，要沉着应对，千万不要心慈手软。遇到事情时要分清善恶，明辨是非，区别对象，帮助那些应该帮助的人。

## 五、相关绘本推荐

绘本名称：《农夫与蛇》。

作者：伊索。

● 绘本简介

在一个寒冷的冬天，赶集回家的农夫在路边发现了一条蛇，以为它冻僵了，于是就把它放在怀里。蛇完全苏醒后，因受到惊吓，便本能地咬了农夫，最后杀了农夫。农夫临死之前后悔地说："我想要做善事，却由于见识浅薄而害了自己的性命，因此遭到了这种报应啊。"

> 推荐理由：这个故事告诉我们做人一定要分清善恶，只能把援助之手伸向善良的人。对那些恶人即使仁至义尽，他们的本性也是不会改变的。在不知道别人身份，不知道别人内心是否真诚的情况下，不要随意轻信别人，坏人不会因为你的热心而感动。我们应谨慎小心，但不要吝惜给好人施予帮助。

授课教师：焦艳红

# 人与自然

## 影视案例赏析一

### 一、影片介绍

影片名称：《公牛费迪南德》。

导演：Dick Rickard。

片长：8分钟。

上映时间：1938年。

上映地点：美国。

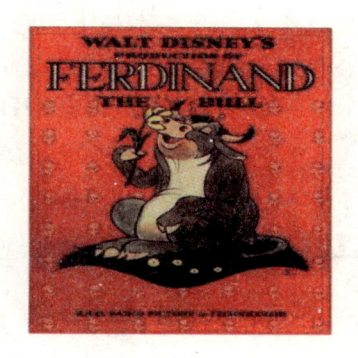

> 内容简介：本片荣获1939年奥斯卡金像奖最佳动画短片奖。整部影片幽默诙谐，讲述了公牛费迪南德生在一个景色优美、恬静自在的农场里。与其他好斗的伙伴不同，费迪南德无比热爱大自然，清香的芳草和美丽的花朵是它的最爱。但命运好像和它开了一个玩笑，它阴差阳错地走入了人声鼎沸的斗牛赛场。不知会有怎样的命运等待着它……全片采用说书人的口吻，画风夸张有趣。这个故事告诉我们真正的快乐是根植于内心的，职业带来的美好感受、荣耀、成功与喜悦是短暂的，远比不上一个人从小养成的对世界的看法，对美好事物的追求所带来的欢乐才是惠及一生的。

## 二、教育价值

每个人都有自己的梦想，即便和别人不一样，也要坚持下去，相信自己是独一无二的。要懂得学会欣赏自己，像这只平和静心的公牛般追求自由，享受大自然赋予我们的美好环境。只要幸福快乐就好，爱与和平才是我们在成长中真正值得追求的东西。

## 三、活动设计

### （一）导入部分

师：身笨力气大，干活常带枷，春耕和秋种，不能缺少它，打一个动物。你们知道是什么吗？猜猜牛的梦想是什么？你们长大后的梦想是什么？

生1：这个动物是牛。

生2：牛的梦想是帮助人们耕田。

生3：我长大想当一名医生，救助生病的人，让他们全部健健康康的。

生4：我想当一名军人，保家卫国。

师：公牛费迪南德出生在一个景色优美、恬静自在的农场里。但是，它和其他好斗的伙伴不同，费迪南德只喜欢闻花香。今天，我们就一起去看一看在费迪南德身上都发生了什么有趣的事情，让我们一起欣赏吧！

### （二）完整欣赏影片

师：影片的名称是什么？你最喜欢影片里的哪段故事内容呢？

生1：影片的名称是《公牛费迪南德》。

生2：当一只蜜蜂蜇了它的屁股，它立刻就奔跑了起来，我感觉特别好笑。

生3：在斗牛场上，它还是喜欢花香不喜欢比赛。坐在斗牛场上，把斗牛士都快气死了。最后，公牛又被送回去了，每天还是躺在树下闻花香。

### （三）分段欣赏并讨论影片内容

1. 片段一：公牛费迪南德小时候喜欢坐在树下闻花草的香味。

师：公牛费迪南德最喜欢做什么事情？其他公牛的愿望是什么？妈妈对费迪南德的做法是什么态度？如果你是费迪南德的妈妈，你会同意费迪南德这样的想法吗？

生1：它最喜欢闻花香，其他公牛最想去斗牛场。

生2：妈妈不想让它整天闻花香，但是妈妈最后尊重了费迪南德的选择。

生3：我也会同意的，因为我也很喜欢花，我觉得花特别漂亮。

师：请你用自己的肢体语言学一学费迪南德闻花香的样子吧！

● 小结：每个人小时候都有梦想和自己喜欢干的事情，父母都会尊重自己的意愿，只要开心快乐就好。

2. 片段二：成年后的费迪南德还是和小时候一样喜欢花香，但最后误打误撞被斗牛士选中。

师：长大后的费迪南德的梦想是什么？当斗牛士来到农场时，费迪南德想去吗？其他牛呢？它们的表现都是什么样子的？费迪南德是因为什么原因被送到了斗牛场？

生1：没有改变，还是和从前一样，每天喜欢坐在软木树下闻花香。

生2：费迪南德不想去，但是别的牛都特别想去。

生3：费迪南德只是坐在树下，其他牛都努力地展示自己强壮的身体。

生4：一只蜜蜂叮了费迪南德的屁股，疼得它到处乱跑，斗牛士认为它是最强壮的牛，就把它带回去了。

师：在生活中，有没有遇到别人强迫你做一件事情的时候？你又是如何处理的？

生5：我正在画画时，乐乐非让我跟他一起玩积木，我就告诉他我不想去。

○ 小结：每个人都应该坚持自己的梦想，即便和别人不一样，也要相信自己是独一无二的。

3. 片段三：在斗牛场上，公牛费迪南德不想比赛，最终被送了回去。

师：费迪南德被带上了斗牛场，斗牛士为什么那么骄傲？费迪南德刚上场时的心情是什么样的？费迪南德在斗牛场上表现如何？很凶猛吗？

生1：因为他认为今天可以和最强壮的牛比赛。

生2：它有点害怕，因为它不喜欢斗牛场。

生3：一点也不凶猛，它只顾着闻花的香味。

师：斗牛士对费迪南德的做法是什么态度？最后费迪南德回到了哪里？过上了什么样的生活？

生4：很生气。后来，他求费迪南德顶他，而费迪南德只是舔他胸口上的花朵，他无奈极了。

生5：它又回到了牧场，又可以每天闻花香了。

师：斗牛士被费迪南德气得要发疯了，请你用夸张的表情表现出斗牛士的情绪变化吧！

○ 小结：费迪南德只想自由自在地生活，人们却把自己的梦想强加在它的身上，这样是不对的，我们应该尊重每个人的想法。

（四）分享总结

师：你如何看待费迪南德这样的选择？你会如何对待和你不太一样的人？

生1：我觉得费迪南德的梦想特别好。我也很喜欢花草，它们特别美。它应该坚持自己的梦想。

生2：当我遇到和我不一样的人时，我不会嘲笑他。如果他需要帮助，我一定会帮助他的。

○ 教师总结：我们每个人都有自己的想法，要顺从自己的想法，努力争取达成自己的愿望。我们还要懂得尊重别人的想法和做法，不能将自己的意愿强加在别人身上。

（五）分角色表演故事内容

师：影片中的角色有公牛费迪南德、它的妈妈、蜜蜂、斗牛士，请小朋友创编故事情节，动作分组进行角色表演。

延伸活动：开展社会活动"我的理想"，让幼儿发挥想象，大胆表达自己的想法，和其他幼儿分享自己的理想，并引导幼儿用绘画的形式表现未来的理想。

四、相关影片推荐

影片名称：《公牛历险记》。

导演：卡洛斯·沙尔丹哈。

片长：106分钟。

上映时间：2017年。

上映地点：美国。

● **影片简介**

公牛费迪南高大壮实，但生性温柔，喜欢鲜花，与女孩妮娜生活在绿野花开的村庄。然而，离开了村庄，身形庞大的费迪南把西班牙小镇上的人们吓坏了。一场意外让费迪南被捕获了，被迫离开了自己热爱的家园，落脚在一个培训斗牛的农场。不愿意打斗的费迪南无法融入公牛群，且遭到其他公牛的嫉恨和挑战。与此同时，它结识了愿意帮助它的山羊和三只疯狂的刺猬，在它们的帮助下，费迪南最终逃离了斗牛场，回到了自己的家园。

> 推荐理由：《公牛历险记》不仅形象乖萌、傻萌、趣萌，核心主题还很励志、感人。画风喜感，主题治愈。影片中有很多惹人发笑、戳人内心的小细节。大公牛用它的小温柔、小善良和反差萌不仅成功征服了公牛家族，更萌动、温暖了我们的心。

### 五、相关绘本推荐

绘本名称：《我要高飞》。

作者：杰哈尔丁·考莱特。

● **绘本简介**

一只小兔竟然想飞！兔爸爸绞尽脑汁向它说明兔子可以做很多其他的事情，但仍无济于事。这是一个关于飞行的有趣故事，如何在成长的过程中坚持自己的梦想，引发了父子间深深的思考。

> 推荐理由：想象和梦想是孩子的天赋能力。他们的异想天开也许就是这些天赋能力的表现。正如这只想要在高空飞翔的小兔，它非常坚持自己的理想。虽然没有成功，但是兔爸爸还是非常理解地说："永远不要停止梦想！"

授课教师：王妍妍

## 影视案例赏析二

### 一、影片介绍

影片名称：《牧笛》。

导演：特伟、钱家骏。

片长：20分钟。

上映时间：1963年。

上映地点：中国。

> 内容简介：《牧笛》拍摄于1963年，特伟与钱家骏导演，是我国第二部取得巨大成功的水墨动画片，它的成功标志着水墨动画艺术风格的进一步深化。全剧没有一句对话，充分运用了音乐语言和音响效果。音乐选用了我国南方民间音乐曲调，采用了中国写意的艺术表现手法。故事十分轻松简单，以牧童寻牛的故事为明线，以笛声为暗线，将一幅中国水墨以动画的形式展现出来，营造出一个和谐自然、天人合一的完美境界。影片主要讲述的是牧童骑牛步入森林，继而在蝉鸣声中神游自然，在山川之间自由奏笛放歌，而梦醒后又与牛儿一起相伴还乡，整体一气呵成。影片中那些悠远童真的意境、余音绕梁的笛声是千金万两也难以买来的，因为大自然才是最美的梦境。

## 二、教育价值

影片中一个个场景就是一幅幅出色的水墨画，让幼儿感受到江南的田园风情，以及爱护自然、亲近大自然之情。影片中没有一句对话，用笛声以及牧童、老牛的形象和动作表达两者深厚的情感。音乐在影片中占很重的分量，它有力地突出了主题，渲染了气氛，让幼儿更直观地了解了牧童吹笛的形象。部分幼儿有过饲养宠物的经验，影片中牧童与牛的亲密关系让幼儿懂得要与动物和平共处，关爱自己的宠物。

## 三、活动设计

### （一）导入部分

师：你饲养过小动物吗？你和它是如何相处的？你会经常带着它外出游玩吗？

生1：我家里养了一只小猫，每天我都会和它一起玩，喂它吃东西，我看书的时候它就会趴在我身边陪着我，我特别喜欢它。

生2：我养了一只小狗，我最喜欢带它到公园里遛弯，那里有花有草，还有一个特别大的湖，特别漂亮。

师：今天我们一起欣赏影片《牧笛》，影片中牧童带着他心爱的笛子去放牛，让我们一起看看发生了什么事情吧！

### （二）完整欣赏影片

师：水墨动画电影和我们平时看的电影有什么区别？影片中你听到了什么乐器演奏的声音？

生1：这部影片像是画出来的，就跟我们平时画的国画一样。

生2：影片里的音乐很美，都是吹笛子的声音，我特别喜欢。

师：你对影片中哪段动画印象最深刻？

生3：牧童特别喜欢吹笛子，每次放牛的时候都会吹笛子。有一天，他去放牛，一不小心睡着了，等睡醒后却发现牛不见了，最后他用笛声将牛找了回来。我喜欢牧童吹奏的笛声。

生4：牛在山间流水中奔跑的画面很美，就像在幼儿园的假山下、草坪上做游戏一样快乐。

### （三）分段欣赏并讨论影片内容

1. 片段一：欣赏牛嬉戏、黄鹂比赛的场景，感受笛声与画面的结合。

师：牧童在放牛的路上发生了什么事？牧童和牛在水中嬉戏时，背景音乐有什么变化？

生1：牧童要去放牛，他们一边走一边玩，还在河里玩水呢。

生2：牛在水里时，笛子的声音变快了，而且声音加重了，就像牛在水里吹泡泡的声音。

师：当听到黄鹂鸟美丽的歌声后，牧童做了一个什么决定？牧童是用什么方式和黄鹂鸟比赛的？比赛时笛声又发生了什么变化？最后谁赢得了比赛？

生3：他是用他的笛子和黄鹂鸟比赛的，笛子的声音就像是小鸟在唱歌，我都分不清笛子的声音和小鸟的声音了，特别好听。

生4：牧童赢得了比赛，黄鹂鸟飞走了。我觉得它肯定认为牧童的笛声比自己的歌声好听。

● 小结：牧童和牛就像好朋友一样，友好相处。他用自己的笛声和黄鹂比赛，笛子的声音此起彼伏，形象地烘托了牛在水中嬉戏以及牧童与黄鹂比赛的场景，彰显一片和谐、自然的景象。

2. 片段二：通过牧童的梦境体现他与牛之间的亲密关系。

师：牧童在树上舒服地躺着，不一会儿就进入了梦想。牧童做了什么梦？当牧童梦到自己牛走丢了以后，他的心情是怎样的？你从哪能感受到？牛为什么会丢呢？梦里牧童是用什么方法把牛找回来的？

生1：他梦到自己的牛丢了。

生2：他特别着急，张开大嘴大声喊，想把牛叫回来，可是牛越走越远，他就赶紧去寻找牛了。

生3：牛被远处美丽的景色吸引住了，越走越远，最后就走丢了。

生4：他用一根竹子做了一把笛子，用自己的笛声把牛找回来了。

● 小结：牧童梦见自己的牛丢后，很着急，说明他和牛的感情非常好。他经常给牛吹奏笛子，于是当牛丢失时，牧童想到了用笛声唤回牛的方法。

3. 片段三：牧童用笛声唤回了牛，感受他们之间独特的沟通方式。

师：牧童是通过什么方法把牛找回来的？你还有其他的方法吗？你觉得为什么牛听到笛声后会回到牧童身边？

生1：牧童吹响牧笛，吹出优美的声音，把牛吸引回来了。

生2：我会大声地拍手、喊它的名字，它听到声音可能会回来。

生3：牧童放牛时经常吹笛子，牛比较熟悉牧童的笛声。

● 小结：牧童醒来后发现牛真的丢了，很像梦中的情境，于是牧童利用梦中寻牛的方法寻找牛。牛听到笛声后，回到了牧童的身边。笛声成了牧童与牛之间的沟通方式，体现了人与动物之间的和谐相处。

**（四）分享总结**

师：牧童和牛有属于他们自己的沟通方式，你和你的小宠物或者好朋友之间有没有共同的爱好，有没有只属于你们的沟通方式？

生1：我伸出双手，小狗就会跑到我怀里。

生2：在选择区域时，我和好朋友伸出剪刀手，就会一起到美工区玩。

● 教师总结：影片里的景色很美，想要留住自然美丽的风光，我们需要从现在做起，爱护我们的大自然。与小动物和谐相处，跟好朋友建立深厚的友谊。

**（五）制作故事书**

师：牧童用吹笛子的方式将牛找回来，请你们开动小脑筋，以小组为单位，动手将他们之间美妙的故事情节画下来，做成一本故事书吧！

延伸部分：开展音乐欣赏活动"牧笛"，感受音乐变化所带来的音乐情绪和形象的变化，增加对民族特色音乐作品的喜爱之情。

**四、相关影片推荐**

影片名称：《鹿铃》。

导演：唐澄、邬强。

片长：20分钟。

上映时间：1982年。

上映地点：中国。

● 影片简介

心地善良的老药农与孙女在深山摘采草药时，救下一只受了重伤的小鹿。在女孩的细心照料下，小鹿逐渐恢复健康，并与女孩成为形影不离的伙伴。而在女孩为保护它受了伤后，小鹿更是通人性地代她做了诸如上山采药、赶集卖药、采购食品等事。后来小鹿随女孩及爷爷在山上采药时，与失散的父母相遇。告别的那一刻，它与女孩难分难舍。

> 推荐理由：本片也是水墨动画片，通过人与动物之间的和谐画卷表达了人与大自然之间亲密、和谐共处的美好愿望，抒发了人与动物间的真挚情感。

### 五、相关绘本推荐

绘本名称：《小红狼》。

作者：艾美莉·弗雷珊。

● 绘本简介

一只小红狼受妈妈之托，到森林里给它的奶奶送食物。妈妈警告它不要和人类接触，要时刻当心人类。在森林里，它遇到了一个小姑娘。小红狼被小姑娘可爱的相貌和歌声打动，忘记了妈妈的警告。小姑娘告诉小红狼她家有很多食物可以给它奶奶，便带着小红狼一起去了她家。路上，小姑娘还给小红狼唱起了歌谣。小红狼一步步走进了一个精心设计的圈套……

> 推荐理由：我们熟知的故事《小红帽》与《小红狼》相比，两个故事的开头都是一样的，都是送食物给外婆，只是角色互换了。人和狼之间并非简单的善与恶，戛然而止、余味无穷的开放式结局让绘本具备了小说的魅力。书中画面色彩紧跟着故事进度、人物的心境的变化而变化，色彩表现力异常丰富。

授课教师：王妍妍

## 影视案例赏析三

### 一、影片介绍

影片名称：《人与自然》。

导演：史蒂夫·卡兹。

片长：4分钟。

上映时间：2012年。

上映地点：英国。

> **内容简介**：这是一部对人类文明肆意侵害自然充满讽刺和调侃的黑色幽默动画短片，由伦敦自由艺术家史蒂夫·卡兹执导。该片讲述了在五十万年前，一个身穿"Welcome"上衣的男人来到自然世界。他俨然一副主宰者的姿态，先是一脚踩死微不足道的小虫子，又把双头蛇变成自己的靴子，再把公鸡当篮球打。男人一路上肆意地让它们为自己服务，甚至猎杀各种动物。他砍伐树木，把垃圾倾倒在海水中。直到乘坐UFO而来的外星人打死他后，只有那行"Welcome"留在垃圾山中，异常醒目。如果人类文明继续肆意侵害自然，最终会亲手毁掉地球，也会毁掉人类自己。在整个生物圈中，人类真的很渺小，地球也从不只是服务人类，所以我们要保护环境，热爱我们赖以生存的家园。

## 二、教育价值

大自然是人类赖以生存的家园，但这些年人类过度地向自然索取，对大自然造成了极大的破坏。为了让我们拥有真正的绿色家园，应加强幼儿的环保教育。观看该影片可以让幼儿知道要和动物做好朋友，不能互相伤害，也要保护环境，爱护我们的家园，否则人类肆意侵害自然最后毁灭的将会是我们自己。

## 三、活动设计

### （一）导入部分

师：小朋友，你们觉得现在生活的环境舒服吗？请大家看一看这张图片（垃圾堆），如果让我们生活在这种环境中，你们愿意吗？为什么？

生1：不愿意，太脏了。

生2：垃圾堆里有很多细菌，我们会生病的。我们应该把垃圾扔到垃圾桶里，不能随便乱扔。

师：在五十万年前，一个身穿"Welcome"上衣的男人来到了自然世界。今天让我们一起看一看在他身上都发生了什么事情吧！

### （二）完整欣赏影片

师：看完这部影片后，令你印象最深刻是什么？哪位小朋友可以复述一下影片内容？

生1：令我印象最深刻的是主人公猎杀小动物，太可怜了。

生2：有个人在大自然中把所有的小动物都杀死了，在船上的时候将垃圾都扔进大海，垃圾越来越多，最后整个城市到处是垃圾堆。这个人每天都生活在垃圾堆里，最后被外星人给踩死了。

### （三）分段欣赏并讨论影片内容

1. 片段一：主人公在陆地上随意厮杀小动物。

师：影片中的男人来到陆地后是如何对待小动物的？如果你是影片中的主人公，你会怎样做呢？我们应该如何和小动物相处？当看到有人伤害小动物的时候，我们应该怎样做？

生1：他把小动物都杀死了。我很喜欢小动物，我一定不会伤害它们的。

生2：我们要和小动物友好相处，应该保护它们。

生3：我一定会阻止他，告诉他这样做是不对的。

● 小结：小动物是我们人类的朋友，我们都应该爱护它们。

2. 片段二：主人公在海洋里随意乱扔垃圾。

师：他对大海做了哪些事？这样做会对大海造成什么伤害？你们在大海上坐过船吗？你在船上是如何处理你的垃圾的？当你们见到不文明行为时，你要怎么做？

生1：他往大海里扔了好多垃圾，这样海水就变脏了，小鱼小虾就会死掉。

生2：我坐船的时候都把垃圾扔到垃圾桶里，如果身边没有垃圾桶，我就把垃圾放在塑料袋里，下船后再扔到垃圾桶里。

生3：当看到小朋友乱扔垃圾时，我们一定要阻止他，告诉他这样做是不对的，让他把垃圾捡起来扔进垃圾桶里。

○ **小结**：海洋生物需要一个干净的生活环境，今后我们在海边游玩时，一定要将垃圾随手带走，扔进指定的垃圾存放点。

3. 片段三：现代城市变成了机械城，机器工作产生了大量废弃垃圾。

师：影片中的城市变成了什么样子？和我们现在生活的城市有什么区别？在这些机械化工作中，都有哪些工作对自然环境及动物造成了影响和伤害？你喜欢这样的城市吗？为什么？

生1：我没有看到一个人，都是机器在工作。

生2：这些机器都在不间断地工作，这样会伤害更多的动物，制造更多的垃圾。

生3：我特别不喜欢，因为好多牛都被杀死了，而且城市里的垃圾越来越多，这样我们生活的地方就会特别脏。

○ **小结**：保护环境、爱护小动物要从我们做起，从现在做起。

4. 片段四：干净整洁的自然环境没有了，到处都是垃圾堆。

师：干净整洁的自然环境跑到哪去了？为什么会有这么多的垃圾？为什么男人最后会被外星人踩死？我们日常生活中产生的垃圾是如何处理的？你知道垃圾是如何分类的吗？

生1：他不爱护环境和小动物，破坏了生态平衡。而且每天这些机器都在不停工作，这样会制造很多垃圾。

生2：因为他做的坏事太多了，所以被外星人踩死了。

生3：我们的垃圾都会被统一处理，有可回收垃圾和不可回收垃圾，我们应该分开放。

○ **小结**：猎杀小动物、破坏环境最终受伤害的还是我们自己。

**（四）分享总结**

师：看完今天的影片，小朋友应该如何保护环境和爱护小动物呢？从现在开始，我们应该怎样做呢？

生1：我们要热爱小动物，不能伤害它们，要跟它们做好朋友。

生2：当看见地上有垃圾时，我们要及时把垃圾捡起来扔进垃圾桶。如果看见有人乱扔垃圾，一定要告诉他这样做是不对的，要爱护我们的环境。

○ **教师总结**：大自然是我们生存的家园，若我们过度地向自然索取，最后毁灭的就是我们自己。希望小朋友从我做起，互相监督，共同爱护我们的家园，为把我们的家园变成万物吐绿、百花飘香的大花园而共同努力吧！

**（五）绘画美好的家园**

师：我们现在生活的城市还是很美的，这也需要我们共同爱护。请你动动手将你认为最美好的环境用画笔画下来吧！

延伸部分：开展社会活动"保护环境"，进一步加深理解人与自然相依存的关系。并在益智区开展垃圾分类游戏，填充垃圾分类的材料，如旧报纸、饮料瓶、废纸盒、废电池、果皮、枯树叶、菜叶等图片，可回收垃圾箱、不可回收垃圾箱、厨余垃圾箱等材料。

### 四、相关影片推荐

影片名称：《鲁滨孙漂流记》。

导演：文森特·凯斯特鲁特、本·斯塔森。

片长：91分钟。

上映时间：2016年。

上映地点：比利时。

- **影片简介**

在一座孤岛上，居住着一群动物。其中，鹦鹉麦克对小岛外面的世界十分向往，可是其他的动物并不这么想，小岛是它们的安乐窝，小岛以外对于它们来说就是致命的危险地带。一天，一艘遇难的商船冲向了小岛，为小岛带来了它唯一的一位人类客人鲁滨孙，于是发生了很多有趣的故事。

> 推荐理由：本片通过讲述人与自然、动物的和谐相处传递团结、勇敢、善良和包容的精神内核。这部电影对儿童有很好的启迪作用，不仅可以使儿童懂得一些野外生存的常识，还会懂得团结的力量。即便敌人再强大，只要团结自己的小伙伴，就有机会战胜邪恶的力量。

### 五、相关绘本推荐

绘本名称：《地球感冒了》。

作者：罗克珊·玛丽·加里耶。

- **绘本简介**

太阳在早晨刚刚睡醒，此刻的世界安静极了。但地球患上了严重的感冒，甚至不能呼吸！一个小男孩决定保护地球，他呼吁人们不要再过分地消耗地球。地球生了大病不要紧，赶紧去改正，让一切从头开始，只要去做，就不会太迟！

> 推荐理由：通过本绘本让幼儿知道地球与人类的发展是融为一体并相互作用的。我们要从细节出发，从故事中儿童的纯真天性出发，感受人类生命是融于地球生命的发展变化之中的，帮助孩子建立人与自然相处的和谐意识，学会与地球友好共存，保护地球环境，与自然生命一同成长。

授课教师：王妍妍

## 影视案例赏析四

### 一、影片介绍

影片名称：《银河》。

导演：Bernice Hansen。

片长：8分钟。

上映时间：1939年。

> 内容简介：《银河》是一部充满幻想、活泼有趣的经典动画片。三只顽皮可爱的小猫弄丢了手套，猫妈妈罚它们不准吃晚饭，直接上床睡觉。在睡梦中，三只小猫来到了满是牛奶和奶酪的银河。在这个充满奇幻色彩的银河里，它们尽情地享受着装在各种容器里的牛奶和吃不完的奶酪。整部动画片的色彩丰富，情节生动有趣。三只小猫丰富的想象力与充满神秘色彩的银河相结合，产生了奇幻美妙的梦境，开启了一趟美梦之旅。

### 二、教育价值

影片中顽皮小猫的美好梦境让我们充满幻想，感受到大自然的意境美。每个人都会做不同的梦，有美好的梦想。我们所要做的就是鼓励幼儿大胆发挥自己的想象力，努力向自己的梦想靠近。

### 三、活动设计

#### （一）导入部分

师：小朋友，今天老师带来了两张图片，我们一起来看一下吧。请问你在第一张图片上看到了什么？

生1：我看到了一条像河一样的星空。

师：这片像河一样的星空有个名字叫银河。请看第二张图片，你们看到了什么？

生2：我看到了三只圆嘟嘟的小猫。

师：这三只圆嘟嘟的小猫见到银河系以后，会发生什么有趣的故事呢？让我们一起看一看吧！

#### （二）完整欣赏影片

师：看完这部影片后，你有什么感受？令你印象最深刻的是什么？

生1：感觉太奇妙了，小猫看到的银河系有那么多它们喜欢的牛奶和奶酪。简直太有意思了。

生2：令我印象最深刻的是银河系上有那么多奇奇怪怪的牛奶瓶子和勺子，还有盘子，有趣极了。

#### （三）分段欣赏并讨论影片内容

1. 片段一：小猫丢手套被罚，知道了做错事后要勇于承担错误。

师：三只小猫发生了什么事？猫妈妈是怎么做的？

生1：三只小猫弄丢了它们的手套。

生2：猫妈妈知道以后很生气，罚三只小猫晚上没有牛奶喝，直接上床睡觉。

师：当你做错事时，妈妈会如何对待你？

生3：有一次我撒谎了，妈妈很生气，让我在沙发上坐五分钟反省自己的错误，最后我向妈妈承认了错误。

● 小结：三只小猫弄丢了它们的手套，被猫妈妈罚晚上没有牛奶喝。当我们做错事情后，应勇于承担错误，要及时改正。

2. 片段二：小猫梦游美丽的银河系，感受美妙的梦境。

师：三只小猫用什么方法去了银河系？在去银河系的路上，它们都看到了什么？它们在银河系里做什么了？

生1：把气球绑到篮子上，它们坐在篮子里飞上去的。

生2：看到了奶酪、宝石、小火车，还有放各种烟花的大炮，特别有意思。

生3：银河上面有很多牛奶和奶酪，三只小猫在各种形状的牛奶瓶子、勺子和盘子中间尽情地玩耍，美美地喝着牛奶、吃着奶酪。

师：你最喜欢这个故事中的哪一部分？为什么？

生4：三只小猫坐在绑着气球的篮子上飞向银河系，路上看到了五颜六色、奇奇怪怪的画面。太美了，五彩缤纷的。

○ 小结：三只小猫在梦里坐气球飞到了银河系，上面有喝不完的牛奶和吃不完的奶酪。美好的画面让我们体会到了小猫的快乐，它们丰富的想象力勾画出美妙的梦境。

3.片段三：小猫醒后发现一切都是梦境。

师：三只小猫怎么醒来的？醒来后去做什么了？三只小猫看到牛奶后有什么反应？

生1：在梦里它们马上要掉下去的时候，惊醒了。原来是一场梦，它们从床上掉到了地上。

生2：醒来后，妈妈敲门叫它们下楼吃美味的食物，它们开心极了，快速地跑下楼。

生3：当它们看见牛奶后，都无奈地躺在了地上。因为它们在梦里喝了太多的牛奶，肚子都要撑爆了。

师：像这样的事在你身上发生过吗？是什么事？

生4：有一次我想让妈妈给我买一个奥特曼的玩具，妈妈没有给我买。于是我哭了好久，哭着哭着睡着了，梦里梦到妈妈给我买了那个奥特曼，我开心极了，后来醒了才知道只是一个梦。

○ 小结：三只小猫在梦中快要掉下来的时候惊醒了。正好猫妈妈叫它们去吃美味的食物，但它们再次见到牛奶后表现出无奈的表情，因为在梦中得到了满足。

**（四）分享总结**

师：看完今天的影片，小朋友有什么感受呢？三只小猫梦里的银河系是什么样子的？

生1：我感觉太有意思了，我也好想去那里喝牛奶。

生2：三只小猫竟然可以把银河系想象得那么有趣。有那么多它们喜欢的牛奶，牛奶还可以变成瀑布、火山和雨。真的太棒了。

师：你觉得三只小猫的梦有趣吗？有趣在哪里？

生3：非常有趣，它们想象着银河系上有很多很多它们喜欢的牛奶和奶酪，太神奇了，想象力太丰富了。

○ 教师总结：大自然是美丽而神奇的。大自然中还有很多未知的美好事物等着我们探索。小朋友可以大胆发挥你们的想象力，描绘出一个属于自己的神奇世界，并努力向你的梦想靠近。

**（五）画一画**

师：请小朋友发挥自己丰富的想象力，与大自然融合起来，用你手中的画笔画出你认为最美妙的梦境。

延伸部分：开展美术活动"梦"，让幼儿展开丰富的想象，尝试用不同的绘画方式表现自己的梦境。

**四、相关影片推荐**

影片名称：《太空熊猫历险记》。

导演：郑成峰。

片长：84分钟。

上映时间：2013年。

上映地点：中国。

● **影片简介**

熊猫星球中的太空熊猫为了保护熊猫星球与黑暗宇宙的天狼鼠大战，从而引发了宇宙大爆炸。随着宇宙大爆炸的能量旋涡，太空熊猫意外闯入地球，并结识了地球上的小泰、小尚以及六福星球的啾啾马、哞哞牛、咩咩羊、咯咯鸡、汪汪狗、哼哼猪几个基因宝贝，大家开始一起搞怪卖萌。

> 推荐理由：造型可爱，充满童趣，满足孩子们对太空的想象与好奇。在影片中，为了挽救太空熊猫的五个分身，大家一起穿越时空，跨越金、木、水、火、土五个空间，大战黑精鼠和五大鼠王，最终获得胜利。最后太空熊猫告别基因宝贝，返回了熊猫星球。

### 五、相关绘本推荐

绘本名称：《太阳面包》。

作者：埃莉莎·克莱文。

● 绘本简介

在连续阴沉的天气里，小狗面包师很想念太阳，于是烤了个大大的太阳面包，还分享给镇上所有的小动物品尝。于是，虽然天气还是阴沉的，但小动物的心情都插上了翅膀，冲破了阴霾，终于唤出了真正的太阳。

> 推荐理由：这是一本暖心绘本。作者的想象力很丰富，将面包做成太阳，从而唤回了真正的太阳，驱散了阴霾，小动物又过上了幸福温暖的生活。只要我们心存美好、热爱生活，希望之火就能像太阳一样熊熊燃烧，照亮整个世界。

授课教师：焦艳红